Lebensbilder

Lebensbilder
Ullstein Buch Nr. 27503
im Verlag Ullstein GmbH,
Frankfurt/M – Berlin – Wien

Ungekürzte Ausgabe

Umschlagentwurf:
Hansbernd Lindemann
Alle Rechte vorbehalten
Lizenzausgabe mit freundlicher
Genehmigung des Stalling Verlags,
Oldenburg
© 1973 Gerhard Stalling Verlag,
Oldenburg und Hamburg
Printed in Germany 1979
Gesamtherstellung:
Augsburger Druck- und
Verlagshaus GmbH
ISBN 3 548 27503 6

CIP-Kurztitelaufnahme
der Deutschen Bibliothek

Scheurig, Bodo:
Henning von Tresckow:
e. Biographie/Bodo Scheurig. –
Ungekürzte Ausg. –
Frankfurt/M, Berlin, Wien:
Ullstein, 1980.
 ([Ullstein-Bücher]
 Ullstein-Buch; Nr. 27503:
 Lebensbilder)
 ISBN 3-548-27503-6

Bodo Scheurig Henning von Tresckow

Eine Biographie

Lebensbilder

Für Dina

Inhalt

Vorwort · 7

1. Herkommen, Jugend und Erster Weltkrieg · 9
2. Nachkriegsjahre · 17
3. Infanterie-Regiment 9 und Potsdam · 27
4. Nationalsozialismus und erste Opposition · 37
5. Kriegsakademie, Generalstab, letztes Friedenskommando · 50
6. Vom Polen- bis zum Frankreichfeldzug · 71
7. Ia der Heeresgruppe Mitte · 93
8. Organisation der Fronde und Anschlagsversuche · 125
9. Kampf um die Verschwörung und Walküre-Plan · 151
10. Chef des Stabes der 2. Armee · 180
11. Tod und Nachspiel · 199

Anmerkungen und Ergänzungen · 213

Quellen- und Literaturverzeichnis · 255

Personenregister · 265

Vorwort

Eine Biographie wäre kaum im Sinne Tresckows. Obgleich ungewöhnlich befähigt und nicht ohne Ehrgeiz, waren ihm, der sich als geborener Preuße zu preußischen Maximen bekannte, Kulte um seine Person verhaßt. Was er tat, tat er aus Ehrgefühl und Pflichtbewußtsein. Bescheidenheit verbot ihm, über Gebühr hervorzutreten. Oft genug quälten ihn Zweifel und Unzulänglichkeiten. Doch in der Geschichte des deutschen Widerstandes wurde er zu einer Schlüsselfigur. Tresckow war einer der unbedingten Gegner Hitlers. Er lenkte im Krieg die außenpolitisch vielleicht aussichtsreichste militärische Verschwörung; er drängte leidenschaftlich zur Tat und entwarf den Staatsstreichplan, mit dem Stauffenberg am 20. Juli 1944 das NS-Regime zu beseitigen trachtete. Wenn es einen Offizier gab, der aus sittlicher Verantwortlichkeit handelte und mit ihr die Wehrmachtführung beschämte, so Henning von Tresckow.

Die vorliegende Biographie sucht seinen Weg zum Widerstand nachzuzeichnen. Tresckows Motive und Taktiken, Aufbau und Entwicklung einer Fronde, die weithin sein Werk war, sollten die Darstellung beherrschen. Hierbei ließ sich allein mit Dokumenten kein Buch über Tresckow schreiben. Sie erbrachten wohl Daten und Hinweise, im ganzen aber nur Bruchstücke eines Lebens, das mehr und mehr zur Tarnung gezwungen war. Daher mußten Zeugen einspringen. Erst deren Mitteilungen machten eine Biographie möglich. Allen, die mir halfen, darf ich danken, insbesondere Frau Erika von Tresckow, Fabian von Schlabrendorff und Rudolf Freiherr von Gersdorff, ferner den Archivaren George Wagner (National Archives, Washington, D. C.) und Dr. Stahl (Militärarchiv, Freiburg i. Brsg.). Dank gelten jedoch auch der Fritz-Thyssen-Stiftung (Köln) und dem Hilfswerk 20. Juli (Frankfurt a. M.), die meine Forschungen verständnisvoll gefördert haben.

Berlin, im Frühjahr 1973   *Bodo Scheurig*

Erstes Kapitel

Herkommen, Jugend und Erster Weltkrieg

Tresckows schrieben sich bis 1892 zumeist Treskow, in früherer Zeit Treskowe, Treschkow, Treskau oder Dreschkow.[1] Der Ursprung des Namens liegt im dunkel. Nur seine slawische Herkunft ist verbürgt. Einzig im ost-mitteleuropäischen Bereich nachweisbar, deutet Tresk mit dem besitzanzeigenden ow auf den Ort an der Tresk. Zugleich erinnert er aber auch an Dresga, Gestrüpp. In diesem Fall würde Treskowo mit Buschdorf zu übersetzen sein. Tresk selbst heißt Schall oder Geräusch. Möglich, daß sich das Geschlecht im 12. Jahrhundert nach der Burgwarte Treskow oder Treskowo bei Belgern an der Elbe nannte; möglich, daß es dem Ort Treskow bei Neu-Ruppin seinen Namen gab. Wie auch immer: 1336 erwähnt eine Urkunde Hinrico Treskowe aus Rathenow; in Brandenburg an der Havel tritt er als Zeuge auf. Mit ihm beginnt die gesicherte Stammreihe der Familie.[2]

Das Geschlecht wurzelt in der Alt- und Neumark. Hier teilte es sich nach der Erbfolge in verschiedene Zweige. Hier gehörten ihm nahezu vierzig Güter. Tresckows besaßen: Bukow, Schollene und Nigripp, ferner Schlangenthin, Scharteuke, Neuermark, Schmarfendorf und Blankenfelde.[3] Dieser Besitz war nicht zu halten. Mißernten, Nachlässigkeit sowie Schuldenlasten zwangen zu Verkäufen. Fehden und Prozesse ließen ihn weiter schrumpfen. Generationen arbeiteten als Landwirte, Generationen dienten indes auch in den Armeen Europas. Tresckows steckten in dänischen, schwedischen, russischen, englischen, portugiesischen, venezianischen und sardinischen Uniformen. Sie führten – als Rittmeister und Obristen – Schwadronen und Fußvolk-Regimenter gegen Türken, Ungarn und Franzosen, vor allem jedoch folgten sie den Fahnen Brandenburgs und Preußens.[4] Eng blieb ihr Schicksal mit dem Staat der Hohenzollern verbunden. Tresckows kämpften bei Mollwitz, Hohenfriedberg, Prag und Kolin, bei Roßbach, Leuthen, Kunersdorf und Torgau; sie fochten gegen Napoleon und in den deutschen Einheitskriegen.

21 Mitglieder wurden zu Generalen befördert. Zwei erhielten den Schwarzen Adler-Orden, fünfzehn den Pour-le-Mérite.[5] Die preußischen Infanterie-Regimenter mit den Nummern 8 und 32 – 1679 und 1743 gegründet – hießen Alt- und Jung-Treskow. In den Schlesi-

schen Kriegen trugen drei Grenadier-Bataillone den Namen der Familie. Ein Tresckow – Arnd Heinrich – stieg zum »Wirklichen Geheimen Staatsminister« auf. Ungewöhnlich als Charakter und von großer Gelehrsamkeit, vertrat er Preußen 1723 am Reichstag zu Regensburg.[6] Andere, die hervorragten, waren Generale: Joachim Christian und Hermann von Tresckow, beide bravouröse Truppenführer. Joachim Christian, zunächst Hauptmann im 1. russischen Garde-Regiment Preobraschenskij, dann Flügeladjutant Friedrichs des Großen, siegte bei Kesseldorf, durchbrach in der Schlacht von Prag das feindliche Zentrum, belagerte, nahm und verteidigte 1758 die schlesische Festung Neiße. Hermann von Tresckow, Flügeladjutant Wilhelms I., Mitglied des Militärkabinetts und im deutsch-französischen Krieg Kommandeur einer Division, entschied Ende 1870 das Treffen von Loigny, setzte seinem Gegner in ungestümer Verfolgung nach und eroberte Orléans. Von neuem als vortragender General-Adjutant im Militärkabinett, beseitigte er mit diplomatischem Geschick manche der Spannungen, die das Hauptquartier in Versailles zu entzweien drohten.[7]

Henning Hermann Robert Karl von Tresckow wurde am 10. Januar 1901 in Magdeburg geboren.[8] Das Jahr war ein Datum zwischen den Zeiten. Heute kann man in ihm einen symbolischen Sinn erblicken. Die Schwelle des 20. Jahrhunderts war überschritten. Die Epoche, in der Preußen seinen Platz einnahm, neigte sich dem Ende zu. Die junge Generation des Adels schien verurteilt, einzig die alte Welt zu stürzen, ohne in einer neuen heimisch zu werden. Was ihr blieb, waren Revolutionen und Umbrüche, für die auch das beste Erbe kaum noch zählte.

Der Vater Hermann war bei der Geburt des Sohnes 52 Jahre alt. Seine straffe Gestalt verriet den ehemaligen Offizier.[9] Als Leutnant hatte er – ein ihm unvergeßliches Erlebnis – die Kaiserkrönung im Versailler Spiegelsaal erlebt. Als General der Kavallerie war er aus der Armee geschieden, um 1900 das Gut Wartenberg zu übernehmen. Das überraschende Erbe seines Onkels, des Siegers von Loigny, zwang ihn umzulernen, doch er verwuchs mit Wartenberg und begann auch als Landwirt in seiner Arbeit aufzugehen.[10] Die karge neumärkische Erde schenkte ihm nichts. Trockenheit und andere Unbilden warfen ihn immer wieder zurück. Als Forleulen nahezu seinen ganzen Kieferbestand vernichteten, zog er neuen Mischwald heran. Oft sagte er lächelnd: »Ohne Geduld dürfen wir hier nicht arbeiten. Auf unserem Boden wächst es frühestens das dritte Mal erst an.«[11] Sein Wesen war gutherzig und gewann Zuneigung. Seine intellektuellen Bedürfnisse mußten in Wartenberg zurückstehen. Als geistige Persönlichkeit bedeutete er dem Sohn wenig, um so mehr aber als Mensch und Vater.

Ganz anders die Mutter. Marie-Agnes von Tresckow, als Gutskind im schlesischen Großenborau bei Freystadt aufgewachsen, war eine Tochter des Grafen Robert von Zedlitz-Trützschler.[12] Ihr Vater, den sie zeitlebens verehrte, repräsentierte unter Wilhelm II. ein ungewöhnliches Deutschland. Hochgebildet und zugleich von illusionslosem Wirklichkeitssinn, hatte er in Schlesien mit großem Erfolg soziale Mißstände bekämpft und auf seinem Gut Vertrauensstellungen mit Arbeitern besetzt. Als Kultusminister scheiterte er 1892 am preußischen Volksschulgesetz, mit dem er den Konfessionen weitreichende Rechte einzuräumen versuchte. Später jedoch bewährte er sich im Staatsrat und als Oberpräsident von Posen, Hessen-Nassau und seiner schlesischen Heimatprovinz. Wie der Vater, so besaß die Tochter vielseitige Anlagen. Sie war musikalisch und zeichnerisch begabt, beherrschte das Englische und Französische; lebhaft interessierte sie sich für Politik und Geschichte.[13] In Wartenberg wurde es ihr schwer, Pflichten des Alltags zu erfüllen. Gleichwohl konnte sie rechnen und auch praktisch denken. Eine gewisse Herbheit, die über ihr im Grunde warmherziges Wesen täuschte, ließ sie gemessen und kühl erscheinen. Als ihre Kinder jung waren, empfanden sie mitunter Scheu vor ihr. Die Schwermut, unter der sie zeitweise litt, entsprang ihrer anfälligen Gesundheit. 57jährig starb sie 1926, sieben Jahre vor ihrem Mann, an einem Lungenleiden. Der Sohn stand dem Vater näher. Dessen Ethos und Haltung verpflichteten. Doch seine geistigen Gaben – Verstand und schnelle Auffassung – waren ein Erbe Zedlitz-Trützschlers; sie verdankte er vor allem der Mutter.

Beide Eltern waren geborene Preußen, aber als Patrioten bekannten sie sich zu Bismarcks Reich.[14] Ihre Loyalität gehörte dem Kaiser und König. Stets blieben sie monarchisch gesinnt. Beider Eltern Glaube war unverbrüchlich, tief verwurzelt und nur bei der Mutter zuweilen von auffälliger Frömmigkeit. Die Stellung, die sie einnahmen, schien bevorrechtigt, doch ihre Sorgen galten den Menschen des Gutes und Dorfes. Zudem war Hermann von Tresckow nicht vermögend. Auch Wartenberg brachte ihm keine Reichtümer. Oft mußte – bei Mißernten oder Überangeboten – seine Generalspension mithelfen, die Unkosten des Besitzes zu decken.[15] Das zwang zu äußerster Sparsamkeit und damit zu einer beinahe puritanisch anmutenden Lebensweise. Die Genüsse, die man sich erlaubte, waren Genüsse der Bescheidenheit. Hatte die Frau zur Weihnachtszeit Geschenke für das Dorf einzukaufen, fuhr sie im Zug dritter Klasse nach Berlin. Auch in der Stadt scheute sie unnötige Ausgaben. Zumeist übernachtete sie im billigsten Hospiz.[16] Wer in solcher Einfachheit lebte, konnte schwerlich darauf verfallen, daß er Nutznießer einer sozialen Ungerechtigkeit sei.

Trotzdem überschritten auch Tresckows Eltern nicht die Grenzen, die ihrem Stand namentlich im preußischen Osten gesetzt waren. Sie spürten keine Widersprüche zwischen Gesellschafts- und Verfassungswirklichkeit; sie glaubten weder an Demokratie noch Gleichheit, sondern an Ränge und eine Ordnung, die auf die Autorität Gottes eingeschworen war.[17] Es blieb ihnen Anmaßung, den Menschen und seine Vernunft zum Maß aller Dinge zu erheben. Der Lärm des industriellen Westens und die Verbissenheit zunehmender Klassenkämpfe – Zeichen einer unentrinnbar herannahenden Zeitenwende – suchten ihre ländliche Umwelt noch nicht heim. Quelle der Kraft und Selbstbehauptung war ihnen der Boden, die Stadt Symbol der Entwurzelung und des Verderbens. Als in der Wartenberger Kirche für die Berliner Stadtmission gesammelt wurde, wollte Hermann von Tresckow bei der Kollekte nichts geben. Offen gestand er, daß »die Leute besser auf dem Lande blieben«.[18] Die regelmäßige Lektüre der »Kreuz-Zeitung« bestätigte seine Auffassungen, an denen er festzuhalten wünschte. Alle »Gegner« des Reiches, vorab Sozialdemokraten und Zentrum, wurden auch seine Gegner. Waren Reformen unumgänglich, hatte man sie – seiner Überzeugung nach – in konservativem Geist anzupacken. Abfall von überkommenen und erprobten Werten bedeutete ihm Niedergang. Diese Weltschau konnte von der eifernden Härte eines Glaubensbekenntnisses sein; aber sie rechtfertigte sich aus dem preußischen Pflichtgedanken, mit dem sie den höheren Zwecken des Staates zu gehorchen meinte. In Wartenberg fand sie Widerhall. Hier fehlten außerdem manche der Schranken, hinter denen sich sonst der Adel von anderen Schichten des »Volkes« abzusondern pflegte. So stand das Elternhaus Henning von Tresckows noch in einer bejahten und scheinbar festgefügten Welt.

Wartenberg, von Hafer- und Kartoffeläckern umgeben, zählte zu den abgeschiedenen Flecken der Neumark. Das zweistöckige, hellgetünchte Herrenhaus lag auf einer Anhöhe.[19] In den neunziger Jahren des abgelaufenen Jahrhunderts erbaut, war es zu einem der anmutigen Landsitze der Mark geworden. Das Portal zierte eine Schildfigur mit drei Vogelköpfen: das Tresckowsche Familienwappen, die Einfahrt eine 1870 erbeutete französische Kanone. Im Haus empfing eine hohe Eingangshalle. Wie andere Räume schmückten sie Bilder von Pferden und Jagdtrophäen. Ein Gartensaal endete in efeuumrankter Veranda: sie bot einen herrlichen Blick auf den von Schilf und Kiefern eingerahmten Wartenberger See. Schwäne, Wildenten, Fischreiher und Kraniche belebten ihn, Seeadler zogen ihre Kreise; stille Wege führten rings um den See, in dichten Wald, Wiesen und Felder. Siebenjährig kam Henning von Tresckow, zuvor Stettiner Elementarschüler, in diese Landschaft mit ihren herben, aber um so einprägsameren Reizen.[20] Hier wuchs er mit dem zwei Jahre älteren Bruder Gerd und der jüngeren Schwester Marie-Agnes auf. Schon der Junge war von ansteckendem Frohsinn. Eltern und Geschwister nannten ihn einen »Sonnenvogel«. Wartenberg wurde sein Jugendparadies, zum Inbegriff des Glücks und der Geborgenheit. Unauslöschlich gewann diese heißgeliebte Heimat Macht über ihn. Noch im Zweiten Weltkrieg erklärte er: drohe Wartenberg Gefahr, gäbe er jede Karriere auf, um – unter Anspannung aller Kräfte – den Besitz zu retten.

Die Brüder unterrichtete zunächst ein Hauslehrer, der sich noch im Alter bewegt der Schönheiten Wartenbergs und der »schlichten, menschlich klaren und lauteren Art einer adligen Familie« erinnerte.[21] Zuckschwerdt, damals junger Theologe, wurde zum guten Lehrer. Überzeugter Anhänger Friedrich Naumanns, der für ein soziales Kaisertum kämpfte, war er liberal gesinnt. Er begeisterte seine Schüler und wußte mit ihnen konzentriert zu arbeiten. Henning von Tresckow bewältigte sein Pensum ohne Mühen, schien aber von einem brennenden Ehrgeiz erfüllt. Einmal hatte er eine Rechenaufgabe falsch gelöst. Als ihm der Fehler erklärt wurde, warf er sich in geradezu leidenschaftlichem Schmerz zu Boden. Den Naturkunde-Unterricht, der nicht vorgeschrieben war, hielt Zuckschwerdt im Freien. Hier konnte er, zwischen seinen Zöglingen auf dem Rasen liegend, an Hand des getrockneten Fruchtknotens eines Storchenschnabels die Hebelkraft in der Pflanzenwelt demonstrieren. Solch eine Methode war ungewöhnlich; doch ihre Anschaulichkeit half, für ein organisches Naturdenken empfänglich zu machen. »Neben dem Unterricht«, berichtet der Lehrer, »haben wir viel gespielt. Wir holten die Dorfjugend heran. Fuchsjagd war das beliebteste Spiel, das uns oft in den Wald und weit um den See führte. Auch Soldatenspiel wurde geübt. Dann bekam jeder einen der vielen Orden angehängt, die von dem einstigen Generaladjutanten des alten Kaisers stammten, so daß die kleine Dorfkompanie wohl alle europäischen Orden trug, die die hohen Souveräne einst ausgeteilt hatten.«[22]

1913 hatten die Brüder von Wartenberg Abschied zu nehmen: für beide der erste große Schmerz ihres Lebens. In Goslar am Harz bezogen sie, nun Zöglinge des Alumnats vom Kloster Loccum, das Realgymnasium.[23] Die Schule, damals von zahlreichen Externen besucht, war mit ihrem humanistischen Flügel eine Doppelanstalt: die Lehrer unterrichteten, sofern es sich fügte, in jedem Zweig. Der Ruf des Gymnasiums schien umstritten. Böse Zungen lästerten, daß es eine Bildungsstätte für den »des Lesens und Schreibens unkundigen Adel« sei. Aber die Produkte, die es entließ, waren kaum schlechter als anderswo. Eher neigten manche Pädagogen dazu, die künftigen »Spitzen der Gesellschaft« besonderen Anforderungen auszusetzen. Henning von Tresckow erwarteten keine Klippen. Deutsch, Englisch und Französisch wurden zu seinen Lieblingsfächern, im Sport und Turnen glänzte er. Nach dem Geschmack der Zeit schwärmte er für Löns, von dem er nie genug Lieder auf der Laute hören konnte. Bald darauf entdeckte er Rilke, dessen »Cornet« ihm das liebste seiner Bücher war. Goslar konnte sich, in seinen Augen, mit Wartenberg nicht messen. Oft wurde er von bitterem Heimweh geplagt. Doch auch hier gab es Familien, die ihn einluden und umsorgten. Er fand treue Freunde und – seine Jugendliebe, die ihn lange bewegte. Als er, allen Goslarer Gepflogenheiten zum Trotz, das Alumnat verließ und sich ein eigenes Zimmer nahm, schien er vollends frei und glücklich. Von neuem regte sich seine Fröhlichkeit, ja er, der bisher von Menschen und dem Schicksal Verwöhnte, wurde übermütig. Bilder aus jener Zeit zeigen ihn mit selbstbewußtem, wenn nicht gar blasiertem Blick, die Schülermütze schief auf dem Ohr, ein Stöckchen in der lässigen Hand.

Der Krieg beendete die Goslarer Idylle; er riß aus den Gewohnheiten des Alltags und fachte eine überschäumende patriotische Begeisterung an. Auch die Brüder Tresckow wurden von ihr gepackt.[24] Für sie war dieser Kampf ein aufgezwungener Verteidigungskrieg. Beide hielt es nicht länger auf den Schulbänken: sie wollten dabei sein und meldeten sich freiwillig. Gerd rückte als erster aus; Henning wurde wegen seiner Jugend und Schmächtigkeit zurückgestellt. Der Abgewiesene war enttäuscht und fürchtete, daß der Krieg ohne ihn zu Ende ginge, aber er »beschloß, von nun an nicht mehr zu essen, sondern zu fressen, um breiter und kräftiger zu werden«.[25] Immer wieder bestürmte er seine Eltern. Dann, nach dem Notabitur, war er am Ziel: im Juni 1917, noch sechzehnjährig, wurde er Fahnenjunker im Ersten Garde-Regiment zu Fuß.

Die Ausbildung auf den Potsdamer Exerzierplätzen war unerbittlich: auch im vierten Kriegsjahr hatten die jungen Gardisten des Ersatzbataillons »Griffe zu kloppen«.[26] Doch Henning von Tresckow vermochten jetzt Strapazen nichts mehr anzuhaben. Ende Oktober 1917 kam er als Unteroffizier zu einem dreiwöchigen Offiziersanwärterkursus bei Reims zum Regiment, Anfang 1918 zum abschließenden Fahnenjunker-Lehrgang nach Döberitz. Vier Monate später wieder beim Regiment, wurde er am 5. Juni 1918 zum wohl jüngsten Leutnant der Truppe ernannt.[27] Als Zugführer einer Maschinengewehrkompanie focht er, schon im Juli mit dem Eisernen Kreuz ausgezeichnet, in den Abwehrschlachten an Maas, Oise und Aisne, bei Ziers und Attigny, in den Argonnen und an der Champagne-Front.

Die Gewalt des Kampfgeschehens mußte ihn aufwühlen und erschüttern. Auch wenn er erst spät und unverbraucht die zermürbenden Stellungskämpfe erlebte: Feuer, Dreck, Blut und Hekatomben von Gefallenen offenbarten eine anklagende, unmenschliche Wirklichkeit. Hinzu kam: die deutsche Armee rang nicht länger um den Sieg, sie hatte sich – von einigen Offensivstößen abgesehen – nur mehr auf verlustreichen Rückzügen zu behaupten. Das mußte zusätzlich jede einfältige Begeisterung dämpfen. Henning von Tresckow begriff, was Krieg bedeutete. In Zukunft konnte für ihn allenfalls noch äußerste Notwehr Waffengänge rechtfertigen, doch zugleich erlebte er diesen Krieg als Bewährungsprobe des Opfersinns und jener festen Kameradschaft, die ihn auf sein Regiment stolz sein ließ.[28] Seine Pflichterfüllung blieb ohne Makel, indes bewahrte ihn sein Wesen vor hirnloser Tapferkeit. Er war ein eigenwilliger und oft auch unbequemer Offizier. Sein Kompanieführer erinnert sich, daß er ihm eines Nachts befohlen hatte, »mit seinen vier Maschinengewehren nach vorn zu gehen und sie an den auf der Karte von mir ausgesuchten Stellen zum Feuerschutz einer Infanteriekompanie einzusetzen. – Als ich im Morgengrauen seine MG's im Gelände suchte, fand ich sie nicht. T. hatte sie an anderen Stellen eingesetzt, ohne mir Meldung zu machen. So aber war Tresckow: Er hatte zwar gegen den Befehl gehandelt, aber erkannt, daß seine Maschinengewehre an den *von ihm* im Gelände erkundeten Stellen den Feuerschutz weit besser übernehmen konnten, als an den von mir nach der Karte ausgesuchten.«²⁹

Doch keine soldatische Tugend konnte das Kriegsglück mehr wenden. Deutschland war erschöpft; Ludendorff verlangte den Waffenstillstand. Am 11. November 1918 unterwarf sich das von revolutionären Wirren erschütterte Reich seinen Gegnern. Das Erste Garde-Regiment stand bis zuletzt im Kampf. Anfang November deckte es als Nachhut den Rückzug auf die Antwerpen-Maas-Stellung, einen Tag vor dem Waffenstillstand nahmen seine Bataillone im letzten Sturmangriff die Höhe 249 bei Sedan ein.³⁰ Wenig später räumte es das besetzte Gebiet; in den nächsten Wochen wurde es über Wetzlar in die Nähe Berlins transportiert.

Am 11. Dezember 1918 zog das Regiment – Henning von Tresckow an der Spitze seines Zuges – mit klingendem Spiel, blumengeschmückt, vor der Leibkompanie die silbernen Fahnen, in die alte Garnisonstadt Potsdam ein. Noch einmal paradierte es vor Prinz Eitel Friedrich, dem Kommandeur der 1. Garde-Infanterie-Division. Dann verabschiedete sich in der Garnisonkirche Graf zu Eulenburg von den Grenadieren und Füsilieren des Regiments. Seine Ansprache setzte den Schlußpunkt. Die Truppe, eine der traditionsreichsten des Heeres, war aufgelöst, der Erste Weltkrieg auch für Henning von Tresckow zu Ende.

Zweites Kapitel

Nachkriegsjahre

Zunächst blieb er Offizier. Instinktiv, scheint es, wählte er seinen Standort im Bürgerkrieg der November-Revolution. Nach Herkunft und Erziehung konnte er einem radikalen Umsturz keinen Geschmack abgewinnen. Was die extreme Linke wollte, war die Diktatur einer Klasse. In den Spartakisten, die – auch gegen den Willen zahlreicher Arbeiter – die totale Revolution zu ertrotzen suchten, erblickte er einen gefährlichen Feind.[1] Er stellt sich auf die Seite Eberts und seiner Verbündeten, von denen er glaubt, daß sie eine gefestigte Ordnung und maßvolle soziale Reformen erstreben. Anfang Januar 1919 gehört er unter Major von Stephanie zum Regiment Potsdam. Die Regierungstruppe, aus Freiwilligen gebildet und in einem kritischen Augenblick heranbefohlen, säubert Berliner Straßen und holt Heckenschützen von den Dächern. Mit ihr stürmt Tresckow das Redaktionsgebäude des »Vorwärts«, die Hochburg des spartakistischen Widerstandes.[2] Die Heftigkeit der Kämpfe kann ihn nicht erhitzen. Ausschreitungen wehrt er ab. Die gefangenen Aufrührer haben »bei Fackelschein und mit erhobenen Händen zu marschieren«. Doch sicher bringt er sie ins Zellengefängnis nach Moabit.

Der Versailler Vertrag forderte auch ihn heraus. Nicht genug, daß dieser Vertrag Deutschlands Alleinschuld am Krieg behauptete und die Auslieferung von »Kriegsverbrechern« verlangte, zwang er das Reich, auf ein 100 000-Mann-Heer abzurüsten und in einschneidende Waffen-Bedingungen einzuwilligen. Wie seine Kameraden empfand ihn Tresckow als Demütigung, die nicht tatenlos hinzunehmen sei.[3] So zögerte er nicht, wenn verbotene Karabiner, Maschinengewehre, Handgranaten und auch schwerere Waffen zu verstecken waren. Mehrere Male leitete er nächtliche Transporte auf Wagen oder Lastkähnen nach Döberitz und Brandenburg. Überall fand er Helfer, die zupackten, Wege wiesen und zu schweigen wußten. Oft beschämten sie die – erbitternde – Feindseligkeit, mit der Regierung und Staat diesem illegalen Treiben begegnen mußten.

1919 übernahm ihn die Reichswehr ins spätere 9. (Preußische) Infanterie-Regiment.[4] Dem Kriegs- folgte der Garnisondienst. Für den jetzt 18jährigen Leutnant stand die tägliche Ausbildung im Vordergrund. Sein Blick galt der praktischen Arbeit; bei allen Diskussionen des Offizierskorps über ihre Methoden blieb er »führend beteiligt«. Er hielt Unterricht und übte mit seinem Zug im Gelände. Später bereitete er militärische Sportfeste im Postdamer Lustgarten vor.[5] Geist und Zusammenhalt seines Regiments erweckten in ihm Genugtuung, seine eigenen soldatischen Fähigkeiten den Glauben, daß er, der sich schon 1920 »als stark ehrgeizigen Charakter bezeichnete«, zu größeren Dingen ausersehen sei.[6]

Dennoch rang er mit inneren Spannungen und Depressionen. Nicht als ob er die Notwendigkeit des Soldatentums angezweifelt hätte. In sein Tagebuch schrieb er: »Ein überirdisches Land, ein Paradies, wie es im ›Heidentum‹ gewollt ist, kann uns bei dem heutigen Zustande der Menschheit nur als unerreichbares Ziel vorschweben, denn ein solches Volk würde eben keinen Kampfgedanken, keinen Ehrgeiz, für eine große Idee zu kämpfen, haben und deshalb bald Sklave anderer, unverbrauchter und kampffreudiger Völker werden.«[7] Selbst wenn alle Völker, so meinte er, ehrlichen Willens einen Völkerbund zum Zweck des Friedens schüfen: die Verschiedenartigkeit der Rassen und Klassen müsse abermalige Konflikte und Kriege erzwingen. Auch die Lektüre von Spenglers »Preußentum und Sozialismus«, der mit herrischen Worten postulierte, jedes Volk habe für eine große, von ihm geschaffene Idee zu kämpfen, mußte den jungen Tresckow in seinen Auffassungen bestärken. Daß es speziell eine deutsche Aufgabe sei, im Zeichen des preußischen Sozialismus zu leben, war ihm zwar ein »irdischer«, doch zugleich auch ein »schöner und stolzer Gedanke«.[8] Gleichwohl fehlte ihm »das zum menschlichen Glück und nützlichen Arbeiten unbedingt notwendige Ideal«. Was Halt gab oder emporhob, war das Vergangene und Verlorene.[9] Wie schon im Krieg glaubte er aus dem politischen und wirtschaftlichen Elend keinen Ausweg, sondern nur das »Chaos näher kommen« zu sehen. »Feigheit und Verwöhntheit« machten nach seinem Bekenntnis einen solchen Ausblick unerträglich. Das Rüstzeug, das ihm die Schule mitgegeben hatte, genügte nicht. Ehrlich gestand er sich ein, daß er über viele Dinge keine feste Ansicht gewinnen könne.[10] Nicht nur Fragen der Religion und Politik, auch der Beurteilung anderer Menschen und seiner selbst stünde er »teils ganz unfähig, teils schwankend und meist verneinend« gegenüber. Oft fürchtete er, nicht intensiv genug denken zu können. Dann beklagte er seinen fehlenden Willen und seine kindliche Eitelkeit – Gebrechen und Fehler, die ständig wiederkehrten und deren er »nie ganz Herr«

zu werden meinte.[11]

Derartige Schwächen hätte er vermutlich auch als Offizier überwinden können, aber der Dienst nahm ihm zu viele Energien und beengte seinen Drang nach Bildung und Selbständigkeit. Was ihm Schule und Krieg verwehrt hatten, war allein durch ein Studium aufzuholen. Auch materiell suchte er der Enge des armselig besoldeten Leutnants zu entgehen. Das Erbteil seiner praktisch und rechnerisch veranlagten Mutter regte sich: er wollte Geld verdienen und Boden unter die Füße bekommen.[12] Seine Kameraden zeigten sich erstaunt. Wirtschaftliches Gewinnstreben war ihnen fremd; sie begriffen nicht, daß Tresckow eine, wie auch sie glaubten, sichere Karriere ausschlug und entschlossen schien, der Armee den Rücken zu kehren. Doch am 31. Oktober 1920 verließ er die Reichswehr, um sich als Student an der Berliner Friedrich-Wilhelms-Universität einzuschreiben.

Der Fakultät nach studierte er Rechtswissenschaft; nebenher aber belegte er moderne Staatstheorie sowie Geld- und Börsenwesen.[13] Ein Jahr später, auf der Kieler Christian-Albrechts-Universität, hörte er wieder nicht nur bürgerliches und römisches Recht, sondern auch Vorlesungen über Politik, Welthandel und Finanzwirtschaft. Der auffallend gleiche Studienplan war bewußt gewählt und vermied Abschweifungen. Auch in seiner Lektüre blieb Tresckow konzentriert. Sein Denken schulte sich. Seine Unsicherheit, die eine Unsicherheit nicht erprobter Fähigkeiten war, begann zu schwinden.

Anfang Januar 1923 bot sich ihm eine Chance im Potsdamer Bankhaus Wilhelm Kann.[14] Da er nie plante, Jurist zu werden, wagte er zuzugreifen. Von neuem war er lernwillig. Rasch fand er sich auf dem glatten Parkett des Geldwesens zurecht. Zwar mußte die Inflation zunächst auch seine Aussichten begraben. Nach der Stabilisierung der Währung aber fing sein Stern an zu steigen. Gespür, Intelligenz und Kaltblütigkeit halfen ihm, Kanns Interessen wahrzunehmen und sich selbst ein beachtliches Vermögen zu schaffen. Oft eilte er – nun im schwarzen Paletot, mit Schirm, Handschuhen und Melone – zur Börse, um die Geschäfte des Tages abzuwickeln. Sein jüdischer Chef, dem er verbunden blieb, ließ ihm freie Hand. Mit den Leistungen des jungen Mannes durfte er zufrieden sein.

Tresckows Tätigkeit als Bankkaufmann verwunderte. Ein extremerer Gegensatz zum gängigen Offizierskodex schien kaum denkbar. Weit war der alerte Börsenmakler »abgetrieben«. Doch einstweilen gefiel er sich in seiner Rolle. Er hatte seine Selbständigkeit, sammelte Wissen und Erfahrungen, sorgte, die Familie entlastend, für die

Schwester; vor allem aber genoß er seine Erfolge, die ihn mit dem beruhigenden Bewußtsein erfüllten, nicht nur in einem Beruf etwas zu taugen.[15] Der Ausbruch aus der Armee hatte sich gelohnt und seine Entwicklung auch nach Ansicht anderer beschleunigt. Jene, die den Dreiundzwanzigjährigen kennenlernten, sprechen von einer überzeugenden Persönlichkeit. Sie loben nicht allein seine taktvolle Höflichkeit und sein weltmännisches Benehmen, sondern auch »die Art und Weise, wie er über weltpolitische und weltwirtschaftliche Fragen« zu urteilen wußte.[16]

Hier, im geistigen Bereich, war er in der Tat vorangekommen. Gewiß hing er weiterhin seiner These von der Verschiedenartigkeit der Rassen und Völker an, die nicht zu verschmelzen seien und daher kaum friedlich nebeneinander zu leben vermöchten. Ein dauernder Weltfriedenszustand oder ein Völkerbund »von tatsächlicher, bleibender Bedeutung« schien ihm nur durch den Sieg einer Idee über alle anderen möglich. »Aussicht auf Erfolg in diesem Sinn hat augenblicklich wohl nur die anglo-amerikanische (auch jüdisch genannt), demokratisch-kapitalistische Idee. Das bedeutet Versklavung der Welt durch das Händlertum. Die kommunistische bzw. marxistische Idee tut hierbei, selbst wenn sie vom besten Geist beseelt ist, Handlangerdienste.«[17] Doch wenn er auch – wie viele Zeitgenossen – im nationalstaatlichen Denken verharrte: in seinen innenpolitischen Ansichten hatte er umgelernt. Er konnte sich nicht darüber täuschen, daß im Weltkrieg die breite Masse des Volkes den Hauptteil aller Blutopfer erbracht hatte. Derartige Blutopfer waren politisch zu »kompensieren«; sie verlangten nicht allein demokratische, sondern mehr noch soziale Reformen. Tresckows Ideale wurden eine parlamentarische Monarchie englischen Musters und eine ausgewogene Gesellschaftsstruktur.[18] Obgleich nicht sozialistisch gesinnt, wünschte er den überfällig gewordenen Ausgleich zwischen den Klassen. Führung wollte er an Bildung und Können gebunden wissen, nicht an Abstammung und Besitz. Von solcher Forderung durfte es keine Ausnahme geben. Er war stolz darauf, einer der alten preußischen Adelsfamilien zu entstammen. Er kannte die Eignung dieser Familien insbesondere für den Offiziersberuf. Hier sprach er – mitunter – sogar von angeborenen Führungstalenten. Jeden Anspruch ohne Leistung und wirkliche Überlegenheit aber wies er zurück. Ähnlich seine formulierten »Politischen Gedanken«, nach denen ihm die jeweils vorherrschende Regierungsform nicht »ausschlaggebend« war.[19] Ob »Monarchie oder Republik«, ob »individualistische oder sozialistische Wirtschaft«: tüchtige Völker, glaubte er, kamen auf jedem Weg voran. Er leugnete nicht, daß man hinsichtlich der besten Regierungsweise verschiedener Meinung sein konnte. Stets würde aus historischen und psychologischen Gründen einmal diese, dann wieder jene Staatsform zu bevorzugen sein. Das galt auch für Deutschland. Entscheidend waren indes die Menschen sowie eine »richtige und gerechte Verwaltungstechnik«. Diese These blieb ihm Glaubenssatz.

Seine Haltung deckte sich kaum mit der des Vaters, der die Republik nicht bejahte und über den Thronverzicht des Kaisers verbittert war; sie schien oft beschworener Tradition und der konservativen Sinnesart zu widersprechen, die frühere politische Verhältnisse wiederherzustellen begehrte. Tresckow jedoch verschloß sich nicht den Fehlern der Wilhelminischen Ära; er trachtete sie zu überwinden und folgte den Notwendigkeiten seiner Zeit.[20] Damit meinte er zu Recht der eigentlichen Tradition und einem unverfälschten Konservativismus zu gehorchen. Er drohte nicht vom Preußentum abzufallen. Im Gegenteil: Bewährung ohne Tradition war, in seinen Augen, weder denkbar noch möglich; sie setzte vor allem das Ethos des Christentums voraus, in dem auch er mit festem Gottesglauben wurzelte. Doch gerade Tradition hieß: illusionslose Nüchternheit und sachliche Pflichterfüllung. Jede Generation hatte ihre eigenen Aufgaben zu entdecken und zu lösen. Reaktionärer Konservativismus mißverstand Preußen. Widersprach das Überkommene der Vernunft und Zweckmäßigkeit, mußte es aufhören, ein unantastbarer Fetisch zu sein. Für Tresckow hatte der wahrhaft Konservative den Staat durch Umwandlung zu erhalten. Dessen Ideen zielten auf die ganze Wirklichkeit; er war mit der Vergangenheit und Zukunft verbunden. Nur aus einem solchen Zusammenhang heraus ließ sich sinnvoll handeln.

1924 lernte Tresckow Oberleutnant Kurt Hesse kennen.[21] Hesse, Doktor der Philosophie und Militärschriftsteller, gehörte zu den unorthodoxen Köpfen der Armee. Er stritt für eine Reichswehr, die sich allen Schichten des Volkes öffnen sollte; er stellte über den Drill das Kampferlebnis, von dem er eine zureichende Vorstellung erweckt zu sehen wünschte. Was er lehrte, traf auf Widerspruch. Seeckt, Schöpfer der Reichswehr, bemerkte mokant, so unpsychologisch, wie der junge Frontoffizier des Weltkrieges glaube, sei nicht einmal die alte Armee gewesen. Auch von Tresckow durfte Hesse kaum nur Zustimmung erwarten. In vielem waren beide Männer Gegensätze. Wenn sie sich »trotzdem fanden, so lag der Grund dafür in der übereinstimmenden Auffassung von der Bedeutung Preußens in der deutschen Geschichte, vom Wesen und der Aufgabe des Soldaten und von der Verpflichtung der jungen Generation, das Erbe der Vergangenheit neu zu begreifen«.[22] Als Hesse beiläufig erwähnte, er plane eine Weltreise, fragte Tresckow spontan, ob er ihn begleiten dürfe. Hesse stimmte zu. Im Juli 1924 verließen beide Berlin.

Tresckows Weltreise, damals ein ungewöhnliches und vielbeneidetes Vorhaben, galt nicht dem Vergnügen; sie sollte seinen Horizont erweitern und auch geschäftlich von Nutzen sein. Einmal reisefertig, waren seine Empfindungen geteilt. »Mit eigenartigem Gefühl«, notierte er, »noch einmal durch Potsdam, direkt an Lustgarten und Kaserne und dicht an meiner Wohnung vorbeigefahren. Auch an Wildpark! Über der Havel bei Werder stand silbern der Vollmond und spiegelte sich wunderschön im Wasser. Potsdam wird stärker sein als alles, was die Welt zu zeigen hat.«[23] Doch er schwankte nur für Augenblicke und ermahnte sich zu dem Optimismus, zu dem er ohnehin eingeschlossen war. Die Hülle seines Tagebuches zierte – gegen jeden Aberglauben – eine 13; für seine Koffer hatte er preußische Farben gewählt.[24]

Erstes Reiseziel war London, das sie über Amsterdam und Den Haag erreichten. Der Stadt, die er im Autobus oder zu Fuß durchstreifte, konnte Tresckow wenig abgewinnen. Er rühmte ihre Solidität und Sauberkeit, doch die Architektur allenfalls in »Einzelheiten«.[25] Um so mehr erfreuten ihn die »absolut selbstsicheren und rücksichtsvollen Menschen«. Höflich gaben sie Auskunft. Oft freilich zuckten sie auch zusammen, wenn sie gewahren mußten, daß die beiden Besucher »Germans« waren. Ein Sonntagsausflug führte über Brighton nach Beachy Head. »Hier Aufenthalt auf dem wunderbaren Ausblick. Man steht auf weißem Kreidefelsen, der direkt vor einem zweihundert Meter steil ins Meer abfällt. Das Meer schimmert in allen Schattierungen von Blau und Grün in merkwürdig scharfer Abgrenzung der einzelnen Farbfelder. Unten brandet es gegen die Felsen. Auf der anderen Seite weiter Blick über die grüne Landschaft von Sussex. Das Schönste, was ich bisher gesehen; Wartenberg natürlich ausgenommen.«[26]

Von Dover setzte er mit Hesse nach Frankreich über. Frankreich zwang zu besonderer Vorsicht und Zurückhaltung: es war, im Zeichen des Ruhr-Kampfes und der Rheinland-Besetzung, feindseliger als England eingestellt und konnte Deutsche gewiß noch weniger willkommen heißen. Hesse und Tresckow verleugneten ihre Nationalität und reisten als britische Globetrotter.[27] Obgleich sie gewillt schienen, sich von Paris nicht überwältigen zu lassen – Henning von Tresckow über das abendliche Treiben: alles eitel, affig und aufgeregt –, mußten auch sie die Sehenswürdigkeiten der Stadt bewundern. Lange stand Tresckow unter dem Arc de Triomphe. Das Grabmal des unbekannten Soldaten mit der ewig flackernden Flamme »machte tiefen Eindruck« auf ihn.[28] Es war ihm, in jugendlichem Überschwang, ein »schöner Gedanke, wunderschön ausgeführt«, bei dem er nur bedauern konnte, »daß wir ihn nicht hatten«. Zwiespältige Gefühle erweckte das 1919 errichtete Panthéon de la Guerre. Ein Kolossal-Gemälde des Kuppelgebäudes feierte vor allem den Sieg der Franzosen: auf schier endlosen Treppen drängten sich die Staatsmänner und militärischen Führer der Alliierten, vor ihnen, unter einem Feldgeschütz, deutsche Fahnen im Staub. Der Anblick schmerzte und verletzte, aber Tresckow war, als hätte man der deutschen Armee ein Denkmal gesetzt, »so selbstverständlich und gerecht« erschien ihm die Überzeugung, »daß hier die Welt sich zusammenklauben mußte, um in vier Jahren mühsam das eine Volk, dem jene Fahnen gehören, totzuschlagen«.[29] Ob den Amerikanern unter der Besuchsgruppe, so fragte er sich, wohl ähnliche Einsichten dämmerten?

Reims, Station einer Schlachtfelder-Fahrt, lag zum größten Teil noch in Trümmern. Rings um die Kathedrale hatten sich Souvenir-Läden aufgetan, die »geschmacklose Ansichtskarten über Krieg und Deutsche« feilboten, ein einziger Propaganda-Platz gegen die »Boches«.[30] Tresckow empfand das Unheimliche der Stimmung. Wie Hesse wagte er nur noch englisch zu sprechen. »Anschließend im Auto über alte Grabensysteme, die sich in der Champagnekreide noch deutlich abzeichnen, durch völlig zerschossene Dörfer, an riesigen Kirchhöfen vorbei nach Berry-au-Bac. Hier ist ein Brennpunkt der alten Front völlig erhalten geblieben. Ein riesenhaftes Trichtergelände. Der Führer erzählt, daß in dem größten Sprengtrichter, der einem tiefen Tal gleicht, allein 200 Franzosen verschüttet wurden. Weiter an unendlichen Fronterinnerungen vorbei nach Oeuilly; in der Ferne sieht man lange den Chemin-des-Dames. Dann biegen wir in unsere alte Vormarschroute vom Sommer 1918 auf die Marne zu ein... Überall sind die Wiederaufbauarbeiten zwar im Gange, können aber das Kriegsbild nicht verwischen. In einem kleinen Dorfe vor Château Thierry rennt unser Auto mit einem Ochsenkarren zusammen. Ein Vormarsch an die Marne hat anscheinend immer Schwierigkeiten.«[31]

In Boulogne schieden beide vom ungastlichen Frankreich. Am Kai wartete die »Antonio Delfino«, ein 14 000-Tonner der Hamburg-Süd, mit dem sie – bestenfalls fünfzehn Seemeilen in der Stunde – über Vigo und Lissabon nach Rio de Janeiro dampften.[32] Tresckow genoß die Annehmlichkeiten des Bordlebens. Er hatte Muße, zu lesen, nachzudenken und erste Bilanzen zu ziehen. Die Passagiere – zumeist laute Südamerikaner – verlockten ihn wenig, um so mehr die täglichen Schachspiele, zu denen er gar den mitreisenden Weltmeister des Fachs, den Tschechen Réti, aufzufordern wagte. Sein Mut war vermessen. Réti spielte blind. Jede Partie ging für Potsdam verloren. Allein Tresckow reizte es, sich »mit einem überlegenen Gegner zu messen. Dabei erkannte er die ihm gesteckten Grenzen, andererseits aber auch den weiten Raum für eigenes Handeln. Wie mancher Soldat betrachtete er das Schachbrett als das Feld taktischer Überlegungen, wobei der schärfere Verstand, die umfassendere Berechnung von Zug und Gegenzug siegten. Sein Ehrgeiz, beinahe eine Leidenschaft, trat bei solcher Gelegenheit deutlich in Erscheinung«.[33]

Rio de Janeiro bestrickte, erlaubte indes nur eine Atempause. Hesse und Tresckow wollten sich umtun; sie hatten Empfehlungen zu nutzen und Kontakte zu knüpfen. Ihre Route berührte Bello Horizonte, Minas, São Paulo und Blumenau; sie durchquerte staubige Weiten und tropische Urwälder, führte in Minen, auf Plantagen und zu einsamen Siedlungen, in denen ostpreußische Familien einen Neuanfang versuchten.[34] Auch die fremdartige südamerikanische Landschaft konnte Tresckow kaum übermäßig entzücken. Für ihn, den hartnäckigen Märker, waren die heimatlichen Kiefernwälder schöner als alle brasilianischen Palmenhaine. Doch er sprach mit zahlreichen Menschen und blieb ein scharfäugiger Beobachter. Er erlebte Gastfreundschaften und – beim Auslandsdeutschtum – haarsträubende politische Rückständigkeit, ihm begegneten Tatkraft, Fortschritte und Erfolge. Oft freilich hörte er nur von nahezu unüberwindbaren Widerständen, mit denen namentlich der wenig begüterte Einwanderer zu ringen habe.

Nach kurzem Aufenthalt in Uruguay langte er mit Hesse in Buenos Aires an. Die »Deutsche La Plata Zeitung« veröffentlichte ein Interview, in dem sie vom aufrichtigen Verständigungswillen Deutschlands und davon sprachen, daß die Menschen Südamerikas – im Gegensatz zu den Franzosen an Seine und Marne – offener und ehrlicher wären.[35] Die Armee lud sie zu einem Manöver ein, bei dem freilich die veraltete argentinische Artillerie vergebens zu imponieren suchte. Wieder besichtigten sie Betriebe und Farmen. Von neuem hatten sie auch Leistungen – so die wohlorganisierte Rinderzucht des Landes – anzuerkennen, aber mehr als die aufstrebende Wirtschaft beeindruckte eine Begegnung mit dem früheren argentinischen Militärattaché in Berlin. Schnell verstand sich Tresckow mit dem deutsch sprechenden Oberst. In einem langen, erinnerungsreichen Gespräch über den Krieg »äußerte er, daß es eine internationale Waffenbrüderschaft gebe, die für ihn die Bestätigung seiner Haltung und bestimmter, für den Soldaten unentbehrlicher Eigenschaften sei«.[36]

Über Mendoza und die schneebedeckten Anden ging es nach Santiago. Hier schienen endlich bessere Aussichten für Geschäfte zu winken. Tresckow erwog eine Partnerschaft, bei der er bereit war, mit Kapital einzustehen. Doch Chile war seine letzte südamerikanische Station. Schon in Buenos Aires hatten ihn schlechte Nachrichten aus Wartenberg beunruhigt. Jetzt waren ihm Alarmrufe nachgereist. Das Gut steckte in einer finanziellen Krise. Er beschloß, sich von Hesse zu trennen und heimzufahren. Der Abbruch seines Abenteuers wurde ihm schwer. Er hatte auf Bolivien, Venezuela, Kolumbien und den Fernen Osten zu verzichten, aber er berührte noch Peru, Panama, Kuba, New Orleans, Washington und New York, bevor er auf dem Hudson die »München« bestieg.[37] Nach zehn Tagen passierte der Lloyd-Dampfer Dover. Am 8. November 1924 kehrte Tresckow nach Deutschland zurück.

In Wartenberg half er sofort. Mit einer größeren Summe konnte er der Familie den vielgeliebten Besitz erhalten. Danach freilich waren seine Mittel erschöpft. Abermals stand er am Anfang und vor der Frage: was nun? Es lag nahe, gewohnten Geschäften nachzugehen. Er verfügte über Beziehungen und Überblick; als Makler waren ihm Erfolge zuteil geworden. Doch die Reise hatte inneren Abstand geschaffen und ursprüngliche Antriebe wiedererweckt. Die kaufmännische Tätigkeit befriedigte nicht mehr. Er strebte nach Aufgaben, die nicht an den persönlichen Nutzen gebunden waren.[38] Ein Angebot des Fürsten Pleß, als Erzieher junger Prinzen zu wirken, hätte verlocken können. Tresckow stellte sich vor, aber was er erlebte, zwang ihn abzulehnen. Die Erziehung, die man erwartete, widersprach seinen Anschauungen. Allein sein Gewissen – dies seine Worte – verböte ihm, sich den Grundsätzen des fürstlichen Hauses anzupassen.[39] So reifte der Entschluß, zum zweiten Mal Soldat zu werden. Wieder schien seine Absicht unverständlich. Kaum einer konnte begreifen, daß er, der fähige und erfahrene Kaufmann, gewillt war, seinen vielversprechenden Beruf zugunsten eines erneuerten Leutnantspatents aufzugeben. Doch Tresckow hatte sich geprüft. Erfüllung konnte er nur finden, wenn er seine Gaben in den Dienst am Ganzen stellte.

Die Reichswehr machte keine Miene, seiner Bewerbung entgegenzukommen. Längst war – bei einem Heer von nur 100 000 Mann – ihre Aufnahmegrenze erreicht. Schließlich aber half Hindenburg mit einer persönlichen Fürsprache, nach der sich Tresckows Pläne verwirklichten.[40] Am 18. Januar 1926 heiratete der 25jährige in »unvorschriftsmäßiger« Ehe – das Heiratsalter für Offiziere war auf 27 Jahre festgesetzt – Erika von Falkenhayn, Tochter des früheren preußischen Kriegsministers und Chefs der zweiten Obersten Heeresleitung im Weltkrieg. Zwei Wochen darauf, nach einer Hochzeitsreise an die Riviera, trug er wieder die feldgraue Uniform eines Leutnants im 9. (Preußischen) Infanterie-Regiment.

Drittes Kapitel

Infanterie-Regiment 9 und Potsdam

Die Reichswehr, in die Tresckow am 1. Februar 1926 von neuem eintrat, war das Produkt verworrener Geschichte und eines Mannes, des Generalobersten Hans von Seeckt. Obgleich 1918/19 Geburtshelfer und Retter der Republik, schien diese Armee unwiderruflich vom Weimarer Staat getrennt zu sein.[1] Dabei hatte nicht nur böser Wille auf seiten der Soldaten vorgeherrscht. Die politische Führung des Reiches vermochte nach dem Krieg Weichen zu stellen: sie hätte sich für die Revolution oder ein demokratisiertes Kaisertum entscheiden können. Doch die halbherzige Sozialdemokratie wagte weder eine Revolution noch die Entmachtung ihrer Gegner; sie kämpfte aber auch nicht für die konstitutionelle Monarchie, auf die das 100 000-Mann-Heer – nach seinen Voraussetzungen – allein zu verpflichten gewesen wäre. Die Revolution, die hinsichtlich der Armee spätestens nach dem Kapp-Putsch hätte siegen müssen, blieb Theorie oder unvollkommen. Fragwürdige Kompromisse erzwangen Spannungen und schließlich feindselige Fronten. Die Republik begegnete der Reichswehr mit Mißtrauen und verdächtigte sie reaktionärer Gesinnungen. Die Tatsache, daß sich diese Republik selbst der Revolution widersetzt hatte, wollte kaum beirren. Eher schien man der Truppe vorzuwerfen, sich weniger revolutionär als die politische Führung zu zeigen. Schlimmer noch handelte die Linke des Staates. Ihre Parteien verunglimpften offen die Reichswehr; sie gaben sich radikal wehrunwillig und zögerten nicht, Verstöße gegen die Versailler Rüstungsbeschränkungen auch ohne Not zu brandmarken. Das mußte erst recht eine Armee erbittern, deren Kampfkraft nicht einmal zu hinhaltender Verteidigung taugte. Der Pazifismus, verständliche Folge eines grauenvollen Krieges, mißachtete die Antriebe einer unveränderten Staatenwelt. Gegenwirkungen gingen allenfalls von der umstrittenen Rechten aus. Soweit nicht die Republik das Heer als Exekutive mobilisierte, ließ sie es – zusätzlicher Widerspruch und doppeltes Versagen – jahrelang allein.

Seeckt, als Soldat eine charismatische Führernatur, zog die Konsequenzen. Er suchte die Reichswehr, deren Kommandogewalt er übernahm, aus inneren Wirren herauszuhalten.[2] Die Truppe mußte ihre Geschlossenheit wahren. Sie durfte nicht wählen; sie hatte sich von Parteien und Verbänden abzukehren und einzig im sachbezogenen Dienst aufzugehen. Alle Energien gehörten nach dem Kapp-Putsch einem Heer »getreu der Verfassung«, aber an die Stelle der Verfassung traten zunehmend »Staat« und »Reich«. Seeckt nutzte die Möglichkeiten des Berufsheeres, das die Sieger verordnet hatten. Er schuf eine gut disziplinierte, ihm ergebene Armee preußischer Tradition und begann, sein Instrument gegen die Republik abzuschirmen. Die Tradition hatte im Soldaten die Kräfte wachzurufen, zu denen sich die meisten Weimarer Parteien nicht bekennen wollten; die Abschirmung verdeutlichte, daß der Staat, der im November 1918 dem Offizierkorps die Achselstücke von den Schultern reißen ließ, nicht der Staat der Reichswehr war. Seeckt weigerte sich, klaffende Gräben zuzuschütten. Er war kein Mann der Selbstverleugnung, und er hätte sich, um seine Antipoden zu beschwichtigen, verleugnen müssen. Die parlamentarische Demokratie widersprach seinem politischen Denken und war kein »noli me tangere«; zudem wurde sie von mächtig gebliebenen Gruppierungen untergraben und bekämpft. So fühlte er mit ihren Gegnern – überzeugt davon, daß der Weimarer Staat nicht von Dauer sei. Hindenburg, seit 1925 Reichspräsident, vermochte ihn kaum umzustimmen. Der greise Generalfeldmarschall repräsentierte nicht die Republik, sein Amt wurde weiterhin als Statthalterschaft für die wiederkehrende Monarchie mißverstanden. Seeckts Attentismus blieb hochpolitisch und von Gefahren umwittert. Sowenig er selbst gewillt war, in entscheidenden Augenblicken Neutralität zu üben: der Reichswehr verbot er, aus ihrer Reserve herauszutreten. Sein Konzept trübte den Blick für Entwicklungen und erweckte die Illusion, daß es jenseits der Wirklichkeit eine abstrakte Staatsidee gäbe. Doch was er – Halt und Vorbild seiner Soldaten – forderte, schien gleichsam aus dem Empfinden und Wollen der Truppe geschöpft. Diese Truppe beherzigte seine Maxime, daß die Armee, Machtmittel des Reiches, Deutschlands Einheit zu erhalten habe; sie diente in schweigender, selbstloser Pflichterfüllung nicht den Parteien, sondern dem Staat; sie fühlte sich an das Vaterland gebunden, das sie für eine andere Ordnung zu retten trachtete.

Das Infanterie-Regiment 9 – 1932 mit seinen Bataillonen und einer 13. Minenwerfer-Kompanie in Potsdam, Spandau-Ruhleben und Lübben stationiert – glich im besonderen dem Bild der Reichswehr, wie es Seeckt angestrebt und geprägt hatte. Schon die weitreichende Tradition des Regiments, freudig und bewußt bejaht, richtete sich gegen die antisoldatische Mentalität der Zeit. Seine Kompanien bewahrten die »Überlieferung von sieben Truppenteilen der Garde-Infanterie, zwei Regimentern des brandenburgischen III. Armeekorps, eines heimatlos gewordenen Metzer Infanterie-Regiments, des Lehr-Infanterie-Bataillons, der Preußischen Fliegertruppe und der Schutztruppe Deutsch-Ostafrika«.[3] Die Offiziere der Einheit entstammten zumeist selbst den Traditionstruppenteilen. Wohl schien das Etikett »Graf Neun«, allbekannter Spitzname des Regiments, um etliche Grade zu übertreiben. Fünf von sieben Regimentskommandeuren und die Hälfte aller Offiziere in den Jahren von 1920 bis 1934 waren bürgerlicher Herkunft, doch die andere Hälfte und die Mehrheit der Bataillonskommandeure stellte der Adel: er gab den Ton an und bürgte für eine konservativ beeinflußte Homogenität des Offizierskorps.

Im Regiment galt eine Hohenzollern-Loyalität, das erste Glas, das man bei festlichen Anlässen hob, »Seiner Majestät als dem Obersten Kriegsherrn«.[4] Die Republik, deren Legitimität man bestritt, wurde nicht geliebt. Zwar war dieser Staat nur gewaltsam zu ändern; auch hatte es den Anschein, als würde er von der Masse des Volkes nicht abgelehnt. Dennoch blieb er weit davon entfernt, für den Offizier »das Ideale« zu sein. Der Parlamentarismus und die Vielfalt der politischen Kräfte verwirrten. »Unüberschaubar« gewordene Verhältnisse hatten das Offizierskorps um seine einstige Sicherheit gebracht. Der Sturz der Monarchie war kaum verwunden, die ehemalige persönliche Bindung an den König durch keinen demokratischen Würdenträger zu ersetzen. Die »unpolitische« Haltung der Truppe kultivierte Vorbehalte. Vergleiche mit der Vergangenheit, die man nicht allein in der Traditionspflege rühmte, fielen zuungunsten »der meist recht unordentlichen damaligen Gegenwart« aus.[5] Der Offizier entwickelte »abseits aller kleinlichen Tagespolitik« ein eigenes soldatisches Staatsgefühl, mit dem er sich auf dem besten Wege glaubte. Vorwürfe, daß er sich notwendigem Umdenken versage, konnten ihn selten berühren. Die Zeit, in der er lebte, gewährte keine Rückendeckung; sie schien nur die Werte seines Standes zu mißachten und herabzusetzen. Die schwarz-rot-goldenen Farben, die er anlegen mußte, trug er ohne Begeisterung. Sein Herz hing an der Flagge des Kaiserreichs. Der Eid auf die anonyme Verfassung, mit dem er oft schon zum zweiten Mal schwören mußte, machte nicht frei, sondern wurde eher als Belastung empfunden. Auch der aufgeschlossene Offizier bekundete lediglich »nüchterne« Staatstreue, bei der er die

Nation der Staatsform voranstellte.[6] Gleichwohl konnte gerade das Offizierkorps des Infanterie-Regiments 9 nicht in purer Reaktion verharren. Die Nachbarschaft des pulsierenden Berlin forderte heraus. Der intelligente Mannschaftsersatz aus der Großstadt erwartete hieb- und stichfeste Stellungnahmen. Da durfte der Offizier des Regiments nicht versagen. Politische, soziale und kulturelle Probleme zwangen – weit mehr als in den übrigen Provinzgarnisonen – zu geistiger Auseinandersetzung.[7] Man las und diskutierte. Selbst was abstieß, wurde erörtert. Die auf »urbaner Großzügigkeit beruhende Toleranz« des Offizierkorps erlaubte es seinen Angehörigen, sich unter Kameraden »ohne jede Scheu über alles offen« auszusprechen. So wuchs eine geistige Liberalität, die geltende Grundsätze abwandelte. Einen noch entschiedeneren Fortschrittswillen bezeugten die Debatten über militärische Tradition. Auch die junge Offiziersgeneration leugnete nicht die zeitlosen Grundlagen preußischen Soldatentums.[8] Diese Generation aber wollte keine snobistische Nachahmung abgestandener Formen oder deren nur äußerliche Anpassung an die Zeit; sie richtete sich nach dem Leitspruch des Alexander-Regiments, »mit altem Dienstschlendrian aufzuräumen und stets neuen Ideen zugewandt zu sein«. Hesse, Tresckows Reisegefährte, verlangte – programmatisch – den »Feldherrn Psychologos«; Thomée, ein anderer Oberleutnant des Regiments, im Hinblick auf Marcus 1928 erschienenes Buch über Scharnhorst: »Geben wir Freiheit und Ungezwungenheit nicht nur körperlich, sondern auch geistig und seelisch. Prägen wir eine Form, die diesen Inhalt zwangsläufig ausbildet und fördert. Daß es möglich ist, beweisen die Anfänge, die gemacht worden sind. Form und Haltung werden nötig sein, solange Menschen sich und andere beherrschen wollen. Wir brauchen sie auch in Zukunft. Nur müssen sie heute anders sein als vor zwanzig Jahren und erst recht anders als vor hundert Jahren. Sie müssen dem entsprechen, was sie an Inhalt gewährleisten sollen. Und dieser Inhalt heißt heute: Selbständigkeit und Wille.«[9]

Henning von Tresckow wurde – mit einem Leutnantspatent vom 1. 8. 1923 – Zugführer in der 1. Kompanie des Regiments. Die Kompanie, Spitze des ersten Bataillons in der Potsdamer Priesterstraße, pflegte die Tradition des Ersten Garde-Regiments zu Fuß, in dem Tresckow seine Feuertaufe empfangen hatte.[10] Die zumeist »preußische« Mannschaft kam, nicht selten mit höherer Schulbildung, aus kaufmännischen, handwerklichen und landwirtschaftlichen Berufen. Sorgsam hatte man sie aus einer großen Schar von Bewerbern ausgewählt. Die Ansprüche der Truppe – namentlich die des zum Teil noch fronterfahrenen Unteroffizierkorps – waren hoch. Der Offizier, der vor ihnen bestehen wollte, mußte geistige und menschliche Überlegenheit beweisen, aber Intelligenz und Charakter sicherten Tresckow Autorität. Obgleich er von vorn anfangen mußte, war er wieder mit Leib und Seele Soldat. Dienstliche Abhängigkeiten störten ihn nicht. Was er verlangte, leistete er selbst. Sein Zug, auch bei Wettbewerben stets der erste, empfand ihn als »ausgesprochene Führerpersönlichkeit, die mitriß und begeisterte«.[11]

Seine Art des Umgangs mußte vollends für ihn einnehmen. Er war außerstande, in Soldaten »Objekte« zu erblicken, die gering zu achten oder gar zu schinden seien.[12] Jeder seiner Untergebenen besaß Kenntnisse und Fähigkeiten, über die er nicht verfügte. Unwürdigkeiten verletzten die eigene Ehre und den nötigen Zusammenhalt. Nie beleidigte er durch ausfallende Worte, Bosheit oder Ungerechtigkeiten. Hatte er zu tadeln, »vergatterte« er den Übeltäter abseits der übrigen Mannschaft. Allein bei hartnäckigen und schwerwiegenden Mängeln zeigte er sich unerbittlich: jene, die gegen Moral und Kameradschaftlichkeit verstießen, waren für ihn »erledigt«.[13]

Er bestand als einer der ersten Offiziere auf Kameradschaftsheimen und wünschte, daß sie ansprechend eingerichtet würden. Der Reichswehr-Freiwillige diente zwölf Jahre; für ihn mußte die Kaserne Heimat sein. Tresckow regte Schach-, Bridge- und Halma-Spiele sowie Bücherkäufe an, er inspizierte die Fortschritte und setzte sich, wenn Sorgen oder Vorschläge zu besprechen waren, zu seinen Soldaten.[14] Auch dabei blieb er eine Respektsperson. Seine Gegenwart verbot Unbotmäßigkeiten und rohe Witzeleien, doch sonst durfte sein Zug – freilich aber nur er – alles von ihm erwarten. Als dieser Zug auf einer Wanderpatrouille in Tauberbischofsheim Pflaumen von fremden Bäumen geschüttelt hatte, steckte Tresckow die Proteste der erbosten Bauern ein. Seine Soldaten belehrte er: »Die Besitzer sind nicht für uns da, aber wir sind für sie da. Ich werde die Pflaumen der Bäume kaufen, doch nur für den ersten Zug.«[15]

Auch in der Erziehung und Ausbildung ging er mit zeitgemäßen Ideen voran. Er dachte viel zu modern, als daß er nicht das Sinnvolle und Nützliche verfochten hätte. Er konnte wenig an den Gewehrgriffen und Stechschritten ändern, die bis zum Überdruß geübt werden mußten. Die Reichswehr folgte Vorschriften der Kaiserzeit. Solche Vorschriften waren nicht immer abzulehnen. Ordnung, Sauberkeit und Pünktlichkeit, Säulen des Innendienstes, ließen sich kaum ersetzen. Die Grundsätze über militärische Verantwortung, die zu delegieren war, hatten Reformen vorweggenommen. Trotzdem suchte Tresckow Zöpfe abzuschneiden. Er hielt sich an die Erfahrungen des Weltkrieges. Er wollte eine Truppe mit wirklichkeitsnaher Ausbildung und insbesondere den selbständigen Einzelkämpfer.[16] Mit Nachdruck betonte er den Wert des Sportes für die militärische Erziehung. Als begeisterter Sportoffizier des Regiments plante er allen Ernstes, den geschichtsträchtigen Potsdamer Lustgarten in ein Stadion umzugestalten.[17] Seine Eigenwilligkeit drohte Konflikte heraufzubeschwören. Manchmal »stand er gegen seinen Kompaniechef«. Dann bedurfte es offenbar strikter Befehle, um ihn auf vermutlich wenig überzeugende Wege zurückzuzwingen.[18] Um so mehr war er bemüht, den Unterricht nach seinen Einsichten abzuhalten. Neben aller Taktik machte er mit Problemen der Geschichte und Nationalökonomie vertraut. Die Bildung, auf die er abzielte, mußte dazu verhelfen, daß der Soldat seine Aufgaben in größeren Zusammenhängen sah und auf diese Weise besser begreifen lernte.[19] Sie sollte ihn geistig wachhalten und vor dem lauernden Stumpfsinn einer langen Dienstzeit bewahren. Die sogenannte Klassen-Ausbildung, seit 1927 im Reichsheer befohlen, unterstützte Tresckows Absichten. Auch seine Einheit richtete Schulen ein, in denen Lehrer nach den Bedürfnissen der Mannschaft mit festem Stundenplan mehrere Fächer unterrichteten. Die Erfolge spiegelten sich in einem Standard, den ausländische Heere nicht übertreffen konnten.

Obwohl das Offizierkorps des Regiments vorzüglich war, fiel Henning von Tresckow in dessen Reihen auf. Interessen und Verstandeskraft hoben ihn weit über den Durchschnitt empor.[20] Seine literarischen Neigungen konnten ihn bei Carossa und Ernst Wiechert auf Abwege führen, doch seine größte Liebe gehörte Matthias Claudius, dessen Verse und Prosa er noch während des Krieges auswendig zitierte. Stetiger und imponierend umfangreich blieb seine historisch-politische Lektüre. Hier gewann sein Denken jene Klarheit und Gradlinigkeit, die erstaunte und, bei strittigen Fragen oder Tabus, auch verstimmte. Einer seiner Zuhörer berichtet, »wie er einmal in einer größeren Gesellschaft den Schlieffen-Plan in seiner Entstehung, ersten Konzeption und schließlichen Abwandlung, für die sein Schöpfer nicht mehr verantwortlich war, darstellte. Dabei kritisierte er scharf den Mangel an Zusammenarbeit zwischen dem Reichskanzler und Chef des Generalstabes, gab aber weniger diesen beiden Persönlichkeiten als dem Kaiser die Schuld, der es im Frieden wie im

Krieg an der Koordinierung der politischen und militärischen Stellen habe fehlen lassen. Bei solchen und ähnlichen, von ihm gern angestellten Betrachtungen über die operative Kriegführung konnte man fast den Eindruck einer autodidaktischen Vorbereitung auf die vor ihm liegenden Jahre der Ausbildung zum Generalstabsoffizier gewinnen. So pflichttreu und eifrig er seinen Dienst in der Truppe wahrnahm, so sehr strebte er doch von Anfang an der Verwendung im größeren Verantwortungsbereich zu.«[21]

Obschon hochgewachsen, schlank und ein Mann glänzenden Aussehens, entsprach er kaum dem herkömmlichen Bild des Offiziers. Sein schmaler Kopf, den nur spärliches Haar bedeckte, weiche Gesichtszüge und nachdenklich blickende Augen erinnerten eher an einen Gelehrten. Auch die leise, beinahe etwas hohe Stimme ließ nicht vermuten, daß er in der Kaserne und auf Übungsplätzen kommandierte. Allein sein strichförmiger Mund und eine Kinnwölbung verrieten Härte, Zähigkeit und Willenskraft, doch die Bestimmtheit seines Wesens war nicht vorgezeichnet, sie blieb – wie die Ruhe und Kaltblütigkeit in entscheidenden Augenblicken – das Ergebnis einer Selbstdisziplin, zu der er sich bewußt erzogen hatte.[22] Er konnte schwärmen und sich einspinnen; Gefühle freilich verbarg er. Zumeist überwogen kalkulierender Verstand und Wirklichkeitssinn. Ältere Verwandte nannten ihn zunächst »ein wenig überheblich, altklug und ironisch«, aber diese Schwächen bekämpfte er; sie waren, insbesondere bei Antipathien, als Abwehr gemeint. Bereits Kameraden gegenüber dämpfte er mit Humor »die eigene, sehr bewußte Überlegenheit«. Im vertrauten Kreis bezauberten sein Frohsinn und seine Herzlichkeit.

Er war ein Mann der Neugier und vielen ein hervorragender Freund. Seine Beredsamkeit machte nicht selbstgefällig. Er konnte von sich absehen und ging auf andere ein.[23] Er hatte die Gabe, aufmerksam und konzentriert zuhören zu können. Häufig erweckte er den Eindruck, als widme er sich nur dem jeweiligen Partner. Er wollte lernen und vor allem helfen. Meinungen und Sorgen bewegten ihn. Noch nach Wochen war er imstande, ein abgebrochenes Gespräch fortzusetzen. Dann antwortete er auf Fragen, über die er inzwischen nachgedacht hatte. Sein Idealismus befähigte ihn, in anderen das Gute und damit außerordentliche Impulse wachzurufen.[24] Mit ihm erhob und »besserte« er. Es war ihm bewußt, daß niemand über sein Können hinaus verpflichtet werden konnte. Auch schien er zunächst entschlossen, nichts allzu schwer zu nehmen. Aber er wollte sich treu bleiben und so leben, daß er stolz sein durfte; er gedachte unter Anspannung aller Kräfte zu leisten, was der Augenblick verlangte, und trachtete aus seinem »Inneren heraus zur Klarheit und zum Glauben zu gelangen, ohne sich durch fortwährendes, überreiztes und doch zweckloses Suchen außerhalb seiner selbst aufzureiben«.[25]

Die Ehe, die er geschlossen hatte, war glücklich und dauerhaft. Ihr entsprossen bis zum Ausbruch des Zweiten Weltkrieges zwei Söhne und zwei Töchter. Tresckows Verwandtschaftssinn war hochentwickelt und von Zuneigungen diktiert. Schattenseiten sah er mit Nachsicht. Um so mehr liebte er seine eigene Familie. Seine Ausgeglichenheit bewahrte er vor Launen oder einschüchternder Unduldsamkeit.[26] Stets ging er auf Wünsche und Interessen ein. Sooft er Zeit fand, beteiligte er sich ausgelassen an den Spielen der Kinder. Schalk, Necklust und Späße – Vorlieben seines heiteren, lebenszugewandten Wesens – machten ihn zu ihrem besten Kameraden. Da er froh im Freien aufgewachsen war, wollte er der Natur nahe sein. Schon die Sonnabend-Nachmittage gehörten ausgedehnten Wanderungen und dem Wassersport. Oft brach er mit der Familie zu Rad- und Autotouren in die nahe oder entferntere Umgebung Potsdams auf. Später beglückte es ihn besonders, die Söhne an seinen Jagd-Passionen teilnehmen zu lassen. Es war eine seiner großen Freuden, als der Älteste neben ihm den ersten Bock erlegte.[27] Zu einem anderen, regelmäßigen Höhepunkt wurde das Weihnachtsfest. Die Besorgungen für seine Familie, Verwandte und Freunde durfte man ihm nicht nehmen. Nur mit Wehmut erinnerte er sich im Krieg insbesondere dieses Vorweihnachtszaubers und des Kerzenschimmers der Adventssonntage. »Das in den letzten Jahren immer schärfere Eingreifen der Hitler-Jugend in das Familienleben erbitterte ihn sehr, aber er ließ es die Kinder wenig merken, um ihnen die nötige Pflichterfüllung nicht zu erschweren.«[28]

Auch die Zeit vor 1933 brachte Arbeitslasten, Erregungen und Sorgen, doch sie war die unbeschwerteste in Tresckows Leben und vor allem von Potsdam erfüllt. Diese Stadt blieb ihm nicht nur Ausdruck preußischer, sondern auch eigener Wesensart.[29] Er liebte ihre klaren und nüchternen Linien, nicht minder die anmutigen wie zarten Züge, durch die jede Strenge aufgelockert wurde. Zucht und Freiheit, Enge und Weite waren in ihnen zugleich gegenwärtig. Nach Form und Inhalt übereinstimmend, ja, zur Einheit verschmolzen, schienen sie Tresckow gleichbedeutend mit den Idealen, denen er selbst nachzustreben suchte. Nur solch ein Geist konnte, wie er glaubte, im Zusammenleben der Menschen und Völker verbindende Kraft besitzen. Tresckow wohnte – zunächst in der Breitestraße neben der Garnisonkirche, später am Kanal – im Herzen Potsdams. Seine Pflichten waren die eines vielgeforderten Soldaten, aber sein Leben in dieser Stadt ging weit über den anstrengenden Alltag hinaus. Was ihn an Potsdam band, hat seine Frau festgehalten. Die Erinnerungen, die sie in früh aufgezeichneten Streiflichtern mitteilt, waren seine eigenen: »Parade auf dem Lustgarten: Militärmusik, Sonne, Trubel, Staubwolken über Marschkolonnen ... Sonntäglicher Kirchgang: Auf hochragender Turmspitze das flimmernde Sonnenrad, verwehte Klänge des Glockenspiels, in der Kirche das einheitliche Uniformgrau auf den Emporen, davor die einzigen matten Farbentöne der zerschlissenen Fahnenreliquien ... Großer Zapfenstreich am Regimentshaus: Linder Abend, Fackelschein, feierlich getragene Musik, schwingende Brücke und alles sich widerspiegelnd im dunklen Wasser des Kanals ... Spaziergänge durch schönste Gärten, in jeder Jahreszeit voll neuer Vielfalt und Wunder ... Sommerabende am Wasser, Sommertage im Boot: Im lieblichen Wechsel der Landschaft verteilt die Schlösser und Schlößchen, die Tore und Terrassen ... Sonnenuntergänge, die die Kieferstämme, die Segel und Wolken in rote, violette und türkisfarbene Töne tauchen, während kleine Wellen mit melodischem Klang an den Bootsrand schlagen ... An dieser märkischen Landschaft hing sein Herz, und vor allem Reisen in reizvolle Gegenden oder fremde Länder trieb ihn die Sehnsucht wieder dahin zurück.«[30]

Potsdam wurde nur von Wartenberg übertroffen. Jeden Sommerurlaub mit der Familie verbrachte er auf dem Gut des Vaters, seinem Jugendparadies. Hier war er abseits von allem Getriebe und unter seinen Geschwistern. Hier fand er die Entspannung, die ihm oft nicht einmal Potsdam gönnte. Kaum war er – von allen stürmisch begrüßt – dem Wagen entstiegen, so verschwand er in seinem Zimmer, um die Uniform abzulegen.[31] Bald darauf erschien er im kurzärmligen Polohemd und in bequemer Sporthose, ein Aufzug, mit dem die Ferien begannen. Ein kurzer Imbiß genügte, dann ging es in den Wald. Erst nach diesem Rückzug in die Gefilde seiner Jugenderinnerungen, zu dem immer auch einsame Jagdausflüge gehörten, war er »greifbar und allen ein interessierter Gesprächspartner«. Gerade in Wartenberg schien er, dem man nachsagte, daß ihm bei seinen Gaben alles gelänge, das beliebte und verehrte Glückskind zu sein. Mancher Nachbar, der von Tresckows Anwesenheit erfuhr, kam herüber, um zu sehen, ob wirklich »so viel an ihm dran« sei. Doch der Augenschein bestätigte offenbar die Gerüchte. Auch Tresckows älterer Bruder Gerd – hochaufgeschossen, gerade und tiefempfindend, freilich auch ein wenig linkisch und grüblerisch – mußte sich mühen, den Vorrang des Familienfavoriten hinzunehmen. Aber dieser Bruder war nicht nur ein klarblickender, künstlerisch begabter und gläubiger Mann, sondern mehr noch ein ungewöhnlicher Charakter, der Überlegenheit anzuerkennen vermochte. Er sah ein, daß er sich gegen den Jüngeren »nie behaupten konnte«. So »entschloß er sich, ihn ganz übermächtig zu lieben«.[32] Damit ermöglichte er eine innige Bruderfreundschaft, in der er nicht allein der Nehmende blieb, eine Verbindung unverbrüchlicher Gemeinsamkeit für Zeiten, die nun bevorstanden und in denen sich Henning von Tresckow vor allem zu bewähren hatte.

Viertes Kapitel

Nationalsozialismus und erste Opposition

Tresckow – seit dem 1. Februar 1928 Oberleutnant und Adjutant des I. Bataillons – fügte sich dem militärischen Korpsgeist seines Regiments. Was soldatischer Zusammenhalt erforderte, war ihm gegenwärtig und bewußt. Diesen Geist zu festigen und wahren zu helfen, empfand er als Notwendigkeit und Pflicht.[1] Sein politisches Denken indes gehorchte nicht der Norm; mit ihm schlug er eigenständige Wege ein. Er pflegte Überlieferungen des Kaiserreiches, aber nicht den Glauben, daß sie die Zeit seit 1918 zu meistern wüßten. Freiheitliche Lebensformen waren in seinen Augen unabweisbar. Im ewigen Räsonieren insbesondere des »verkalkten Adels« witterte er pure Rückständigkeit.[2] Für Tresckow hatte der Arbeiter, zu dem er selbst mühelos Zugang fand, Anspruch auf Gleichberechtigung: ihn mußte die Nation – klüger und umsichtiger als einst – zurückgewinnen. Sein Patriotismus rieb sich an der Niederlage im Weltkrieg. Selten jedoch verkannte er die Grenzen, die dem besiegten Reich gezogen waren. Wenn andere Ebert, Rathenau oder Stresemann »Erfüllungspolitiker« schalten, so stimmte er nicht in den Chor der Verunglimpfungen ein.[3]

Gleichwohl trennte auch ihn von der Republik mancher Graben. Wie seine Kameraden begegnete er der Linken und ihrer Wehrunwilligkeit mit Vorbehalten. Alle Feindseligkeiten gegen die Reichswehr rückten ihn auf die Seite der Rechten; sie zwangen zu Haltungen auch übersteigerter Abwehr, zu denen sein verhaltenes Wesen kaum drängte.[4] Zudem beklagte er die parteipolitische Zerrissenheit des Volkes, die häufig in fruchtlosem Hader gipfelte und beste Energien lähmte. Schmerzlich vermißte er Kräfte, die Interessengegensätze ausglichen und mit straffem Zügel regierten. Immer wieder fragte er sich, ob nicht für Deutschland ein schrittweiser Übergang zur Demokratie die glückliche Lösung wäre. Tresckow erblickte Autorität nicht in ausschließlich parlamentarisch verantwortlichen Kabinetten. Seine Alternative blieb die konstitutionelle Monarchie, die mehr Stetigkeit und ein gleichsam »säkularisiertes Preußentum« verbürgen sollte.[5] Ihm schwebte eine wesentlich geschlossenere Gesellschaft ohne diktatorische Praktiken vor.

Standort und Denken machten ihn zu keinem verläßlichen Anhänger des Weimarer Staates. Wenn er auch auf die Republik einen Eid abgelegt hatte: ihre Gebrechen wollte er überwunden sehen.[6] Das aber vermochte der bestehende Staat von seinen Voraussetzungen her nicht zu leisten. Was Tresckow erstrebte, verlangte dessen Umbau. Hier konnten Reformen kaum genügen. Seine Liberalität bezeugte eine Aufgeschlossenheit, zu der sich im Offizierskorps nur wenige bequemten, doch diese Liberalität war ungefestigt und zielte nicht auf die gegebene Wirklichkeit. Die Distanz, die auch er zur Republik hielt und für die er vor allem als Soldat Gründe hatte, offenbarten Achillesfersen; sie blieben zu empfindlich, um ihn vor anderen Einwirkungen bewahren zu können. Vielleicht wäre er auch zum Anhänger der Weimarer Republik geworden, hätte sie Führung und Dauer gezeigt. Er war ein Mann der Vernunft, der sich nirgendwo in Utopien verbohrte. Aber gerade Führung und Dauer waren der Weimarer Republik nicht beschieden. Schnell schwand ihre kurze Scheinblüte dahin. Bedrängnis und Versagen, Unwille und Haß beschleunigten den Untergang der Demokratie.

Die Krise, die über den Staat hereinbrach, zerstörte seine Fundamente; sie war eine Krise der Wirtschaft und drohte jeden Halt zu rauben. Seit dem New Yorker Börsensturz im Oktober 1929 stehen die Zeichen auf Sturm. Die Anleihen und Kredite, die das Ausland gewährt hat, sind verbraucht.[7] Deutschland ist zahlungsunfähig: allenthalben muß es seine Gläubiger enttäuschen. Dörfer und Kleinstädte werden am ehesten getroffen. Aber auch in den Industriestädten stocken Produktion und Handel. Fabriken und Geschäfte schließen, die Arbeitslöhne sinken. Angst, Ratlosigkeit, Unruhe und Bitternis ergreifen alle Stände. Viele fürchten, von dieser Katastrophe zerrieben und – wie in der gerade erlittenen Inflation – erneut ihrer Mittel beraubt zu werden. 1929 sind es zwei, 1930 drei Millionen, die sich um Lohn und Brot gebracht sehen. Die Unterstützungen, von denen sie – zumeist nun über Jahre – existieren müssen, decken kaum den unerläßlichen Lebensunterhalt; oft verbürgen sie nur Hunger und Not. Obgleich der Staat zu sparen und die Steuerschraube anzuziehen sucht, sprengen die Kosten der Arbeitslosenheere den Reichshaushalt. Selbst größere Zuschüsse steigern die Fehlbeträge. Rasch wachsen die Defizite zu Milliarden an. Doch als sei es nicht genug dieser Belastungen, beginnen auch Regierung und Parteien zu versagen. So nachdrücklich die wirtschaftlichen Gefahren zu festem Zusammenhalt ermahnen: die Große Koalition des Sozialdemokraten Hermann Müller kann ihre Gegensätze nicht überwinden.[8] Außerstande, sich über eine Erhöhung der Sozialversicherung um 0,5 Prozent zu einigen, fällt sie am 27. März 1930 gegen bessere Einsichten auseinander. Hindenburg nutzt den Rückzug der Sozialdemokratie und beruft einen Mann seines Vertrauens. Die Herrschaft der »Linken« soll ein Ende haben. Brüning regiert, gestützt auf den Artikel 48, mit Notverordnungen. Der Parlamentarismus wird zurückgedrängt und entmachtet; in den Präsidialkabinetten, die ohne und schließlich gegen den Reichstag amtieren, spiegelt sich die Agonie der Demokratie.

Um so heftiger brachen die Kampffronten auf, die bereits ermattet oder gar überwunden schienen. Der Haß auf die Republik, der in ihren zahlreichen Gegnern nie erstorben war, rührte sich von neuem. Weniger als je wollte sich der virulent gebliebene Nationalismus mit dem Weimarer Staat versöhnen. Im Gegenteil: er belastete die Republik mit dem zunehmenden Elend und Niedergang; sie galt ihm als Symbol der Schwäche und Unfähigkeit, das Reich zu Ansehen und Größe zurückzuführen. Die Misere, in der Millionen lebten, mußte für radikale Parolen anfällig machen. Jede andere Wirklichkeit schien besser. Jede Hoffnung klammerte sich an eine Zukunft, in der nicht Parteienwirrwarr die Auswegslosigkeit verewigte. Ungezählte wandten sich von der Republik ab, noch bevor über sie das Todesurteil gesprochen war. Auch nach dem Abgang Brünings schalteten unter Papen und Schleicher Präsidialkabinette, die einzig vom Vertrauen des greisen Hindenburg getragen wurden. Die Stimmen, die sich trotz ständig wiederholter Wahlen zum Weimarer Staat bekannten, formierten keine Mehrheiten mehr; sie verkündeten nur noch unwiderruflicher den nahen Zusammenbruch der glanz- und glücklosen Republik.

Dies war die Stunde Adolf Hitlers und des Nationalsozialismus. Lange nur Führer einer armseligen, nahezu sektiererischen Gefolgschaft, wurde seine Partei im September 1930 zu einer der stärksten Fraktionen des Reichstages.[9] Ihre 107 Abgeordneten, mit denen sie ins Parlament einzog, änderten die politische Szene. Der Erdrutsch war ausgelöst. Hitler erspürte, was die haltlos gewordenen Massen bewegte. Er brauchte nicht zu übertreiben, um die Not, unter der alle Schichten litten, in den schwärzesten Farben zu malen. Er verstieß nicht gegen die Realität, wenn er jene, die er in der Verantwortung wußte, als Schuldige brandmarkte; denn die Wirklichkeit war eine Macht und sprach beredt. Leidenschaftlich geißelte er die »Novemberverbrecher« und ihre »jüdischen Hintermänner«, die er zu Sündenböcken machte und als Drahtzieher schmähte. Er verhieß den Bauern Schutz und Besitz, den Arbeitern Brot und Sicherheit. Er gelobte, dem nationalen Bürgertum den blutigen Revolutionskampf abzunehmen und ihm den »deutschen Sozialismus« zu bescheren, der vor Proletarisierung und Marxismus bewahren sollte. Er versprach den Akademikern und Soldaten Ansehen und Ehre, und er gab der Jugend die Zuversicht, welche die Republik nicht erweckte. Hitlers Zusagen waren Losungen der Rechten. Nirgendwo überraschten seine Anhänger neue Gedanken. Keiner schien indes so wie er vom Feuer einer Mission durchglüht.[10] Keiner schien selbstloser und hingebungsvoller eine bessere Zeit erstreben zu wollen. Seine monomanisch wirkende Gewalt, die einer schier grenzenlosen Phantasie- und Wunschkraft entsprang, stieß alle Vorbehalte nieder. Mit ihr wurde er, der nicht in das »System« verstrickt war, zu dem »starken Mann«, von dem man Heil und Rettung erwartete. Elend und Verzweiflung trieben ihm die Menschen zu, die ihrer Ängste und Sorgen überdrüssig waren. Diese Menschen suchten keine Vernunft, sondern die Trunkenheit, die sie entrückte, hoffen ließ und mit Selbstbewußtsein erfüllte. Und Hitler, der unübertroffene Meister kunstvoll gehandhabter Agitation, ein Magier mitreißender Kundgebungen und Versammlungen, die zündende Marschmusik umrauschte – er stillte ihren Glaubens-, Macht- und Gemeinschaftshunger, indem er die Glut der Gefühle und Sehnsüchte schürte.

Gewiß bedurfte er dieser Situation, um an Einfluß zu gewinnen. Trotzdem blieb sein Aufstieg nicht nur ein Produkt der Krise, in die Wirtschaft und Staat geraten waren. Nie hätte er die Kräfte, die er entfesselte, einzig mit vordergründiger Propaganda an sich gebunden. Gerade die »nationalen« Ziele, die er anzustreben vorgab, sicherten ihm Zuspruch und Vertrauen.[11] Hitler kämpfte unnachgiebig gegen Versailles und für ein Deutschland, das sich zurückholte, was es verloren hatte. Er leugnete die Niederlage im Weltkrieg und wollte ein Reich, das von neuem erstarkte und Achtung genoß. Auch mit diesen Zielen stand er nicht allein, aber hier überzeugte – durchschlagender als sonst – sein Konzept der »Volksgemeinschaft«. Mit ihm wurde er erst recht zum Sprachrohr von Millionen, die das Getriebe vieler Parteien abstieß und erbitterte. Allenthalben regte sich der Wunsch nach innerer Geschlossenheit. Darum bestach die Zauberformel von der Vereinigung des Nationalen mit dem Sozialen – jene Synthese, zu der Deutschlands Geschichte seit Bismarck mahnte und die alle Hindernisse beseitigen sollte. So irrational diese Erwartung blieb; sie konnte die Sehnsucht nach einer heilen und überschaubaren Gesellschaft nicht beirren. Hitler machte glaubhaft, daß unter ihm die Klassenschranken fallen würden. Immer wieder beschwor er seine Liebe zu Deutschland und das hehre Ziel der Volkseinheit. Daß er den Sozialismus verabscheute, ja, schreckenerregende Pläne geschmiedet hatte, wurde über dem, was zunächst geschehen »mußte«, weder erkannt noch empfunden. Für alle, die an ihn glaubten, weil er an sich und seine Ziele glaubte, zählten nur die Lichtseiten des »Führers«. Einwände oder Warnungen hatten ihre Macht verloren. Millionen übertrugen auf Hitler die Kräfte, die sie in sich fühlten. Schon in seiner Bewegung, in der Disziplin und Kampfwille regierten, schien das Dritte Reich gegenwärtig zu sein. Wo aber die Wirklichkeit enttäuschte, siegte die Utopie. Das offenbarte insbesondere die Jugend. Da sie einzig der Zukunft lebte, befähigten sie unverbrauchte Ideale zu schrankenloser Hingabe und Opferbereitschaft.

Der Sog dieser »Bewegung« mußte vor allem die Reichswehr erfassen. Obgleich nach dem Eid Hüter der Republik, war sie auf einen Geist verpflichtet, der sie nun gleichsam wehrlos machte. Haltung und Erziehung hatten ein Denken gefördert, das geradezu geschaffen schien, um diese Armee dem Nationalsozialismus zufallen zu lassen. Wenn irgendwo, so hatte man in der Reichswehr dem Mann aus dem österreichischen Braunau vorgearbeitet. Wohl suchte ihre Führung Hitler und dessen Bewegung abzuwehren. Groener, Heye und Schleicher – zu einem republikfreundlichen Kurs entschlossen – mühten sich, die Truppe für die Demokratie einzunehmen.[12] Aber nicht nur fehlten ihnen die Autorität und das Charisma Seeckts; mehr noch verstießen sie nun gegen Gesinnungen, zu denen sie – während der ersten Reichswehr-Phase – die Soldaten oft selbst angehalten hatten. Auch das gute Argument für die Republik war fadenscheinig geworden, die jahrelange antidemokratische Erziehung der Truppe nicht mehr rückgängig zu machen. Niemand vermochte ihr auszureden, daß Hitler der beste Anwalt nationaler Interessen sei. Die Unruhe im Land griff auf sie über. Namentlich das junge Offizierskorps wollte nicht länger abseits stehen. Angezogen von der Unbedingtheit einer Idee, begann es, sich zu radikalisieren und seiner Führung innerlich zu entgleiten. Das konnte um so weniger verwundern, als diese Führung, der man nicht zufällig mißtraute, selbst Unsicherheiten plagten. Auch sie betörten Hitlers Parolen und der nationale Elan seiner Bewegung. Auch sie übersah nicht, daß er patriotisch denkende Jugend an sich zu ziehen wußte.[13] Gewiß schien sie wenigstens zeitweise die Gefährlichkeit der NS-Ideologie zu erkennen. Schleicher – zuletzt einflußreichster Verfechter ihrer Politik, um derer willen er Minister und Kabinette stürzte – hatte mit wachsenden Bedenken zu kämpfen. Doch zureichende Einsichten, die zu eindeutiger Opposition und richtungsweisenden Taten ermuntert hätten, blieben ihr versagt. Daher war auch ihr Widerstand nicht prinzipieller, sondern allenfalls taktischer Natur. Sie stemmte sich nicht gegen Hitlers Mitverantwortung in einem Regierungsamt; sie wollte ihn nur in dieser Mitverantwortung zähmen – überzeugt davon, daß er, der unverhüllt jede Macht begehrte, zu zähmen sei.

Gleich vielen seiner Potsdamer Kameraden wurde Tresckow von Hitler und dem Nationalsozialismus angezogen.[14] Er konnte sich nicht verhehlen, daß der Parlamentarismus, dem er je seit mit etlichen Reserven begegnete, zu festen Marschrouten außerstande war. Er litt unter der Ohnmacht und Zerfahrenheit des Reiches, unter der bedrückenden Arbeitslosigkeit von Millionen und den Unnachgiebigkeiten der ehemaligen Kriegsgegner, deren Reparationsforderungen Deutschland vollends zerrütten mußten. Die Schwäche der Republik war ihm ein böses Omen. Der vehemente Aufstieg radikaler Kräfte deutete auf ihren unaufhaltsamen Niedergang. Tresckow erkannte: der begeisterungsfähige junge Mensch mußte entweder Nationalsozialist oder Kommunist sein. Nirgendwo sonst schien noch eine Idee anzurühren, die beflügelte und ungeteilten Einsatz verdiente. Er selbst war ein kluger und nüchtern abwägender Mann, um sich der hochgesteigerten nationalen Erregung vorbehaltlos zu überlassen. Vernunftfeindlicher Überschwang blieb ihm ein Ärgernis und verhaßt. Aber die Gärung und Not der Stunde machten auch ihn ungeduldig; sie bestärkten seine Auffassung, daß die »elanlose« Republik zu einem Staat ohne Zukunft geworden war.

Tresckow glaubte Hitler. Die Ziele der Bewegung, von denen er hörte, entsprachen seinem Fühlen und Denken. Er traute dem Nationalsozialismus die Kraft zu, Versailles zu überwinden und die autoritäre Staatsführung zu verwirklichen, die einte und den Gebrechen unumschränkter Demokratie ein Ende bereitete. Weltgeltung, schien ihm, konnte Deutschland einzig auf diesem Weg zurückerlangen. Mehr noch faszinierte ihn Hitlers Wille zu sozialem Ausgleich unter nationalem Vorzeichen. Die Führungsschichten des Kaiserreiches und der Republik waren dem Volk die Verschmelzung der Klassen schuldig geblieben. Von ihnen durfte man den notwendigen gesellschaftspolitischen Umbruch nicht länger erwarten. Um so mehr hoffte er, daß Hitler die Schranken starrer Traditionen durchbrach. Seine »Volksgemeinschaft« konnte den Internationalismus der Linken verdrängen. Tresckow empfand sie als Gewähr dafür, daß im neuen Staat der Arbeiter den Platz einnahm, den er ihm schon immer sichern wollte. Dieses nationalsoziale Konzept gewann ihn vor allem. Nicht minder überzeugten Hitlers Wehrfreudigkeit und Aufrüstungswillen.[15] Tresckow war Offizier und kannte die Isolation des Soldaten innerhalb der Republik, jene offenbar unaufhebbare Leidensgeschichte zwischen zivilem und militärischem Geist, in der statt wechselseitigen Vertrauens Spannungen und Verdächtigungen das Feld beherrschten. Er täuschte sich nicht über die Kampfkraft der Reichswehr, die sie im Ernstfall kaum befähigte, den Heeren Polens und der Tschechoslowakei standzuhalten. Wenn Hitler entschlossen war, der Armee eine bessere Stellung und zureichende Stärke zu erkämpfen, so folgte die NSDAP für Tresckow unabweisbaren Notwendigkeiten.

Wie andere übertrug er auf den Nationalsozialismus Hoffnungen und Wünsche, die Hitler, einmal im Besitz der Macht, allenfalls in den ersten Phasen zu erfüllen gedachte. Die wahren Ziele der Bewegung waren in »Mein Kampf« dargelegt, aber Tresckow las nicht Hitlers geschwülstige Bekenntnisfibel, er hielt sich an das Parteiprogramm, in dem er eigene Gedanken in unmißverständlichen Formulierungen wiederfand.[16] Er leugnete, daß Hitlers Agitation Blendwerk war. Nicht nur ihre Trümpfe und die Situation, auch der ausstehende Beweis entgegengesetzter Taten sprachen für sie. Hierbei gewährte er der NS-Bewegung besondere Chancen. Tresckow erstrebte keine nationalkonservative Restauration, gegen die Hitler rasch verstoßen mußte, sondern soziale Reformen und Umwälzungen, mit denen er dem Nationalsozialismus eine längere Vorhand einräumte. Die Illusionen, die ihm gleichwohl verblieben, gründeten in seinem Wesen. Da ihm Anstand, Toleranz und Rechtsstaatlichkeit selbstverständlich waren, wollte er Ehrlosigkeit, Terror und Willkür nicht für möglich halten. Totalitäre Praktiken waren ihm wie dem Volk fremd. Gleiche Voraussetzungen galten gegenüber Hitlers Rassentheorien und Imperialismus. Tresckow peinigte kein Judenhaß.[17] Er verkannte nicht, daß es für diesen Haß Gründe gab. Jeder rabiate Antisemitismus aber mutete nach seinen Erfahrungen unwürdig und verstiegen an. »Reinheit der Rasse« war ihm ein Phantom: sie konnte nur minderwertige Eiferer verlocken. Noch weniger vermochte er sich ein »Großgermanisches Reich Deutscher Nation« vorzustellen: dieses

Reich glich einem Hirngespinst und war – bei Licht und mit klaren Sinnen betrachtet – weder nötig noch dem eigenen Volk zu wünschen. Leitbild blieb ihm die Größe des Vaterlandes, doch es sollte eine Größe sein, die Europa hinzunehmen vermochte.[18] Selbst wo Tresckow von Hitlers wahren Plänen erfuhr, gestand er ihnen keine Aussichten zu. Ihre »Unvernunft« entwertete sie zu bloßer Propaganda, die, wie auch er meinte, von der Wirklichkeit und besonnenen Gegenkräften bald korrigiert werden würde. Um so vorbehaltloser setzte er sich für Hitlers Bewegung ein. 1929 hielt er im Potsdamer Kasino einen Vortrag, in dem er Gottfried Feders Thesen zur »Brechung der Zinsknechtschaft« zustimmte.[19] Ein Jahr später suchte er das Offizierskorps seines Regiments »nationalsozialistisch zu beeinflussen«.[20] Wieder wußte er geschickt für seine Überzeugungen zu werben. In seiner Rhetorik war er um Argumente kaum verlegen. Gleichwohl fehlte ihm jeder Anflug von Fanatismus oder unduldsamem Gebaren. Kameraden, die ihn nicht verstanden, schienen ihm zwar rückständig, aber sie zieh er nur lächelnd reaktionärer Gesinnung.[21] Eine Verwandte, die gewillt war, eine demokratisch denkende Partei zu wählen, belehrte er: »Wenn Du klug bist, wählst Du Hugenberg – wenn Du feurig bist, wählst Du Hitler.« Doch auch sie neckte er auf einer Fahrt in der Nähe des Truppenübungsplatzes Döberitz mit den Worten: »Aussteigen, wer Brüning wählt – hier wird scharf geschossen.«[22]

Trotz aller Toleranz aber verleugnete er nicht seine Auffassungen. Hielt er sich an den Gang der Ereignisse, hatte er auch kaum Anlaß, sie zu widerrufen. Hitlers Bewegung schwoll an. 1932 schickte sie, nun die mit Abstand stärkste Fraktion, über 230 Abgeordnete in den Reichstag. Eine Regierung ohne Nationalsozialisten schien unmöglich geworden.[23] Versuche, in letzter Stunde ein konservatives Kampfkabinett zu bilden, drohten den Widerstand nahezu des ganzen Volkes wachzurufen. Lösungen dieser Art wären um so weniger nach Tresckows Geschmack gewesen, als er sich von einem Herrenclub keine Wende versprechen konnte. So begrüßte er Hitlers Machtantritt als Ausweg aus einem unerträglichen Dilemma – hoffend, daß die »nationale Erhebung« Wege des »Rechts und der Ehre« einschlagen werde.[24] Der sofort einsetzende SA- und SS-Terror gegen Feinde und Mißliebige des Regimes hätte ernüchtern können. Allenthalben häuften sich Mißhandlungen, Mord und Totschlag, die weder Staatsanwalt noch Richter fanden. Göring bekannte gar, daß er stolz sei, nicht zu wissen, was Gerechtigkeit heiße, und daß er jetzt ausrotten und vernichten wolle. Das war eine Sprache, die man von einem preußischen Ministerpräsidenten noch nicht vernommen hatte. Aber soweit Tresckow die zumeist abgeschirmten Übergriffe und Gewaltakte überhaupt wahrnahm, wertete er sie als die vorübergehenden Begleiterscheinungen, die jeden revolutionären Umbruch belasteten und entstellten.[25]

Alle aufkommenden Zweifel beschwichtigte indes der »Tag von Potsdam«, an dem sich das alte mit dem neuen Deutschland zu versöhnen schien. An diesem 21. März 1933 paradierte Tresckows Bataillon vor Hitler, doch es paradierte nicht nur vor dem Führer der Nationalsozialisten, sondern auch vor Hindenburg und den Repräsentanten der konservativen Führungsschichten, die dem Reichspräsidenten und Generalfeldmarschall gefolgt waren, um das Dritte Reich zu feiern und einzusegnen. Und Hitler – kaum an einen Despoten erinnernd, sondern ganz beeindruckende Zurückhaltung und Würde – sprach in der preußischen Garnisonstadt von der »Vermählung zwischen den Symbolen der alten Größe und der jungen Kraft«.[26] Er beschwor die großen Traditionen »als unversiegbare Quellen einer wirklichen inneren Stärke und einer möglichen Erneuerung in trüben Zeiten«; er gelobte »natürliche und richtige Grundsätze der Lebensführung« sowie »Stetigkeit der politischen Entwicklung im Innern und Äußern«; und er wollte, »die Opfer des Krieges von einst ermessend«, aufrichtiger Freund sein »eines Friedens, der endlich die Wunden heilen soll, unter denen wir alle leiden«. Ehrliches Bekenntnis oder verlogenes Spektakel? In einer erregten Diskussion, die sich nach dem Staatsakt in Tresckows Wohnung entzündete, prallten die Meinungen aufeinander.[27] Einige spotteten über die gepriesene »Einheit des Geistes und des Willens der deutschen Nation«; sie entdeckten keine »Wiedergeburt«, sondern nur Täuschung und »falschen Zauber«. Tresckow dagegen traute den Bildern dieses Tages. Noch hielt er sich an den – sicher verwirrenden – Augenschein. Angerührt von der »Symbiose zweier Deutschlands«, schien er für die nahe Zukunft nicht einmal eine konstitutionelle Monarchie auszuschließen.

Seine tägliche Umwelt konnte ihn nicht wankend machen, denn erst recht war die Armee, in der er diente, auf die Seite der »jungen Kraft« eingeschwenkt. Hitler hatte ihr Unantastbarkeit zugesichert. Neben der Partei sollte sie die zweite Säule des Dritten Reiches sein. Schon zwei Tage nach dem Potsdamer Schauspiel sprach er von der stolzen Befriedigung, mit der das ganze Volk »auf seine Reichswehr... (als den) Träger unserer besten soldatischen Traditionen« blicken dürfe.[28] Solche Lobreden, die schmeichelten und erhoben, hatte die Truppe in der Weimarer Republik nie gehört. Um so prompter verkündete ihre Führung: »Niemals war die Wehrmacht identischer mit dem Staat als heute.«[29] Für die Spitzen der Armee schien die Zeit des unpolitischen Daseins abgelaufen. Zwar hatte die Truppe auch weiterhin Abstand zur NSDAP und ihren Gliederungen zu wahren. Aber diese Überparteilichkeit bezog sich nur auf die Partei, nicht auf das »nationale« Regime. Vielsagend unterschied man zwischen den früheren Parteien und der nationalsozialistischen Bewegung: ihr sollte die Armee vorbehaltlos dienen.[30] Die Zusage, daß sie nicht zur Parteigruppe herabsinken werde, war den Spitzen des Heeres weitreichende Zugeständnisse wert. Blomberg, Reichenau und Fritsch verpflichteten sich, die Reichswehr aus innenpolitischen Auseinandersetzungen herauszuhalten; ihnen gegenüber stand der Soldat »Gewehr bei Fuß«. Daß ihn diese Haltung auch zum Schrittmacher von Unrecht und Verbrechen erniedrigte, wurde seinen höchsten Vorgesetzten – wenn überhaupt – erst allzu spät offenbar. Zunächst konnte die Gleichschaltung nicht bekümmern. Das Ende der Parteien und Länder-Souveränitäten schien die Macht des Reiches zu straffen und nur Zielen der Armee zu entsprechen. Der Aufbau des totalitären Herrschaftssystems vollzog sich im geheimen oder war angesichts der zahlreichen NS-Ämter und -Organisationen, die einen Dschungelkampf um Einfluß und Kompetenzen austrugen, kaum zu erkennen. Die Reichswehrführung blendete die »Erhöhung der Armee« und feierte des Führers Autorität. Gewahrte sie Übergriffe der Partei, deren Radaumethoden insbesondere das ältere Offizierskorps verachtete, rettete sie sich in den Glauben, daß Hitler Auswüchse ablehne oder mißbillige.

Die Tendenzen, die den Spitzen des Heeres verborgen blieben, konnten sich Tresckow nicht enthüllen. Wie seine Kameraden banden ihn die Weisungen und Befehle der Reichswehrführung; mehr als je durfte er sich mit ihnen im Einklang wissen. Zudem fehlte die Zeit, um grüblerischen Gedanken nachzuhängen. Die geheime Aufrüstung begann. Jedem Truppenteil wurden Rekruten weit über das Soll des Versailler Vertrages zugeteilt. Damit nahten Aufgaben, die ungewöhnliche Anspannungen verlangten. Auch in der Ausbildung der neuen Mannschaft zeigte Tresckow Umsicht, Fürsorge und Sachverstand. Im Dienst am Schreibtisch, in der Kaserne und auf Übungsplätzen erfüllte er, was von ihm als Adjutant, Truppenoffizier und

Fähnrichs-Vater gefordert war. Dabei bewegte ihn das Hochgefühl, daß die Armee gemäß Hitlers Zusage an Stärke gewann. Erst nach der Allgemeinen Wehrpflicht wehrte er sich, innerlich unmutig, gegen die »Verwässerung« ihres Geistes. Genugtuung empfand er über die verbesserten Aufstiegsmöglichkeiten des Offiziers, die sich in seinem Fall schon am 1. Mai 1934 mit der Beförderung zum Hauptmann zu verwirklichen begannen.[31] Noch mehr beglückte ihn die Mitteilung des Heerespersonalamtes, daß er sich der Wehrkreisprüfung für die Generalstabsausbildung zu unterziehen habe. Die Aussicht, zu den »Offizierslehrgängen Berlin« kommandiert zu werden, bedeutete besondere Auszeichnung; sie schien seinen Fähigkeiten, aber auch seinem wachen Ehrgeiz angemessen. Dieser Ehrgeiz drängte ihn zu höchsten Rängen und größter Verantwortung. Freimütig bekannte er einem Kameraden, dem es am wichtigsten war, »in der jeweiligen Dienststellung Befriedigung zu finden«, daß er »General und Chef der Heeresleitung werden« wolle.[32] Die Prüfungsvorbereitungen luden ihm weitere Pflichten auf. Gleich allen Kriegsakademie-Antwärtern hatte er taktische Fernaufgaben im Rahmen eines verstärkten Infanterie-Regiments zu lösen, an Geländebesprechungen sowie Unterweisungen am Sitz des Generalkommandos teilzunehmen und in anhaltendem Selbststudium seine Kenntnisse zu vertiefen. Die Wehrkreisprüfung – eine gefürchtete Klippe, an der nicht wenige scheiterten – setzte neben Intelligenz vor allem Konzentration voraus. An mehreren Tagen wurde der zugelassene Offizier nicht nur in formaler und angewandter Taktik, Waffenlehre, Pionierdienst und Geländekunde, sondern auch in Geschichte, Staatsbürgerkunde, Wirtschaftsgeographie, Fremdsprachen und Leibesübungen geprüft. Im März 1934 hatte Tresckow bestanden.[33] Da auch die Beurteilung seines Truppenkommandeurs – die praktisch entscheidende »Bewertung der charakterlichen Anlagen des einzelnen Offiziers«[34] – positiv ausgefallen sein muß, war er für die Kriegsakademie ausgewählt.

Noch als Adjutant bei der Truppe, hatte er am 30. Juni 1934 das I. Bataillon zu alarmieren. Scharfe Munition wurde ausgeteilt, das Regiment in Gefechtsbereitschaft versetzt. Innerhalb der Kompanie befahl Tresckow die Unteroffiziere seines Zuges zu sich. Die Instruktionen, die er geben konnte, waren knapp bemessen. Anzeichen deuteten auf einen SA-Putsch. Es könne zum Ausrücken und zu Konflikten kommen.[35] Müsse die Kompanie kämpfen, dürfe jedoch nur auf Befehl geschossen werden. Die Spannung in den Potsdamer Kasernen hielt über Stunden an, Gerüchte und Parolen beherrschten den schwülen Frühsommertag, dann hatte das Regiment wieder die gewohnten Platzpatronen umzugurten. Sein Einsatz in der Reichshauptstadt, mit dem es rechnen mußte, war überflüssig geworden. Tresckow schien erleichtert.[36] Jedes Blutvergießen wäre ihm zuwider gewesen. Doch das Aufatmen, das auch durch die Reihen der Soldaten ging, wich in seinem Fall der Betroffenheit und Empörung. Tresckow hätte gehorcht, wenn an diesem 30. Juni 1934 Kampf mit der Waffe befohlen worden wäre. Ein SA-Putsch konnte drohen. Stabschef Ernst Röhm begehrte die »zweite Revolution« und statt des Heeres eine braune Miliz.[37] Das war ein Konzept, dem die Reichswehrführung, von Hitlers Garantien gedeckt, schon aus Gründen der Selbsterhaltung entschlossen begegnen mußte. Monat um Monat waren mit dem Mißtrauen die Feindseligkeiten gestiegen. Die Fronten rüsteten sich. Tresckow gehörte zur Reichswehr; ein sachunkundiges SA-Führerkorps ersetzte sie nicht. Die Armee mußte sich – um des Staates und der Schlagkraft willen – als »einziger Waffenträger der Nation« behaupten. Daß Hitler nun von neuem der Reichswehr beisprang, indem er sie von einer lästigen und törichten Konkurrenz erlöste, erkannte daher in den ersten Augenblicken auch Tresckow an. Aber was nach und nach von diesem »SA-Putsch« durchsickerte, rief in ihm Abscheu und Entsetzen wach. Grundsätze des Rechts waren nicht nur verletzt, sondern brutal mit Füßen getreten worden. Statt Röhm und die SA-Führer vor ein Gericht zu stellen, hatte sie Hitler ermorden lassen. Pelotons und zusammengeraffte Kommandos hatten indes nicht allein gegen die Frondeure gewütet, wahllos meuchelten sie auch Dutzende von entmachteten oder vermeintlichen Gegnern des Regimes, unter ihnen Kahr, Klausener, Gregor Strasser und von den Soldaten: die Generale Schleicher und Bredow. Nur wer sich verbarg, durfte hoffen, den Exzessen zu entgehen. Tresckow durchschaute nicht, ob die Vorwürfe des Landesverrats, die man gegen die niedergeschossenen Generale erhob, begründet waren. Doch so wie er Morde – im Gegensatz zum gleichgeschalteten Reichstag – nicht als »rechtens« empfand, so bedrückte ihn auch das Schweigen, mit dem die Generalität den gewaltsamen Tod zweier ihrer Kameraden hinnahm. Dieses Schweigen, das Mitschuld und Verstrickung bekundete, glich einer tiefgreifenden moralischen Niederlage und befleckte in seinen Augen die Ehre der Armee.[38] Mit ihm trennte man sich von Werten, die einzig um den Preis der Selbstachtung aufzugeben waren.

Tresckow konnte in den Ereignissen des 30. Juni nicht länger eine bloße Episode erblicken. Ungeheuerliches war geschehen. Der Führer des Staates und seine Regierung hatten ungestraft gemordet, Recht und Unrecht ihre Plätze gewechselt. Tresckow spürte diesen Dammriß, den verhängnisvollen, ja, niederschmetternden Einbruch von Terror und Gewalt. Die wortreichen Tiraden, mit denen Hitler die Gewissen zu betäuben versuchte, beeindruckten ihn nicht. Bisher war er bereit, über den Nationalsozialismus »anerkennend und verstehend« zu denken.[39] Darüber schien er sich gar – freilich zum ersten und zum letzten Mal – mit seinem älteren Bruder Gerd zu entzweien, an dem auch er in inniger Freundschaft hing. Dieser Bruder hegte keine Illusionen. Obgleich gewillt, sich dem Dritten Reich nicht zu verschließen, war er längst erbittert. Er verwahre sich dagegen – so schrieb er –, ein Reaktionär zu sein, doch im Sinne der Nationalsozialisten sei er es geworden.[40] Schon im Frühjahr 1934 beklagte er in Briefen an den Jüngeren die »elende undeutsche und ganz und gar unpreußische Reklame und Großmäuligkeit« der Partei auf dem Lande, ihren Mangel an »Demut vor einem Höheren« und die Diffamierungen, die ohne Unterlaß selbst den sozial gesinnten Adel träfen. Er verurteilte Menschenvergottung, Gewissensknechtung und den »antichristlichen Grundton der Bewegung«, der ständig unerträglicher werde und bei dem sich »*unter Umständen*« die Geister schieden[41] – Mitteilungen und Bekenntnisse, die Henning von Tresckow zunächst abwehrte und verdrängte, weil sie ihn aufreizten oder in seiner Einstellung störten. Nun aber fügten sie sich in das Mosaik des Übels, das der 30. Juni offenbart hatte. Treu und Glauben waren verhöhnt. Er fühlte sich getäuscht und herausgefordert; sein Mißtrauen erwachte.[42] Einmal »gebrannt«, wurde er hellsichtiger. Von jetzt an nahm er wahr, was er zuvor nicht sehen wollte.

Fünftes Kapitel

Kriegsakademie, Generalstab, letztes Friedenskommando

Am 1. Oktober 1934 bezog Tresckow als Teilnehmer der »Offizierslehrgänge Berlin« die vielgerühmte Kriegsakademie. Mit 87 weiteren Offizieren, begabten Hauptleuten oder Rittmeistern, war er nun für zwei Jahre in den graublauen, breit hingestreckten Profanbau der Moabiter Kruppstraße kommandiert, in dem ausgesuchte Generalstabsoffiziere den Nachwuchs der Heereselite schulten.[1] Der Lehrgang, in Hörsäle mit je 20 bis 25 Offiziere aufgeteilt, begann mit einer neunmonatigen theoretischen Ausbildung, die nur von gelegentlichen Reisen und – an einem Tag in der Woche – von Geländebesprechungen oder -übungen unterbrochen wurde. Ihr folgten für drei Monate Truppenkommandos zu anderen Waffengattungen und die Herbstmanöver – ein Zyklus, den das zweite Akademiejahr wiederholte. Der tägliche Unterricht umfaßte fünf bis sechs Stunden; die Nachmittage, der wöchentliche Tag im Gelände sowie die Sonn- und Feiertage blieben unterrichtsfrei.[2]

Die Ausbildung zielte auf den »Generalstabsoffizier als Gehilfen der höheren Truppenführer und der zentralen Führungsstellen im Oberkommando des Heeres«.[3] Mit ihr schulte man nicht den Spezialisten, sondern den Offizier, der die Grundlagen militärischer Führung beherrschte. Schwerpunkt dieser Methode bildete die »straffe Ausrichtung zu logischem, klarem Denken und zur knappen, bestimmten Ausdrucksform und Befehlssprache«[4], in der sich die Ergebnisse aller Gedankenarbeit überzeugend widerzuspiegeln hatten. Die Lehrfächer der Akademie waren: Taktik, Kriegsgeschichte, Heeresversorgung, Luftwaffe, Artillerie-, Pionier-, Nachrichten- und Transportwesen; zu ihnen kamen Vorträge über Technik, Wehrwirtschaft, Politik, Geschichte und Nationalökonomie, die Fachleute der Oberkommandos, Hochschulprofessoren oder Männer des öffentlichen Lebens hielten, doch das Hauptaugenmerk wurde der Taktik zugewandt. Wichtigstes aller Fächer, suchte es mit dem Handwerkszeug des Ia einer Division vertraut zu machen. »Ziel war die Erlernung der nüchternen, realen und logischen Beurteilung der Lage, auf der sich der Entschluß aufbaute. Seine Durchführung in Anordnungen, Befehlen und sonstigen Maßnahmen vollendete fast jede Aufgabe.«[5] Diese Aufgaben, die an Hand von Übungsunterlagen zu lösen waren, stellte der Lehrgangsleiter. Er unterrichtete für die Dauer eines Jahres. Seine Schlußbeurteilung, die mit der des Nachfolgers verglichen wurde, entschied über die Qualifikation des Schülers.

Richtlinien zum Taktik-Unterricht 1934/36 gab der neue Amtschef im Truppenamt und künftige Chef des Generalstabes, General der Artillerie Ludwig Beck. Seine Richtlinien waren eindeutig formuliert, zugleich aber auch eng gehalten und umstritten. Im Gegensatz zu seinem Vorgänger beharrte Beck »auf der ausschließlichen Heranbildung des Truppen-Generalstabsoffiziers, insbesondere des Divisions-Ia«.[6] Jeder Unterricht in der Operationslehre war untersagt. Die taktische Ausbildung blieb auf den Bereich der mittleren Führung beschränkt. Was sie vorenthielt, sollte der bewährte Generalstabsoffizier erlernen. Wie der Operationslehre, so widersetzte sich Beck in seinen Lehrplänen Problemen des Einsatzes von gepanzerten Verbänden. Weitgehend verbannte er Guderians Ideen des schnell verlaufenden modernen Bewegungskrieges aus den Hörsälen.[7] Gewiß begannen sich derartige Probleme in den Jahren 1934/36 erst abzuzeichnen. Gleichwohl verführte gerade diese Begrenzung zu einem Kriegsbild, das, angesichts erkennbarer Tendenzen, rasch überholt zu werden drohte. Der Taktik im Sinne Becks hatte sich jedes Fach anzupassen. »Neuzeitliche, größere Zusammenhänge« wurden nicht vermittelt.[8] Die Folgen waren Einseitigkeiten, die sich oft nicht mehr beheben ließen.

Trotzdem erreichte die Ausbildung der Akademie, was sie auf ihrer Stufe leisten sollte. Von neuem erzog sie den Generalstabsoffizier, der seiner Führung eine zuverlässige Stütze und später imstande war, auch zu größerer Verantwortung aufzusteigen.[9] Die Kontinuität, auf die Beck setzte, blieb wohlüberlegt. Deutschlands militärische Schwäche ließ sich nur in jahrelanger Aufbauarbeit überwinden; sie verbot außenpolitische Risiken und das Abenteuer eines Krieges, der mit dem Ende des Reiches identisch war.[10] Diese Einsichten mußten auch die politische Führung lenken. Folgte sie ihnen, hatte sie selbst jene Notlagen zu vermeiden, die für Beck Kriege allein noch rechtfertigen konnten. In einer Rede zum 125jährigen Bestehen der Kriegsakademie am 15. Oktober 1935, bei der Tresckow als Begleitoffizier hinter ihm stand, bekräftigte er seine Forderungen und Postulate.[11] Hier sprach er von der »Erziehung und Schulung des Geistes ... in systematischer Denkarbeit, die Schritt um Schritt unter gewissenhafter Sicherung des einmal Erfaßten das Problem durchdringt« und von den Konsequenzen, die sich aus jeder Mißachtung dieses Grundsatzes ergaben. »Nichts wäre gefährlicher, als sprunghaften, nicht zu Ende gedachten Eingebungen, mögen sie sich noch so klug oder genial ausnehmen, nachzugeben oder auf Wunschgedanken, mögen sie noch so heiß gehegt werden, aufzubauen. Wir brauchen Offiziere, die den Weg logischer Schlußfolgerungen in geistiger Selbstzucht systematisch bis zu Ende gehen, deren Charakter und Nerven stark genug sind, das zu tun, was der Verstand diktiert.«[12] Auch Beck rüttelte nicht an dem Grundsatz, daß der Generalstabsoffizier dem höheren Truppenführer unterstellt war. Stets hatte er Helfer und Berater zu bleiben. Konnte er seine Auffassung nicht durchsetzen, mußte er sich unterordnen und gehorchen. Aber Beck bestand nicht nur auf dem Wissen, das zu Befehlen und Entschlüssen berechtigte; zugleich schärfte er jenes Gewissen, das vor den Entartungen bloßer Technik bewahren sollte. Was er forderte, war der mitdenkende Gehorsam – ein Ethos, das zumindest die Besten prägte und band.

Henning von Tresckow gehörte zu den Besten des Lehrgangs, ja, einer seiner Lehrer gestand, daß er unter den Generalstabsoffizieren, die 1934/36 auf der Kriegsakademie ausgebildet wurden, »bei weitem der Überragendste war«.[13] Ruhig und folgerichtig in seinen taktischen Überlegungen, arbeitete er schnell und genau. Sein Verstand konnte ihn verführen, auch ungewöhnliche Wege einzuschlagen, doch seine militärische Phantasie blieb gezügelt. Eine »Patentlösung«, die er sogar seinem Taktiklehrer aufzuzwingen wußte, trug ihm bereits im ersten Jahr den bezeichnenden Beinamen »Der Heilige« ein.[14] Nicht minder brillierte er in der Kriegsgeschichte. Hier war er den meisten seiner Kameraden voraus. Eifrig studierte er Akten des Reichskriegsarchivs, zu denen er als Schwiegersohn des verstorbenen Generals von Falkenhayn Zugang fand.[15] In einem Vortrag über den Rumänien-Feldzug des Jahres 1916 schöpfte er aus wissenschaftlich erarbeiteten Quellen. Umsichtig in Darstellung und Kritik, regte er mit ihm zu »ausgedehnten Debatten« an. Auch Fremdsprachen waren ihm kein Hindernis. Die Dolmetscher-Prüfung im Englischen, die er am 26. 10. 1935 ablegte, bestand er mühelos.[16]

Wirtschaft und Bewegungskrieg blieben Stiefkinder der Akademie. Doch was sie verwehrte, suchte Tresckow auszugleichen. In der Nationalökonomie halfen ihm ungewöhnliche Kenntnisse und Erfahrungen. Über Probleme der Panzer-Führung suchte er sich im Sommer 1936 selbst zu informieren. Ein Hörsaalkamerad berichtet von Tresckows Kommando zum Panzer-Regiment 4 auf dem Truppenübungsplatz Ohrdruf: »Das Regiment wurde von Guderian besichtigt, damals noch Oberst, aber bereits Kommandeur einer der neu aufgestellten Panzer-Divisionen. Guderian war mit dem Verlauf der Übung im höchsten Grade unzufrieden, ließ die Übung abbrechen und die Truppe in die Ausgangsstellung zurückmarschieren. Bis die Übung wieder anlaufen konnte, vergingen gut zwei Stunden. Guderian saß grollend auf einem Stein. Keiner wagte ihn anzusprechen. Wir Zuschauer standen in größeren Gruppen abseits. Plötzlich stand Tresckow neben Guderian in intensivem Gespräch. Später erzählte uns T., daß Guderian ihm seine Vorstellungen über moderne Panzerverwendung genau auseinandergesetzt hätte.«[17] Sicher lehnte auch Tresckow eine zu weit gehende Beschäftigung mit der Technik ab. Darin unterstützte er die Linie Becks. Nirgendwo hatte die höhere Truppenführung am Detail zu haften. Von ihr wurde Überblick über das Ganze verlangt. Aber die zunehmende Bedeutung der Technik leugnete er nicht. Oft ging er schon auf projektierte Waffen mit angespanntem Interesse ein.[18]

Wissen, Lebenserfahrung und Alter bestimmten ihn zum Hörsaalältesten. »Absolut unauffällig und ohne äußerlich jemals über Gebühr in Erscheinung zu treten«, lenkte er zwanzig Hauptleute und Rittmeister – Offiziere verschiedener landsmannschaftlicher Herkunft sowie jeder Waffengattung – durch die Klippen eines zweijährigen Zusammenlebens.[19] Seine Lehrer schätzten es, daß er ihnen Querelen des Lehrgangs vom Leibe hielt; sie sahen in ihm eher den Gehilfen, den sie zu Rate zogen. Konflikte löste er mit Takt, Humor oder diplomatischem Geschick. Wo diese Mittel versagten, führte er ein »strenges Regiment«.[20] Seine Zurückhaltung machte nicht jeden zu seinem Anhänger oder gar Vertrauten. Manchem erschien er als Mann des Abstandes und der Kühle. Major Winter, erster Taktiklehrer des Hörsaals, später General und von Hause ein Bayer, fand zudem zunächst seinen Blick »etwas eingeengt durch ostelbisches Denken«.[21] Trotzdem war Tresckow allen ein hervorragender Kamerad – gütig, hilfsbereit und entschlossen, keine Kastenbildungen aufkommen zu lassen. Anläßlich eines Übungsritts in der Neumark lud er den ganzen Hörsaal auf sein geliebtes Wartenberg ein: für die meisten Offiziere ein unerwarteter Anschauungsunterricht über das schlichte Leben auf einem märkischen Landsitz.[22] Obwohl seine weltmännische Art bestach und den Eindruck »wirklicher Überlegenheit« vertiefte, dachte er viel zu bescheiden über sich, als daß er nicht gerade die Lücken und Mängel seiner Bildung empfunden hätte. Viele Gebiete waren ihm verschlossen oder kaum vertraut. Immer wieder klagte er, daß er – einst nur Zögling eines Realgymnasiums – außerstande sei, Griechenlands Klassiker im Urtext zu lesen.[23] Da er regsam war, litt er an seinen Grenzen. Noch im Zweiten Weltkrieg, in größerer Verantwortung und vielbewundert, gestand er: so klug, wie er sein solle, sei er beileibe nicht.[24] Vorbehalte ihm gegenüber konnten ihn daher am wenigsten überraschen. Doch selbst Major Winter, der Süddeutsche und kritischer Taktiklehrer, rühmte seine Verstandesschärfe und später auch eine Weltoffenheit des Denkens, das bereit war, Schablonen abzustreifen.[25] Vollends mußten Tresckows Kameraden, denen er nicht allein an Lebensjahren voraus war, seine geistigen Gaben achten. Jeder begriff, daß ihm Können und Charakter eine bedeutende Zukunft sicherten.[26]

Sein Wesen hinderte ihn, politische Auffassungen vor jedem »bis ins Letzte« auszufechten. Weise vermied er es, innerhalb des Lehrgangs weltanschauliche Klüfte aufzureißen. Als Hörsaalältester wünschte er keine schwelenden Feindseligkeiten, sondern Kameradschaft und Zusammenhalt. Trotz aller Distanz aber verbarg er nicht seine Ablehnung Hitlers und des Nationalsozialismus.[27] Sowenig er übersah, daß auch sein Hörsaal von der Bewegung »erfaßt« war: einmal herausgefordert, wich er nicht aus. In Diskussionen mit Kameraden, die als Fähnriche am Münchener Hitler-Putsch teilgenommen hatten und sich daher mit dem Blutorden schmücken durften, war er der zwar beherrschte, jedoch entschiedene Wortführer der Anti-Partei. In einem Vortrag über nationalsozialistische Agrarpolitik, vor dem er ausdrücklich darum gebeten hatte, offen sprechen zu dürfen, kritisierte er herb – wohl mit einschlägigem Material seines Bruders – abwegige Maßnahmen der NSDAP.[28] Bei alledem vermochte er schiefe Urteile um so mehr zurechtzurücken, als seine Kritik stets von Alternativen oder Verbesserungsvorschlägen begleitet war. Rückhaltlos gab er sich immer im vertrauensvollen Gespräch. Während einer Unterhaltung mit einem ihm nahestehenden Kameraden stritt er für die christliche Idee, sein Partner für den Nationalsozialismus Adolf Hitlers. Unumwunden erklärte ihm Tresckow: solch ein Gegensatz könne bedeuten, daß sie sich bei einer »unglücklichen Weiterentwicklung des Vaterlandes« einmal mit der Waffe gegenüberstünden.[29]

Seine Opposition hatte sich gefestigt; sie konnten nun auch »positive Züge« des Regimes kaum noch beirren. Sicher bewegten ihn die errungene Wehrhoheit, die Rückkehr der Saar und der geglückte Einmarsch in die entmilitarisierte Zone des Rheinlandes: Schritte, die Deutschlands Großmachtstellung im Rahmen »vernünftiger Revision« wiederherzustellen versprachen.[30] Dagegen beunruhigte die innenpolitische Szene, die sich in seinen Augen geradezu ungestüm verschlechterte. Er hatte den Schock des 30. Juni 1934 nicht verdrängt. Im Gegenteil: seit er erfahren hatte, daß die Vorwürfe gegen Schleicher aus der Luft gegriffen waren, wurde ihm die Infamie jenes Tages, aber auch das moralische Versagen der Heeresführung doppelt bewußt.[31] Nicht weniger empörten ihn der einsetzende Kirchenkampf und die Verkündigung der Nürnberger Gesetze. Er war ein überzeugter evangelischer Christ. Glaube blieb ihm Richtschnur seines Lebens.[32] So erbitterte es ihn, daß sich eine brüchige Ideologie anmaßte, Menschen einzig wegen ihrer Konfessionstreue zu verfolgen und anzuklagen. Was hier aufkam, war der Unsinn absoluter Weltanschauungen und damit ein widergöttlicher Allmachtswahn. Instinktiv begriff Tresckow, daß er jedermanns Würde und Gewissen bedrohte, ja, eine Volksgemeinschaft der Unfreien schaffen mußte. Erst recht sah er in den Nürnberger Gesetzen, durch die deutsche Juden deklassiert und zum Freiwild wurden, das Werk eines entehrenden Ungeistes, wie er nur aus der Verachtung überkommener und gültiger Normen erwachsen konnte.[33] All das quälte ihn schon deshalb, weil auch er nach dem Tod Hindenburgs nicht gezögert hatte, Adolf Hitler »unbedingten Gehorsam« zu geloben. Tresckow fühlte, daß dieser Eid – unter Anrufung Gottes abgelegt – Unrecht deckte und zunehmend verstrickte. Ihn hatte er einem Mann geschworen, der gewillt schien, eine offenbar unbegrenzte Diktatur zu errichten.

Ansprachen von Goebbels, Heß und Heydrich, die er mit einem Kameraden in der Wehrmachtsakademie hörte, konnten ihn nicht beschwichtigen. Wohl war er bereit, Goebbels »geistige Brillanz« zuzugestehen. Aber so wie er »die Absichten von Heydrich für gefährlich hielt«, so erkannte er keinen der drei Redner »als Menschen und Führer« an.[34] Ebensowenig täuschte er sich über die wirtschaftlichen Engpässe, in die das Reich infolge der hektisch betriebenen Aufrüstung geraten war. Tresckow begrüßte den Rückgang der Arbeitslosigkeit. Des niedrigen Lebensniveaus vieler deutscher Arbeiterfamilien war er sich nur zu bewußt.[35] Erwartete man von ihnen »vaterländische Gesinnung«, hatte man ihr Los zu verbessern. Jetzt aber schien ihm die zunehmende ökonomische Misere alle erreichten und anzupackenden Ziele in Frage zu stellen. Mit offenkundigem Einverständnis gab er seinem Hörsaal einen Vortrag Schachts vor der Wehrmachtsakademie wieder, in dem von Deutschlands Abhängigkeit und Zwang zur Selbstbeschränkung, seiner Rohstoff- und Devisennot, kurz: von einer »durch nichts zu beschönigenden, ständigen Pleite« die Rede war.[36] Auch mit diesen Auffassungen traf Tresckow auf Widerspruch. Von neuem verwickelten sie ihn in Debatten mit dem Flügel der Hitlergläubigen. Doch die Argumente Schachts, die er mit eigenem wirtschaftlichen Sachverstand vortrug, waren hieb- und stichfest aneinandergefügt. Keine Republik vermochte sie umzustoßen.

Es sprach für die Kriegsakademie, daß sie auch unorthodoxe Äußerungen nicht unterdrückte. Noch war ihr traditioneller Geist lebendig und ungebrochen. Kaum einer von Tresckows Vorgesetzten konnte verkennen, daß er im nationalsozialistischen Sinne nicht zuverlässig war. Aber was für sie zählte, waren Leistung und Charakter. Tresckow wurde ungewöhnlich bewertet. Auch Winter, Lehrgangsleiter des ersten Akademiejahres, nannte ihn eine »ausgesprochene Führerpersönlichkeit«; sein Nachfolger Major von Schell, im Krieg Generalleutnant und verantwortlicher Unterstaatssekretär für die Ölwirtschaft, urteilte: »Ganz besonders zur Verwendung im Generalstab geeignet«.[37] Derartige Schlußqualifikationen führten nicht allein in einen Divisions-Stab, sie ebneten den Weg zu noch höheren Stellungen. Tresckow, Bester des Jahrgangs, erhielt ein Spitzenkommando. Am 28. September 1936 – nach einer kurzen, aber wieder eindrucksstarken England-Reise – sah er sich in die 1. Abteilung des Generalstabes im Reichskriegsministerium versetzt.[38]

Das neue Kommando verhalf zu weitem Überblick und rückte in die Nähe führender Männer des Heeres. Mehrfach begegnete Tresckow nun Beck und Fritsch. Den damaligen Oberquartiermeister I, Oberst i. G. Erich von Manstein, lernte er eingehender kennen.[39] Seine gesellschaftlichen Verpflichtungen häuften sich; um ihnen gewachsen zu sein, siedelte er mit der Familie von Potsdam nach Berlin-Westend über. Die neue Wohnung am Karolinger Platz bot den nötigen Rahmen, zugleich gewährte sie durch ihre günstige periphere Lage Möglichkeiten für schnellen Auslauf ins Grüne. Die sich oft »jagenden« dienstlichen und gesellschaftlichen Anlässe spannten ihn ein, doch die freien Stunden gehörten seiner Frau und den Kindern, die sich glücklich zu entwickeln begannen. Diese Stunden waren ihm Ausgleich und Entspannung; sie empfand er schon deshalb als »immer notwendigeres Gegengewicht«, weil die Schatten von außen wuchsen.

In der Operationsabteilung des Heeres hatte er nach der Weisung vom 24. Juni 1937 den Aufmarsch 23 (Grün) gegen die Tschechoslowakei zu bearbeiten.[40] Grundlage der Aufmarsch-Planung war die Annahme eines Zweifronten-Krieges mit Frankreich und der Tschechoslowakei, in dem beide Gegner eine Vereinigung ihrer Streitkräfte im Raum um Nürnberg erstrebten. Süddeutschland wurde vom übrigen Reichsgebiet abgeschnitten. Da ein Stoß in den Rücken der deutschen Westfront drohte, die sich Frankreich gegenüber defensiv behaupten sollte (Aufmarsch 17: Rot), plante man für den Kriegsfall einen Angriff im Südosten. Vorgesehen war, daß die Masse des deutschen Heeres die tschechoslowakische Wehrmacht bezwang und ausschaltete. Erst nach deren Niederwerfung hatte sie sich gegen Frankreich zu wenden. Tresckow analysierte die wechselseitigen Stärkeverhältnisse, die mutmaßlichen Absichten des Gegners und seiner Nachbarstaaten, er entwarf die Gruppierungen und Schwerpunkte des deutschen Aufmarsches sowie die ersten Kampfaufgaben. Die Probleme, die er klar und bestimmt ordnen mußte, verlangten mehr als die üblichen Schulweisheiten der Kriegsakademie, doch Major Heusinger, seinem Gruppenleiter und unmittelbaren Vorgesetzten, schien er »selten befähigt«, freilich aber auch so hartköpfig in den Auffassungen, daß er ihn bei unüberbrückbaren Gegensätzen durch Befehle »überzeugen« mußte.[41] Tresckows Detailbesessenheit spiegelte die Arbeitsweise der Abteilung und insbesondere des Chefs des Generalstabes. Beck bestand auf nahezu einem Dutzend Fassungen, ehe er jede Fehlerquelle ausgeräumt glaubte und den Aufmarsch »Grün« genehmigte.[42]

Generalstäbe mußten mit Kriegen rechnen. Auch für Tresckow hatten sie sich rechtzeitig über die beste Verteilung und Verwendung ihrer Streitkräfte schlüssig zu werden. Hier war zudem nur an eine Offensive für den Fall gedacht, daß Deutschland angegriffen oder herausgefordert würde. Gleichwohl beunruhigten ihn die Risiken auch dieser Aufmarsch-Planung.[43] Seine Arbeit ergab: das tschechoslowakische Heer vermochte in erster Welle 32 Divisionen und mehrere Kavallerie-Brigaden aufzubieten. Ihnen gegenüber konnte das Reich, nach Abzug von acht im Westen und in Ostpreußen verbleibenden Verbänden, 1937 nur 34 aktive und nicht einmal voll aufgefüllte Divisionen mobilisieren. Die notwendige zahlenmäßige Offensiv-Überlegenheit war also nicht gegeben, das geplante Unternehmen ein zu großes Wagnis, das mit Rücksicht auf die mächtige und sicher sofort angreifende französische Armee nicht eingegangen werden durfte. Wie die ernst zu nehmenden Generalstabsoffiziere der Operationsabteilung bedrängten Tresckow Zweifel und Sorgen. Deutschlands Kräfte waren unzureichend; sie verpflichteten zu einer Politik des Friedens. Daß Beck selbst das ausgereifte Aufmarschkonzept lediglich als Studie an wenige Kommandobehörden ausgab, mußte daher gerade Tresckow mit Genugtuung erfüllen. Um so mehr entsetzte ihn die befohlene Neufassung des Plans »Grün«, in der er – nach einer ergänzenden Weisung vom 21. Dezember 1937 – den Satz zu lesen hatte: »Hat Deutschland seine volle Kriegsbereitschaft auf allen Gebieten erreicht, so wird die militärische Voraussetzung geschaffen sein, einen Angriffskrieg gegen die Tschechoslowakei und damit die Lösung des deutschen Raumproblems auch dann zu einem siegreichen Ende zu führen, wenn die eine oder andere Großmacht gegen uns eingreift.«[44] Diese Worte widerriefen die bisher geltenden Prinzipien strikter Verteidigung; sie verkündeten als Ziel eine neue Phase, die unverhüllte Aggression. Zweck eines Krieges war nicht länger die Sicherheit des Reiches, sondern die Eroberung fremden Staatsgebiets. Einwände schienen in den Wind geschlagen. Der Angriff war vorsätzlich geplant; ihn sollte nicht einmal eine überlegene Feindkoalition beirren.

Wir wissen nicht, ob Tresckow von der Ansprache erfuhr, in der Hitler am 5. November 1937 dem Reichskriegsminister, Reichsaußenminister und den Oberbefehlshabern der drei Wehrmachtteile dargelegt hatte, daß er »unabänderlich« entschlossen sei, Deutschlands Raumnot durch »Gewinnung eines größeren Lebensraumes« gewaltsam zu lösen. Hinweise oder Gerüchte könnten Tresckow, immerhin einer der führenden Mitarbeiter in der wichtigsten Abteilung des Generalstabes, zu Ohren gekommen sein. Doch selbst wenn ihm Hitlers Absichten im Wortlaut verborgen blieben: die von Blomberg und Jodl befohlene Weisungsänderung genügte.[45] Der neue Entwurf, den er in seiner Arbeit zu berücksichtigen hatte, mußte Entschlüsse des Obersten Befehlshabers wiedergeben. Erstmals stieß er nun auch auf Hitlers wahre außenpolitische Ziele. Erstmals begegneten ihm Führungsmethoden, gegen die sein Pflicht- und Verantwortungsgefühl rebellierte. Die Leichtfertigkeit, mit der naheliegende Gegenzüge mächtiger Feindstaaten umgangen wurden, kannte kaum Beispiele; sie verletzte selbstverständliche Grundsätze und eröffnete bittere Zukunftsaussichten. Als im Winter 1937/38 Tresckows Regimentskamerad und Freund Major Rudolf Schmundt, bald darauf Adjutant des Führers, emphatisch erklärte, Hitler sei der größte Feldherr aller Zeiten, konnte Tresckow in diesen Worten lediglich Hohn und Verstiegenheit erblicken. Nicht genug, daß zu einem solchen Urteil überzeugende Taten im Krieg gehörten, widerlegten es bereits die haarsträubenden Planungen im Frieden. Lakonisch bemerkte Tresckow zu Heusinger: »Ja, Schmundt droht Hitler zu verfallen.«[46] Eine Äußerung, die nicht nur Enttäuschung und Widerwillen, sondern auch Abstand und Nüchternheit bezeugte. Wäre Tresckow jenes »Niederschmetternd« zugänglich gewesen, mit dem Beck in einer Denkschrift Hitlers »wenig durchdachte« Darlegungen qualifizierte: vorbehaltlos hätte er sich dem Verdikt des Generalstabschefs angeschlossen.

Die Blomberg-Fritsch-Krise im Februar 1938 steigerte seine Unruhe und Betroffenheit. Wieder war er zunächst nur begrenzt eingeweiht. Ungeschminkt verurteilte er die andauernde »Geheimniskrämerei«, mit der man die Affäre zu vertuschen suchte und die seinem Bedürfnis nach sauberen und überschaubaren Verhältnissen widersprach.[47] Blombergs Rücktritt leuchtete ihm ein. Dessen Heirat mit einer übelbeleumdeten Frau verstieß gegen den Kodex des Offizierskorps. Solch ein – unfaßlicher – Fehltritt des ranghöchsten Soldaten forderte Konsequenzen. Daß Hitler indes auch Fritsch – trotz beteuerter Unschuld – homosexueller Verfehlungen anklagte, erschütterte Tresckow als Ausdruck einer Perfidie, wie sie kaum noch überboten werden konnte. Des Führers Person war ihm nicht sakrosankt. Handelte der Oberste Befehlshaber gemein, nannte er Gemeinheit erst recht beim Namen. Der ruchbar gewordene Hergang des Skandals – nicht nur die Ablehnung eines Generalsehrenwortes durch Hitler, sondern auch Fritschs Konfrontation mit dem Schuldigen, einem Zuchthäusler, sowie die völlig unzureichende Rehabilitierung des Heeres-Oberbefehlshabers – erweckte in Tresckow Abscheu, die Haltung der Generalität, die sich ohne Rückgrat fügte, Zorn und Empörung. Er stand vor politischen und moralischen Abgründen, ahnte unabsehbare Verwicklungen und erwog, die Armee zu verlassen.

Tief entmutigt von dem, was geschehen war, bat er – in Begleitung seines Regimentskameraden Graf Baudissin – General von Witzleben um ein Gespräch.[48] Witzleben, hochangesehener Befehlshaber im Wehrkreis III (Berlin), empfing beide Offiziere und hörte sie an. Offen trug Tresckow seine Bedenken und Sorgen vor. Witzleben fragte ihn, ob er meine, daß die Heeresführung während der Fritsch-Affäre hätte aufbegehren sollen. Tresckow und Baudissin bejahten »Schritte gegen das Regime«. In diesem Falle – so Witzlebens Antwort – wäre es besser, wenn sie der Armee nicht den Rücken kehrten. Er könne nur in Andeutungen sprechen, aber mit der Gestapo und SS, den ruchlosen Drahtziehern der Krise, würde abgerechnet. Es bestünden Pläne für eine Aktion, und wer bei ihr seinen Part spielen wolle, dürfe nicht vorzeitig ausgeschieden sein. Witzlebens Rat beschwichtigte und überzeugte. Beide Offiziere blieben Soldaten.

Tresckows Entschluß konnte wenig an seiner Haltung ändern. Wenn er auch im Gespräch mit Witzleben das Wort »Staatsstreich« vermieden hatte: sein Vertrauen zur obersten Führung war gebrochen, der innere Zustand des Reiches unerträglich geworden.[49] Mit »Schritten gegen das Regime« wünschte er Hitler in Schranken verwiesen sowie Recht und Ordnung wiederhergestellt zu sehen. Noch immer schien er zu glauben, daß auf das nationalsozialistische Herrschaftssystem einzuwirken sei. Sonst hätte er – zäh in seinen Auffassungen – Witzlebens Rat nicht befolgt. Was ihm der General angedeutet hatte, ging über korrigierende Eingriffe kaum hinaus. Ein Sturz Hitlers wurde offenbar nicht geplant. Im Grunde aber war Tresckow längst illusionslos und daher auch weit radikaler als die meisten seiner Kameraden gestimmt. Er täuschte sich nicht über Hitlers Skrupellosigkeit und die rapide Entmachtung der Armee. Für ihn hatte nach der Fritsch-Affäre ein unwürdiger Führer die oberste Wehrmachtführung usurpiert. Einmal würde, so fühlte er, gerade Hitler als der wahrhaft Verantwortliche und Mann gefährlicher Pläne zu beseitigen sein. Verwarf indes Tresckow den neuen Aufmarschplan gegen die Tschechoslowakei einzig aus taktischen Gründen? Zögerte er nur deshalb, weil ihn Deutschlands unzureichender Rüstungsstand warnte?

Er wollte kein Blutvergießen, und er wollte es nicht einmal unter »besseren« Bedingungen.[50] Wie viele seiner Generation erstrebte er die Wiedergeburt eines machtvollen Deutschland. Die Nation sollte ihre Freiheit zurückgewinnen und im Zeichen jenes Sozialismus erstarken, zu dem ihn das nie verblassende Erlebnis der Frontkameradschaft des Ersten Weltkrieges bekehrt hatte. Gern hätte er den Unfug des polnischen Korridors rückgängig gemacht, der die alten Ostprovinzen trennte und fortgesetzt Spannungen erzeugte. Aber war die Ostgrenze nicht auf diplomatischem Wege zu revidieren, so hätte er selbst hier auf gewaltsame Revisionen verzichtet. Er hing am Frieden: vor einem Waffengang mußte die politische Führung alle Verhandlungschancen ausnutzen. Erfahrung und Vernunft sagten ihm, daß Kriege im 20. Jahrhundert sinnlos geworden waren. Schaute er zurück, gestand er sich ein, daß Deutschland nie den Weltkrieg hätte führen dürfen. So unbändig und versucherisch die Kräfte drängen mochten, die Bismarck in Erfüllung nationaler Sehnsüchte zusammengefügt hatte: sein Reich stellte das Äußerste dessen dar, was Europa hinnahm und zu ertragen vermochte. Nie durfte es sich zu weiteren Expansionen verlocken lassen. Für Tresckow war der Kontinent aufgeteilt, Staaten und Völkern ihr Platz zugewiesen. Deutschland, Macht der Mitte, hatte auszugleichen. Nur ein Reich, das den Frieden garantierte, konnte gedeihen. Er selbst bekannte sich nicht allein als ein von Preußen geprägter Deutscher, sondern auch und gewiß zum Erstaunen vieler als bewußter Europäer.[51] Sicher wäre er kaum bereit gewesen, ein Jota von wohlverstandenen Interessen der Nation aufzuopfern. Das Reich mußte seiner Rolle folgen; zu ihr gehörte, daß es seine Eigenart zwischen Ost und West behauptete. Doch Deutschland besaß Lebensraum genug und kam nur voran, wenn es sich dem Gleichgewicht der Kräfte beugte. Dieses Gleichgewicht verbürgte auch die Freiheit der weniger Mächtigen. Mit ihm konnte Europa Händel und Kriege noch am ehesten überstehen. Selbstbescheidung galt daher für Tresckow mehr denn je. Ehrlich war er davon durchdrungen, daß sich das Reich als Staat unter Staaten einzurichten habe: jede andere Politik sprengte Fundamente und bedeutete Ruin.

Bedenkt man Hitlers »missionarische« Ziele – Bündnis mit Italien und England, Kampf gegen Frankreich, Gewinn von Lebensraum und damit Unterwerfung der »jüdisch« beherrschten Sowjetunion –, so schien kein größerer Gegensatz zu solchen Vorstellungen denkbar. Auch wenn Hitler gewillt war, seine Ziele nacheinander zu erreichen, um einen abermaligen Weltkrieg gleichsam zu unterlaufen: die Opposition, in die Tresckow auch zur Außenpolitik des Nationalsozialismus geraten mußte, war vorgezeichnet. Schon über die »Heimkehr der Ostmark« vermochte er nicht mitzujubeln.[52] Als Generalstabsoffizier fürchtete er bis zuletzt ein Eingreifen Italiens und der Westmächte, denen die unfertige Wehrmacht unterliegen mußte. Österreich war ihm keine »Akquisition«. Er dachte nicht »großdeutsch«, sondern allenfalls »großpreußisch«, und zwar maßvoll nach seinen historisch-politischen Einsichten. Österreich mehrte die Macht des

Reiches über Gebühr. Mit ihm zog Deutschland auch Räume an sich, in denen nirgendwo Lebensinteressen verpflichteten. Allein seine Ausstrahlung auf den Balkan drohte überflüssige Probleme herbeizuzwingen. Vor allem aber schrumpfte das Gewicht jener kleinen Staaten Ost-Mitteleuropas, deren Existenz das Gleichgewicht der Kräfte miterhielt. So empfand Tresckow – sicher im Gefühl für Proportionen – diesen Anschluß als ein Unheil, nach dem, und zumal unter Hitler, weitere Verhängnisse nahten.

Mehr noch als der Anschluß Österreichs alarmierte ihn die Sudeten-Krise. Er kannte die Pläne gegen die Tschechoslowakei und war auf sie vorbereitet, aber nun schien Hitler vermessen genug, sie in die Tat umzusetzen. Konrad Henlein, Führer der Sudentendeutschen, wurde nach Berlin befohlen. Fortan hatte er die Tschechoslowakei mit Forderungen zu unterminieren, welche die Prager Regierung nicht erfüllen konnte.[53] Rasch wuchs mit der Zahl provozierter Zusammenstöße die Gefahr einer bewaffneten Auseinandersetzung. Der europäische Horizont verdüsterte sich. Als am 20. Mai 1938 Gerüchte von deutschen Truppenbewegungen wissen wollten, befahl Benesch die Teilmobilmachung der Tschechoslowakei. Warnend wiesen England und Frankreich auf die unabsehbaren Folgen eines gewaltsamen deutschen Vorgehens hin. Hitler – noch in der ersten Planungsphase – wich zurück, doch der Prestigeverlust, den er erlitt, vermochte lediglich seine Verbissenheit anzustacheln. Auch ein Krieg mit den Westmächten sollte ihn nun nicht mehr abschrecken. Am 30. Mai bekundete er im Aufmarschplan »Grün«: »Es ist mein unabänderlicher Entschluß, die Tschechoslowakei in absehbarer Zeit durch eine militärische Aktion zu zerschlagen. Den politischen und militärisch geeigneten Zeitpunkt abzuwarten oder herbeizuführen, ist Sache der politischen Führung.«[54] Jede Vorbereitung war unverzüglich zu treffen, als X-Tag schließlich der 28. September genannt.

Die Gewissenlosigkeit, mit der Hitler dem Frieden noch eine Frist von vier Monaten setzte, übertraf schlimmste Befürchtungen; sie erregte Tresckow schin deshalb, weil er erst recht keine Annexion der Sudetengebiete wünschte.[55] Hitler, äußerte er zu Freunden, sei ein tanzender Derwisch. Man müsse ihn totschießen. Er verkannte nicht, daß sich Deutschlands strategische Lage gebessert hatte. Wertete er den Anschluß Österreichs als Gewinn, so war die Tschechoslowakei umklammert, aber in dieser Lage auch ihrer Gefährlichkeit beraubt. Das Reich brauchte nur Frieden zu halten. Er zweifelte nicht daran, daß die Wehrmacht imstande war, die Tschechoslowakei im Alleingang niederzuringen. Deutschlands Kräfte hatten sich ihr gegenüber vermehrt. Mit den österreichischen Divisionen war eine geringe Überlegenheit erreicht, doch ein Alleingang gegen die Tschechoslowakei blieb allenfalls Mutmaßung, wenn nicht gar Wunschtraum oder pure Illusion. Frankreich und die Sowjetunion waren Bundesgenossen Prags. England mußte ihnen beispringen. Damit drohte der Krieg, den Deutschland weder militärisch noch politisch durchzustehen vermochte. Tresckow war gezwungen, von der schlechtesten Situation auszugehen, aber diese Situation war angesichts der »Wildwestpolitik« des Führers, wie er sie nun zu nennen begann, die wahrscheinlichste. Jede Rechnung mit Schieber und Stift am Schreibtisch bewies ihm, daß er und der Generalstab an einem Kreuzweg angelangt waren. Wollte die Wehrmacht mit ihrer Masse die Tschechoslowakei angreifen und deren ohnehin starke Grenzbefestigungen bezwingen, so blieben für die Verteidigung im Westen nach wie vor nur vier aktive Divisionen. Der sicher zeitraubende Kampf im Südosten ließ ihnen lediglich die Chance heroischen Untergangs. Frankreichs Armee mußte sie überwältigen und war auch durch den Torso des Westwalls nicht aufzuhalten. Der deutsche Aufmarschplan verbürgte eine eigene Niederlage größten Ausmaßes. Bar des nüchternen Kalküls, war er gegen Vernunft und Verantwortung konzipiert.

Tresckow konnte nichts tun: er hatte »auszuführen«, aber eindeutig stand er auf seiten derer, die entschlossen waren, vor dem X-Tag Wandel zu schaffen.[56] Mit steigender Spannung verfolgte er den Kampf Becks, der Brauchitsch, den Nachfolger Fritschs im Oberbefehl des Heeres, von der Aussichtslosigkeit eines Krieges gegen die Tschechoslowakei und schließlich von der Notwendigkeit eines Rücktritts der gesamten Generalität zu überzeugen suchte. Voller Genugtuung begrüßte er jedes Anzeichen der Opposition, die – unter Witzleben – wenigstens jetzt gewillt schien, gegen die lebensgefährlich gewordenen Machenschaften des Regimes einzuschreiten. Es bleibt ungewiß, ob Tresckow, noch immer auf einem nachgeordneten Posten, alle Absprachen und Vorgänge kannte, mit denen man darauf abzielte, Hitler zu verhaften, vor Gericht zu stellen und nach einem Schuldspruch zu entmachten. Niemand vermag auch zu sagen, welche Chancen er diesem problematischen Ziel der September-Fronde des Jahres 1938 einräumte. Kein Zweifel aber besteht darüber, daß er vom Amt her weithin eingeweiht war und nicht zögerte, innerhalb dieser Opposition den Part zu spielen, von dem Witzleben mehrere Monate zuvor gesprochen hatte. In Heusingers Abteilung stärkte er den Flügel der nüchtern Denkenden, in einem Gespräch mit General Graf von Brockdorff-Ahlefeldt, dessen 23. Infanterie-Division für den Staatsstreich marschieren sollte, die Position des Widerstandes.[57]

Die Münchener Konferenz begrub alle Pläne der zum Anschlag bereiten Fronde; sie schien jede Spannung zu lösen und Hitler als einen Staatsmann auszuweisen, dessen Weitsicht über die Beklommenheit und Furcht seines Generalstabes triumphierte. Abermals folgte ein »Blumenfeldzug«. Wieder wurde Land ohne Schwertstreich für »Großdeutschland« gewonnen. Europa war erleichtert. Die Diplomatie hatte den Frieden gerettet. Der Aufmarschplan gegen die Tschechoslowakei – Objekt angespannter Arbeit und nervenaufreibender Sorgen – war in den bisherigen Fassungen gegenstandslos geworden. Aber hatte sich Hitler als Staatsmann bewährt und die Pessimisten widerlegt? Würde er jetzt, nach seiner »letzten territorialen Forderung«, endlich Ruhe geben? Tresckow mußte erkennen – diese »Verbindung von Fetzen und Flicken« – zu kämpfen.[58] Chamberlain hielt sich an die vielbeschworene Selbstbestimmung der Sudetendeutschen. Er betrachtete das Reich als »antibolschewistisches Bollwerk«; seine Appeasement-Politik entsprang einer tiefgreifenden Kriegsunwilligkeit Großbritanniens und des Commonwealth. Diese Kriegsunwilligkeit mußte Hitler frühzeitig bewußt gewesen sein; sie änderte die Gesamtlage und hatte den Diktator bestätigt. Niemand jedoch konnte Hitlers Mangel an Maß, Geduld und Umsicht übersehen. Ständig hatte er gedroht, die Spannungen angeheizt und schließlich mit der Forderung nach sofortiger Übergabe der Sudetengebiete Vabanque gespielt. Hätte nicht Mussolini im Augenblick höchster Gefahr interveniert: die Opposition, Ende September auf dem Absprung, hätte handeln müssen oder der große Krieg wäre ausgebrochen. Tresckow deutete die Münchner Konferenz als bittere Niederlage der Verschwörung. Trotz aller Erleichterung über den unblutigen Ausgang der Krise fühlte er, daß die Gewaltsamkeit des Diktators nicht gebändigt war.[59] München – ein Gipfelpunkt deutscher Macht – hatte Hitler weder beschwichtigt noch befriedigt, sondern nur, wie seine Aufmarschpläne bewiesen, um die »Zerschlagung« der Tschechoslowakei geprellt. Nirgendwo war in diesen Plänen lediglich vom Gewinn des Sudetenlandes die Rede. Hoffnungen, die Tresckow gern gehegt hätte, mußten rasch verfliegen, denn in der Weisung vom 21. Oktober 1938 stieß er auf den Passus: »Die der Tschechoslowakei naheliegenden Einheiten und motorisierten Verbände sind für einen überfallartigen Angriff vorzusehen.«[60]

Derartige Aussichten deprimierten Tresckow um so mehr, als er kaum noch an Möglichkeiten des Widerstandes glaubte. Hitlers Prestige war schwindelerregend gestiegen, die Opposition zerfallen und der »defaitistische« Generalstab in eine Unterordnung gezwungen, in der er nun blind dem Genie des Führers folgen sollte. Schon 1937 hatte Tresckow, die Pfeiler des Mainzer Doms hinaufdeutend, in einem Gespräch geäußert: »Das alles soll uns nun genommen werden.«[61] Damit meinte er nicht nur den Verlust des Glaubens, sondern auch die Abkehr von einer Welt erprobter Werte. Jetzt, nach dem vielsagenden Rücktritt Becks und angesichts der Ausbildung junger Generalstabsoffiziere, gestand er: »Wir werden zu Maschinen erzogen. Jeder individuellen Entwicklung wird entgegengewirkt.«[62] Vollends erschütterten ihn die Ausschreitungen der sogenannten Kristallnacht. Als er am 10. November 1938, auf dem Weg ins Ministerium, die Scherbenhaufen zerbrochenen Glases erblickte, war er fassungslos.[63] Aufgewiegelter Mob der Partei hatte jüdische Geschäfte zertrümmert und ausgeplündert. Ungehindert und johlend konnte er ihre Besitzer über Straßen und Plätze jagen. Der Aufstand des Pöbels traf, in Tresckows Augen, Menschen und Staatsbürger, die sich oft genug und nicht nur mit Lippen zu Deutschland bekannt hatten. Er schätzte Juden als hochbegabte Ärzte, Schriftsteller und Intellektuelle. Er verehrte seinen ehemaligen Chef Wilhelm Kann, für ihn ein liebenswürdiger, nobler Charakter; Rassismus, der die Überlegenheit und den Vorrang der »nordischen Rasse« behauptete, war ihm dumme Anmaßung und daher tief zuwider. Was hier geschah, bekräftigte Gesetze, die erlassen worden waren. Daß sich indes der Staat zum Zuchtwart erniedrigte, Recht und Gerechtigkeit mißachtete, ja, bei herausfordernden Verbrechen Schmiere stand, beraubte ihn aller Würde. Tresckow sah – als Hauptmann im Generalstab ohne bewegenden Einfluß – keine Chancen für Gegenzüge. Scham erfüllte ihn für die Heeresführung, die sich – von neuem – weder zu Protesten noch zu Taten aufzuraffen vermochte. Aber nun zog er den Schlußstrich. Jetzt war es »aus«, das Tuch zwischen ihm und dem Regime zerschnitten.

Anfang Januar 1939 wurde er zur Truppe versetzt. Der Abruf dokumentierte keinen Tadel, er gehörte zur vorgeschriebenen Laufbahn des Generalstabsoffiziers. Tresckows Order lautete: Meldung in Elbing beim 45. Infanterie-Regiment, Übernahme der 10. Kompanie

1944

Mit Hitlerjugend (1934)

des III. Bataillons als Kompaniechef.[64] Nur ungern schied er aus Berlin. Im Gegensatz zu andern, die es an die »Front« drängte, wäre er lieber in der »Zentrale« geblieben. Er wollte nicht ausweichen, sondern auf Entwicklungen einwirken. Eine abseitige Provinzgarnison konnte ihm kaum den gewohnten Umblick erschließen. Elbing indes gewährte eine letzte Atempause.[65] Fernab vom »lästigen« Berliner Tempo und unentwegten Getriebe des Ministeriums, durfte sich Tresckow, seit dem 1. März 1939 Major, noch einmal seiner Familie und den Freuden eines weniger angespannten Lebens widmen. Nach dem Kompanie-Dienst blieb ihm Muße genug, die Schönheiten der west- und ostpreußischen Landschaft zu entdecken. Stets hat er ihnen – als leidenschaftlicher Märker von vornherein für sie aufgeschlossen – ein dankbares Andenken bewahrt.

Der Kameradenkreis, der ihn aufnahm und in dem er rasch als »einer der Besten im Regiment« geachtet wurde, war von biederer Gradheit, ahnungslos und unbekümmert. Hielt man sich an dessen Ansprüche, hatte es den Anschein, als sei Tresckows geistige Statur zu groß geraten. Das mochte er diesmal in manchem Gespräch auch empfunden haben. Gleichwohl verstand er sich einzufügen und anzupassen. Die Truppe tat ihre Pflicht und erfüllte achtenswerte Aufgaben. So sah er keinen Grund, sich besser zu dünken, geschweige eine etwaige Überlegenheit hervorzukehren. Bescheiden und natürlich, gewann er, der es liebte, als Soldat unter Soldaten zu leben, abermals Untergebene und Vorgesetzte.[66] Ihn selbst quälten zunehmend düstere Gedanken und Beklemmungen. Die wachsenden seelischen Spannungen, von denen er bedrängt wurde, griffen seine Gesundheit an: er litt unter Gallenattacken und Nierenkoliken; seine körperliche Verfassung begann anfällig und schlechter zu werden. Immer wieder betonte er in diesem Frühjahr 1939: »Das alles kann nicht gut gehen.« Und eindeutiger noch: »Hitler macht Krieg.«[67] Wichtiger als die spektakulären außenpolitischen Erfolge blieb ihm der Umstand, daß sich das Regime »sittlich decouvriert« hatte und mit seinem »blütentreibenden« Ungeist Zug um Zug vernichtete, wofür zu arbeiten und zu leben verlohnte.

Die »friedliche« Auslöschung der Tschechoslowakei im März 1939 widerlegte Befürchtungen Tresckows. Mit ihr wurde »sein« Aufmarschplan abgetan, aber der Rubikon war überschritten, die Waffe des Selbstbestimmungsrechtes stumpf geworden.[68] Hitler, der angebliche Revisionist von Versailles, hatte die Bahn des Imperialismus betreten. England, ernüchtert, garantierte Polen und entschied sich, dem Diktator Einhalt zu gebieten. Tresckow zweifelte nicht, daß Großbritanniens Kehrtwendung, die Frankreich mitriß, Hitler kaum beeindruckte. Seine Kriegstreiberei, auf der er 1938 selbst für den Fall eines Konfliktes mit den Westmächten bestanden hatte, war ein übles Vorzeichen. Rechthaberisch und nach seinen Triumphen von gesteigertem Selbstbewußtsein, schien er nicht daran zu glauben, daß den »verrotteten« Demokratien je »der Kragen platzen« könne.[69] Wenn er nun auch, wie Tresckow bei seinen Beziehungen bald erfahren haben mußte, in der Weisung »Fall Weiß« (Polen) vorsichtigere Formulierungen bevorzugte: des Diktators Entschluß, Deutschlands östlichen Nachbarn anzugreifen, war gefaßt, ja, abermals »unabänderlich«. Das offenbarte bereits die Presse, die mit Greuelmeldungen und Haßtiraden Hitlers nächsten Gewaltschlag vorbereitete. Ein Abstecher, den Tresckow Anfang Juli 1939 nach Berlin unternahm und bei dem er »mit aller Welt« sprach, konnte ihn nicht zuversichtlicher stimmen. Mancher seiner Partner setzte darauf, daß die Engländer »wieder weich« würden – eine Aussicht, die er sich »diesmal kaum vorzustellen« vermochte.[70] Tresckows Skepsis bestärkte ein Bericht seines soeben aus London zurückgekehrten Schwagers, in dem von zunehmender antideutscher Propaganda, vom zerstörten englischen Vertrauen in Hitlers Vertragstreue sowie vom »festen Entschluß« Großbritanniens die Rede war, »jede weitere Expansion Deutschlands zu verhindern und bei der kleinsten aggressiven Aktion Deutschlands loszuschlagen«.[71] Mit Erlaubnis des Verfassers gab Tresckow den »Bericht sofort an Schmundt für den Führer weiter«[72] – gewiß ohne sonderliche Hoffnung, jedoch in dem Bewußtsein, versuchen zu müssen, was er versuchen konnte.

Am 16. Juli 1939 – noch in Wartenberg, aber im sicheren Gefühl der herannahenden Katastrophe – bat er über seinen Bruder Gerd Fabian von Schlabrendorff um ein Gespräch.[73] Das Treffen wurde zu einer denkwürdigen und folgenreichen Begegnung. Schlabrendorff, Anwaltsassessor und ein unerschrockener Feind Hitlers, erlebte seinen Vetter zum ersten Male, doch Henning von Tresckow eröffnete die »lange und eingehende« Unterredung mit Freimut und der Bitte, so zu sprechen, als sei man sich seit Jahren vertraut. Er habe – im Rahmen der Mobilmachungspläne – eine Stellung als Divisions-Ia anzutreten. Damit sähe er Kampf mit Polen und einen Weltkrieg voraus, der, auch gegen Hitlers Absichten, zum Untergang Deutschlands führe.[74] Schlabrendorff stimmte zu und bestätigte, daß Großbritannien nicht länger abseits stehe. Er habe vor kurzem in England mit Churchill gesprochen. Dieser Politiker werde ins britische Kabinett eintreten, vielleicht sogar bald Chamberlain ersetzen. Er sei ein Mann der Entschlossenheit und dem deutschen Diktator an Kampfwillen gewachsen.[75] Darauf Tresckow: Krieg bedeute Wahnsinn und müsse vermieden werden. Der Schlüssel läge bei Hitler. Er bleibe das Unheil. Ihn habe man – und zwar durch Tod – zu Fall zu bringen.[76] Schlabrendorff war überrascht und bewunderte Tresckows »starkes und unabhängiges politisches Urteil«. Er dachte an die Freunde Ernst Niekisch, den in Brandenburg eingekerkerten Nationalrevolutionär, und den pommerschen Konservativen Ewald von Kleist-Schmenzin: nur bei ihnen hatte er bisher eine ähnliche Kompromißlosigkeit erlebt.[77] Tresckow stand nicht zurück. Was er 1933 irrtümlich begrüßt hatte, war in seinen Augen zum Frevel und Fluch geworden. Mit *allen* Mitteln wollte er jetzt Hitlers Gewaltherrschaft zu Leibe gehen.

Der Weg, den er einschlug, schreckte ihn nicht. Wohl der meisten Risiken und Gefahren war er sich bewußt.[78] Einst hatte Graf Eulenburg, letzter Kommandeur des Ersten Garde-Regiments zu Fuß, über den jungen Tresckow geurteilt, daß er entweder als Chef des Generalstabes oder als Rebell auf dem Schafott enden werde.[79] Dieses Urteil verriet Scharfblick und schien Tresckows Wesen mit einem Schlag zu erhellen. Auch jetzt, gerade erst am Anfang einer steilen Karriere, konnte er noch immer wählen. Doch die Barbarei forderte Widerstand, Widerstand und unbedingte Entschiedenheit.[80] Es war – am Vorabend des Zweiten Weltkrieges – eine Entschiedenheit, mit der Tresckow allen Verschwörern voranging.

Sechstes Kapitel

Vom Polen- bis zum Frankreichfeldzug

In den frühen Morgenstunden des 23. August 1939 unterzeichnen in Moskau Ribbentrop und Molotow den deutsch-sowjetischen Nichtangriffspakt. Zugleich einigen sie sich über ein geheimes Zusatzprotokoll, das die Interessenssphären beider Staaten absteckt. Polens Aufteilung wird besiegelt. Hitler glaubt, Englands Kehrtwendung übertrumpft zu haben. Sein diplomatischer Paukenschlag, so wähnt er, muß die Westmächte abschrecken. Polen, sein nächster Gegner, ist isoliert. Er befiehlt der Wehrmacht, am 26. August anzutreten und – gemäß ihrer Aufgabe im »Fall Weiß« – die polnische Armee zu vernichten.[1] Tresckow, seit Mitte des Monats im ostpreußischen Rosenberg und Ia der soeben mit Landwehr-Personal aufgestellten 228. Infanterie-Division, hat die Mobilmachungsbefehle für drei Infanterie-Regimenter, ein Artillerie-Regiment, ein Pionier-Bataillon und mehrere Spezial-Verbände der Division herauszugeben.[2] Der Wahnwitz eines Krieges scheint unaufhaltsam geworden, da muß er – nach einem Befehl des übergeordneten XXI. Korps, das innerhalb der 3. Armee (v. Küchler) vom südlichen Ostpreußen aus angreifen sollte – seine Anweisungen rückgängig machen. Die Truppe ist »zu stoppen«. Hitler hat den Angriffstermin widerrufen. In fieberhafter Eile bricht Tresckow auf. Mit ausgebreiteten Armen stellt er sich auf Wege und Straßen, um die mobilisierten und anrollenden Einheiten aufzuhalten.[3] Am 26. August kann er melden: Masse der Division – »außer verschiedenen Teilen des IR 356« – auf die Stellungen des Vortages zurückbefohlen. »Sonst konnten alle übrigen Verbände noch in ihren Biwakräumen bzw. in ihrer unmittelbaren Nähe angehalten werden.«[4]

Hitlers Widerruf läßt ihn aufatmen. Angriffe eines ganzen Heeres, meint er, sind nicht beliebig anzuordnen und abzusetzen. Wie zur Münchener Konferenz scheint die Katastrophe gebannt zu sein. Die neuen Weisungen, die Tresckow mit seinem Namenszug versieht, befehlen der Division Grenzsicherung; sie hat keine Kampfhandlungen zu provozieren, sondern lediglich polnische Angriffe auf das Reichsgebiet ihres Abschnittes zurückzuschlagen.[5] Doch jede aufkeimende Hoffnung wird an Hitlers Besessenheit zuschanden. Wohl fühlt sich in diesen Tagen der Diktator noch einmal gehemmt. England, vom deutsch-sowjetischen Nichtangriffspakt unbeeindruckt, schließt einen Bündnisvertrag mit Polen, Mussolini verweigert sich den Plänen seines Achsenpartners – Grund genug, einen Aufschub zu wagen, die Westmächte zum Stillhalten zu bewegen und damit den angestrebten Einfrontenkrieg dennoch zu »retten«.[6] Aber alle Versuche, Großbritannien und Frankreich nochmals von ihren Bündnisverpflichtungen abzudrängen, bleiben fadenscheinig und mißlingen. London und Paris erkennen: Hitler will keinen Ausgleich, er trachtet Polen unter den geringsten Gefahren niederzuwerfen. Die Bedingungen, die er in letzter Stunde unterbreitet, gleichen einem Ultimatum und werden Warschau nicht einmal zugestellt. Nachdem auf diese Weise seine »Friedens«politik gescheitert ist, befiehlt er zum 1. September 1939 endgültig den Angriff.

Tresckow war erbittert.[7] Jede Beschwichtigung wies er von sich. Die Wehrmacht zog in keinen aufgezwungenen oder gar unabwendbaren Kampf. Diesen Krieg hatte Hitler vorsätzlich entfesselt. Auch Tresckow wünschte eine bessere deutsche Ostgrenze. Ostpreußen und Danzig durch einen friedlich ausgehandelten Korridor mit dem Reich verbunden zu sehen, war die einzige territoriale Revision, in der er eine gewisse Notwendigkeit erblickte. Jetzt aber regierten für ihn Gewalt und imperialistische Machtgier. Ein entartetes Regime hatte begonnen, die Nation aufs Spiel zu setzen. Sinnlos waren Hitlers Ziele, sinnlos die Opfer, die seine Vermessenheit dem Volk abforderte. Vollends traf Tresckow die Kriegserklärung der Westmächte. Er täuschte sich nicht über die Stärke der französischen Armee und den zähen Kampfwillen Großbritanniens. Bei diesen Gegnern kam es abermals zum Zweifrontenkrieg: sie mußten Deutschland in zermürbende Schlachten verstricken und stempelten den entfesselten Krieg zu einem Abenteuer, das einzig mit dem Zusammenbruch des Reiches enden konnte.

All das belastete Tresckow um so mehr, als seit dem 1. September 1939 auch psychologisch eine schwerwiegende Problematik aufgeworfen war.[8] Die Wehrmacht stand im Kampf. Patriotismus und Fahneneid zwangen sie, vor dem Feind zu bestehen. Weniger als je würde sie für einen Staatsstreich zu gewinnen sein. Von nun an zählte allein oder in erster Linie das Gesetz soldatischer Pflichterfüllung. Errang die Truppe – was nahelag – zudem noch Waffenerfolge, festigte sie gar die Stellung des Mannes, der um Deutschlands willen zu stürzen war. Militärische Triumphe erweckten Zuspruch und Begeisterung; sie nahmen den Mut zur Gegenwehr und warfen gerade den Widerstand zurück. Tresckow brauchte sich nicht anzuklagen. Wäre er älter gewesen und rechtzeitig in höchste Ränge aufgerückt: längst hätte er alles getan, um dieses Dilemma zu vermeiden. Jetzt sah sich die Opposition vor bittere und womöglich langwierige Umwege gestellt, die mit dem Blut Tausender bezahlt werden mußten. Aber so gewiß Hitler nach Tresckows Einsicht das Reich dem Verderben zutrieb, so gewiß hatte auch eine Fronde den Krieg zu beenden. Keine Erwägung vermochte die Risiken eines Staatsstreiches zu beseitigen. Der Kampf war nur ohne das nationalsozialistische Regime abzubrechen. Die Rettung des Vaterlandes, die allzu leicht verfehlt werden konnte, wenn man nicht die aussichtsreichsten politischen Chancen nutzte, mahnte zu raschem, beherztem Handeln. Eid oder anerzogene Loyalität durften nicht hindern. Hitler verstieß gegen Normen des Gemeinwohls. Allein das Gemeinwohl vermochte die Gewissen zu binden.

Trotz dieser Einsichten aber mußte der Soldat dafür einstehen, daß der Krieg nicht verlorenging.[9] Ethos und Vernunft geboten, die Armee zu erhalten. Nur wenn sie intakt blieb, war sie im entscheidenden Augenblick als Trumpf auszuspielen. Das galt für den Umschwung, und es galt militärisch wie politisch. Ohne Anfechtung erfüllte daher Tresckow seine vorgeschriebenen Pflichten. Dienst des Soldaten und Kampf gegen das Regime drohten freilich zu überfordern; sie zwangen zur Anspannung aller Kräfte, zu Diplomatie und Tarnung. Tresckow litt unter der zunehmenden Doppelbelastung seiner Aufgaben, doch die Verstellung, zu der ihn die Diktatur drängte, wußte er – zumindest in dieser ersten Phase des Krieges – zu ertragen.[10] Hitlers lauernder Gewaltapparat ließ keine Alternative. Offenen Worten waren Grenzen gezogen. Verschwiegenheit gehörte zu den wichtigsten Voraussetzungen des Handelns. Niemand durfte sich rühmen, eine Konspiration aufgedeckt zu haben. Wer den erfolgreichen Umsturz wollte, mußte sich die Freiheit eigener Entschlüsse bewahren. Tresckow lernte es, seine wahren Empfindungen und Gedanken zu verbergen. Mehrfach zitierte er, selbst gegenüber Vertrauten, aus dem Matthäus-Evangelium: »Siehe, ich sende euch wie Schafe mitten unter die Wölfe; darum seid klug wie die Schlangen und ohne Falsch wie die Tauben.« »In seinen Augen waren solche und andere Worte Erkenntnisse, die eine orientierende Bedeutung für das Leben des Christen hatten.«[11]

Die 228. Infanterie-Division stürmte mit der ersten Welle über die ostpreußische Grenze, rang eine polnische Division nieder, überwand die Osa und schwenkte auf Graudenz, um den Vorstoß der von Pommern her angreifenden deutschen Einheiten zu erleichtern.[12] Zurückbefohlen, umgruppiert und am 6. September der 10. Armee v. Reichenaus unterstellt, die von Schlesien aus im ungestümen Vormarsch Warschau zustrebte, setzte sie über die Drewenz mit dem Auftrag, das Gebiet zwischen Weichsel und Narew vom Feind zu säubern. Der Kampf im Vorfeld der polnischen Hauptstadt war hart, wechselvoll und strapazenreich, aber am 18. September hatte die Division ihr Ziel erreicht. An diesem Tag griff sie Nowy Dwor an. Kurz darauf schloß sie, tief gestaffelt und den Gegner niederhaltend, die Festung Modlin vom Norden und Osten her ein.[13] Die Vehemenz des Kampfgeschehens erlaubte keine Atempause; sie hob, wie das Kriegstagebuch der Division vermerkt, die Stimmung auch dieser aus Landwehrstämmen gebildeten Truppe. Tresckow zeigte als Ia Können. Noch vor Modlin erhielt er die Spange zum EK II, Anfang Oktober das EK I.[14] Das Eiserne Kreuz Erster Klasse – für Generalstabsoffiziere kaum vorgesehen – bedeutete insbesondere zu jenem Zeitpunkt besondere Auszeichnung, doch Tresckow erinnerte sich der Nöte, die hinter ihm lagen. Mochte anderswo der rasche Sieg über Polen begeistern: in ihm hatte der »Blitz«feldzug nicht einmal militärische Hochgefühle wachgerufen. Obgleich es später allenthalben hieß, daß er praktisch die 228. Infanterie-Division geführt und auch zusammengefügt hätte, wollten ihn die Leistungen der Truppe nicht überzeugen. Gegenüber einem Kameraden aus der Operationsabteilung schlug er bekümmerte Töne an: man habe Mühe gehabt, die Einheiten vorzubringen. Ja, mehr noch und mit abwertender Handbewegung: es sei »grauenhaft« gewesen.[15]

»Grauenhaft« schienen ihm auch die Konsequenzen des Polen-Feldzuges.[16] Seine Befürchtungen bestätigten sich. Der Kriegserfolg wurde zum Triumph des nationalsozialistischen Regimes. Wieder hatte Hitler »recht« behalten. Keine Warnung würde ihn hindern, nun auch eine Offensive im Westen zu wagen. Tresckow war niedergedrückt und von bösen Vorahnungen bewegt. Er fühlte sich – fernab von der »Zentrale« – in der Truppe eingemauert. Doch sein Wille zum Widerstand regte sich leidenschaftlicher als je. Seine »Lage-Beurteilungen« – fortan Mittelpunkt vieler Gespräche – stützten und bestärkten ihn. Er leugnete nicht, daß die Wehrmacht kühnen und überlegenen Operationsplänen gefolgt war. Luftwaffe und Panzer hatten den raschen Sieg erzwungen. Aber was besagte dieser Sieg?

Frankreich und England waren, kaum faßlicher Glücksfall für Hitler, wider Erwarten defensiv geblieben. Damit gewann Deutschland gegenüber Polen – nicht zuletzt durch die Gunst seiner weit vorgewölbten Ostgrenzen – ein schier erdrückendes Übergewicht. Daß Polen zudem mit einem sinnlosen Aufmarsch jede Bastion zu verteidigen suchte, glich einem zusätzlichen »Entgegenkommen« und hatte den deutschen Sieg vollends unabwendbar gemacht. Nichts war jedoch durch ihn entschieden. Im Gegenteil: eher hatte er die Gefahren, in denen Deutschland schwebte, ins Ungemessene gesteigert. Die Sowjetunion – für Tresckow ein ebenso wankelmütiger wie unheimlicher Partner – war mit ihrer polnischen Beute in die unmittelbare Nachbarschaft des Reiches gerückt. Obwohl zunächst »neutral«, blieb sie eine Gefahr: Stalin brauchte nur Krisen oder Verwicklungen Hitlers abzuwarten. Schon jetzt hatte Rußland, auf die mitteleuropäische Bühne zurückgekehrt, Deutschlands Bewegungsfreiheit im Osten begrenzt. Die Westmächte aber wappneten sich, der Wehrmacht auf Leben oder Tod entgegenzutreten.

Es schien Tresckow unsinnig, die Erfahrungen des Polen-Feldzuges zu verallgemeinern.[17] Frankreich zählte zu den stärksten Militärmächten des Kontinents. Seine Maginot-Linie konnte das deutsche Heer nicht durchstoßen. Großbritannien deckte den französischen Bundesgenossen und begann, wie 1914, das rohstoffarme Reich von den Weltmeeren abzuschnüren. Der eigentliche Kampf in diesem unsinnigen Krieg stand noch bevor. Tresckow hatte die drohende Verhärtung Englands und Frankreichs vor Augen. Kam es auch noch zu einer deutschen Offensive im Westen, wuchs die Erbitterung der Gegner, verlor die Opposition ihre besten Chancen.[18] Daher mußte sie weitere Angriffe um jeden Preis vermeiden. Hitler brachte keinen Frieden. Er hatte den Wahnwitz entfesselt und beharrte auf seinen Eroberungen. Nur die Fronde war noch Verhandlungspartner. Sie konnte auch einlenken und Konzessionen unterbreiten. Wie die »Honoratioren« Beck, Hassell und Goerdeler, so wäre Tresckow bereit gewesen, Polen und die Tschechoslowakei als unabhängige Staaten wiederherzustellen.[19] Er hing, wie das Jahr 1938 zeigte, nicht einmal an Österreich und den Sudeten-Gebieten. Glückte es, das Reich und eine bessere Ostgrenze als 1919 zu erhalten, so schien ihm alles gelungen. Nicht minder trieben Tresckow die in Polen einsetzenden Greuel der SS, Polizei und Sicherheitsdienste zur Eile. Was er von der Ausrottung des Judentums und Adels, der Intelligenz und Geistlichkeit im Generalgouvernement erfuhr, empfand er als das

Werk einer Mörderbande, die Deutschlands Namen schändete.[20] Daß die Heeresführung ruchlos wütende Henker duldete, nannte er Schimpf und neue Schuld. Tresckow begriff: wollte der Soldat nicht jede Ehre einbüßen, hatte er in der Selbstbefreiung voranzugehen. Verbrechen solchen Ausmaßes, mit denen sich die NS-Ideologie ihr Urteil sprach, konnten nur gnadenlose Gerichte sühnen. Erst recht mußten sie Deutschlands Gegner anspornen, mit der Pest des Hitlerismus aufzuräumen.

Mitte Oktober, knapp einen Monat nach dem Ende des Polen-Feldzuges, verließ Tresckow die 228. Infanterie-Division. Ein überraschender Befehl des Personalamtes berief ihn zum 23. 10. 1939 in die Führungsabteilung der Heeresgruppe A.[21] Mit ihm übersprang er auf Anhieb etliche Sprossen des Generalstabsdienstes, aber Generalleutnant von Manstein, einst Tresckows Chef und Vorgesetzter in der Operationsabteilung, hatte beantragt, ihn als Ia/op (Gehilfe des ersten Generalstabsoffiziers) in die Heeresgruppe des Generaloberst Gerd von Rundstedt zu holen.[22] Manstein, operativ ein glänzender Kopf des Heeres, »schätzte« Tresckow »hoch«. Keinen Augenblick zweifelte er, daß die Führungsabteilung durch diesen zweiten Generalstabsoffizier »eine wertvolle Bereicherung« erfuhr. Der Stab lag im Koblenzer Hotel Riesen-Fürstenhof. Sein Tagewerk verrichtete er »in einem ehemals reizvollen alten Gebäude nahe dem Deutschen Eck«. Rokoko-Räume erinnerten auch hier an einstige Friedenseleganz, doch die Zimmer, in denen die Führungsabteilung zu arbeiten hatte, waren »zu kahlen, düsteren Büros geworden«.[23]

Tresckows Versetzung fiel in eine entscheidende Phase. Hitler hatte sich zum Angriff im Westen entschlossen. Die Aufmarschanweisung »Gelb«, mit der Manstein – in Koblenz Chef des Stabes der Heeresgruppe – aus dem OKH zurückgekehrt war, widerrief »die Umstellung auf den Abwehrkrieg«. Im November sollte das Heer »unter Einsatz aller zu Gebote stehenden Kräfte« zur Offensive übergehen.[24] »Zweck dieses am Nordflügel der Westfront durch den holländisch-belgischen und luxemburgischen Raum zu führenden Angriffs«, hieß es in der Aufmarschanweisung, »wird es sein, möglichst starke Teile des französischen Heeres und seiner Verbündeten zu schlagen und gleichzeitig möglichst viel holländischen, belgischen und nordfranzösischen Raum als Basis für eine ausreichende Luft- und Seekriegsführung gegen England und als weites Vorfeld des Ruhrgebietes zu gewinnen«.[25] Tresckow brauchte nicht Sturm zu laufen: die Oberbefehlshaber der im Westen aufmarschierenden Heeresgruppen warnten und schlugen Alarm. Leeb nannte Hitlers Vorhaben einen »Wahnsinnsangriff« und kämpfte für strikte Verteidigung; er argumentierte politisch und verwies auf die Friedenssehnsucht des Volkes.[26] Bock war voller Bedenken und zweifelte am glücklichen Ausgang der Offensive.[27] Rundstedt, Tresckows Oberbefehlshaber, betonte in einer Chefsache, daß »die Möglichkeit der *Überraschung* des Gegners und die Aussicht, zu einer Operation gegen seine *Flanke und Rücken* zu kommen, von vornherein genommen« sei. Auch für ihn konnte der geplante Angriff »eine kriegsentscheidende Wirkung nicht haben«.[28] Erst recht widersetzten sich Brauchitsch und Halder, als Chef des Generalstabes Becks Nachfolger, der geplanten Offensive im Westen.[29] In wiederholten Anläufen versuchten sie, den Angriff zu unterbinden oder zumindest hinauszuschieben. Selbst Walther von Reichenau – nach allgemeinem Glauben ein »nationalsozialistischer General« – zögerte nicht, in den Chor der Warner einzufallen. Unverblümt brachte er, der sich noch immer der Gunst Hitlers erfreute, seine Bedenken gegen die Offensive vor.[30] Die Heeresführung wollte keine Ausweitung, sondern ein Ende des Krieges. Eine Verletzung der holländischen, belgischen und luxemburgischen Neutralität mußte nach ihrer Auffassung jeden Kompromißfrieden verhindern. Sie kannte Deutschlands große wehrwirtschaftlichen Schwächen sowie die unzureichende Angriffskraft des Heeres und erblickte in einer Herbst-Offensive, bei der Nebel und Morast die Operationen der Luftwaffe und Panzerverbände lähmten, das sicherste Mittel, um eine Niederlage des Reiches herbeizuzwingen.

Hitler indes beharrte auf seinem Entschluß.[31] Für ihn arbeitete die Zeit, wenn er sich defensiv verhielt oder wartete, politisch wie militärisch gegen Deutschland. Die Lage des Reiches in diesem Herbst 1939 – hinsichtlich einer entscheidungsuchenden Offensive »der ungünstigste Zeitpunkt für das deutsche Heer«[32] – konnte ihn nicht abschrecken. Sein Wille bestimmte Richtung und Tempo. Am 22. Oktober übermittelte er dem OKH Einwendungen zur Aufmarschanweisung und seine Absicht, am 12. November anzugreifen. Wenige Tage später, in der Reichskanzlei, trieb er Brauchitsch, Halder und andere Generale von neuem an. Wieder tat er alle Einwände und Vernunftgründe kurzerhand ab. Energisch forderte er, daß an dem von ihm vorgesehenen Angriffstermin, dem 12. November, unbedingt festzuhalten sei.[33] Damit mußte – nach einer vom Oberkommando des Heeres ausgehandelten Vorbereitungsfrist – die endgültige Entscheidung über die Offensive am 5. November 1939 fallen.

Der siegreiche Polen-Feldzug hatte die Opposition vor allem psychologisch zurückgeworfen. Wenn sie auch nicht an der Endkatastrophe zweifelte und davon überzeugt war, daß es hoch an der Zeit sei, den »herabrollenden Wagen« zu bremsen: Hitlers Triumph raubte ihr in dieser Situation nahezu jede Möglichkeit, dem »verbrecherischen Leichtsinn« seiner Kriegspolitik Einhalt zu gebieten.[34] Wohl entwarf Goerdeler unentwegt neue Pläne, aber die ruchbar gewordenen Offensiv-Absichten zeigten der Fronde an, daß sie kaum noch Handlungsspielraum besaß. Hassell, einer der »Honoratioren«, schrieb in sein Tagebuch: »Der Zustand, in dem sich mitten in einem großen Kriege Deutschlands die Mehrzahl der politisch klar denkenden, einigermaßen unterrichteten Leute befinden, die ihr Vaterland lieben und sowohl national wie sozial denken, ist geradezu tragisch. Sie können einen Sieg nicht wünschen und noch weniger eine schwere Niederlage, sie müssen einen langen Krieg fürchten, und sie sehen keinen wirklichen realen Ausweg.«[35] Gleichwohl gaben in der »Abwehr« Oberst Hans Oster, Major i. G. Helmuth Groscurth und Hans von Dohnanyi, unterstützt vom Staatssekretär im Auswärtigen Amt von Weizsäcker sowie den Legationsräten Erich Kordt und von Etzdorf, noch nicht auf. Entsetzt über die Polen-Greuel, Hitlers Offensivpläne und die offenbar nur fachliche Obstruktion Brauchitschs und Halders, entwarfen beide Gruppen eine gemeinsame Denkschrift, mit der sie die Heeresführung zu aktivem Widerstand zu bewegen suchten.[36]

Die »Kordt-Etzdorf-Denkschrift« erhärtete die Notwendigkeit raschen Handelns. Ohne Umschweife erklärte sie: eine Offensive im November »würde das Ende Deutschlands bedeuten«.[37] Solch eine Offensive müsse nicht allein Frankreichs und Englands Kampfwillen bis zu wütender Erbitterung steigern, sondern auch den Kriegseintritt der USA und anderer noch neutraler Staaten heraufbeschwören. Somit drohe dem Reich eine Front, der es auf die Dauer weder kriegswirtschaftlich noch moralisch gewachsen sei. Die Sowjetunion gewährleiste keine Entlastung; sie erstrebe nur ihre eigene, möglichst risikolose Machtausdehnung und werde sich gegebenenfalls als »Leichenfledderer« auch gegen Deutschland wenden. »Die Entscheidung darüber, ob die Neutralität Belgiens verletzt wird, ist daher ausschlaggebend für die Zukunft der Nation. Mit anderen Worten: es muß verhindert werden, daß der Einmarschbefehl zur Ausführung gelangt. Dies ist nur zu erreichen, indem man die Regierung Hitlers rechtzeitig zum *Sturz* bringt. Argumente, Proteste oder Rücktrittserklärungen der militärischen Führung allein würden erfahrungsgemäß weder ein Einlenken noch Nachgeben bewirken.«[38] Hitler dränge zu Gewaltmethoden. Vom Triumph in Polen berauscht, treibe ihn Blutdurst zu weiteren Erfolgen. Er wisse, daß seine Regierung zu keinem Ausgleichsfrieden gelangen könne. Darum »sollen die Schiffe verbrannt, die Brücken abgebrochen werden«.

Die Denkschrift ließ Einwände gegen den Staatsstreich nicht gelten. Entschieden forderte sie, daß »die relative Unpopularität des Unternehmens mit dem nötigen Maß an Zivilcourage« hinzunehmen sei.[39] Sobald man dem Volk die Augen öffne, werde die bessere Erkenntnis obsiegen. Der Fahneneid dürfe den Soldaten nicht fesseln. In gegenseitiger Verpflichtung geschworen, habe er »seine Gültigkeit verloren, da Hitler, seiner eigenen Pflichten vergessend, sich anschickt, Deutschland seinen besessenen Zielen zu opfern. Seines Fahneneides ist der deutsche Soldat also ledig. Es verbleibt ihm aber die höchste nationale Pflicht, dem deutschen Vaterlande gegen dessen Verderber die Treue zu halten.«[40] Erich Kordt und von Etzdorf verkannten nicht, daß einen »ehrenhaften Frieden« nur eine Regierung mit intakter Armee schließen konnte, aber sie glaubten an eine Verständigung »auf der Grundlage der Münchener Konferenz«, ja, an ein Übereinkommen, das »eine Landverbindung des Reichs mit Ostpreußen« sowie die »Angliederung des ostoberschlesischen Industriegebietes« garantierte.[41] »Für einen solchen Frieden würden auf der anderen Seite wirken: Eine allgemeine Erleichterung über die Beseitigung der Gefahren, die das Regime Hitlers für alle Staaten bedeutet; die manifeste Kriegsabneigung der Franzosen, sobald sie nicht im eigenen Lande angegriffen sind; der dringende Friedenswunsch der gesamten neutralen Welt; die allgemeine Furcht vor einer weiteren Ausdehnung des Bolschewismus in Europa. Ein solcher Friede würde auch England und Frankreich das Gesicht wahren, da beide Länder bei der Neugestaltung der Rest-Tschechei und von Rest-Polen mitsprechen können.«[42]

Die Denkschrift erreichte Beck und wurde Halder zugeleitet, sie fand Zuspruch und Anerkennung, vor allem jedoch gelang es der Abwehr-Gruppe, Fäden zur zivilen Fronde zu knüpfen. Am 23. Oktober, an dem sich Tresckow im Koblenzer Stab Rundstedts meldete, traf Groscurth in Berlin Goerdeler. Rasch wurden sich beide Männer einig, daß »alles... darauf an(komme),... Brauchitsch und Halder zu sofortigem Handeln zu bewegen«.[43] Das Treffen gab Goerdeler und seinen Mitverschworenen Auftrieb; es erlöste sie aus Isolation und Ratlosigkeit. Ihre Überlegungen – auch hinsichtlich eines »Übergangskabinetts Göring« zuvor nur fruchtlose Gedankenspiele – begannen nüchterner und klarer zu werden. Ziel blieb ein rechtzeitiger Frieden, aber fortan sollte es ein Frieden gegen den Nationalsozialismus sein. Oster und Canaris, der von neuem die Konspiration seiner Abwehr deckte, verhalfen zu Schubkraft. Nacheinander erschienen sie im Zossener OKH, um den Oberquartiermeister I, General von Stülpnagel, im Sinne einer Aktion zu bedrängen.[44] Stülpnagel unterstützte die Fronde, indem er den Chef des Generalstabes unter zusätzlichen Druck setzte.

Halder wollte kein Drängen. Wohl brauchte die Denkschrift der Aktivisten bei ihm nirgendwo Türen einzurennen. Längst trug er sich, den Hitlers Starrsinn in zermürbende seelische Kämpfe gestürzt hatte, mit Gedanken an »grundlegende Veränderungen«.[45] Bereits seit Wochen war er davon durchdrungen, daß fachgebundener Widerstand nur Ausdruck einer negativen Haltung sei. Trotzdem glaubte er sich Brauchitschs und der Truppe nicht sicher. Noch schien ihm der Zeitpunkt für eine befreiende Gewaltaktion nicht gekommen. Doch wenn auch die Heeresführung verpflichtet war, zunächst alle legalen Mittel des Widerspruchs auszuschöpfen: am 27. Oktober, mit dem von Hitler abermals bekräftigten Angriffs-Entschluß, stand sie am Ende ihres Ressort-Lateins.[46] Jeder weitere Hakenschlag war ihr versagt, eine Entscheidung für oder gegen die Katastrophe unaufschiebbar geworden. Halder kannte Bocks und Rundstedts Zweifel am Erfolg der beabsichtigten Offensive; Leeb versicherte, ihm sogar beim Sturz des Regimes zu folgen.[47] Die Kordt-Etzdorf-Denkschrift bewies, daß tatgewillte Oppositionsgruppen zu mobilisieren waren: jetzt entschloß er sich zu konkreten Planungen. Am 1. November befahl er Groscurth, für den Staatsstreich Goerdeler »sicherzustellen«, einen Tag darauf, nach seiner Abreise an die Westfront, gab Stülpnagel das Stichwort, die »Vorbereitungen anlaufen zu lassen«.[48] Das Startzeichen des OKH ließ die Fronde aufatmen. In Berlin und Zossen »jagten sich« die Besprechungen. Oster hatte seine Umsturzpläne von 1938 hervorzuholen und zu ergänzen. Mehrere Divisionen, die sich Halder »möglichst weit ostwärts zur Verfügung« hielt, wurden für den Staatsstreich vorgesehen, Beck, Berlins Polizeipräsident von Helldorf und andere Verschwörer orientiert. Alle Entwürfe zielten auf eine rigorose »Ausschaltung« Hitlers und der nationalsozialistischen Führungsspitze.[49] Schlagartig sollten Heeresverbände nicht nur das Regierungsviertel und wichtige Schlüsselpositionen, sondern auch Dienststellen der SS und Gestapo besetzen. Proklamationen und veröffentlichtes Belastungsmaterial, aber auch Verhaftungen und Standgerichte mußten den Staatsstreich sichern. War er abgeschlossen und geglückt, hatte die Fronde Waffenstillstandsverhandlungen mit dem Ziel eines schnellen Friedensschlusses einzuleiten.

Wieder schien Henning von Tresckow fernab von der »Zentrale« zu stehen, doch als Generalstabsoffizier einer Heeresgruppe war er Zentren der Entscheidung nähergerückt. Das neue Kommando gewährte umfassenderen Einblick und erlaubte, auf hohe und höchste Führer der Armee einzuwirken. Zudem pflegte er – offenbar seit Herbst 1939 – wohlgehütete Kontakte zu Oster. Eingehend war er über die Konspiration der Abwehr, des Auswärtigen Amtes und OKH informiert.[50] Osters Nachrichten erweckten seine Genugtuung: endlich regten sich Kräfte, um dem wahnwitzigen Diktator das Handwerk zu legen. Wenn andere meinten, daß Hitler bluffe: Tresckow zweifelte nicht an der bevorstehenden Verletzung der holländischen, belgischen und luxemburgischen Neutralität, und allein der beabsichtigte Einfall in neutrale Länder erfüllte ihn mit kalter Wut. Sein unbedingter Widerstandswille machte ihn zu einem verläßlichen Bundesgenossen der Berliner und Zossener Fronde.[51] Oster durfte auf ihn bauen. Die »Kordt-Etzdorf-Denkschrift« spiegelte, ohne daß er sie kannte, in jedem Abschnitt seine eigenen Gedanken wider. Allenfalls unterschied ihn von den meisten Verschwörern die Radikalität, mit der er Hitler durch ein Attentat beseitigt wissen wollte.

Nach Lage und Umständen konnte er »nur« taktische Hilfen bieten. In Koblenz begann er bei Rundstedt und Manstein vorzufühlen.[52] Mehrfach nutzte er dienstliche Anlässe und Zusammenkünfte, um sie abzutasten und ihre fachgebundene Opposition mit politischen Argumenten anzureichern. Wie Rundstedt und Manstein, die seine Leistungen anerkannten und denen er »auffallend freimütig« begegnete[53], so suchte er seinen Onkel, den Generalobersten Fedor von Bock, für den Widerstand zu gewinnen. Als Offizier der Führungsabteilung hatte er erfahren, daß auch der Oberbefehlshaber der Heeresgruppe B vor einer Offensive im Westen zurückschreckte. Umgehend nahm er sich des Auftrages an, einen konspirativen Besuch Witzlebens bei Bock vorzubereiten.[54] Rudolf Schmundt, inzwischen Oberst und Chefadjutant des Führers, war mit indirekteren Methoden »anzugehen«. Tresckow indes hoffte, selbst diesen fanatischen Anhänger Hitlers zu bekehren. Um ihm die Sinnlosigkeit eines Herbstangriffes zu demonstrieren, schleppte er »seinen ehemaligen Regimentskameraden erbarmungslos einen Tag lang über nahezu unpassierbare Straßen, aufgeweichte Sturzäcker, nasse Wiesen und glitschige Berghänge, bis dieser, völlig erschöpft, am Abend wieder« in Rundstedts Hauptquartier erschien.[55] Wege- und Wetterkunde jedoch konnten Tresckow nicht genügen. Während eines Auf- und Abganges am Rhein wagte er deutlicher zu werden. Eindringlich appellierte er an Schmundt, jeden Einfluß aufzubieten, damit eine Offensive vermieden würde.[56] Kriege im Westen, so erklärte er ihm, bedeute »großes Unglück für Deutschland«. Schon die Verluste, die zu erwarten seien, drohten Wehrmacht und Reich über Gebühr zu schwächen. Es winkten nur Chancen eines politisch-diplomatischen Ausgleichs. Hitler müsse »mit allen Mitteln versuchen, einen Frieden zu schließen«.[57]

Derartige Ratschläge schienen fragwürdig und widerspruchsvoll. Tresckow konnte nicht glauben, daß Hitler zum Frieden bereit oder fähig sei. War er der Fronde, die zu ihrer Entschlossenheit einen angriffslüsternen Hitler brauchte, in den Rücken gefallen? Tresckow bekannte sich weiterhin zu ihr. Der Staatsstreich blieb ihm oberstes Gebot, aber er war zu umsichtig, als daß er – je nach seinen Partnern – darauf verzichtet hätte, verschiedene Minen zu schärfen und auszulegen.[58] Schmundt war nur zu aktivieren, wenn man von ihm nicht den Sturz des Diktators, sondern lediglich einen »einsichtsvollen« Hitler verlangte. Nichts war mit solch einer Forderung hergeschenkt oder vertan. Scheiterte der Widerstand von neuem, mußte wenigstens die Front derer wachsen, die gewillt waren, der Vernunft zum Durchbruch zu verhelfen. Und machte diese Vernunft in letzter Stunde gar einen Staatsstreich überflüssig, so sollte es ihm einstweilen recht sein. Auf welchem Weg auch immer: die Rettung des Vaterlandes entschied.

Tresckows Unermüdlichkeit stützte sich auf Hoffnungen, die Oster in ihm erweckt hatte, aber auch diese Hoffnungen wurden Stück um Stück zerstört. Hitler bezwang seine Widersacher. Am 5. November, an dem die Würfel fallen mußten, war ihre Niederlage besiegelt. Wohl bietet Brauchitsch an diesem Tag noch einmal alle Argumente gegen eine Offensive auf.[59] Wieder trachtet er den Diktator umzustimmen. Doch als er auf Schwächen der Infanterie im Polen-Feldzug verweist, ist er mit seinen Darlegungen am Ende. Hitler – in seiner Eitelkeit getroffen – unterbricht ihn und will Beweise. Haltlos wettert er gegen den »Geist von Zossen«, den er kenne und vernichten werde; abrupt verläßt er den Verhandlungsraum in der Reichskanzlei. Brauchitsch ist entgeistert und gebrochen. Ohnedies keine nervenstarke Kämpfernatur, beugt er sich nun Plänen, die ihm bis dahin eine Katastrophe zu verbürgen schienen. Sein Umfall steckt den wartenden Halder an. Das Stichwort »Geist von Zossen« stürzt den Generalstabschef in Panik. Er glaubt die Opposition verraten. Auch er widerruft, was ihm zuvor Auftrag höherer Pflichterfüllung war. Im OKH, befiehlt er, alle konspirativen Unterlagen zu vernichten. »Die Offensive«, so muß die Fronde hören, »würde gemacht.«[60] Ein Staatsstreich ginge nicht mehr. Halders Argumente in einem Gespräch mit General Thomas, dem Chef des Wehrwirtschafts- und Rüstungsamtes: ein Attentat verstößt gegen die Tradition; es gibt keinen Nachfolger; das junge Offizierskorps ist nicht zuverlässig, die Stimmung im Inneren nicht reif, und: »Es ist wirklich nicht zu ertragen, daß Deutschland auf die Dauer ein ›Helotenvolk‹ Englands ist.«[61]

Die Verschwörer sind entsetzt. Sie verzeichnen »niederziehende Eindrücke« und begreifen ihre Zuversicht nicht mehr.[62] Das Mißtrauen ihres »radikalen« Flügels, der Halders Handlungswilligkeit seit je skeptisch beurteilte, wird bestätigt. Offen schlägt es in Hohn, Spott und Verachtung um. Groscurth weigert sich, dem Rückzug der Heeresführung zu folgen. Er widerlegt Halders Hinweis, daß »niemand da sei, die Sache zu übernehmen«. Er erinnert an Goerdeler, Beck und Schacht, die er, der Generalstabschef, selbst »sicherzustellen« wünschte und die nun bereitstünden, im Reich die Regierungsgewalt auszuüben.[63] Aber auch Groscurths Repliken treffen auf abwehrende Gesten und taube Ohren. Halder will nicht wahrhaben, daß seine Gründe, wenn überhaupt, auch vorher Gründe waren. Er spricht von einer neuen Situation und rettet sich – wider bessere Regungen – in den soldatischen Gehorsam, mit dem er sein Gewissen betäubt. Die Heeresgruppen-Oberbefehlshaber bringen keine Wende: sie sind nicht einmal imstande, unter sich eine Einheitsfront zu schaffen. Ihr Koblenzer Treffen vom 9. November ergibt Übereinstimmung hinsichtlich der militärischen Lage, doch zu einem gemeinsamen Vorgehen oder einem geschlossenen Rücktritt vermögen sie sich nicht aufzuraffen.[64] Leeb, der die Initiative zu diesem Treffen ergriffen hatte, fühlt sich enttäuscht und resigniert. Allein gelassen, beginnt er seinen Kampf gegen den Diktator und dessen Regime aufzugeben.

Was den Aktivisten in Berlin und Zossen mißlang, konnte Tresckow an der Front im Westen kaum glücken. Rundstedt zeigte sich als Nur-Soldat. Obgleich er begriff, worauf Tresckow abzielte, wollte er »von einem Plan gegen Hitler nichts wissen«.[65] Auch sein Chef des Stabes, Generalleutnant von Manstein, »verhielt sich ablehnend«: ganz und gar Fachmann, schienen für ihn nur Künste der Strategie zu zählen.[66] Vollends huldigte Schmundt einer gläubigen Zuversicht, die geradezu beleidigt jeder oppositionellen Regung trotzte.[67] Nicht minder scheiterte Tresckow mit seiner Bock-Mission. Zwar verstand er dem Oberbefehlshaber der Heeresgruppe B in dessen Godesberger Hauptquartier geschickt den Puls zu fühlen. Provozierend behauptete er, im OKH gehört zu haben, daß Bock seine Meinung geändert habe und nun für den Angriff im Westen sei. Der Generaloberst bestritt empört; auf der Stelle rief er Brauchitsch an, um ihn seiner »Festigkeit« zu versichern.[68] Damit durfte Tresckow annehmen, daß wenigstens der Widerstand gegen eine Offensive gestärkt worden war. Aber auch hier blieb es allenfalls bei fachgebundener Opposition. Weitere Schritte gingen Bock zu weit. Tresckow mußte Oberst Vincenz Müller, dem Abgesandten Witzlebens, einen traurigen Bescheid übermitteln. In Mainz erklärte er noch vor der November-Mitte dem ihm bekannten Ia der Heeresgruppe Leeb: »Mit seinem Onkel sei, wie er vermutet habe, nichts zu machen. Bock sei ehrgeizig. Daß er sich gegen die geplante Aktion wende, sei nicht wahrscheinlich.« Doch »auch wenn Witzleben mit Bock spräche, käme kaum etwas anderes heraus«.[69]

Erstmals fühlte Tresckow für die Heeresführung Verachtung. Er vermochte sich keine gefahrvollere Lage auszumalen, aber wiederum hatten Generale, die Verantwortung trugen, den bequemeren Weg eingeschlagen. Auf die militärischen Spitzen war nicht länger zu setzen. Zugriffe würden lediglich jene wagen, die noch auf den unteren Sprossen der Befehlspyramide standen. Tresckows Erfahrungen im Umgang mit Rundstedt, Manstein und Bock mußten entmutigen; doch so bitter sie waren: er prägte sie sich ein.[70] Langsam reifte sein Entschluß, nur mehr der eigenen Kraft zu vertrauen und mit ihr auf höherem Posten das Notwendige selbst zu leisten. Der Keim zu künftigen Taten war gelegt. Die ausbleibende Offensive – jetzt wider Erwarten ständig verschoben – erleichterte es ihm, nach außen hin Gleichmut zu zeigen. Während einer Unterhaltung am zweiten Weihnachtsfeiertag 1939, anläßlich der Taufe seiner jüngsten Tochter, erweckte er gar den Eindruck, als billige er die Haltung der Heeresführung. Als ihn seine Schwägerin, die er einst für den Nationalsozialismus hatte gewinnen wollen, erregt fragte, ob »nicht *einer* von den Generalen Hitler bei einer guten Gelegenheit abschießen« könnte, erwiderte er: »Es hat jetzt keinen Sinn, denn das Volk schreit Hosianna. Das kann nur sinnvoll sein, wenn das Volk schreit: kreuzige ihn. Aber man müßte verhandeln.« Und halb ernst, halb scherzhaft: »Zum Beispiel wäre so ein Major wie ich ganz gut zum Verhandeln.«[71] Seine Worte über die Stimmung des Volkes hätte auch Halder äußern können, indes verdeckten sie nur das selbstverschuldete Elend der Opposition und seine eigene Verlegenheit. Tresckow wußte, daß mit der Frage seiner Verwandten der wundeste Punkt berührt worden war. Ihn narrte nicht der angebliche Mangel an Gelegenheiten. So gelassen er in seinen Antworten gab: im Grunde hatte ihn Ende 1939 »vollkommene Verzweiflung« gepackt.[72]

Diese Verzweiflung wich nicht. Eindringlich spiegelte sie das Dilemma, das er – sich und anderen – warnend vorausgesagt hatte. Offen gestand er Baudissin, daß der Feldzug aus politischen Erwägungen »eigentlich mißlingen« müsse.[73] Bei einem weiteren Erfolg, meinte er, wären »Generalität und Volk überhaupt nicht mehr« zum Widerstand zu bekehren. Und was sollte nach einem Sieg über Frankreich geschehen? Wie wollte man diesen Krieg je beenden?[74] Brach die Offensive los, waren dem Haß der Gegner Tür und Tor geöffnet. Bereits die Besetzung Dänemarks und Norwegens, Hitlers zweites Kriegsunternehmen, mußte sie zur Unerbittlichkeit anstacheln. Ein Deutschland aber, das im Westen angriff, durfte keine Gnade erwarten. Noch in Charleville, im Juni 1940 und angesichts des greifbar gewordenen Triumphes der Wehrmacht, sprach er von »negativen« Folgen des Westfeldzuges.[75] Jeder Weg mit Hitler müsse abschüssiger werden. Doch die Spitzen der Armee waren nicht zum Handeln zu bewegen. Entschlossen zog Tresckow seine Konsequenzen. Die Isolation, in die er nach den gescheiterten Staatsstreichplänen zurückgefallen war, ließ ihm nur seine soldatische Pflichterfüllung. Diese Pflicht war unter abnormen seelischen Belastungen zu leisten, aber mit ihr hielt er sich an die Möglichkeiten, die er allein noch vor sich zu sehen glaubte. Mochten andere – wie Oster – weiterhin auf einen »sogleich herbeizuführenden« Rückschlag hoffen: Tresckow widersetzte sich solchen Überlegungen und Winkelzügen.[76] Die Truppe war ihm kein Objekt. Ohne Not spielte er nicht mit Menschenleben. Die Opposition hatte versagt oder steckte in Sackgassen. Vorbehaltlos spannte er nun seine Kräfte an, um wenigstens eine militärische Katastrophe zu vermeiden.

Mansteins Gedanken überzeugten. Einleuchtend und kühn, begannen sie auch Tresckow in ihren Bann zu ziehen. Rundstedts Stabschef vermochte der geltenden Aufmarschanweisung kaum Geschmack abzugewinnen. Er sah in der befohlenen Offensive durch Belgien kein Erfolgsrezept; für ihn konnte sie, da der Gegner vorbereitet war, nur in »mehr oder weniger frontalem« Abringen enden.[77] Manstein bestand nicht auf Teilzielen, sondern auf dem Axiom, daß eine Westoffensive die *Entscheidung zu Lande* anzustreben habe. Er forderte, den operativen Schwerpunkt von den Armeen Bocks auf die Heeresgruppe A zu verlegen und mit einem »überraschenden Vorstoß durch die Ardennen in Richtung auf die untere Somme« die nach Belgien vorgeschobenen Feindkräfte abzuschneiden. Einzig auf diese Weise, schien ihm, war der feindliche Nordflügel zu vernichten und ein Sieg über Frankreich zu erreichen. Manstein verkannte nicht die Risiken seines Plans. Wie die Hauptchance, so lag auch die Hauptgefahr für die deutsche Offensive bei der Heeresgruppe Rundstedts.[78] Handelte der Gegner richtig, mußte er gegen ihre Südflanke anrennen. Zumindest konnte es ihm glücken, von der Maginot-Linie bis zur Kanalküste »eine geschlossene Abwehrfront« zu errichten. Derartige Gefahren waren nur zu überwinden, wenn man sich entschloß, den feindlichen Aufmarsch zwischen Maas und Oise schon in seinen Anfängen »zu zerschlagen«. Umgehend beantragte Manstein für die Heeresgruppe A eine dritte Armee sowie »starke Panzerkräfte«, die er als Keil einzusetzen gedachte.

Tresckow faszinierten Mansteins Entwürfe. Wenn das Heer siegte, dann mit der genialen Idee dieses »Sichelschnittes«.[79] Wohl hegte er gegenüber der Parole »Panzer voraus!« etliche Bedenken. Lange schien sie ihm gar den Enderfolg zu gefährden. In seinen Augen konnten nur konventionelle Infanterie-Divisionen das bergige und leicht zu sperrende Waldland der Ardennen durchstoßen.[80] Erst nachdem es ihnen gelungen war, Brückenköpfe auf dem Westufer der Maas zu erobern, wollte er die gepanzerten und motorisierten Korps »*frisch und unverbraucht* zum Kanal vorbrechen« lassen. Damit verfocht er ein Konzept, auf dem anfangs selbst Guderian beharrte.[81] Auch am 5. Januar 1940, anläßlich eines Halder-Besuches bei der Heeresgruppe, suchte er als Vortragender vor allem die rechtzeitige Konzentration von Infanteriekräften sicherzustellen.[82] Trotzdem unterstützte er Mansteins Pläne. Voller Spannung beobachtete er den Denkschriftenkrieg seines Stabschefs gegen das widerstrebende OKH. Unbeirrt setzte er Mansteins Kampf nach dessen erzwungener Abberufung fort.[83] Möglich, daß er Ende Januar Schmundt bat, bei Hitler einen Empfang Mansteins zu erwirken; möglich auch, daß dieser Empfang gut vierzehn Tage später Schmundts eigener Initiative zu danken war[84]: in jedem Falle befriedigte Tresckow die Weisung vom 24. Februar 1940, mit der sich die oberste Führung – spät, jedoch nicht zu spät – für den »Sichelschnitt« entschied. Die Wende in den operativen Planungen beflügelte seine Arbeit. Zustimmend registrierte er, daß die Heeresgruppe ihre beantragten Verstärkungen erhielt und die Offensive weiterhin hinausgeschoben wurde. Der geforderte »scharfe« Schwerpunkt, der den Gegner überraschen mußte, war gewährleistet, die Truppe in der Lage, ihren Ausbildungsstand zu festigen und anzuheben. Langsam wich seine Beklommenheit einem vorsichtigen Optimismus. Die *militärischen* Aussichten schienen ihm besser denn je. Als Anfang Mai Major Rudolf Freiherr von Gersdorff – ab 1941 einer seiner engsten Verbündeten im Widerstand – gegen den Feldzug »erhebliche sachliche Einwände« erhob, konnte er aus Tresckows Mund – zumindest provokatorisch – ein erstauntes »Aber hören Sie mal? Warum denn?« vernehmen.[85]

Der am 10. Mai 1940 um 5.35 Uhr einsetzende Angriff des deutschen Westheeres rechtfertigte auch die kühnsten Hoffnungen. Mit ihm begann ein Siegeszug, der Mansteins Konzept weit »über das erste Zusammentreffen mit der feindlichen Hauptmacht hinaus« bestätigte. Der sorgfältig erarbeitete Offensivplan trug seine Früchte. Die Operationen entfalteten sich, ohne von Krisen oder Rückschlägen behindert zu werden. Während Bocks Armeen in Holland und Belgien einbrachen, rasch Raum gewannen und den Gegner fesselten, durchstieß die Heeresgruppe A, deren Panzerkorps die Entscheidung des Feldzuges zu erzwingen hatten, Luxemburg, den belgischen Grenzschutz und die gefürchteten Ardennen.[86] Wo Feindkräfte den Ansturm abzuwehren suchten, wurden sie geworfen. Schon nach zwei Tagen stand Guderian mit den vordersten Teilen von drei Panzerdivisionen an der Maas, war das an ihrem Ostufer liegende Sedan genommen. Die weit auseinandergezogenen deutschen Verbände verboten einen sofortigen Flußübergang. Zudem traf er auf einen kampfstarken Gegner, dessen Artillerie sich hervorragend eingeschossen hatte. Doch die oberste Führung – noch ungeduldiger als der ungestüme Panzergeneral – gewährte keine Atempause. Stukageschwader zersprengten oder demoralisierten Frankreichs Eliteregimenter; ihre Bomben bahnten den deutschen Angriffsspitzen den Weg. Am 13. Mai war die Maas bezwungen, kurz darauf eine Kriegsbrücke fertiggestellt, über die – unter massivem und erfolgreichem Flakschutz – Panzer und motorisierte Kräfte hinwegrollten. In nahezu ungehemmtem Vormarsch, dem die flankensichernden Infanterie-Armeen nur mit Mühe zu folgen vermochten, stürmten sie nach Westen. Nach fünf Tagen hatten sie Le Cateau und St. Quentin erobert. Wenig später fielen Péronne und Cambrai. Am 20. Mai waren Abbeville, die Somme-Mündung und der Kanal erreicht.[87] Die strategische Überraschung schien vollkommen, der Sichelschnitt, der die feindlichen Heere trennte, makellos und geglückt. Drei französische Armeen, die der deutschen Führung den »Liebesdienst« erwiesen hatten, nach Belgien einzumarschieren, zehn britische Divisionen sowie das belgische Feldheer saßen in der Falle und waren der Vernichtung preisgegeben. Tresckow – inzwischen Oberstleutnant[88] – blieb an den »grünen Tisch« eines hohen Stabes gebunden. Als Ia/op gehörte er zum Heeresgruppenoberkommando. Immer wieder aber brach er auch zu den Fronten auf, um Einblicke in das wirbelnde und dahinjagende Kampfgeschehen zu gewinnen. Oft waren die Entschlüsse, die er mitvorbereiten half, aus eigener Anschauung geschöpft. Am 12. Mai begleitete er Generalleutnant von Sodenstern, den neuen Stabschef und Nachfolger Mansteins, zum Gefechtsstand der Panzergruppe Kleist. Die Aussprache in Bellevaux – unmittelbar nach der Einnahme Sedans – regelte »das Zusammenwirken der Gruppe v. Kleist mit der Luftwaffe« und ergab, daß auch jenseits der Maas »schnelles Zufassen zum Erfolge führen« müsse.[89] Knapp vierundzwanzig Stunden später – diesmal mit Rundstedt – wieder in Bellevaux, konnte er am frühen Abend der Heeresgruppe fernmündlich mitteilen: »Der durch die Luftflotte 3 vorbereitete und unterstützte Übergang über die Maas ist an zwei Stellen geglückt ... Absicht für den 14. 5. ...: Unter Abdeckung des Südflügels zwischen Canal des Ardennes und Maas wird in scharfem Zugreifen ein Brückenkopf auf Richtung Hirson-Montcornet und Rethel gewonnen.«[90] Am 15. Mai, nochmals mit Rundstedt beim A. O. K. 12 (Busch), war »Übereinstimmung zwischen Bewegungen der motorisierten Kräfte und den Infanterie-Divisionen der 12. Armee« zu erzielen. Kleists Panzergruppe wurde Busch unterstellt. Die sich dehnende Südflanke der Heeresgruppe, Sorge Hitlers und des OKH, drohte zur Achillesferse des Vormarsches zu werden. Doch selbst hier hieß es: kein Anbinden der motorisierten Kräfte!

»Gruppe von Kleist muß ›am losen Zügel‹ geführt werden und jede Möglichkeit, nach Westen Raum zu gewinnen, ausnutzen können.«[91]

Obgleich Tresckow – darin so konservativ wie seine Vorgesetzten – Operationen der Panzerwaffe und insbesondere Rommels ungezähmte Raids zurückhaltend beurteilte, ergriff auch ihn der Sog dieses umwälzenden Bewegungskrieges.[92] Luftwaffe und Panzer schlugen nicht nur Breschen; sie rissen die Infanterie über Hindernisse, die sonst in langwierigen Kämpfen niederzuringen gewesen wären. Von ihren beredten Anfangserfolgen überzeugt, wünschte sie Tresckow – namentlich im Zeichen hinreichend abgesicherter Operationsfreiheit – nicht länger gebremst zu sehen. Empört wandte er sich gegen einen Befehl des nervös gewordenen Hitler, nach dem Mitte Mai »die Masse der Panzerverbände ... die Linie Le Cateau-Laôn« plötzlich nicht überschreiten durfte. In einem dramatischen Telefongespräch mit Heusinger sprach er von »hellem Wahnsinn«.[93] »Jetzt ist«, so äußerte er, »die Sache ins Rollen gekommen. Wir müssen so rasch wie möglich zur Küste. Und da soll man anhalten? Hat man den Operationsplan geändert? Und warum?« Heusinger verweigerte Erklärungen, sondern wollte – nach zehn Minuten – lediglich eine geschmeidige Antwort. Als er nochmals anrief und fragte, wie die Heeresgruppe den Begriff »Masse der anzuhaltenden Panzerverbände« auslege, hörte er – ganz zu seiner Zufriedenheit – Tresckows schlagfertige Replik: »Die rückwärtigen Dienste«.[94] Die reißend schnelle Offensive bis Abbeville, die vollendete Tatsachen schuf, bestätigte Tresckow. Um so mehr entsetzte ihn, angesichts des zusammengedrängten und schon geschlagenen Feindes, der Haltebefehl vor Dünkirchen. Wenn Hitler aus politischen Gründen darauf abzielte, dem britischen Expeditionskorps goldene Brücken zu bauen, so konnte Tresckow in solch einer Absicht nur Torheit erblicken. Hesse gegenüber klagte er: »Das Ergebnis sei, hätte man etwas mehr von England und seiner Geschichte gewußt, vorauszusehen gewesen. An das erhoffte Einlenken des Gegners sei nicht zu denken. Die einmalige Gelegenheit, das gesamte auf das Festland überführte englische Heer zu vernichten, habe man verpaßt und sich damit militärisch wie politisch viel aus der Hand gehen lassen.«[95]

Ende Mai, nach dem Triumph über den feindlichen Nordflügel und den notwendigen, emsig betriebenen Umgruppierungen bei den Armeeoberkommandos 2, 4 und 9, »drängte er sehr optimistisch zum zweiten Antreten«.[96] Frankreichs Niederlage schien ihm gewiß zu sein. Die Wehrmacht stand hinter Somme und Aisne in einer geschlossenen Ausgangsfront. Panzer und Infanterie ließen sich nun – und zwar in wesentlich besserem Gelände als vor drei Wochen – gleichzeitig und gemeinsam einsetzen. Den knapp 90 Heeresdivisionen vermochte Weygand nur mehr 49 Großverbände entgegenzustellen. Die Truppe erfüllte das Hochgefühl errungener Siege; sie war, in jeder Hinsicht, der verstümmelten Streitmacht ihres Gegners weit überlegen. Die ersten Kämpfe der »Schlacht um Frankreich« mußten auch Tresckows Stimmung dämpfen. Der Feind wehrte sich hartnäckig und hatte seinen Panzerschreck überwunden. Er hielt seine Stützpunkte trotz vorbeirollender Kampfwagen und verwickelte die nachfolgende Infanterie in blutige Gefechte. Das deutsche Heer erlitt die höchsten Verluste des Feldzuges.[97] Doch diese Gegenwehr war nur ein letztes Aufbäumen, Frankreichs Zusammenbruch nicht abzuwenden. Nachdem Bocks Armeen die Linien des Feindes durchbrochen oder zurückgedrängt hatten, war auch die Stunde für Rundstedts Heeresgruppe gekommen. Nochmals für den Hauptstoß auserwehen und in einer Breite von nahezu zweihundert Kilometern aufmarschiert, zerschmetterte sie zwischen Soissons und Metz die französische Front. Bereits am Abend des ersten Angriffstages, am 9. Juni 1940, und auf dem Gefechtsstand Guderians, erlebte Tresckow, daß bei Château Porcien der wichtigste Brückenkopf und das Südufer der Aisne gewonnen waren.[98] Was sich anschloß, war eine Verfolgung, die dem Gegner jede Chance raubte. Die Armeen der Heeresgruppe nahmen Verdun, sie setzten auf Anhieb über die Marne und drangen zum Plateau von Langres. Kleists herangezogene Panzergruppe half den operativen Durchbruch vollenden. Weygands Divisionen wurden gepackt und zerrieben; wiederum verloren sie Abertausende von Gefangenen. Während am 14. Juni Paris fiel und Bocks Heeresgruppe über Rouen der Halbinsel Cotentin zustrebte, hatte Tresckow im Stabe Rundstedts den Schlußakt einzuleiten: in ausholender Bewegung schwenkten Guderians Panzer sowie die 12. und 16. Armee nach Osten, um die noch am Rhein und in der Maginot-Linie stehenden französischen Kräfte im Rücken zu fassen und einzuschließen. Die gewaltige Linksschwenkung der Heeresgruppe A erleichterte Leebs zurückgehaltenen Armeen den Angriff: sie bezwangen, frontal vorbrechend, die Maginot-Linie und überschritten den Oberrhein.[99] Frankreichs Heer war am Ende. Pétain bat um Verhandlungen. Am 25. Juni – 0.35 Uhr – schwiegen die Waffen.

Der deutsche Sieg, nach dem im Reich die Glocken läuteten, mußte insbesondere Soldaten des Ersten Weltkrieges überwältigen.

Auch Tresckow war bewegt.[100] Er verhehlte sich nicht, daß dieser Sieg das Ansehen einer verderblichen Staatsführung ins Ungemessene steigerte. Was der Widerstand hätte unterbinden müssen, schien unwiderruflich geworden. Hitler, der Triumphator, erweckte den bedingungslosen Glauben, mit dem jede erfolgreiche Armee ihren obersten Befehlshaber belohnt. Solch ein Glaube ließ sich nur mehr mit Hilfe von spürbaren Rückschlägen und unter verzehrenden Anstrengungen brechen. Jetzt aber war das Heer ohne Halt über Schlachtfelder gestürmt, auf denen die Väter in zermürbenden Stellungskämpfen verbluten mußten. Sein »Feldzug gegen Versailles« hatte eine nie verwundene Schmach »gesühnt«. Und Hitler besaß Anteil an diesem Sieg. Er hatte die vehemente Stoßkraft des Motors im Panzer und Flugzeug begriffen, Mansteins Konzept genutzt und instinktsicher erkannt, daß dessen unkonventioneller Plan den nur halbherzig entschlossenen Gegner vollends bezwingen müsse. Tresckow lobte nicht den »Feldherrn« Hitler. Auch zu überschwenglichem Jubel fühlte er sich außerstande. Jeder »Radau-Patriotismus« war seiner Wesensart zuwider.[101] Nach dem Kampf wollte er die Versöhnung, zählte für ihn einzig noch seine Liebe zu französischer Kultur. Kaum eine Kirche am Wegesrand, die er, wenn es sich fügte, nicht besichtigt hätte.[102] Doch die Leistungen der Truppe und des Generalstabes fanden seine bewundernde Anerkennung und hoben sein soldatisches Selbstgefühl. Dem Vetter Rolf von Tresckow, mit dem er am 22. Juni 1940 das zerwühlte Trichtergelände um den Douaumont durchstreifte, gestand er: der Sieg sei der eigenen Führung zu verdanken. Panzer und Luftwaffe, glänzend aufeinander abgestimmt und phantasievoll eingesetzt, hätten nach den ersten Durchbrüchen die Entscheidung gebracht. Dies bleibe »auch die Lehre für alles Weitere in der Zukunft«.[103] Und auf einer Karte aus der gleichen Zeit, deren Vorderseite die Unterzeichnung des Waffenstillstandes von 1918 zeigte: »... Wir gehen voller Zuversicht an unsere neuen Aufgaben. Aller Kleinmut, dessen ich mich freudig schuldig bekenne, ist angesichts unserer ungeheuren Erfolge verflogen. Es kommt alles auf das gegenseitige Verhältnis an. So wird alles weiter gut werden und hoffentlich ein guter Frieden folgen.«[104] So nachdrücklich er später betonte, daß »wir gerade im Westen nicht so leicht siegen durften«: noch Ende 1940 schien ihm Frankreich, das sich der Tollheit seiner erstarrten Maginot-Ideologie überlassen hatte, militärisch wie moralisch »erledigt«.[105]

Tresckows Hoffnung auf einen »guten Frieden« war keine Floskel.

Wie der ihm noch unbekannte Stauffenberg wünschte er aus der veränderten Lage »etwas gemacht« zu sehen.[106] Nur wenn jetzt das Reich mit Großmut eine alte Feindschaft überwand, waren die 30 000 gefallenen deutschen Soldaten des Feldzuges nicht umsonst gestorben. Aber konnte und wollte Hitler den Krieg beenden? Mehr noch: vermochte ein Deutschland, das Polen, Dänemark, Norwegen, Holland, Belgien und Frankreich unterworfen hatte und dem im Mittelmeerraum nun auch Italien zur Seite getreten war, Großbritannien überhaupt zum Einlenken zu bewegen? Tresckow wußte, daß er an Widerstand gegen das Regime nicht denken durfte. Ein Attentat war unmöglicher denn je. Doch zugleich wußte er aus seiner Kenntnis Englands und der Welt: ein »guter Frieden« konnte nicht gelingen. Deutschland – ohnmächtig gegenüber dem angelsächsischen Imperium – hatte überreizt. Als ihn Mitte Oktober 1940 Luise von Benda, Sekretärin im OKH und Jodls spätere Frau, kurz in Paris wiedersah, verleugnete er seinen Optimismus aus dem Monat Juni. Während eines Ganges über die herbstlich leuchtenden Champs-Elysées zum Arc de Triomphe meinte er: »Wenn Churchill Amerika dazu bringt, in den Krieg einzutreten, werden wir langsam und sicher durch die Materialüberlegenheit erdrückt. Dann wird von uns höchstens das Kurfürstentum Brandenburg übrigbleiben, und ich werde die Leibwache kommandieren.«[107] Die junge Frau wehrte sich, an solch eine traurige Zukunft zu glauben. Auch ein Bericht über Greuel im »Generalgouvernement«, von dem Tresckow andeutend sprach und der ihn zusätzlich niederdrückte, sollte sie nicht beirren. Am Grabmal des unbekannten Soldaten, blickte er zum zweiten Mal nach sechzehn Jahren versunken auf die flackernde, blaue Flamme. Schließlich fragte er – totenblaß – seine Begleiterin, ob sie Schleiermachers Worte auf dessen Berliner Denkmal kenne. Und dann – vor der Abfahrt mit dem Wagen – zitierte er ohne Pathos die Worte: »Dies sei mein Ruhm, den ich suche, zu wissen, daß eine Stelle kommt auf meinem Wege, die mich verschlingt, und doch an mir und um mich nichts zu ändern, wenn ich sie sehe und doch nicht zu zögern den Schritt.«[108]

Siebentes Kapitel

Ia der Heeresgruppe Mitte

Was Tresckow – nach dem Anhaltebefehl vor Dünkirchen – geahnt hatte, bewahrheitete sich: England, obwohl vom Festland vertrieben und ohne Bundesgenossen, lenkte nicht ein. Zwar hoffte Hitler auf Frieden. Er glaubte seinen letzten Gegner dem Zusammenbruch nahe, ja, geschlagen. Aber von neuem durchkreuzte das Inselreich, das er seit je falsch einschätzte, seine Rechnungen und Pläne. In Churchill begegnet ihm ein Gegenspieler von unbeugsamer Härte und Willenskraft. »Wir werden«, so erklärt Englands Kriegspremier, »an unseren Ufern kämpfen, wir werden auf unseren Hügeln kämpfen, wir werden in unseren Dörfern und Städten kämpfen, und wir werden uns niemals ergeben.« Ob es der deutsche Diktator begreift oder nicht: Großbritannien erträgt keine kontinentale Hegemonie über Europa. Entschlossen wird es gerade die gewalttätige nationalsozialistische Führungsmacht bekämpfen, die alle menschliche und politische Gesittung verhöhnt. Englands Unnachgiebigkeit fordert Entschlüsse, die Hitler gern vermieden hätte. Diesmal scheint er verwirrt und einer Lage nicht gewachsen. Er will keine Invasion auf der britischen Insel, denn er scheut die Risiken eines Sprungs über den Kanal. Lange zögert er, dann erst befiehlt er – widerwillig und unter ungewohnten Vorbehalten – »Seelöwe«.[1]

Tresckow, in Saint Germain bei Paris, mußte mit dem Stab Rundstedts die Landung vorbereiten. Die Heeresgruppe A hatte zwei ihrer Armeen an der belgischen und nordfranzösischen Küste zu versammeln und gründlich zu schulen; sie sollten in Staffeln zu dreizehn und zwölf Divisionen übersetzen und die Küste zwischen Portsmouth und Dover bezwingen.[2] Tresckow zweifelte nicht daran, daß zunächst die Luftherrschaft errungen werden mußte. Dem Heer drohte ein »amphibisches« Unternehmen, für das es nirgendwo gerüstet war. Nur wenn Görings Geschwader den Himmel freikämpften und Englands übermächtige Flotte niederhielten, konnte das Wagnis einer Invasion der britischen Insel glücken. Doch nicht genug, daß die Luftschlacht über England infolge zielloser Führung verlorenging, begannen sich auch Heer und Marine zu streiten. Der Generalstab verlangte, um mit Erfolg operieren zu können, einen breiten Anlanderaum. Die

Admiralität dagegen sah sich außerstande, ihn zu decken oder abzusichern. Sie beharrte auf einem wesentlich engeren Übergang, der wiederum die Entfaltung der Heeres-Divisionen gefährdete. So war die Invasion – für Tresckow ohnehin ein Alptraum – bereits im Ansatz Stückwerk und verdorben.

Das gleiche Bild der Schwäche auf anderen Kriegsschauplätzen. Wohin er blickte: Versagen und Zerfahrenheit. Jeder der Achsenpartner hütete Geheimnisse. Keiner bequemte sich zu einer gemeinsamen Strategie.[3] Statt Englands Bedrängnis zu nutzen und dessen Bastionen im Mittelmeer wie Nahen Osten zu Fall zu bringen, schreckte Italien, von unterlegenen britischen Kräften angegriffen, angstvoll zurück. Dafür entfesselte Mussolini eine »Strafexpedition« gegen Griechenland, die kläglich scheiterte, deutsche Waffenhilfe unabwendbar machte und Großbritannien von neuem auf das europäische Festland zog. Hitler taktierte kaum geschickter. Spanien, das er in den Krieg zu locken hoffte, widersetzte sich ihm trotz des Gibraltar-Köders. Frankreich, dessen Hilfe nach einem großzügigen Frieden zu gewinnen gewesen wäre, demütigte er durch Rachsüchtigkeit. Deutschlands fünfzig U-Boote konnten keinen Ausgleich bieten. Auch ihre heroischen Anstrengungen offenbarten, daß sie – im Einsatz gegen England – in einen nicht vorgesehenen Kampf geraten waren. Die Zeit arbeitete, in Tresckows Augen, für Churchill. Großbritannien erstarkte. Die besten Chancen schienen vertan.

So spürbar Englands Unbeugsamkeit und Italiens verhängnisvolle Extratour Hitlers Unwillen erweckten: längst hatte er den Entschluß gefaßt, der ihn aus allen Sackgassen herausreißen und den endgültigen Triumph erzwingen sollte, und dieser Entschluß hieß Niederwerfung der Sowjetunion. Seine Absicht war aus der Situation geboren, die er mit den versuchten Mitteln nicht wenden konnte. Allseits beengten Widerstände, umstellten ihn Schwierigkeiten; sie diktierten gleichsam den spektakulären Ausbruch, den *er* wagen *mußte*. Wenn Großbritannien den Frieden verweigerte, so setzte es auf die Sowjetunion. War aber »Rußland zerschlagen« und »Deutschland der Herr Europas und des Balkans«, dann wurde »Englands letzte Hoffnung getilgt«.[4] Was Hitler plante, entsprach nie verleugneten Zielen, die er zum »System« erhoben hatte. Immer begehrte er – Axiom seiner rassistisch-imperialistischen Weltanschauung – Lebensraum im Osten. Immer trachtete er ihn im Bündnis mit Italien und Großbritannien, denen er eigene Interessenssphären »zuwies«, auf Kosten der Sowjetunion zu erobern. »Alles, was ich unternehme«, so hatte er im August 1939 dem Danziger Völkerbund-Kommissar Carl Jacob Burckhardt gestanden, »ist gegen Rußland gerichtet; wenn der Westen zu dumm und zu blind ist, um dies zu begreifen, werde ich gezwungen sein, mich mit den Russen zu verständigen, den Westen zu schlagen und dann nach seiner Niederlage mich mit meinen versammelten Kräften gegen die Sowjetunion zu wenden. Ich brauche die Ukraine, damit man uns nicht wieder wie im letzten Krieg aushungern kann.«[5]

Alle Nöte mußten Hitler verdeutlichen, daß er purem Wunschdenken erlegen war. Er konnte, zu ursprünglichen Zielen zurückkehrend, Rußland angreifen, aber Krieg gegen die Sowjetunion war jetzt unter Bedingungen durchzukämpfen, die des Diktators Konzept verhöhnten. Deutschland wandte sich nach Osten, ohne Großbritannien besiegt zu haben. Damit wuchs, bedrückender denn je, die Gefahr eines Zweifrontenkrieges, den Hitler selbst als das größte aller Übel gebrandmarkt hatte. Wollte er dieser Gefahr entrinnen, mußte er Rußland rasch und unwiderruflich schlagen. Das zwang zu einem Wettlauf um Zeit, bei dem der Atem noch knapper als bei den bisherigen Unternehmen wurde. Hitler jedoch erwartete einen dritten Blitzfeldzug; er glaubte – gleich vielen »Experten«, die Schukows Sieg über die sechste japanische Kwantung-Armee am Chalchin-Gol (Mongolei, August 1939) vergessen hatten – an eine militärisch schwache Sowjetunion.[6] Da er sie von Juden beherrscht wähnte, denen er »rassisch« jede Fähigkeit zu kraftvoller Staatenbildung absprach, rechnete er lediglich mit matter Gegenwehr. Nur wenige, unnachsichtige Offensivstöße, und der Bolschewismus, dieser »Koloß auf tönernen Füßen«, würde zusammenbrechen. Heer wie Luftwaffe mußten ihre bisherigen Erfolge übertrumpfen. Sie sollten England des letzten »Festlanddegens« berauben und das störrische Inselreich endgültig zum Frieden bekehren; vor allem aber hatten sie den begehrten großgermanischen Raum zu erobern, die Vereinigten Staaten vom Kriegseintritt abzuschrecken und Japan zu Angriffen auf britische Positionen in Südostasien zu ermuntern. Wenn England auch weiterhin nicht einlenkte: mit dem Sieg der Wehrmacht über Rußland war das »Nacheinander« ihrer Gegner wiederhergestellt. Dann vermochte Deutschland, wie Hitler glaubte, selbst einer amerikanisch-britischen Koalition standzuhalten.

Der deutsch-sowjetische Nichtangriffspakt war ihm kein Hindernis. Von vornherein wertete er diesen Vertrag nur als taktisches Instrument. Die erschreckend freizügigen territorialen Konzessionen, die er der Sowjetunion mit Ostpolen, den Baltenstaaten und Bessarabien gewährt hatte, konnten kaum ewige Geschenke sein; sie kamen bereits 1939 einer Kriegserklärung an Rußland gleich. Das hatte vor allem Stalin begriffen, der seinen Zeitgewinn nutzte, um – im Besitz des eingestrichenen Vorfeldes – beschleunigt aufzurüsten.[7] Für Hitler blieb die Sowjetunion Deutschlands ideologischer und machtpolitischer Feind: witterte sie ihre Chance, würde sie nicht zögern, auch das Reich zu erpressen oder unerträglichem Druck auszusetzen. Darüber durfte er sich am wenigsten beklagen. Niemand hatte ihn gezwungen, einen Krieg vom Zaun zu brechen, Ostmitteleuropa zu schwächen und das bolschewistische Rußland nach Westen zu ziehen. Jetzt jedoch mußte *er* eine zunehmende Abhängigkeit von Moskau fürchten, die sich bei weiterem Abwarten zu einer Abhängigkeit auf Gedeih und Verderb auszuwachsen drohte. Am 18. Dezember 1940 unterzeichnete er die Weisung Nummer 21 »Barbarossa«, den Aufmarsch- und Operationsplan gegen die Sowjetunion.

Das Heer mobilisierte – von »möglichst starker« Luftwaffe unterstützt – alle verfügbaren Verbände. Im Schwerpunkt nördlich der Pripjet-Sümpfe waren es von Warschau und Ostpreußen aus zwei Heeresgruppen mit massierten Panzer- und motorisierten Divisionen den Gegner in Weißrußland zu zersprengen, anschließend nach Norden einzuschwenken und – gemeinsam mit der anderen Heeresgruppe – die im Baltikum kämpfende Rote Armee zu vernichten. Erst nach der Einnahme Leningrads sollte der entscheidungsuchende Angriff auf das »wichtige Verkehrs- und Rüstungszentrum Moskau« folgen. Die südlich der Pripjet-Sümpfe angesetzte Heeresgruppe mußte diese Operationen vollenden helfen. Ihr war befohlen, Kiew zu nehmen, in Flanke und Rücken des Feindes vorzustoßen und dessen Kräfte im Zuge des Dnjepr aufzurollen. Nur ein ungewöhnlich schneller Zusammenbruch des russischen Widerstandes – so betonte die Weisung – erlaube es, die Eroberung Leningrads und Moskaus gleichzeitig anzustreben. »Im Rahmen der Verfolgung«, die sich anschloß, hatte das Heer geordnete Rückzüge des Gegners im Nachstoß zu unterbinden und – endgültiges Ziel des Vormarsches – die Linie Wolga-Archangelsk zu erreichen. Dann, nach Abschluß des Feldzuges, konnte die Luftwaffe Rußlands letzte Industrie-Arsenale jenseits des Urals angreifen und zerstören.

»Barbarossa« spiegelte getreu des Diktators Vorstellungen: kurzer Krieg, gewaltige Einkreisungs- und Vernichtungsschlachten, Verhinderung jedes feindlichen Ausweichens in das weite Hinterland. Seine

Vorstellungen verrieten ein Überlegenheitsbewußtsein, das die verderblichen Triumphe über Polen und Frankreich bis zu blindem Hochmut gesteigert hatten.[9] Nirgends wurden Risiken, Hemmnisse oder gar Rückschläge einkalkuliert. Die Trumpfkarte seines Unternehmens mußte stechen. Moltkes Maxime, nach der »kein Operationsplan mit einiger Sicherheit über das erste Zusammentreffen mit der feindlichen Hauptmacht hinausreicht«, schien ein beiläufiger Irrtum zu sein. Eine ähnlich heillose Selbstüberschätzung im politischen Bereich. Wohl umwarb er Finnland, die Slowakei, Ungarn und Rumänien: zumeist fragwürdige Satelliten, die allenfalls bescheidene Kontingente ins Feld zu stellen vermochten. Als aber im Frühjahr 1941 Tokios Außenminister Matsuoka Berlin besuchte, um sich bei dem Dreimächtepakt-Partner »umzuhören«, erbat Hitler nicht einmal die japanischen Truppenkonzentrationen im Fernen Osten, durch die Stalin gezwungen worden wäre, sich auf einen Zweifrontenkrieg einzurichten. Auch dem mächtigsten Bundesgenossen versagte er strategische Kooperation. Deutschlands Führer »brauchte« keine Hilfe, sondern wollte über des Reiches Beute allein entscheiden.[10]

Um so mehr stachelte er die Wehrmachtführung zu ideologischem Einsatz an. Der Feldzug gegen die Sowjetunion, ließ er am 30. März 1941 vor ihr verlauten, würde nicht zum bloßen Waffengang; er gelte der Ausrottung des asozialen Bolschewismus und sei ein »Kampf zweier Weltanschauungen«.[11] »Wir müssen von dem Standpunkt des soldatischen Kameradentums abrücken. Der Kommunist ist vorher kein Kamerad und nachher kein Kamerad. Es handelt sich um einen Vernichtungskampf. Wenn wir es nicht so auffassen, dann werden wir zwar den Feind schlagen, aber in 30 Jahren wird uns wieder der kommunistische Feind gegenüberstehen.« Er führe nicht Krieg, um den Gegner zu konservieren. Im Osten sei Härte mild für die Zukunft. »Der Kampf muß geführt werden gegen das Gift der Zersetzung. Das ist keine Frage der Kriegsgerichte ... Die Truppe muß sich mit den Mitteln verteidigen, mit denen sie angegriffen wird. Kommissare und GPU-Leute sind Verbrecher und müssen als solche behandelt werden.«[12] Hitler verlangte »das Opfer, Bedenken zu überwinden«, doch dieses Opfer schien ihm nun zumutbar, das Verlangen kaum noch eine Gefahr. OKH, Generalstab und Heeresgruppen-Befehlshaber hatten – offenbar endlich von seinem Ingenium überzeugt – nicht mehr aufbegehrt. Wenn auch die Wehrmachtsspitzen angesichts des Rußland-Abenteuers unheimliche Gefühle plagten:

Krieg gegen die Sowjetunion entbehrte für sie nach Lage und Propaganda nicht einer gewissen Logik. »Barbarossa« wurde widerspruchslos ausgearbeitet und in den Einzelheiten ihr Werk.[13] Jetzt dagegen, wo die Truppe zu kriegs- und völkerrechtswidrigen Handlungen gezwungen werden sollte, begannen einige Generale nochmals zu protestieren. Brauchitsch indes fürchtete Erregungen des Führers. Statt die Proteste, denen er recht gab, Hitler mannhaft und entschieden vorzutragen, suchte er sie zu zerstreuen oder abzuwiegeln.[14]

Tresckow – seit dem 10. Dezember 1940 Ia der Heeresgruppe B, am 22. Juni 1941 Heeresgruppe Mitte[15] – erschlossen sich Hitlers Konzepte zunächst nur unvollkommen. Noch vor der Meldung bei Generalfeldmarschall von Bock im Posener Hauptquartier wußte er: »Seelöwe« war abgeblasen, die Invasion Großbritanniens vorerst begraben.[16] Was aber beabsichtigte Hitler mit der Niederwerfung Rußlands? Lange grübelte er über dessen Motive. Anfangs vermutete er »eine allgemeine Eroberungsgier«; dann jedoch, nach eingehenderen Überlegungen, kam er zutreffenden Gedanken näher. Hitler – so sagte er sich – mußte begriffen haben, daß England auf die Vereinigten Staaten setzte. Auch für ihn galt: solange Großbritannien Amerikas Menschen- und Wirtschaftskapazitäten nutzen konnte, hoffte es den Krieg länger als Deutschland durchzustehen.[17] Gegenüber solch einem Bündnis wollte der Diktator gewiß nicht zurückbleiben. Die Sowjetunion bot Menschenmassen, landwirtschaftliche Produkte und Rohstoffe der Industrie. Ihre schier unermeßlichen Schätze beseitigten jeden Engpaß und verhalfen zu dauernder Unabhängigkeit. Mit dem Triumph über Rußland trachtete Hitler ein Kräftereservoir zu gewinnen, wie es England mehr und mehr in den USA besaß. Das drohende »Großgermanische Reich« erfüllte Tresckow mit Schrecken und Entsetzen. Ein derart unförmig aufgeblähtes Gebilde spottete all seinen Vorstellungen. Unwiderruflich vernichtete es Europas Staatenwelt. Erzogen, jede Möglichkeit zu bedenken, war er nicht leichtfertig genug, dem Diktator keinerlei Chancen einzuräumen. Focht die Rote Armee wie 1940 der Franzose, wurde ein nationalsozialistisches Imperium Tatsache und die »Absicht, Hitler zu stürzen, unendlich erschwert«.[18] Aber war das Pandämonium unabwendbar? Konnte der Feldzug mit dem enthüllenden Namen des Hohenstaufen-Kaisers glücken?

Tresckow zweifelte nicht an Erfolgen. Von neuem würde die Truppe ihr Bestes geben und Siege erringen. »Barbarossa« war mit operativer Kühnheit, die Einnahme Moskaus, das für ihn entscheidende und vordringliche Ziel, wenigstens »im Rahmen der Verfolgung« als Hauptaufgabe der Heeresgruppe Mitte konzipiert.[19] Der geplante Durchbruch über die russische Landbrücke deckte sich mit seinem strategisch-taktischen Denken. Die Stoßkeile, die diesen Durchbruch erzwingen sollten, schienen ihm am Vorabend des Angriffes sinnvoll angesetzt. Immer wieder betonte er, daß »es nicht nur zu Einkesselungen nahe jenseits der Grenze kommen« dürfe.[20] Die Zeiten »eines kleinen Sedans« seien vorbei. Doch trotz aller Erwägungen und Vorarbeiten sah Tresckow ein Fiasko des Unternehmens voraus. Es war ihm »so sicher wie das Amen in der Kirche«, daß der Feldzug gegen die Sowjetunion mißlingen müsse.[21] Er hielt sich an Beispiele und Lehren der Kriegsgeschichte. Für ihn konnten die vorhandenen Kräfte der Wehrmacht das europäische Rußland nicht »in die Hand bekommen«. Wohl war das Heer mit seinen 140 versammelten Großverbänden dem Gegner ebenbürtig und in der Führung überlegen. Während aber die Sowjetunion bequem zwölf Millionen Mann aufzustellen vermochte – das Doppelte des eigenen Potentials –, blieben Deutschlands Kräfte begrenzt und verzettelt. Tresckows Rechnung war einfach.[22] Frankreich band achtunddreißig Divisionen, Libyen, Dänemark und Norwegen fesselten zwölf; weitere sieben hatten nach dem Balkan-Feldzug, mit dem Mussolini beizuspringen war und der »Barbarossa« unheilvoll verzögerte, Jugoslawien und Griechenland zu überwachen. All diese Truppen fehlten im Osten; sie waren durch Einheiten der Verbündeten nicht zu ersetzen. Mochte Hitler glauben, mit Hilfe neuzeitlicher Technik dem Schicksal Karls XII. und Napoleons entrinnen zu können: seine Armee verfügte lediglich zu einem Achtel über Panzer- oder motorisierte Verbände. Der »Rest«, Infanterie und Artillerie, mußte im Fußmarsch und auf von Pferden gezogenen Wagen die verschlingenden Riesenräume Rußlands durchqueren. Wie immer man die »Lage« betrachtete: mit dem Entschluß des Diktators, bei dem weltanschauliche Monomanie jeden anderen Gedanken überwog, reiften in Tresckows Sicht Verhängnisse heran.

Die Niederlage, die er erwartete, sollte ihn gewappnet finden und zur Stunde der Befreiung werden. Entschlossen wollte er sie für den Widerstand nutzen.[23] Seine bisherigen Erfahrungen mit den Spitzen des Heeres konnten ihn nicht zuversichtlich stimmen. Diese Spitzen waren nur zu oft kleinmütig zurückgewichen. Auch jetzt schien es abwegig, auf Generale zu hoffen. Erst jüngst hatte ihm wieder Halder unter Tränen versichert, daß er bei den augenblicklichen Führungsverhältnissen keine Möglichkeiten für einen Staatsstreich sähe.[24] Sicher würde die eintretende neue psychologische Situation auch das Umdenken höchster Ränge fördern. Aber Tresckow täuschte sich nicht: kaum einer besaß seine Willenskraft und Entschiedenheit. Was er anstrebte, hatte er selbst vorzubereiten.[25] Seine neue Stellung begrenzte weiterhin Einflüsse; sie trennte wiederum von entscheidenden Zentren, doch er schwor sich, die Führungsabteilung der Heeresgruppe Mitte zum Kern der Verschwörung zu machen, ja, der Opposition Gewicht zu geben. Voraussetzung allen Handelns blieben gleichgesinnte Verbündete. Sie waren zu sammeln, einzuweihen und in die richtigen Positionen zu bringen. Nur wenn die Fronde zuverlässige Offiziere und Schalthebel der Macht gewann, vermochte sie zu gegebener Zeit erfolgreich loszuschlagen. Tresckow erinnerte sich seiner Drähte und Beziehungen. Er mobilisierte Ämter, Abteilungen und nicht zuletzt seinen Freund Schmundt, den noch arglosen Chefadjutanten des Führers. Mit alledem trieb er – zunächst für den eigenen Bereich – eine einfallsreiche militärische Personalpolitik.

Als ersten zog er Fabian von Schlabrendorff, den Partner eines rückhaltlos offenen und unvergessenen Gesprächs, in den Stab der Heeresgruppe.[26] Schlabrendorff, Leutnant der Reserve und mit einem aufatmenden »Endlich!« begrüßt, erweckte in Posen Überraschung und Erstaunen. Mehr Politiker als Soldat und von bedachter Zurückhaltung, konnte sich die Führungsabteilung für ihn, den Außenseiter, nur langsam erwärmen, doch er besetzte – auf Geheiß des Ia – die Stelle eines Ordonnanz-Offiziers z. b. V. 2 (zur besonderen Verwendung).[27] Schlabrendorff wurde zum verläßlichsten und engsten Verbündeten im Widerstand. Er half, seit je im politischen Leben stehend, mit Rat, Kontakten und einer Unbestechlichkeit, die seinem Vetter »nichts durchgehen ließ«. Tresckow schätzte Schlabrendorffs Intelligenz und sarkastisch eingefärbte Urteilskraft, nicht minder aber auch dessen Umsicht und die Selbstverständlichkeit, mit der er, weit mutiger als viele aktive Offiziere, zum Äußersten entschlossen war. Die bevorstehenden Jahre, die beiden Männern ein Höchstmaß an Bewährung abverlangen sollten, festigten ihre Freundschaft und schufen eine unlösliche Verbundenheit. Schlabrendorff folgte Major i. G. Rudolf Freiherr von Gersdorff, den Tresckow aus der Ia-Position einer Infanterie-Division abberufen ließ.[28] Gersdorff entstammte der Kavallerie. Wo immer er in seiner gewinnenden

Art auftrat, fielen ihm Sympathien zu. Wie Schlabrendorff brauchte er zum Widerstand nicht bekehrt zu werden. Schlagfertig und von behender Auffassungsgabe, erblickte er in Hitler den ärgsten Feind der Nation. Gersdorff übernahm eine Schlüsselfunktion: er leitete die Ic-Gruppe (Feindnachrichten/Funkaufklärung) der Führungsabteilung.[29]

Schlimm dagegen blieb es, im Sinne der Opposition, um die ersten Köpfe der Heeresgruppe bestellt. Bock, außerhalb der militärischen Hierarchie für seinen Neffen Tresckow »Onkel Fedi«, zeigte gediegenes operatives Können. Er war, vom Getriebe der Partei abgestoßen, ein »Nichtnazi« und hellsichtig genug, um einem Friedensschluß im Osten nur geringe Chancen einzuräumen.[30] Eitelkeit, Egoismus und eine mißverstandene Führer-Loyalität trübten indes sein Charakterbild. Ob es je gelang, diesen von Hitler geschickt umworbenen Feldmarschall auf die Seite der Fronde zu ziehen, war leider allzu ungewiß. Noch mehr schied Bocks unwillkommener Stabschef, Generalmajor von Greiffenberg, für jede Verschwörung der Heeresgruppe aus. Greiffenberg amtierte als beflissener Bürokrat und überzeugter Nur-Soldat, doch obgleich aus der Operationsabteilung hervorgegangen, schien er auch als Soldat und Generalstäbler bestenfalls Durchschnitt zu sein.[31] Dafür gewann Tresckow drei andere Offiziere des schon existierenden Stabes: Leutnant Heinrich Graf von Lehndorff und die Majore Hans Graf von Hardenberg und Berndt von Kleist. Lehndorff und Hardenberg, beide Landwirte, Menschenkenner und ausgeprägte Persönlichkeiten, waren ausersehen, als Ordonnanz- und Adjutantur-Offiziere des Oberbefehlshabers auf Bock einzuwirken.[32] Kleist, ein Mann der »Vornehmheit und Lauterkeit« und im Stab O 4 (Kriegsgliederungen), wurde zu einem der einflußreichsten Verschwörer der Heeresgruppe.[33] Trotz schwerer Verwundung im Ersten Weltkrieg, bei der er ein Bein verloren hatte, arbeitete er mit Fleiß und Hingabe. Seine politische Haltung war kompromißlos, sein militärischer Blick ungetrübt. Von Schlabrendorff nach den Aussichten des geplanten Feldzuges gefragt, gab er die Antwort: »Das deutsche Heer wird gegen Rußland kämpfen wie ein Elefant, der einen Ameisenhaufen angreift. Der Elefant wird tausend und abertausend, ja, Millionen Ameisen töten. Aber er wird durch die Vielzahl der Ameisen schließlich überwunden und bis auf die Knochen aufgefressen werden.«[34] Mit diesen fünf Offizieren war zumindest eine erste Keimzelle der Fronde geschaffen. Tresckow hatte seinen Ansatz gefunden. Weitere Verbündete, im rechten

Augenblick angesprochen, würden unter dem Zwang der Ereignisse den Kreis erweitern. Der herannahende Angriffstermin riß Tresckow in einen Wirbel von Vorbereitungen. Mehrfach fuhr er im Auftrag Bocks nach Berlin, um in Unterredungen mit Halder und Brauchitsch strittige »Einzelheiten des Einsatzes der Heeresgruppe« zu klären.[35] Seine Anfragen – insbesondere hinsichtlich der Panzergruppen, die sich ostwärts Minsk vereinigen sollten – erbrachten schlüssige Befehle der Heeresleitung; doch wenngleich man in Posen darauf »nichts mehr zu ändern« brauchte: Tresckows Skepsis wurde nicht erschüttert. Auch bei dem großen Kriegsspiel der Heeresgruppe im März 1941 sah er die Operationen des Rußlandfeldzuges für »vermessen« an.[36]

In der ersten Maihälfte übersandte Eugen Müller, General z. b. V. beim Oberbefehlshaber des Heeres, zwei Entwürfe an das OKW, betreffend: »Behandlung feindlicher Landeseinwohner und Straftaten Wehrmachtsangehöriger gegen feindliche Landeseinwohner im Operationsgebiet des Unternehmens ›Barbarossa‹« sowie »Behandlung gefangener politischer und militärischer Funktionäre«.[37] Die Entwürfe, die sich auf »vom Führer und Obersten Befehlshaber erteilte Weisungen« stützten, spiegelten Hitlers Barbarismen und bestimmten, daß Angriffe von Landeseinwohnern gegen die Wehrmacht sofort und mit den äußersten Mitteln niederzuschlagen seien. Sofern Heeresangehörige »aus Erbitterung über Greueltaten oder die *Zersetzungsarbeit* der Träger des *jüdisch-bolschewistischen Systems*« strafbare Handlungen begingen, sollten derartige Übergriffe nicht verfolgt werden.[38] Was die politischen und militärischen Funktionäre anging, so galten sie nicht als Gefangene. Die Truppe hatte sie zu identifizieren, an Ort und Stelle oder spätestens in den Durchgangslagern zu erschießen. Mit Nachdruck war ihr untersagt, »ergriffene politische Hoheitsträger und Kommissare nach rückwärts« abzuschieben.[39] Tresckow erfuhr nur in Andeutungen von Müllers Entwürfen, aber schon die durchsickernden Andeutungen beunruhigten ihn. Als am 10. Mai 1941 Hitlers Heeresadjutant Major Engel in Posen erschien, sprach er – in Gegenwart des noch amtierenden Stabschefs General von Salmuth – von »einem Unglück« und »schweren Rückwirkungen auf die Truppe«.[40] Engel nötigte zu einiger Vorsicht, Tresckow jedoch bekräftigte seinen Entschluß, würdelose Anordnungen des OKW in jedem Falle zu umgehen. »Wenn Völkerrecht gebrochen wird, sollen es die Russen selber tun und nicht wir.«[41] Drei Tage später, mit dem Eintreffen Greiffenbergs, fand Gersdorff auf seinem Schreibtisch eine Geheime Kommandosache vor: Hitlers Erlaß vom 13. 5. 1941 über die »Ausübung der Kriegsgerichtsbarkeit im Gebiet ›Barbarossa‹ und besondere Maßnahmen der Truppe«.[42] Der Erlaß bestätigte alle umlaufenden Gerüchte; er unterband jeden Zweifel und erhob verbrecherische Maximen zum Befehl. »*Straftaten feindlicher Zivilpersonen*«, las Gersdorff, »sind der Zuständigkeit der Kriegsgerichte und der Standgerichte bis auf weiteres entzogen. *Freischärler* sind durch die Truppe im Kampf oder auf der Flucht schonungslos zu erledigen ... Wo Maßnahmen dieser Art versäumt wurden oder zunächst nicht möglich waren, werden *tatverdächtige Elemente sogleich einem Offizier vorgeführt. Dieser entscheidet, ob sie zu erschießen sind.* Gegen *Ortschaften*, aus denen die Wehrmacht hinterhältig oder heimtückisch angegriffen wurde, werden unverzüglich auf Anordnung eines Offiziers in der Dienststellung mindestens eines Bataillons- usw. Kommandeurs *kollektive Gewaltmaßnahmen* durchgeführt, wenn die Umstände eine rasche Feststellung einzelner Täter nicht gestatten. Es wird *ausdrücklich verboten*, verdächtige Täter zu verwahren, um sie bei Wiedereinführung der Gerichtsbarkeit über Landeseinwohner an die Gerichte abzugeben.«[43] Über die »*Behandlung der Straftaten* von *Angehörigen der Wehrmacht* und des *Gefolges* gegen *Landeseinwohner*« hieß es: »Für *Handlungen*, die *Angehörige der Wehrmacht* und des *Gefolges* gegen *feindliche Zivilpersonen* begehen, besteht *kein Verfolgungszwang*, auch dann nicht, wenn die Tat zugleich ein militärisches Verbrechen und Vergehen ist.«[44] Der Erlaß machte die Truppenbefehlshaber im Rahmen ihrer Zuständigkeit *persönlich* verantwortlich; er verlangte, bei allen Taten »zu berücksichtigen, daß der Zusammenbruch im Jahre 1918, die spätere Leidenszeit des deutschen Volkes und der Kampf gegen den Nationalsozialismus mit den zahllosen Blutopfern der Bewegung entscheidend auf bolschewistischen Einfluß zurückzuführen war ...«.[45]

Gersdorff empfand die Ungeheuerlichkeit des Führer-Erlasses. Er begriff: jetzt waren auch »der Wehrmacht ganz ungeschminkt völkerrechtswidrige Maßnahmen befohlen«.[46] Ohne zu zaudern, trug er Tresckow die schwarz auf weiß stehenden Anordnungen des OKW vor. Tresckow, als Ia und stellvertretender Stabschef sein unmittelbarer Vorgesetzter, entschied: »Wir müssen sofort zum Feldmarschall.« Auf dem Weg zu Bock blieb er plötzlich stehen. »Gersdorff«, sagte er, »denken Sie an diese Stunde zurück. Wenn es uns nicht gelingt, den Feldmarschall dazu zu bewegen, alles, auch seine Person, einzusetzen, daß diese Befehle zurückgenommen werden, dann hat Deutschland endgültig seine Ehre verloren. Das wird sich in Hunderten von Jahren noch auswirken, und zwar wird man nicht Hitler allein die Schuld geben, sondern Ihnen und mir, Ihrer Frau und meiner Frau, Ihren Kindern und meinen Kindern, dieser Frau, die gerade über die Straße geht, und dem Jungen, der da Ball spielt.«[47] In der Villa des Heeresgruppen-Oberbefehlshabers, forderte der Feldmarschall Gersdorff zum Vortrag auf. Schon nach den ersten Ausführungen riß er seinem Ic die Unterlagen aus der Hand. Erregt und unter lebhaften Protesten rannte er im Zimmer umher. Tresckow nutzte Bocks Stimmung. »Du mußt noch heute zu Hitler fliegen, und zwar zusammen mit Generalfeldmarschall von Rundstedt und Generalfeldmarschall von Leeb. Ich habe Gespräche zu beiden Herren angemeldet und Deine Maschine vorbereiten lassen. Ihr müßt Hitler die Kabinettsfrage stellen und gemeinsam erklären: Sie haben uns versprochen, daß die Truppe nicht mit verbrecherischen Befehlen belastet wird. Dieses Versprechen wurde gebrochen, denn nun haben Sie uns einen Befehl geschickt, der ein eindeutiges Verbrechen darstellt. Wir verweigern Ihnen den Gehorsam, wenn Sie diesen Befehl nicht zurücknehmen.«[48] Bock, obgleich beeindruckt, erwiderte: »Da schmeißt er mich raus!« Darauf Tresckow: »Dann hast Du wenigstens einen guten Abgang vor der Geschichte gehabt.« »Na, dann schickt er Euch den Himmler.« »Mit dem werden wir schon fertig werden.«[49] Tresckows Appell fruchtete nicht. Beide Offiziere mußten abtreten und im Vorzimmer warten. Nach einer Pause, in der sie Bocks auf- und abgehende Schritte vernahmen, wurden sie hereingerufen. »Gersdorff«, befahl der Feldmarschall, »Sie setzen sich sofort in mein Flugzeug und fliegen zu General Müller nach Berlin. Sie überbringen ihm meinen schärfsten Protest. Sagen Sie ihm: ich lehne voll und ganz ab. Ich weigere mich, die Befehle weiterzugeben und auf sie irgendwie zu reagieren.«[50] Tresckow widersprach. Es sei zwecklos, daß Gersdorff fliege. Käme er – ein Major – nach Berlin, so würde er mit Worten abgespeist. »Du mußt zu Hitler fliegen, zusammen mit Rundstedt und Leeb.«[51] Doch Bock war nicht zu überzeugen; er beharrte auf seinem Befehl. »Wenn Ihnen, Gersdorff, der General Müller keine entsprechende Auskunft geben kann, dann bitten Sie in meinem Auftrag um einen persönlichen Vortrag bei Generalfeldmarschall von Brauchitsch. Sagen Sie ihm das gleiche.«[52] Was Tresckow voraussah, trat ein: Gersdorff blieb ohne Erfolg. Müller winkte ab und beteuerte, daß das OKH längst »gegen diese Befehle Sturm gelaufen« sei. Niemand aber, klagte er, wolle es riskieren, ihretwegen nochmals »bei Hitler rauszufliegen«.⁵³ Brauchitsch, auf einer Frontreise, war nicht greifbar. Erst nach mehreren Tagen, hieß es, wäre er wieder in Berlin. Sofort kehrte Gersdorff nach Posen zurück. Bedrückten Gewissens berichtete er vom »absoluten Fehlschlag« seiner Mission. Bock indes schien weniger ungehalten als befriedigt. Sein Kommentar, mit dem er den Schlußpunkt setzte, war kurz: »Meine Herren, Sie haben gehört: der Feldmarschall von Bock hat protestiert.«⁵⁴

Tresckow war erbittert. Stumm ertrug er den kläglichen Satz des Feldmarschalls, der ihn, den Neffen, mit besonderer Scham erfüllte. So herb er gegenüber Gersdorff Bocks Charakterschwäche verurteilte: von diesem Feldmarschall begann er fürs erste abzulassen.⁵⁵ Um so mehr bedrängten ihn die Konsequenzen, die er nun, nach Bocks Umfall, zu fürchten hatte. Zwar erließ Brauchitsch am 24. Mai einen Zusatzbefehl, durch den er Hitlers Richtlinien zur Kriegsgerichtsbarkeit einzuschränken suchte. »Bewegung und Kampf mit der feindlichen Wehrmacht«, erklärte er, »sind eigentliche Aufgabe der Truppe.«⁵⁶ Such- und Säuberungsaktionen schieden aus. Unter allen Umständen hätten alle Vorgesetzten »willkürliche Ausschreitungen einzelner Heeresangehöriger zu verhindern und einer Verwilderung der Truppe rechtzeitig vorzubeugen«. Zugleich protestierten mehrere Armeechefs der Heeresgruppe: auch sie widersetzten sich Zumutungen, deren Skrupellosigkeit ihr Gewissen beschwerte.⁵⁷ Doch Hitlers Weisungen waren ergangen und, einmal an die Front gelangt, nicht mehr rückgängig zu machen. Wenige nur würden es wagen, sich gegen sie aus eigener Verantwortung aufzulehnen. Erst recht zeigte der Kommissar-Erlaß vom 6. Juni 1941, daß der Oberste Befehlshaber der Wehrmacht keine Ausnahmen duldete.⁵⁸ Von neuem wurde der Truppe eingeschärft, politische Kommissare auf dem Gefechtsfeld »abzusondern« und zu »erledigen«. Gleichwohl blieb Tresckow zur Abwehr sämtlicher Übergriffe entschlossen. Seine Aussichten, schien es, waren gering, aber verbrecherische Befehle gedachte er – innerhalb seines Bereiches – weder auszuführen noch weiterzugeben.⁵⁹ Anders stand es um die Einsatzkommandos der SS, Polizei und des Sicherheitsdienstes, die mit Ausrottungs- und Vergeltungsaktionen den vorrückenden Heeres-Divisionen folgen sollten. Diese Kommandos handelten selbständig; sie waren nur zu fassen, wenn sie Operationen der Truppe störten. Doch auch hier gewann Tresckow seine Chance, da es in Berlin der Abwehr glückte, für die Einsatz-

Hauptmann im Generalstab

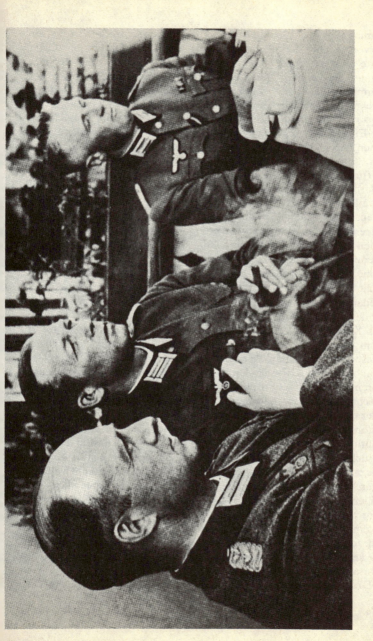

Tresckow (l.) mit Oberst Berndt v. Kleist (M.)

kommandos im Abschnitt Mitte Arthur Nebe anzufordern. Nebe, ein hervorragender Kriminalist, galt als Mann der Opposition. Oster hatte mitgeteilt: auf ihn, der die Terror-Praktiken des Regimes kenne, sei Verlaß.[60] Teste erhärteten, was überraschte: Nebe bekämpfte Hitler. Unter der verwirrenden SS-Gruppenführer-Uniform steckte ein entschiedener Anti-Nazi. Tresckow bat Gersdorff um engste Fühlungnahme. Er wolle genau erfahren, welche Maßnahmen die Einsatzkommandos planten. »Wir müssen wissen, was sie tun und ihnen befohlen wird. Kommen Sie mit Nebe so oft wie möglich zu mir, damit wir diesen Mann im Griff behalten.«[61]

Tresckow glaubte – schon rein militärisch – an keinen Triumph von »Barbarossa«. Rednern der Partei und Wirtschaft, die in Posen verharmlosende oder glorifizierende Vorträge hielten, begegnete er mit Skepsis und geheimer Belustigung.[62] Canaris, der einen dieser Vorträge erlebte, mußte nicht warnen. Denn führte man nun auch noch einen Ausrottungs- und Vernichtungskrieg, so wurde Deutschlands Niederlage vollends unabwendbar. Solch ein Krieg ließ dem Gegner keine Wahl. Er trieb ihn zu gnadenlosem Haß und mobilisierte erst recht dessen Widerstandskräfte.[63] Wieder verbarg Tresckow seine Gedanken und Sorgen. Wohl offenbarte er sich noch dem durchreisenden Freund Wilhelm von Friedeburg, der als Major eine Gruppe des Kampfgeschwaders 51 befehligte.[64] Ihn fragte er sogar, ob er nicht – zu gegebener Zeit – eine seiner Maschinen schicken könne. Diese Frage war unmißverständlich, doch sie blieb Ausnahme. Gegenüber einem Kriegsakademie-Kameraden, der Ansichten zur Lage hören wollte, schwieg Tresckow.[65] Andere erfuhren nur, was er – in geschmeidiger Einschätzung seiner Partner – verantworten konnte oder durfte. Noch weniger belastete er die Truppe. Sie, die anzugreifen und die größten Opfer zu bringen hatte, trachtete er eher zuversichtlich zu stimmen. Als er am 19. Juni 1941 die 12. Panzer-Division besuchte, leugnete er nicht, daß »es wohl gegen Rußland« ginge.[66] Alexander Stahlberg, Leutnant, Abteilungsadjutant und ein weitläufiger Verwandter, war betroffen und sprach von beklommenen Gefühlen auch seiner Kameraden. »Ja, aber ich will Dir folgendes sagen: Wenn es uns gelingt, von den Russen zu vernichten, was uns bekannt ist, dann werden wir sie so weit verwirren, daß wir es schaffen. Ich könnte mir vorstellen, daß es gut geht. Wenn ja, dann solltet *Ihr* keine so großen Sorgen haben. Wenn nicht, dann freilich wird es sehr schwer werden.«[67]

Drei Tage später, am 22. Juni 3.30 Uhr, war der deutsche Angriff entfesselt. Von der Ostsee bis zum Schwarzen Meer traten Heer und Luftwaffe zu ihren Offensiven an. Nochmals begann ein atemberaubender Siegeszug. Die Heeresgruppe Mitte – mit 33 Infanterie-Divisionen, 4 motorisierten Infanterie-Divisionen, 8 Panzer-Divisionen und 1 Kavallerie-Division Hauptmacht des Angriffs – brach aus ihren bei Warschau vorgewölbten Frontlinien hervor, nahm auf Anhieb alle Bugübergänge und durchstieß einen völlig überraschten Feind.[68] Hoths und Guderians Panzergruppen stürmten der 4. und 9. Armee voran. In weit ausholendem Bogen rollten sie nach Osten. Am 24. Juni eroberten sie Wilna und Slomin, am 27. trafen sich ihre Fangarme bei Minsk. Timoschenkos Divisionen, 55 Großverbände und zumeist in den Grenzraum um Białystok vorgeschoben, waren umgangen und suchten der Vernichtung zu entrinnen. Doch Panzer, nachrückende Infanterie und Luftwaffengeschwader hemmten ihren Abfluß. Rasch schloß sich um sie ein eiserner Ring. Nach heftigen, aber vergeblichen Ausbruchskämpfen erlahmten die Kräfte des Gegners. Die Kessel, in die er geraten war, wurden ausgeräumt. Der Wehrmachtbericht vom 11. Juli meldete 328 898 Gefangene, unter ihnen etliche höhere Generale; 3322 Panzer, 1809 Geschütze und kaum übersehbare Mengen anderen Kriegsmaterials fielen in deutsche Hand.[69] Die erste Niederlage der Roten Armee schien vollständig. Die Doppelschlacht von Białystok und Minsk war geschlagen.

Die Siege der »Mitte« übertrafen alle Erfolge der Nachbarn. Obgleich Leebs Armeen im Norden in zügigem Vordringen das Baltikum bezwangen und, über die Düna hinwegsetzend, Opotschka und Pleskau erreichten, konnten sich Woroschilows tiefgestaffelte Divisionen vernichtenden Zugriffen entziehen.[70] Das gleiche Bild – eher noch unerquicklicher – im Süden: starker, in gut ausgebauten Stellungen sitzender Feind verwickelte Rundstedts Heeresgruppe vor Slutsch wie Dnjestr in anhaltende und erbitterte Kämpfe. Erst nach zäher Gegenwehr wichen Budjonnys Armeen dem deutschen Angreifer. Auch hier mißglückte jede großräumige Umfassung. Die hin- und herwogende Schlacht um Galizien endete in frontalem Nachdrängen. Um so ungestümer verfolgte die Heeresgruppe Mitte ihren Gegner. Wieder teilte sie sich in zwei Stoßkeile, um ihn zu überflügeln und im Rücken zu packen. Wieder wurde sie vom Glück begünstigt. Bocks Divisionen überwanden Beresina, Düna und Dnjepr, durchbrachen zahlreiche Abwehrriegel, schwenkten von Norden und Süden her ein und vereinigten sich am 16. Juli in Smolensk.[71] Der abermals umgangene Feind focht verbissen und führte Verstärkungen heran. Die vorgeprellten Panzergruppen waren zunehmendem Druck ausgesetzt und hatten einen schweren Stand. Die wochenlange, ununterbrochene Anstrengung zehrte an den deutschen Verbänden. Der Kriegsschauplatz weitete sich – nach einem Vormarsch über Hunderte von Kilometern – zu bedrückenden Dimensionen. Doch aufschließende Infanterie entlastete und verdichtete die Front. In heftigen, langandauernden Kämpfen wurden bis zum 8. August mehrere Sowjet-Armeen zerrieben und alle Abschnitte trotz wütender Gegenangriffe gehalten. Noch einmal machte die Heeresgruppe 348 000 Gefangene.[72] 3250 Panzer und etwa ebenso viele Geschütze ergänzten die erste Beute des Siegers.

Das Oberkommando der Heeresgruppe wechselte rasch seine Quartiere. Am 4. Juli verlegte es von Rembertow bei Warschau nach Baranowisce, am 11. Juli von Baranowisce ins Waldlager von Borissow an der Beresina.[73] Das Städtchen – zumeist alte, wurmstichige Holzkaten, in ihrer Mitte eine malerische, üppige Kuppel-Kirche, die als Lagerraum diente – stand auf historischem Boden. Hier hatte die Grande Armée im November 1812 einen ihrer spektakulärsten Zusammenbrüche erlitten. Pfostenstümpfe erinnerten noch an die einstige Kriegsbrücke, über die sie in wilder Panik den nachsetzenden Kosaken zu entfliehen versuchte. Doch die Spuren Napoleons schienen diesmal nicht zu schrecken. Bocks Divisionen stürmten unaufhaltsam voran. Bereits am 20. September, mit dem endgültigen Abschluß der erneuten großen Kesselschlachten, wurde ihr Oberkommando nach Krassnyj Bor (Schöner Wald) bei Smolensk vorgezogen.[74] Tresckow, 1. Generalstabsoffizier und Leiter der Führungsabteilung, befehligte die Gruppen Ia, Ib, Ic sowie Stoart (Stabsoffizier der Artillerie): nie weniger als dreißig Offiziere mit ihren Mannschaften. Der Dienstplan vom 20. 6. 1941 schrieb dem Ia vor: Operative und taktische Angelegenheiten, Bearbeitung der Befehlsentwürfe, Meldungen und Berichte. Dazu kamen: Grundsätzliche Zusammenarbeit mit dem General der Pioniere, dem Heeresgruppen-Nachrichtenführer, dem Oberquartiermeister, der Luftwaffe, Kriegsmarine und anderen Stäben, Kriegserfahrungen sowie Angelegenheiten der Ausbildung und Organisation.[75] Aber diese »Begrenzung« seiner Aufgaben blieb Papier: oft führte er – und nicht allein als stellvertretender Stabschef – die Heeresgruppe. Viele Entscheidungen nahm er vorweg. Häufig brauchtes sie nur bestätigt und in Entschlüsse umgesetzt zu werden. Mehrfach bat ihn Bock ohne den wenig geliebten Chef des Stabes zu eingehenden Aussprachen.[76] Auch hier wurde er eher zum verantwortlich Führenden als zum nachgeordneten Helfer, den buchstabengetreue Befugnisse fesselten.

Seine Arbeit kannte – insbesondere während des Vormarsches – kaum Pausen. Berichte, Meldungen und Besprechungen häuften sich. Ohne Unterlaß schnarrten drei und mehr Telefone.[77] Nahezu für jeden Tag verzeichnet das Kriegstagebuch der Heeresgruppe Dutzende von Anrufen, die den 1. Generalstabsoffizier verlangten. Die Armeen und Panzergruppen meldeten, fragten an, erhoben Einwände, wollten Ratschläge und Befehle. Dazwischen liefen die Verbindungen zum OKH, Generalstab, zur Organisationsabteilung und zu den Abteilungen Fremde Heere, die zu unterrichten waren und von denen weitere Anfragen, Befehle oder Mitteilungen kamen. Die Gespräche und Besucher innerhalb des Stabes sind nicht zu zählen. Es schien Tresckow Aberglaube, daß Intelligenz Fleiß ersetzen könne, doch Intelligenz half ihm, seinen Fleiß fruchtbar zu machen. Wieder arbeitete er nicht nur unermüdlich, sondern auch schnell und genau. Konzentriert schied er das Wesentliche vom Unwesentlichen. Seine Befehle, die er entwarf oder niederschrieb, waren Muster an Klarheit und Genauigkeit. Würden Befehle – so seine Rede – falsch befolgt, träfe die Schuld jene, die sie gegeben hätten.[78] Die Truppe habe Anspruch auf eine unmißverständliche Sprache. Obgleich er zahllose Frontsoldaten befragte und ihnen phantasiebegabt zuhörte, huldigte er Maximen Schlieffens. Urteilskraft, Umsicht und Gelassenheit, Voraussetzungen für Entschlüsse, konnte nur Abstand vom Kampfgetümmel gewähren. »Halsschmerzen«, also Ordenssucht, überließ er anderen. Am besten schaltete und waltete er, wenn sein Oberbefehlshaber mit dem Chef des Stabes zu den Armeen oder Panzergruppen aufgebrochen war. Dann fühlte er sich auf dem ihm zukommenden Platz und ungehindert in seinem Element.

Die Kommandohöhe eines Heeresgruppen-Stabes hob ihn über die Enge vieler Frontabschnitte. Berichte der Nachbarn Leeb und Rundstedt, die er zusammenstellte und abzeichnete, machten ihn mit dem Gesamtgeschehen im Osten vertraut.[79] Darüber hinaus mußte Schlabrendorff täglich die Weltereignisse referieren. Der Vortrag durfte nicht länger als dreißig Minuten dauern, aber er hatte – unter Ausschöpfung aller Quellen, bei denen Verbote als Gesetze für Dumme galten – das Wichtigste und Unerläßliche darzulegen. Und Schlabrendorff informierte Tresckow: militärisch, wirtschaftlich und politisch.[80] Er berichtete über den afrikanischen, atlantischen und pazifischen Kriegsschauplatz, die U-Boot-Geleitzugsschlachten und

Luftwaffen-Einsätze im Westen, über Rußlands, Englands und insbesondere Amerikas Rüstungskapazitäten sowie über die Pläne und Politik verbündeter, feindlicher oder neutraler Mächte. Schlabrendorffs Vorurteilslosigkeit verhalf zu Nachrichten, die amtliche Mitteilungen oft als Unsinn enthüllten. Prüfte man diese Nachrichten, übte sich – erstaunlich genug – selbst Gehlens Abteilung Fremde Heere Ost in bedenklicher Schönfärberei. Tresckows Skepsis wuchs oder wurde – nicht zuletzt durch die Interpretationen seines Freundes – bekräftigt.

Die Ic-Gruppe, deren Aktivität er nach Kräften förderte, unterstützte seine Bedürfnisse. 1942 knackte sie den Code des amerikanischen Liaison-Offiziers, der in Kairo hockte und häufig mit beißendem Spott die Operationen des britischen Verbündeten kommentierte.[81] Damit war Tresckow über Englands achte Armee zumindest so gut wie ihr Gegenspieler Rommel orientiert. Alle Informationen, die ihn erreichten, verarbeitete er. Der tägliche, wenigstens einstündige Auslauf bot ihm Gelegenheit, sich vom Getriebe des Stabes abzusetzen und Gedanken zu klären. Seine Schlußfolgerungen waren nüchtern und kühl: sie hielten ihn auf der Höhe gültiger Übersicht. Er war kein blindgläubiger Anhänger bloßer Zahlen und Statistiken, aber sein Sachverstand blieb zu ausgeprägt, als daß er Zahlen und Statistiken je mißachtet hätte. Da er militärisch *und* wirtschaftlich zu denken vermochte, erfaßte er im Nu auch Zusammenhänge, die sich Nur-Soldaten kaum erschließen wollten.[82] Nicht minder dachte er im Sinne Clausewitz', nach dem die Armee allenfalls eine dienende Funktion beanspruchen durfte. Militarismus in des Wortes zutreffender Bedeutung empfand er als Aberwitz. Der Politik kam unbedingter Vorrang zu. Wo sie falsche Ziele wies oder gar selbst zum Militarismus entartete, war in seinen Augen die bewaffnete Macht zum Scheitern verurteilt. Immer sah er den Krieg als komplexe Wirklichkeit an.

So bewußt er noch 1941 Widerstandsabsichten verschwieg: seinen Widerstand bereitete er durch aufrüttelnde Mitteilungen und Stellungnahmen vor. Von seinen Informationen machte er Gebrauch. Die Phase abermaliger Siege konnte ihn zunächst wenig begünstigen, unentwegt jedoch schärfte er die Gewissen für den Absprung und die kommende Tat. Schlabrendorff hatte nicht nur ihn, sondern auch die Führungsabteilung zu unterrichten.[83] Allmonatlich wurde sie zu einem längeren Vortrag befohlen, der sie aus ihrer biederen Ressort-Arbeit riß. Trescow verabscheute bloße Militärtechniker. Er wollte denkende Mitarbeiter, denen es Einsicht und Verantwortlichkeit verwehrten, auf äußerlich begrenzte Kompetenzen zurückzufallen. Er selbst brauchte sich nicht in Szene zu setzen: Autorität war ihm zugewachsen. Jeder, der ihn länger erlebte, sammelte ungewöhnliche Erfahrungen.[84] Gleichmaß und Ruhe schienen ihm angeboren, Mißmut und schwankende Stimmungen fremd. Seine Anordnungen waren bedacht und souverän, seine Argumente glänzend formuliert und selten zu widerlegen. Auch während gefährlicher Lagen entkrampfte sein Humor. Noch immer vermochte er befreiend zu lachen. Offiziere wie Mannschaften wußten, daß er den Feldmarschällen und Generalstabschefs der Heeresgruppe mit Takt und innerer Unabhängigkeit begegnete. Sie vertrauten ihm und fühlten sich unter seiner Führung geborgen.

Obgleich ein unaufdringlicher Vorgesetzter, stellte er höchste Ansprüche.[85] Leistungen verlangte er auch von anderen. Dafür mied er Bevormundungen. Üblicher Kommiß war ihm verhaßt. Er bejahte Form und Disziplin, aber nur als Ausdruck innerer Haltung, die er vorauszusetzen pflegte. Bewußt lenkte er mit losen Zügeln. Die meisten Stabsangehörigen waren begabte Spezialisten; den fähigsten ließ er freie Hand. Sein Ton ihnen gegenüber verriet Wertschätzung. Selbst die Kartenzeichner im Mannschaftsrock hörten vor Befehlen ein »Bitte«.[86] Wenn er rügte, so in der Regel mit höflicher Härte oder ermunternden Anregungen. Untergebenen und Frontsoldaten half er, wo er konnte. Jene, für die er verantwortlich und denen er verbunden war, durften unbedingt auf ihn zählen. Seine Diskretion und Liebenswürdigkeit ermunterten zur Offenheit und zum Sprechen. Häufig vernahm man – ob am Telefon oder im Vorzimmer – sein: »Bin jederzeit für Sie da.«[87] Möglich, daß er Gegner hatte. Seine Überlegenheit konnte Ressentiments erwecken. Die Reserviertheit, die er bei Abneigungen und Vorsicht hervorkehrte, mochte enttäuschen, manchem sogar Unrecht tun und ihn dem Verdacht des Hochmuts aussetzen – ein Verdacht, den zeitweilige Ironie steigerte.[88] Solche Reserviertheit trug ihm hier und da den Vorwurf »generalstabsmäßigen Dünkels« ein. Doch als hochgeachteter Chef der Führungsabteilung prägte er einen der besten Stäbe des Heeres.

Mit angespannter Aufmerksamkeit folgte er dem Frontgeschehen, das er, ohne hervorzutreten, oft genug gelenkt und beeinflußt hatte. Die Siege seiner Heeresgruppe erstaunten ihn. Wiederholt fuhr er – von Schlabrendorff begleitet – nach vorn, um ihr Ausmaß festzustellen. Die Ausbeute und Trümmer auf den gespenstischen Schlachtfeldern sprachen beredt. Er mußte zugeben: die Rote Armee war geschlagen worden.[89] Trotzdem konnten ihn auch diese Triumphe nicht umstimmen. Zu keiner Stunde erlag er der verzückten Euphorie, die vorübergehend selbst Halder blendete. Der Russe, erklärte er, sei nicht zusammengebrochen, geschweige am Ende. Er könne seine Verluste ersetzen und Reserven über Reserven mobilisieren. Mit ihnen werde er – je länger, desto mehr – den eigenen Kräften überlegen sein. Der Krieg müsse wie das Napoleon-Abenteuer ausgehen, der Feind Deutschlands Wehrmacht verzehren.[90] Tresckow zweifelte nicht: die ersten Siege waren der sowjetischen Führung zu danken. Diese Führung handelte gegen strategische Regeln; sie mußte die Erkenntnisse des Frankreich-Feldzuges verschlafen haben. Statt in die Tiefe des Raumes auszuweichen und den Angreifer aus der Nachhand zu zermalmen, hatte sie sich schon in Grenznähe gestellt und – innerlich gelähmt – mehrfach der Einschließung ausgesetzt. Tresckow nannte sie unbeweglich, einfallslos, miserabel.[91] Um so mehr bewunderte er die Anspruchslosigkeit und Ausdauer des russischen Soldaten, der furchtlos, ja, todverachtend kämpfte. Wo er überwunden war, sollten ihm, einem tapferen Gegner, Respekt und Schonung widerfahren.

Die langen Züge abgerissener und erschöpfter Gefangener, die Goebbels' Propaganda zu Schaubildern des Untermenschentums stilisierte, waren Tresckow ein bitterer Anblick. Während einer Frontfahrt erlebte er, wie sich ein Gefangener an einen vorbeirumpelnden Lastwagen hing, nicht um zu fliehen, sondern um sich ein Stück Weges mitnehmen zu lassen. Der deutsche Bewacher hob sein Gewehr, zielte und tötete den Russen durch Rückenschuß. Tresckow verlor die Fassung. Er packte den Bewacher, verlangte Namen und Einheit. Erregt schwor er dem erbleichenden Soldaten, ihn wegen Mordes vor ein Kriegsgericht zu bringen.[92] Eine andere Begleitmannschaft, auf die Tresckow traf, schoß, vermutlich nervös geworden, wahllos in die Pulks der Gefangenen, die sie zurückzuleiten hatte. Auch hier sprang er – mit gezogener Pistole – dazwischen, um dem fluchwürdigen Treiben Einhalt zu gebieten.[93] Die gesetzwidrigen Verhältnisse in den deutschen Durchgangslagern – Gersdorff berichtete von zusammengepferchten Haufen und zahlreichen Hunger- oder Seuchetoten je Tag – alarmierten ihn. Er drang, diesmal erfolgreich, in Bock, durch scharfe Gegenanweisungen das unmenschliche Los der gefangenen Rotarmisten erleichtern zu helfen.[94] Die Anweisungen vermochten – wenn überhaupt – das Massensterben in den Lagen nur vorübergehend zu bremsen, doch Erfolglosigkeit im Kampf gegen vorsätzliche Schändlichkeiten konnte Tresckow nicht beschwichtigen. Unerbittlich überwachte er seine Bereiche. Stalins ältester Sohn Jakob Dschugaschwili, im Juli 1941 bei Witebsk gefangengenommen, wurde auf seine strikte Order hin weder mißhandelt noch exekutiert. Ein zur Vernehmung vorgeführter sowjetischer General schien Tresckows besonderem Schutz zu unterstehen. Als Ia der Heeresgruppe befahl er, daß dieser General nicht nur angemessen zu verpflegen, sondern auch wie ein deutscher General zu grüßen sei.[95] Die internationale Waffenbrüderschaft, von der er einst im fernen Argentinien gesprochen hatte, war kein leeres Wort. Ritterlichkeit blieb ihm ein unverzichtbarer Bestandteil seiner und des Soldaten Haltung; von ihr suchte er, gerade im Orlog alleszerstörender Ideologien, wenigstens Reste zu bewahren.

Als ihm – noch in Rembertow – die Gefangennahme des ersten Kommissars gemeldet wurde, ordnete er an, auch höchste Weisungen zu mißachten. »Solange ich Ia der Heeresgruppe Mitte bin, wird kein Kommissar erschossen. Ein Russe, der sich ergibt, gibt sich gefangen, damit er sein Leben behält. Das weiß jeder Soldat.«[96] Die Verbindung zu Nebe, die Gersdorff auftragsgemäß hielt, trug ihre Früchte. Nebe sabotierte, findig in Ausflüchten oder Vorwänden, die Mordbefehle seiner Vorgesetzten. Die Einsatzkommandos hinter Bocks Heeresgruppe leisteten die »schlechteste« Arbeit: viele Russen, denen sonst ein beinahe sicherer Tod gedroht hätte, konnten gerettet werden.[97] Tresckow begann zu glauben, daß er über Nebe auch die Etappe in Händen habe, aber Nebe, offenbar wegen seiner Milde angeschwärzt, empfing eine drastische Belehrung. SS-Spitzen mobilisierten ihm nicht unterstehende Sonder-Kommandos. Alsbald wüteten diese Einheiten im rückwärtigen Bereich der Heeresgruppe. Ein aus Letten zusammengesetztes SS-Kommando umstellte den jüdischen Stadtteil von Borissow, holte alle Juden aus den Häusern und trieb sie unter Kolbenschlägen davon.[98] In der Nähe eines Waldstückes mußten die Aufgegriffenen ein Massengrab ausheben, sich ohne Rücksicht auf Alter oder Geschlecht entkleiden und in diesem Zustand gruppenweise in die Grube legen. Dann traten die Häscher vor und feuerten aus ihren Maschinenpistolen. Die zweite Gruppe hatte sich auf den mit Erde zugeschütteten Toten oder Verwundeten auszustrecken und wurde als nächste »Lage« hingemordet. Die SS-Einheit metzelte über Stunden. Wenigstens siebentausend Juden fielen ihr zum Opfer. Das Massaker von Borissow erweckte im Stab der

Heeresgruppe nach lähmendem Entsetzen leidenschaftliche Empörung. »Mit Tränen der Wut« baten mehrere Offiziere Bock, die Schuldigen zur Verantwortung zu ziehen und gegen das Mordgesindel vorzugehen. Tresckow bestürmte ihn: »Das darf nie wieder passieren. Darum *müssen* wir jetzt handeln. In Rußland haben wir die Waffengewalt. Schreiten wir unnachsichtig ein, wird es Schule machen.«[99] Von neuem scheute Bock direkte Wege und erst recht Waffengewalt. Statt beherzter Zugriffe wagte er nur eine zahme Denkschrift, mit der er bei Hitler Gegenvorstellungen erhob. Doch die matten Proteste genügten. Die Sonderkommandos der SS wurden zurückgezogen. Weitere Greuel im Abschnitt Mitte unterblieben. Der Kommandant von Borissow, vor den Mordaktionen um Hilfe angefleht und nun zum Rapport bestellt, nahm sich das Leben.[100]

Die abgründige Barbarei belastete Tresckow in kaum erträglichem Maße. Borissow war, wie er wußte, kein Einzelfall. Über Nebe erfuhr er, was in den Konzentrationslagern des Reiches geschah. All das spornte ihn doppelt an. Er fragte sich, ob er nicht bei erstbester Gelegenheit den Hauptschuldigen dieser Unfaßlichkeiten gewaltsam beseitigen solle. Er unternahm Versuche mit zusammengerollten Karten, durch die er hindurchschoß, und meinte, daß die Schalldämpfung ausreiche, einen in der Nähe stehenden Menschen unauffällig zu töten.[101] Er konnte auf Verbündete zählen. Sein Stab, zuverlässig und ohne Illusionen, würde ihn unterstützen. Auch mit dem jungen Claus Graf Schenk von Stauffenberg, den er Mitte Juli in Borissow kennenlernte, durfte er sich einig wissen: Sympathie und Verständnis waren, schon beim ersten Mal, gegenseitig und vollkommen. Der Generalstabsmajor aus der Organisationsabteilung ließ erkennen, »daß er kein Nazi war, sondern in Hitler und dem Nationalsozialismus eine Gefahr erblickte«.[102] Wie er mochten inzwischen manche denken. Ein Führerbesuch der Heeresgruppe – ebenfalls in Borissow – verhieß die erste Gelegenheit, aber SS-Bewacher umschwärmten den mißtrauischen Diktator scharenweise.[103] Und Tresckow täuschte sich nicht: für Wehrmacht und Volk war Hitlers Mythos unangetastet. Mühelos weckte die Propaganda Glauben und Zuversicht; wiederum stützten militärische Triumphe das Regime. Übergriffe und Verbrechen hatten bisher nur wenige aufgeschreckt. Die Mehrheit war ahnungslos. Der totalitäre Machtapparat vertuschte oder schüchterte mit weltanschaulichen »Gründen« ein. Ein Attentat in dieser Situation, ohne Pläne und Absprachen, sicherte nicht einmal den Eintritt in eine bessere Zukunft. Tresckow spürte, daß sich der Widerstand einer zunehmend unheilvollen Zwangslage auszusetzen begann.[104] Der Sand in seinem Stundenglas fing an zu rinnen. Wartete die Opposition – psychologisch klug – auf Hitlers Niederlage, büßte sie politische Chancen und damit ihre größten Hoffnungen ein. Handelte sie umgekehrt rechtzeitig nach Einsicht und Sachverstand, drohte sie sich erst recht zu isolieren und – zu scheitern. Doch so schwer es ihm fiel: er begriff, daß er, 1941 und vor der Peripetie, noch zurückzustecken hatte. Zunächst, gestand er, müsse Hitlers Sieges-Serie gebrochen sein, ehe man mit Erfolg zum Anschlag ausholen könne.

Dafür ermunterte er Schlabrendorff, Kontakte zu knüpfen und vor allem »herauszufinden, ob es in der Heimat brauchbare Kristallisationspunkte gebe«.[105] Ende September 1941 reiste sein Ordonnanz-Offizier nach Berlin. Schlabrendorff sprach Oster, Staatssekretär von Weizsäcker, den schwedischen Diplomaten Kurt Herbert Damgren und Ulrich von Hassell. Er hörte sich um und gewann eine Fülle wertvoller Informationen, aber Front- und Heimatheer schienen – konspirativ – voneinander geschieden. Die Fronde um Hassel, Popitz, Goerdeler, Beck und Oster war ratlos und zersplittert; sie fühlte sich, bei steigendem Pessimismus, von den Generalen im Stich gelassen. Daher mußte sie Schlabrendorffs Auftrag begrüßen, mit dem sie, in Hassells Worten, »zum erstenmal eine Art Initiative« von seiten der Front erreichte.[106] Schlabrendorff hielt sich an Tresckows Entschlossenheit, wenn er Hassell versicherte, »man« sei bei der Heeresgruppe »zu allem bereit«. Den ehemaligen Botschafter bewegte Genugtuung, doch zugleich warnte er vor allzu naiven Einschätzungen der außenpolitischen Szenerie. Auf Schlabrendorffs Frage, »ob Garantie bestände, daß England nach einer Systemänderung alsbald Frieden machen würde«, erwiderte er, »solche *Garantie* gebe es nicht und könnte es nicht geben«. Garantieren ließe sich nur »1. daß, wenn England und Amerika nicht geradezu am Boden lägen, *Hitler* keinen Frieden bekommen würde; 2. daß ein anständiges Deutschland immerhin eine sehr erhebliche *Chance* hätte, Frieden, und zwar einen brauchbaren Frieden, zu erzielen«.[107] Gleich Tresckow spürte Hassell das wachsende Dilemma der Opposition. Da er auch nach einem Staatsstreich auf proklamierter »Fortsetzung des Krieges mit allen Mitteln« bestand, »natürlich unter Betonung unserer *Bereitschaft* zu einem brauchbaren Frieden«, sah er sogar eine Periode voraus, »in der das enttäuschte Volk behaupten kann: Hitler sei um den zum Greifen nahen Sieg gebracht worden, und die neuen Leute brächten den Frieden auch nicht«. Die Erbschaft des Widerstandes, meinte er, sei auf *alle* Fälle übel, aber auch: »Man darf nicht warten.« Beide Partner wünschten fortlaufende Kontakte. Die Opposition verlangte Zusammenhalt und war zu organisieren. »Sofort nach erreichtem, vorläufigem Abschluß der Angriffsoperationen in Rußland« sollte die Heeresgruppe »einen geeigneten ›höheren‹ Mann zu weiterer Erörterung« schicken.[108] Schlabrendorff dachte an Tresckow und schied in dem Bewußtsein, daß es Sache der Front sei, die Umkehr einzuleiten.

Seine Mission, ein Anfang, konnte ermutigen, doch ein »erreichter, vorläufiger Abschluß der Angriffsoperationen in Rußland« schien euphemistisch und ferner denn je. Wohl hatten die Erfolge der Heeresgruppe Mitte inzwischen auch die Nachbarn begünstigt und vorgerissen. Während sich Leeb Leningrad näherte und es abzuschnüren begann, umklammerten Rundstedts Divisionen ihren Gegner westlich des Dnjepr in der Kesselschlacht von Uman. Die zuvor ausgebuchtete und zurückhängende Front gewann einen durchgehenden, geraden Verlauf. Aber trotz dieser Bilanzen fühlte sich Tresckow außerstande, von einer *Entscheidung* des Unternehmens »Barbarossa« zu sprechen.[109] In seinen Augen war die rasche Vernichtung *aller* gegenüberstehenden Feindkräfte mißglückt, der begehrte strategische Durchbruch vom Ostheer nirgendwo erzwungen. Die Erfahrungen, die er gerade als Ia auszuwerten hatte, sagten ihm, daß erprobte Konzepte in den Riesenräumen Rußlands kaum noch verfingen. Die vorgetriebenen Panzerkeile errangen nicht mehr die Siege früherer Feldzüge. Was einst ihre Stärke war, schlug jetzt eher zu ihrem Verderben aus. Stets konnten sich Teile des Gegners zu heftigen Gegenstößen sammeln oder entweichen. Die Zangen faßten erst, und selbst dann nur unvollkommen, nachdem die weit abgefallene Infanterie in Eilmärschen herangeführt war.[110] Der Kampfwille der Roten Armee blieb ungebrochen. Ihre Einheiten fochten auch in schier ausweisloser Lage. Immer wieder wurde die eigene, ständig beanspruchte Truppe vom überholten Feind angegriffen. Immer wieder mußte sie kehrtmachen, um ihn in zermürbenden Einzelgefechten aufzureiben. Das höllische Ringen aller Heeresgruppen kostete nicht nur wertvollste Zeit, es verschliß die motorisierten Verbände und forderte erschreckend hohe Blutopfer. Die sowjetische Artillerie schoß hervorragend. Der gutgepanzerte, schnelle T 34, dem deutsche Pak wenig anzuhaben vermochten, wurde zu einer der bösesten Überraschungen des Kriegsschauplatzes. Fiel Regen auf Wege und

Straßen, hatten sich Divisionen durch grundlosen Schlamm zu würgen. All diese Anspannungen und Belastungen mußten im Frontsoldaten oft genug das Empfinden wachrufen, als ob die Führung mit frevlerischem Optimismus operiere. Sowenig er sein Vertrauen und das Gefühl der Überlegenheit einbüßte: alle offiziellen Voraussagen über die Stärke der Roten Armee waren leichtfertig und hatten getrogen.

Tresckow brauchte eigene Prognosen nicht zu widerrufen. Schon die beste Phase des Feldzuges bewies ihm die Unzulänglichkeiten aller Planungen.[111] Das würde auch die Zukunft bekräftigen. Rußland war militärisch weder auszuschalten noch zu schlagen. Sollte indes überhaupt eine Entscheidung fallen, so hatte die Wehrmacht Moskau zu nehmen. Jede Abkehr von diesem Ziel bedeutete Zersplitterung und verstieß gegen die eherne Lehre, »den Hauptangriff nicht von Nebenpunkten abhängig zu machen«.[112] Vor Moskau stand die Masse der Feindarmeen. Vor Moskau deckte sie Rußlands wichtiges Nachrichten- und Verbindungszentrum. Hier, wo die sowjetische Operationsfreiheit nachhaltig zu beeinträchtigen war, mußte sie sich stellen. Es schien Tresckow ein Gipfel des Unfugs, daß Hitler in dieser Situation zugleich auf der Eroberung Leningrads sowie der ukrainischen Bodenschätze und Industrien bestand. Die hitzigen Auseinandersetzungen innerhalb der höchsten Führungsspitzen beunruhigten ihn. Politische und wirtschaftliche Trümpfe ergaben sich aus umwälzenden Waffensiegen – eine Reihenfolge, die nur Dilettanten umkehren. Wie seine Vorgesetzten fürchtete Tresckow eine exzentrische Verzettelung ohnehin unzureichender Kräfte, den Kampf am falschen Ort. Spöttisch bemerkte er, daß, wer fortgesetzt Dubletten erlegen wolle, schließlich keinen Hasen mehr treffe.[113] Als Friedrich Paulus, damals Generalleutnant und Oberquartiermeister I, im August in Borissow erschien, um die Auffassung der Heeresgruppe zu erkunden, trug er ihm unmißverständlich seine Ansichten vor. Hitlers Pläne, so argumentierte er, erzwängen falsche Schwerpunkte. Der Gegner sei allenfalls vor Moskau niederzuwerfen, die Vernichtung der Roten Armee vor anderen Zielen konzentriert anzustreben. Ein Angriff, der – nach Clausewitz – »nicht die Kühnheit« habe, »wie eine Pfeilspitze gegen das Herz des feindlichen Staates hinzuschießen«, müsse sein Ziel verfehlen. Der Kalender dränge. Im Oktober stünde der Winter bevor. »Entschließen wir uns *jetzt* nicht für Moskau, dann ist dieser Feldzug verloren.«[114] Seine Worte fanden ein schlechtes Echo. Paulus beschuldigte ihn des Defaitismus und sprach, auch am Telefon, gegenüber dem OKH, von »einer unmöglichen Lagebeurteilung der Heeresgruppe«. Die Vorwürfe, die sich Tresckow empört verbat, entstammten einer ungewöhnlichen Gereiztheit des Generals und schienen – fürs erste – zu Recht erhoben. Hitler, der auf seinem Konzept beharrte, konnte triumphieren. Am 26. September war mit Hilfe einer Armee und Panzergruppe der Heeresgruppe Mitte, die unterdes zur Verteidigung überzugehen hatte, im Süden die Schlacht von Kiew geschlagen. 665 000 Gefangene, 3718 Geschütze und 884 Panzer bezeugten einen weiteren Sieg, aber dieser Sieg – auch er kein strategischer Durchbruch – war um den Preis zweier unwiederbringlicher Monate errungen.[115]

Bock, der Hitler eindringlich darauf hingewiesen hatte, daß einzig die Eroberung Moskaus den Feind ausmanövriere, konnte des Obersten Befehlshabers Extratour nur beklagen. Mit dem Angriff nach Süden schien ihm jede Aussicht genommen, »die Masse der russischen Armeen vor seiner Front zu zerschlagen«.[116] Um so mehr pries er die Führer-Weisung vom 6. September, in der Hitler, endlich anderen Sinnes, »doch noch« den »möglichst baldigen« Stoß auf die sowjetische Hauptstadt befahl. Das Oberkommando der Heeresgruppe Mitte mobilisierte alle Energien. Jeder Offizier des Stabes wußte: die längst geforderte Offensive, die den Feldzug entscheiden konnte, stand bevor. Tresckow übersah nicht, daß die Risiken des Angriffs gewachsen waren. Stalins Machtpotential, meinte er, ließe sich 1941 kaum noch brechen.[117] Der Aufmarsch des Gegners vor Moskau mit vierzehn Armeen spiegele bereits Rußlands schier unerschöpfliche Reserven. Sicher hatte der Feind, der ostwärts Smolensk nun in gut ausgebauten Verteidigungsstellungen saß, bei ständig abgewiesenen Gegenstößen erhebliche Verluste erlitten. Aber schwerer als dessen Einbußen wogen eigene Ausfälle. Die Panzerverbände waren nur ungenügend aufzufrischen, die Gefechtsstärken der Infanterie nach monatelangem Ringen besorgniserregend gesunken. Partisanen verzögerten die Ankunft zugesagter Kräfte, die oft bis zuletzt an andere, weit entfernte Abschnitte gefesselt blieben.[118] Guderians Panzergruppe, noch am Kessel von Kiew, hatte nahezu vierhundert Kilometer zu überwinden und den Angriffsraum erst zu erkämpfen. Gleichwohl bereitete die Heeresgruppe, und nicht zuletzt Tresckows Führungsabteilung, die befohlene Offensive meisterlich vor. Alle Befehle verrieten sorgfältigste Arbeit und zielten auf eine Vernichtungsschlacht. Am 30. 9. und 2. 10. griffen drei Infanterie-Armeen und drei Panzer-Gruppen – Infanterie im Zentrum, Panzer auf den

Flügeln, rund 78 Divisionen – über Dnjepr und Desna an.[119] Unterstützt von zwei Luftflotten, schlugen sie beiderseits Roslawl tiefe Breschen in den überraschten Feind. Die motorisierten Verbände stießen weiter nach Osten. Der Gegner, weithin unbeweglich, verharrte an Ort und Stelle. Schon nach wenigen Tagen bildeten sich vor den frontal angreifenden und herumgeworfenen Divisionen riesige Kessel bei Wjasma und Brjansk. In Funksprüchen der Aufklärungsflieger hieß es: »Ein Gewimmel von Menschen und Fahrzeugen«. Und: »Zwischen den Kesseln Leere, keine Anzeichen eines sowjetischen Entsatzversuches«.[120] Von neuem konnten, unter heftigen Kämpfen, Teile der Russen dünne Sperriegel durchbrechen, doch die Masse ihrer Armeen wurde umfaßt und eingeschlossen. 673098 Mann ergaben sich dem an Zahl wesentlich schwächeren Sieger. Die Beute betrug 1277 Panzer, 87 Flugzeuge sowie 5387 Geschütze aller Kaliber.[121]

Der abermalige überwältigende Erfolg konnte glauben machen, daß die Entscheidung gefallen sei. Reichspressechef Dr. Ditrich verkündete den militärischen Zusammenbruch Rußlands. Brauchitsch und Halder waren vorsichtiger: sie prüften die Lage und befahlen, von den stabilen Fronten der Heeresgruppen Nord und Süd ermutigt, die Fortsetzung der Operationen. Bocks Armeen erreichten die Linie Mzensk-Kaluga-Borodino-Kalinin und mit ihr zwei Drittel des Weges nach Moskau. Eine Million Russen und die sowjetische Regierung bis auf Stalin verließen die Hauptstadt, da durchkreuzte, Mitte Oktober, ein Witterungsumschlag alle Rechnungen und Pläne. Die Temperaturen fielen. Es regnete, schneite und hagelte. Rollbahnen und Wege wurden zu zähen Lehmbrei mit Wassertrichtern. Menschen, Tiere und Fahrzeuge versanken in Schlamm und Morast.[122] Jede Bewegung im von der Roten Armee zumeist gründlich zerstörten Gelände erlahmte. Der Feind – weniger behindert und in unmittelbarer Nähe seiner Basen – gewann Zeit, Stellungssysteme auszuheben und neue Verbände vorzuziehen. Bock wehrte sich, den endgültigen Triumph entgleiten zu lassen. Tresckow fühlte, namentlich nach den Ausfällen in den Kesselschlachten, die Überspannung des Bogens. Er widersetzte sich einem operativen Hasard und warnte davor, die letzten Kräfte der Heeresgruppe aufzuopfern. Die Situation schien ihm reif. Er sah sich bestätigt und begann, aufs Ganze zu gehen. In einer dramatischen Unterredung hielt er Bock vor: »Wir werden hier vor Moskau eine Niederlage erleiden, von der wir uns nicht mehr erholen werden.«[123] Sein Oberbefehlshaber – gleich vielen höheren Truppenführern bedenklich geworden – fragte nach Alternativen und erwartete militärische Ratschläge, aber Tresckow erklärte ihm unumwunden: »Es gibt nur eine Lösung: wir müssen Hitler beseitigen.« Bock brauste auf. »Solche Worte dulde ich nicht; sie sind Hoch- und Landesverrat. Ich lasse den Führer nicht beleidigen.« »Aber das ist nicht nur meine Ansicht, sondern meine Überzeugung.« »Das ist unerhört. Wenn Du nicht gehst, gehe ich.«[124] Da Tresckow sich nicht rührte, rannte Bock aus dem Zimmer. Das Band zwischen ihm und seinem Ia war zerschnitten. Schlabrendorff, der diese Szene bei nur angelehnter Tür in einem Vorraum miterlebte, erstarrte. Besorgt wandte er sich kurz darauf an den Vetter, ob er mit seiner Schärfe nicht zu weit gegangen sei. Bock brauche nur Meldung zu erstatten, und sie wären Männer des Todes. »Nein, man kann gar nicht scharf genug sein. Mit Zungenspitzen ist nichts mehr zu machen. Es ist alles verspielt, wenn wir jetzt nicht das Heft in die Hand bekommen.« Im übrigen, so äußerte Tresckow, bestünde kein Anlaß zur Furcht. Und mit grimmigem Sarkasmus: »Bock hat vor allem Angst. Er hat sogar Angst, uns zu verpfeifen. Diese Angst ist zuverlässig.«[125]

Noch einmal hatte es den Anschein, als solle Tresckow Unrecht behalten. Überraschend winkten Chancen. Milder Frost härtete Mitte November den aufgeweichten Boden. Die von ihren Nachbarn weiterhin abgesicherte Heeresgruppe wagte den letzten Angriff, auf dem Bock – gewillt, den Sieg zu erzwingen – beharrte. Noch einmal gelang es allen Armeen, den Feind zu werfen und zurückzudrängen.[126] Der Südflügel gewann Raum, die Panzerarmeen, die Moskau von Norden her umfassen sollten, näherten sich bis auf 34 Kilometer der sowjetischen Hauptstadt. Doch die Witterung blieb im Bund mit dem zäh kämpfenden Gegner. Nebel und Schnee erstickten den Schwung der Operationen. Das Thermometer sank auf Minus dreißig Grad. Schutzlos war die für den Winterkrieg nicht ausgerüstete deutsche Truppe der Eiseskälte preisgegeben. Motoren und Maschinenwaffen versagten. Jeder weitere Schritt – nun ein verzweifeltes Unternehmen – kostete neben hohen Verlusten ungezählte Erfrierungen. Die Heeresgruppe, ohne Nachschub und Ersatz, drohte zugrunde zu gehen. Tresckow konnte schon längst nicht mehr an größere Umfassungsbewegungen glauben. Immer wieder schärfte er den Ia's der Armeen ein, weniger auf Raumgewinn als auf Zusammenhalt und stete Abwehrbereitschaft zu sehen.[127] Bock war ernüchtert und schlug Alarm. »Der Angriff«, meldete er am 1. Dezember dem

OKH, »wird in weiterem blutigen Ringen begrenzten Geländegewinn bringen, auch Teile des Gegners zerschlagen, *eine operative Auswirkung aber wird er schwerlich haben.* Der Gedanke, daß der Feind vor der Heeresgruppe ›zusammenbricht‹, war, wie die Kämpfe der letzten 14 Tage zeigten, ein Traumbild. Stehenbleiben vor den Toren Moskaus, wo sich das Bahn- und Straßennetz fast ganz Ostrußlands vereinigt, ist gleichbedeutend mit schweren Abwehrkämpfen gegen einen zahlenmäßig weit überlegenen Feind. Dem sind die Kräfte der Heeresgruppe auch für begrenzte Zeit nicht mehr gewachsen. Und wenn auch das Unwahrscheinliche möglich werden sollte, zunächst weiteren Raum zu gewinnen, so würden die Kräfte zur Einschließung von Moskau und zu deren Abschirmung nach Südosten, Osten und Nordosten nicht annähernd mehr ausreichen. *Der Angriff erscheint somit ohne Sinn und Ziel, zumal der Zeitpunkt sehr nahe rückt, in dem die Kraft der Truppe völlig erschöpft ist.* Was dann werden soll, bedarf jetzt der Entscheidung.«[128]

Die Entscheidung diktierte der Gegner. Noch bevor die Natur den Abbruch der Angriffe ertrotzte, traf eine Gegenoffensive sibirischer Divisionen die ausgelaugte Heeresgruppe. Die nach übermenschlichen Strapazen ermattete Truppe wurde zersprengt, zurückgetrieben und umgangen. Ihre Fronten gerieten ins Wanken. Nichts schien sie vor dem Schicksal der napoleonischen Grande Armée zu bewahren.[129] Kämpfte die Heeresgruppe vorn, wurde sie zertrümmert. Setzte sie sich ab, büßte sie infolge Spritmangels auf den vereisten Wegen ihre Panzer, Fahrzeuge und Geschütze ein. Hitler befahl: Halten um jeden Preis. Bock gehorchte, weil er im Rückzug ein gleich großes Verderben erblickte. Schmundt vernahm am Telefon: »Der Führer muß wissen, daß hier absolut Vabanque gespielt wird. In seinem Befehl sagt er, ich solle alle verfügbaren Reserven einsetzen, um die Lücken zu schließen. *Ich habe keine Reserven mehr.*« Vorschläge seien rechtzeitig und seit langem gemacht. »Jetzt kann man es sich nur noch an den Knöpfen abzählen, was das Richtige ist.«[130] Hitler verabschiedete Brauchitsch und setzte sich, ein folgenschwerer Wechsel, an dessen Stelle. Bock wich Generalfeldmarschall von Kluge, aber auch Kluge, zuvor Oberbefehlshaber der 4. Armee, vermochte das Blatt nicht zu wenden. Die Heeresgruppe, unaufhörlich berannt und fast schon eingekesselt, rettete den nötigsten Zusammenhalt und behauptete schließlich in härtesten Kämpfen ihre weit zurückverlegten Stellungen. Hitlers Wille nagelte sie fest und verhinderte fürs erste die totale Katastrophe, doch sein Ziel, »die

Sowjetunion in einem schnellen Feldzug niederzuwerfen«, war verfehlt, der Nimbus von der Unbesiegbarkeit des deutschen Soldaten dahin, »Barbarossa« gescheitert.

Tresckow erkannte, daß Stalin sein Volk in der Hand hatte; er hielt den Krieg für verloren.[131] Die Sowjetunion war über den Tiefpunkt hinweg und hatte sich gefangen. Von nun an stand in seinen Augen die russische Volkskraft gegen die deutsche, die starke gegen die schwache. Wenn auch Rußland Deutschland noch nicht zu schlagen brauchte: Hitlers Kriegserklärung an die Vereinigten Staaten wurde zur sowjetischen Siegeshoffnung. Der Wahnsinnsakt des Diktators vom 11. Dezember, vier Tage nach Japans Überfall auf Pearl Harbour, stempelte den Krieg zum Weltkrieg und das Desaster von Moskau zur einschneidenden Niederlage. Selbst der kunstvollste Wettlauf um Zeit war aussichtslos geworden. Jede Nation oder Mächtegruppe mußte der nun zusammengezwungenen Feindkoalition erliegen. Tresckow wußte, daß die USA ein überwältigendes Industrie-Potential in die Waagschale warfen.[132] Seinem Stab machte er klar, daß Amerika, im Gegensatz zu Görings Beteuerungen, nicht nur Rasierklingen zu produzieren verstünde. Der Kampf sei entschieden. Die Führungsabteilung – durch einen Vortrag Schlabrendorffs informiert – war über die grundlegend veränderte Weltlage betroffen. Schweigend kehrte sie an ihre Arbeitsplätze zurück.[133] »Ich wünschte«, sagte Tresckow in diesem düsteren Dezember des Jahres 1941 zu einem seiner Offiziere, »ich könnte dem deutschen Volk einen Film vorführen: Deutschland bei Kriegsende. Dann würde vielleicht das Volk voller Schrecken erkennen, auf was wir lossteuern. Dann würde das Volk ganz sicher meiner Ansicht sein, daß der Oberste Kriegsherr eher heute als morgen abgelöst werden und verschwinden müßte. Da wir aber diesen Film nicht vorführen können, wird das deutsche Volk, wann immer wir Hitler beseitigen, totensicher eine Dolchstoßlegende erschaffen. Und wenn wir noch so milde Friedensbedingungen aushandeln – immer würde es heißen: Wenn Ihr den geliebten Führer nicht in dem entscheidenden Augenblick kurz vor dem Endsieg umgebracht hättet, wäre es niemals zu solchen Bedingungen gekommen.«[134] Doch der »Dolchstoß«, stets ein Schreckgespenst der Opposition, aber erneut eine Legende, konnte ihn nicht beirren. Das Menetekel an der Wand war überdeutlich. Er mußte handeln.

Achtes Kapitel

Organisation der Fronde und Anschlagsversuche

Schon vor der Wende im Kampf um Moskau – Ende November/Anfang Dezember 1941 – erscheint Tresckow für einige Tage in Berlin. Obgleich nicht ernstlich krank, nutzt er einen kurzen Krankenurlaub, um mehrere Gespräche zu führen.[1] Die Partner, die er spricht, bleiben Geheimnis, aber Schlabrendorffs Kontakte werden aufgefrischt und vertieft. Auch Dr. Karl Silex, den Freund und Chefredakteur der »Deutschen Allgemeinen Zeitung«, überrascht ein Anruf. Wenig später, nach herzlicher Begrüßung und im Garten des Westend-Krankenhauses, gesteht ihm Tresckow: »Der Krieg ist verloren. Hitler ist verrückt und muß beseitigt werden. Kannst Du uns nicht ein paar Engländer nennen, mit denen wir uns in Verbindung setzen können?«[2] Wjasma sei der letzte Triumph gewesen. Nun scheitere mit dem versiegenden Vormarsch in Schlamm und Kälte der Gesamtkriegsplan. »Es ist nicht gelungen, das russische Militärpotential in einem einzigen Sommerfeldzug auszuschalten, um die Masse der deutschen Divisionen für die Rückverlegung an die Westfront zur Abwehr einer Invasion freizubekommen. Die Voraussetzung für den Sieg ist geschwunden.« Er wisse, daß auch Hitler von dieser Voraussetzung ausgegangen sei. Gleichwohl würde er nicht zögern, weiterhin Millionen von Menschenleben zu opfern. So müsse man ihn eben unschädlich machen.

Silex konnte Adressaten nennen, jedoch keinen verantwortlichen Engländer, der nicht in Fühlungnahmen das Eingeständnis deutscher Niederlage erblickte. Vertraute er eigenen Einsichten, mußten derartige Fühlungnahmen Großbritanniens »Entschluß bestärken, zunächst erst einmal den Krieg gegen Deutschland mit allen Mitteln militärisch zu gewinnen«.[3] Kaum weniger fürchtete er eine wiedererwachende Dolchstoßlegende. Auf Tresckows Einwurf, was er als Offizier zu tun gedächte, erwiderte er: »An dem Tage, an dem Ihr es geschafft habt, steht Euch die ›Deutsche Allgemeine Zeitung‹ zur Verfügung.« »Genauso schlapp wie Kluge, Rundstedt und Manstein. Jeder will erst mitmachen, wenn die Sache sicher ist.«[4] »Sicherheit« erstrebte Silex auch in der Frage des günstigsten Termins eines Staatsstreiches. Wieder hielt er sich an die Glaubwürdigkeit gegenüber den Engländern. Entschieden warnte er Tresckow vor Aktionen nach Rückschlägen an der Front. Mit Rücksicht auf das Ausland empfahl er einen deutschen Sieg abzuwarten. Andererseits freilich, erklärte er, »würden wir niemals die Dolchstoßlegende loswerden, wenn der Eindruck entstehen könnte, Hitler sei auf dem Höhepunkt eines militärischen Erfolges kaltgestellt worden. Der nach außen günstigste Termin sei also nach innen der ungünstigste«.[5]

Silex' Argumentation konnte verwirren, aber Tresckow war nicht bereit, sich entmutigen zu lassen. Was er hörte, schienen ihm Vorwände zu sein. Hassell, gewiß ein gleich guter Kenner Englands, hatte Schlabrendorff gegenüber eindeutigere und zuversichtlichere Worte gewählt. Der Widerstand durfte nicht darauf hoffen, je von drückenden Risiken befreit zu werden; er hatte, um Deutschlands willen, den Diktator zu stürzen. Tresckows Verdikt über die Heerführer beruhte auf Erfahrungen. Die Wirklichkeit sollte sein Urteil auch künftig erhärten, doch jetzt, als unmittelbarer Untergebener Kluges, begann er um diesen Feldmarschall und zweiten Oberbefehlshaber der Heeresgruppe Mitte zu ringen. Günther von Kluge bewunderte Hitlers Waffenerfolge. Er wurzelte kaum im Christentum und liebte, ein gefeierter und auch fähiger Soldat, seinen Glorienschein.[6] Immerhin hatte er nach den »gefährlichen Kommissaranweisungen« verlangt, »die SD-Kommandos unter die Kontrolle der Truppe zu stellen«. Er wehrte sich vor Moskau gegen Hitlers Eingriffe und Diffamierungen der Heeresgruppe. Nachdrücklich »wies er auf die besonderen Umstände der Kriegführung in Rußland hin«.[7] Als Hitler Generaloberst Erich Hoepner, damals Oberbefehlshaber der 3. Panzer-Armee, wegen selbständigen Handelns aus der Wehrmacht ausstieß, protestierte er. Mutig meldete er: was Hoepner getan habe, entspräche unabweisbaren Notwendigkeiten.

Auch dieser Feldmarschall dachte unpolitisch. Politik hatte er »nicht gelernt«.[8] Doch die »unglückliche Taktik« in den besetzten Gebieten und die Wende vor den Toren Moskaus ernüchterten ihn. Seine Begeisterung begann zu schwinden. Hartnäckiger noch als Bock erinnerte Tresckow Kluge an eine höhere Pflichterfüllung. Unermüdlich versuchte er, ihn auf die Seite der Verschwörung zu ziehen.[9] Eindringlich ermahnte er seinen Stab, dem Feldmarschall Fakten zu unterbreiten, die ihn kritisch stimmen sollten. Die Ordonnanz-Offiziere erhielten Studien über Amerikas Rüstungskapazität mit dem Befehl, dafür zu sorgen, daß Kluge sie läse. Die Opposition brauchte Kluge; ihr fehlten Generale im Osten. Mit ihm konnte sie in die Front der Oberbefehlshaber eindringen. Ohne oder gar gegen ihn mußten Initialzündungen innerhalb der Heeresgruppe mißlingen. Erst recht nutzte Tresckow eine delikate Gelegenheit zum 60. Geburtstag des Feldmarschalls. Kluge empfing Hitlers Glückwünsche und einen 250 000-Reichsmark-Scheck. Die »Dotation«, im Kriege eher eine Bestechung, verhöhnte jede Tradition und die Ehrauffassung des Offiziers. Kluge selbst sprach von »Trinkgeld«, wollte indes – zur Bestürzung der Führungsabteilung – nicht ablehnen. Um so weniger scheute sich Tresckow, ihm unter vier Augen vorzuhalten, daß er die Annahme des Geldes nur rechtfertigen könne, wenn er sich desto mehr für den Sturz Hitlers einsetze. Langsam erlag der Feldmarschall Tresckows Einfluß. Zunehmend schien er entschlossener, doch der Kampf um ihn durfte nicht aussetzen. Es war ein Kampf gegen untergründige Loyalitäten, in dem einzig Tresckows Beredsamkeit und Überzeugungskraft zählten.[10] Immer wieder drohte Kluge, der »klar sah«, zum »Spießgesellen« geworden war und glauben mochte, was er gerade empfand, abzuspringen oder auszuscheren. Immer wieder klammerte er sich an den Satz, daß der Zeitpunkt für den Staatsstreich noch nicht gekommen sei.

Seine These stützten – scheinbar – Tatsachen. Die Wehrmacht fing sich und bestand im Frühjahr 1942 insbesondere bei Charkow siegreiche Abwehrschlachten. Die Krisen des Winters wurden überwunden. Die Moral des Frontsoldaten war unerschüttert. Hitler trachtete 1942 nachzuholen, was ihm das Vorjahr verweigert hatte. Die Weisung, die er eigenhändig verfaßte, forderte eine abermalige Offensive. Als »allgemeine Absicht« galt, »zunächst alle greifbaren Kräfte zu der Haupt-Operation im Südabschnitt zu vereinigen mit dem Ziel, den Feind vorwärts des Don zu vernichten, um sodann die Ölgebiete im kaukasischen Raum und den Übergang über den Kaukasus selbst zu gewinnen«.[11] Operativ waren »die russischen Kräfte, die sich im Raum von Woronesch nach Süden, westlich bzw. nördlich des Don befinden, entscheidend zu schlagen, Stalingrad selbst zu erreichen oder es zumindest so unter die Wirkung unserer schweren Waffen zu bringen, daß es als weiteres Rüstungs- und Verkehrszentrum ausfällt«. Am 28. Juni traten nach einem Feuerüberfall der Artillerie 100 deutsche und verbündete Großverbände gestaffelt zur Offensive an. Der Angriff, zwischen Kursk und Taganrog auf einer Frontlänge von sechshundert Kilometern vorgetragen, gewann Boden. Die Siegesserie setzte sich fort. Der ungestüme Vormarsch, ein Vormarsch mit wiederauflebenden Sondermeldungen, verwehrte oppositionelle Zugriffe. Wie Kluge blieb der Widerstand im Inneren des Reiches gelähmt. Wohl teilte die Fronde Tresckows Überzeugung, daß gehandelt werden müsse, »und zwar bald«.[12] Die Besprechungen häuften sich. Dietrich Bonhoeffer und Hans Schönfeld reisten nach Schweden, um über George Bell, den Bischof von Chichester, Kontakte zur britischen Regierung zu knüpfen. Beck, militärisch und menschlich unumstritten, wurde »als Zentrale konstituiert«, aber »in Sachen Hitlers« schien, wie Hassell notierte, »nichts zu machen zu sein«.[13] Dafür verdüsterte sich die politische Szene. Roosevelts und Churchills Atlantik-Charta, eine einfallslose Deklaration, sagte allen Aggressoren völlige Niederwerfung an. Eden befand, daß es – mit Rücksicht auf Rußland – nicht in Großbritanniens Interesse läge, Bonhoeffer und Schönfeld Antwort zu geben. Die Fronde in Berlin fürchtete einen harten, unannehmbaren Diktatfrieden. Der Wind, der ihr entgegenwehte, war eisig geworden.

Tresckow hegte keine militärischen Erwartungen mehr. Er kannte die kaum noch zu ersetzenden Verluste seit Beginn des Rußland-Feldzuges, Ausfälle, die rasch die Millionen-Grenze übersprangen und hinter sich ließen. In seinen Augen war eine Entscheidung im Osten nicht länger zu erzwingen.[14] Die Juni-Operation bewies, daß auch Hitler nur mehr Teiloffensiven planen konnte. *Er* mußte diese Offensiven befehlen, doch wiederum jagte seine Geistesart, doppelgleisig im Denken, exzentrischen Zielen nach. Tresckow entsetzte allein die Aussicht eines Marsches auf Stalingrad. Maß er mit seinem Zirkel die Lagekarte, entstand von Orel über Woronesch und am Don eine Flanke von siebenhundert Kilometern, deren Abdeckung fünfzig Divisionen verlangte. Die Landbrücke zwischen Don und Wolga erforderte fünfzehn weitere Großverbände. Damit wurden – nach seiner Rechnung – zwei Drittel des Angreifers in der Abwehr gebunden. Unvorstellbar, daß der Rest, bestenfalls fünfzehn kampffähige Divisionen, den Kaukasus erobern und behaupten konnte. Auch hier waren an der unteren Wolga wie Kaspischen Senke empfindliche Flanken zu verteidigen und abzustützen. Sollten all diese Angriffe gelingen, durfte der Feind nirgendwo eigenen Willen zeigen, hatte er sich stets der deutschen Umfassung auszusetzen. Der Raum aber erlaubte der Roten Armee, in die Tiefe auszuweichen und zu gegebener Stunde zurückzuschlagen. Zudem traf eine Offensive im Süden kaum die Hauptkräfte des Gegners. Allein die riesigen Entfernungen, die ohne ausreichende Reserven zu überwinden waren, stellten die Truppe und den Nachschub vor schier erdrückende Probleme. Das Unternehmen, zu dem die Angriffsdivisionen aushoten, blieb ein Zeugnis militärischen Größenwahns. Die Weite russischen Landes mußte den Heereszug verschlingen. Tresckow äußerte Skepsis. Für ihn war die Offensive, ein ziel- und substanzloses Abenteuer, von vornherein verloren. Selbst gegenüber entfernten Kameraden »bezweifelte er eine glückliche Beendigung des Krieges«.[15] Die Spitzen der Wehrmacht konnten nicht dümmer sein: herb tadelte er, den vor Moskau schon Brauchitschs Schwäche erregt hatte, Halders offenbare Willfährigkeit. Als ihm Gersdorff meldete, in Breslau formiere sich ein »Ölkommando Tiflis«, erwiderte er: nun sei Hitler völlig übergeschnappt. Mit rasender Geschwindigkeit werde der Karren in den Abgrund fahren.[16]

Die »Mitte« hatte in diesem Jahr 1942 fortgesetzte Angriffe auf unsinnige Frontbögen abzuwehren. Der Sack um Rshew war vom Feind umschlossen. Russische Korps standen hinter der hart bedrängten 9. Armee. Mehrere Divisionen, aus den vordersten Linien herausgezogen, mußten kehrtmachen. Nur in schwerem Ringen gelang es ihnen, den Gegner abzuschneiden, einzukesseln und zu vernichten.[17] Um so wütender berannte er die deutsche Außenfront. Die Heeresgruppe spannte ihre gesamten Kräfte ein. Der Feind, im Süden keineswegs voll gebunden, fesselte sie frontal und durch Partisanenüberfälle. Tresckow – seit dem 1. April 1942 Oberst i. G.[18] – operierte beweglich. Die sowjetische Führung, die ihm noch immer nicht ganz auf der Höhe schien, erleichterte Gegenzüge. Sarkastisch bemerkte er: wäre er russischer Generalstäbler, triebe er Hitlers Armeen zu Paaren.[19] Doch der erbitterte Kampf, mehr als je ein Kampf nach allen Seiten, forderte nicht nur erschreckende Blutopfer; die Taktik entartete zu einem nervenaufreibenden System der Aushilfen. Improvisation oder Stückwerk wurden zum Trumpf. Die Abteilung Ia hatte »von der Hand in den Mund« zu leben. Wieder ließen die Nöte der Front Tresckow kaum Pausen. Aber nun lief der »Karren« bergab. Die Tat – Sturz des Diktators – war einzuleiten.

Entschieden beharrte er auf Anwendung äußerster Gewalt. Mit ihr wollte er vollendete Tatsachen schaffen. Von vornherein widersetzte er sich der Verhaftung Hitlers, dem Wunsch der zivilen Opposition.[20] Ein gefangener »Führer« löschte nicht dessen Bann über Wehrmacht und Volk, sondern spornte zum Bürgerkrieg an und verurteilte die Fronde zu vorzeitigem Untergang. Sowenig Tresckow Hitlers »Charisma« erlag: die Truppe vermochte, wenn überhaupt, nur ein eidfreier Zustand mitzureißen. Allein der getötete Diktator bot Gewähr, daß der Umschwung für Deutschland glückte. Seit langem erwog Tresckow, den Verderber des Reiches mit der Pistole zu erschießen. Er mißtraute Gerüchten, nach denen Hitler ein Panzerhemd trug. Er war ein guter Schütze und gedachte auf Hals oder Kopf anzulegen. Der seelischen Belastung eines Attentats glaubte er sich gewachsen. Mußte er bei solch einem Attentat sterben, so war er zum Selbstopfer bereit.[21] Der Anschlag blieb das erste und oberste seiner Ziele. An das Nachher klammerte er sich nicht. Seine mehrfach wiederholten Experimente mit zusammengerollten Lagekarten hatten ihn befriedigt. Es schien möglich, Hitler – unbemerkt von Dritten – durch eine Handfeuerwaffe zu töten. Doch Tresckow verwarf diese Lösung. Im Ergebnis hielt er Sprengstoff für sicherer.

Mitte 1942, nach einer Besprechung, trat er an Gersdorff heran, der die Heeresgruppen-Abwehr leitete. »Ich kann Ihnen nicht sagen, wozu. Und, bitte, fragen Sie mich auch nicht. Aber ich brauche einen handlichen, zuverlässigen und wirksamen Sprengstoff, dessen Zünder völlig geräuschlos arbeitet und verschiedene Zeiteinstellungen erlaubt. Können Sie mir solchen Sprengstoff beschaffen?«[22] Sein Ic/AO, obgleich noch nicht in alle Pläne eingeweiht, verstand und wollte es versuchen. Sofort sprach er mit der Abteilung »Sabotage«. Oberstleutnant Hotzel, ihr Chef, meldete sich in Gersdorffs Quartier. Er habe – so Gersdorff – die Abteilung II bisher vernachlässigen müssen. Jetzt sähe er eine Gelegenheit, ihre Einrichtungen kennenzulernen. Hotzel gab sich hocherfreut und führte, nach Besichtigung der Sabotageagenten-Schule, in einem riesigen Materiallager deutsche Sprengstoffe vor. Gersdorff konnte sie loben, fand sie indes ungeeignet: abschreckend klobige Behälter waren mit laut tickenden Uhren versehen; andere, weniger große Musterstücke ließen sich nur durch aufzischende Schnüre zünden. Dafür erregte ihn erbeuteter englischer Plastiksprengstoff, der bequem zu verbergen war, geräuschlos »lief« und verblüffende Wirkungen zeigte. Schon kleine Mengen des Stoffes durchschlugen eine Eisenbahnschiene. 200 bis 500 Gramm genügten, um den Turm eines Panzers abzusprengen und fortzuschleudern. Gersdorff bat um eine Kollektion der britischen Sprengstoffe und Zünder »für Vorträge beim Feldmarschall«, erhielt sein Sortiment, quittierte einem Leutnant und verließ das Lager.[23]

Gersdorffs Entdeckung überzeugte. Auch Tresckow glaubte, daß gefunden war, was er brauchte. Umgehend begann er – von Schlabrendorff unterstützt –, sich mit den Sprengstoffen vertraut zu machen und sie zu prüfen.[24] Aufmerksam studierte er Hinweise und Tabellen, eingehend die Zündmechanismen und deren Zeiten. Alle Griffe sollten im Schlaf gelingen und mußten »sitzen«. Vor anderen Modellen faszinierte ihn die lautlose »Säure-Zündung«. Schlabrendorff: »Durch einfachen Druck auf den Kopf des Zünders wurde eine kleine Flasche zerbrochen. Dieser Flasche entströmte eine ätzende Flüssigkeit. Sie zerfraß einen Draht, der eine Feder und den Schlagbolzen hielt. Nach Zersetzung des Drahtes schnellte der Schlagbolzen nach vorn und entzündete das Zündhütchen. Dieses wiederum entzündete die Sprengladung.«[25] Tresckow und Schlabrendorff probten auf den Dnjepr-Wiesen und in abgelegenen Häusern. Abermals erstaunte – insbesondere in geschlossenen Räumen – die Wirkung. Pünktlich verwüstete jede Detonation mittelgroße Zimmer. Nur im Freien, bei nicht minder eindrucksvollen Resultaten, überraschten Verzögerungen in den Sprengzeiten. Beide Männer standen vor einem Rätsel. Sie argwöhnten falsche Handhabung oder technisches Versagen, doch der Fehler wurde entdeckt und schließlich vermieden. Unverfängliche Rückfragen sowie erneute Studien ergaben, daß die Zünder für eine gleichbleibende Temperatur von 18 Grad Celsius berechnet waren. Sank das Thermometer unter den Nullpunkt, verdoppelte sich die Sprengzeit der Plastikstoffe. Tresckow war erleichtert. Sorgfältig trug er die Kälte-Werte in eine eigene Kladde ein. Die Versuche, die er unternahm, wurden zu Serien. Gersdorff mußte sich mühen, mit weiterem Material Schritt zu halten. Tresckow und Schlabrendorff testeten ungezählte Zünder und Sprengstoffe, zuletzt britische Clam-Haftminen, die ihnen für ihre Zwecke besonders geeignet erschienen.[26] Das Kunststoffgehäuse des Geräts hatte die Größe eines dicken Buches, die eingelegte flache Mine – Standardfüllung: 55 Prozent Tetryl und 45 Prozent TNT – höchste Sprengkraft. Erhielten sie Clam-(Muschel-)Exemplare leer, konnten sie das Gerät mit Plastiksprengstoff verwenden. Auch das hervorragendste Material bot keine Garantie. Erfolge durfte man allenfalls in abgeschlossenen Räumen erwarten, die der Explosionswelle kaum Widerstand entgegensetzten. Selbst dann ließ sich der Verdämmungseffekt nur unzureichend kalkulieren. Tresckow dachte nicht länger an Anschläge im Freien und wählte die britischen Haftminen. Sie waren – »gefällig« in der Form – nach Belieben zu tarnen. Ihre Mechanismen zündeten am zuverlässigsten. Koppelte er zwei Sprengkörper, mußte die Wirkung genügen.

Ein Sprengstoff-Anschlag verstieß gegen Normen ritterlichen Denkens. Der Attentäter richtete nicht, wie mit der Pistole, offen und Auge in Auge, sondern anonym und heimtückisch; er mied, schien es, persönliche Risiken und trachtete zu überleben. Noch schlimmer: ein Sprengstoff-Anschlag gefährdete Unschuldige, unter ihnen vielleicht Männer, die, um der Zukunft willen, nicht sterben durften. Tresckow spürte die Last dieser Problematik, doch Verstandeskraft und seelische Energie wiesen ihn auf unverrückbare Wege.[27] Vorwürfe der Art, daß er Konsequenzen scheue, hätte er verachtet. Wer die Hand wider Hitler erhob, haftete mit dem eigenen Leben und dem seiner Familie. Die Tat verantwortete der Täter. Moral wie Methode eines Sprengstoffanschlages beleidigten zugleich den herkömmlichen Rechtssinn. Aber er sah keine Alternative. Gewalt zeugte Gewalt. Das Attentat – Akt der Notwehr gegen eine brutalunmenschliche Herrschaft, die in den Untergang führte – *mußte* mit den sichersten Mitteln geschehen. Und gab es Schuldlosigkeit in der Umgebung Hitlers? Sie gab es nicht einmal in den Reihen der Frondeure. Allein ihre steten Anfechtungen spiegelten Versäumnis und Verfehlung. Gewiß, die Ausrottungen und Morde besorgten Sonder-Einheiten. Abschaum im Rücken der kämpfenden Truppe. Doch nahezu jeder, der in führenden Stäben arbeitete, war zum Zeugen ruchloser Absichten und abgründiger Verbrechen geworden, und auch Proteste und Auflehnungen konnten eine solche Mitschuld nicht löschen. Tresckow hielt sich an seine Ziele. Es galt, ungezählte Menschen und eine Nation zu retten. Diese Aufgabe rechtfertigte selbst anfechtbare Zugriffe; vor ihr verblaßten alle Bedenken. »Wir dürfen«, mahnte er, »nicht fackeln, nicht straucheln. Das Vorhaben der Befreiung Deutschlands und der Welt von dem größten Verbrecher der Weltgeschichte ist den Tod einiger weniger Unschuldiger wert.«[28]

Auch Tresckow hatte, bevor er seine Zweifel überwand, mit sich zu ringen. Niemand mußte ihm erklären, was ein Treueschwur in Deutschland und namentlich im Krieg bedeutete. Die Rolle des Eidbrechers widersprach seiner Erziehung und seinem Wesen.[29] Die »unbedingte Heiligkeit«, die Gelöbnissen zukam, hemmte ihn. Mühsam nur wollte es in seinen Kopf, daß ein deutsches Staatsoberhaupt verbrecherisch handeln könne. Nicht minder begriff er, was Rebellion erforderte. Sie trennte von Kameraden wie gewohnten Zusammenhalten und verurteilte zu einem Außenseitertum, das gerade Soldaten schwer ertrugen. Noch im Jahre 1943, während eines Ganges am Dnjepr, äußerte er zu Gersdorff: »Ist es nicht eine Ungeheuerlichkeit, daß sich hier zwei hohe Offiziere im Generalstab darüber unterhalten, wie sie ihren Obersten Befehlshaber auf dem besten

Wege aus der Welt schaffen können?« Und, später in Berlin, zu Margarethe von Oven: »Wir sind doch eigentlich keine Verbrecher.«[30] Aber der Eid verlangte wechselseitige Treue. Rief solch ein Eid zudem Gott an, banden sogar besondere Pflichten. Für Tresckow waren selbstverständlich gewährte Loyalitäten mißbraucht und verhöhnt. In seinen Augen hatte Hitler den Eid »tausendfach gebrochen«.[31] Er fühlte, daß der mit Einsicht Begabte und zur Verantwortung Berufene nach höchstem Maß gemessen wurde – einem Maß, das immer gelten mußte. Ihn quälten die Blutopfer *aller* Armeen dieses heillosen Krieges. Er wußte, daß Hitler, in »missionarischem« Wahn befangen, durch Zureden nicht zu leiten war und dem Reich keine Chance gab. Wie einen tollwütigen Hund, meinte er, müsse man ihn zur Strecke bringen.[32]

Trotzdem täuschte er sich nicht über den Führer-Mythos im Volk. Wenige nur mochten – nach gelungenem Staatsstreich – von legitimem Eidbruch sprechen. Hitler war zu einem der großen »Beweger« geworden; er hatte Kräfte des Glaubens und der Hingabe erweckt. Die Mehrheit vertraute ihm. Seine Ausstrahlung, über die er noch immer gebot, schien kaum übertragbar. Der Fronde, bis zuletzt ein Zusammenschluß nahezu unbekannter oder vergessener Köpfe, mußte sie fehlen. Damit jedoch – so Tresckow – »haben wir fertig zu werden«.[33] Er setzte auf eigene Argumente. Die Zeit, hoffte er, würde beispringen, der Wahrheit zum Durchbruch verhelfen, die Mehrheit bekehren. Schmähten ihn in Zukunft Anwürfe, wollte er ihnen kalt begegnen. Weit mehr als Unverstand fürchtete er die Scham, überhaupt nicht gehandelt zu haben. Hitler blieb ihm die Wurzel des Bösen und Üblen in der Welt. Ohne den Tod des Diktators kein Neuanfang. Darum mußte es zum Attentat kommen.

Alle Entschiedenheit Tresckows nutzte wenig, wenn sie nicht von einflußreichen Verbündeten gesichert wurde. Auch Kluge war nur zu gewinnen, sofern eine feste Organisation der Fronde glückte. Schlabrendorff schuf sie. Häufig reiste er von Smolensk nach Berlin. Die Kreise, mit denen er sprach, weiteten sich. Im Juli 1942 war eine ständige Verbindung zwischen den Verschwörer-Zentren hergestellt.[34] Schlabrendorff traf Oster und von nun an dessen Mitarbeiter Hans von Dohnanyi, Justus Delbrück, Baron von Guttenberg und Hauptmann Gehre. Er lernte General Friedrich Olbricht, den Chef des Allgemeinen Heeresamtes, sowie die Brüder Otto und Hans John kennen. Er fand Kontakt zu Beck und Goerdeler. Jeder dieser Männer war – ob aus Einsicht, Pflichtgefühl oder sittlicher Empörung – längst ein Feind Hitlers und gewillt, dem nationalsozialistischen Regime ein Ende zu bereiten. Sie alle aber brauchten auch den Kopf der Front, von dem zu jener Zeit die Initialzündung erwartet wurde.

Ludwig Beck und Carl Goerdeler ragten hervor. »Unauslöschlich« begannen sich beide Schlabrendorff einzuprägen. »Beck war nicht sofort als Offizier und Generalstäbler zu erkennen. Er machte in erster Linie den Eindruck eines Weisen. Jedes Wort, das er sprach, jede Handbewegung, die er machte, zeigten, wie abgewogen sein Inneres war und wie nuanciert er das zum Ausdruck brachte, was zu sagen er für richtig hielt. Seine ganze Persönlichkeit strahlte eine edle Lauterkeit aus, so daß eine Unehrerbietung in seiner Gegenwart unmöglich war.«[35] Was er entschied, entschied er mit unangefochtener Autorität. Sein militärisches Ingenium, dem Generalstabsoffizier wie Kommandeure des Heeres ihr Können verdankten, gestattete keine Illusionen. Auf Schlabrendorffs Bemerkung, für Tresckow sei »infolge der in Rußland entstandenen Lage« Hitlers Krieg verloren, erwiderte er: »Wem sagen Sie das? Dieser Krieg war verloren, noch ehe der erste Schuß fiel.«[36] Wie Tresckow erwog Beck die Gedanken seiner Partner. Überzeugten sie ihn, konnte er eigene Irrtümer eingestehen. Zumeist jedoch mußte er nicht umlernen. Er verwies auf Hitlers Fehler und deren unabwendbare Folgen. Detailgetreu hat er jede weitere Phase des Krieges vorweggenommen.

Goerdeler, Leipzigs ehemaliger Oberbürgermeister und gleich Beck vom Kaiserreich geprägt, zeigte sprühenderen Tatwillen.[37] Leidenschaftlich in seiner Auflehnung, suchte er die Opposition voranzutreiben. Unbeirrt hoffte er auf die Einsichtsfähigkeit namentlich auch der führenden Soldaten, denen er Respekt, Anerkennung und Vertrauen zollte. Seine Vorstellungen, die sich in zahlreichen Exposés und Denkschriften spiegelten, waren umkämpft und schienen – zunächst – abgelebten Maximen zu huldigen. Aber Goerdeler, ein Mann stupenden ökonomischen und außenpolitischen Wissens, klebte nicht an »reaktionären« Konzepten und »bloßem« Sachverstand; er lernte und vermochte umzudenken. Als er die Notwendigkeit eines europäischen Staatenbundes begriff, war er wie kaum ein zweiter zum Abschied von der Nationalstaatlichkeit bereit. Er wollte Europa als Wirtschaftsraum; er entwarf schließlich gar Pläne für eine europäische Wehrmacht und ein europäisches Wirtschafts- und Außenministerium. Seine starke Phantasie – weniger gebändigt als bei Beck – konnte zu unbegründetem Optimismus und enttäuschenden

Fehlurteilen verführen. Nicht selten redete sie ihm ein, daß die Realität seinen Wünschen entspräche oder nahegekommen sei. Unverbrüchlich jedoch glaubte er an eine allgemeine und allseitige Vernunft. Dieser Glaube beflügelte seine Energien und machte ihn zum Motor der Fronde, mehr noch: zum Feuerkopf fortschrittlicher Projekte und Ideen. Berndt von Kleist holte Goerdeler zu Tresckow und Kluge.[38] Im Spätherbst 1942 traf er, nach abenteuerlicher Fahrt mit falschen Ausweisen, in Krassnyj Bor bei der »Mitte« ein.
Sein Besuch erweckte ein ungewöhnliches Echo. Lange schien es im Stab der Heeresgruppe nachzuwirken. Tresckow war gebannt. Zum ersten Male meinte er einem kongenialen Menschen zu begegnen.[39] Tief beeindruckte ihn, der in Fragen der Wirtschaft urteilsfähig war, Goerdelers Kenntnisreichtum. Bewundernd äußerte er sich über dessen geistige Souveränität, die jede Einsicht auf schlüssige Nenner brachte. Vor allem aber: dieser überragende, idealistisch gesinnte Kopf brauchte nicht zum Kampf »gezogen« zu werden. Uneigennützig und pflichtbewußt, »zog« er von selber. Umgekehrt spürte auch Goerdeler: in Tresckow stand ihm ein Offizier von gleichem Ethos, hoher Intelligenz und unbedingter Entschlossenheit gegenüber. In ihm hatte er, wie er später seinem schwedischen Freund Jakob Wallenberg gestand, den besten Soldaten der Fronde gefunden. Die innere Wahlverwandtschaft besiegelte ein großes Einverständnis. »Im Nu war der Bund beider Männer geschlossen.«[40] Querelen der Opposition um Goerdeler konnten Tresckow nicht mehr wankend machen. Soweit sie ihn überhaupt erreichten, empfand er sie – *vor* der Tat – als verfrühten oder gar törichten Richtungsstreit. Sicher, auch er mußte sich anstrengen, um Goerdeler von der Notwendigkeit eines Attentats zu überzeugen. Hier suchte sein Gesprächspartner nach gewaltloseren Auswegen, denen Tresckow nicht zu folgen gedachte.[41] Doch sonst hatte er einen Goerdeler erlebt, der jeden Vertrauens und uneingeschränkter Hilfen würdig war. In diesem ehemaligen Oberbürgermeister erblickte er den künftigen Kanzler Deutschlands. Kaum weniger rasch »eroberte« Goerdeler Kluge. Geschickt nutzte er Tresckows Vorarbeit. Eindringlich verstand er den Feldmarschall beim Portepee zu fassen.[42] Kluge – auch er von Goerdelers Persönlichkeit fasziniert – überwand seine Bedenken. Endgültig schien er für die Verschwörung gewonnen. Wohl verschanzte er sich bald darauf in einem Brief an Goerdeler erneut hinter Ausflüchten und Einwänden. Dieser war fassungslos und konnte den Brief, Rückzug eines Feldmarschalls, nicht begreifen.

Wiederum mußte Tresckow einspringen und Kluges »Entschlossenheit« stützen. Aber so ungewiß und entnervend dieses Ringen blieb: Goerdeler hatte einen entscheidenden Schritt getan. Mit ihm band er die Berliner Fronde an jene Gruppe, die als einzige innerhalb der Wehrmacht zu handeln gewillt war.

Tresckow verschleierte ihre Umtriebe und Aktivitäten. Nur wenige seiner Offiziere wußten, daß er zum Anschlag rüstete.[43] Zwar war die geistige Färbung des Stabes offensichtlich, ja, dessen Zusammensetzung eine Provokation. Dieser Stab – mehr als die Hälfte Angehörige des preußischen Adels – zeigte, wie er dachte. Neulinge oder Besucher, die den Arm reckten, konnte Berndt Kleist ironisch fragen, was sie »eigentlich« von solch einem Gruß erwarteten.[44] Im Kaminzimmer der Führungsabteilung – einer sicheren Zuflucht – wurde mit »haarsträubender« Offenheit und ohne »deutschen Blick« gesprochen.[45] Dennoch beachtete Tresckow als Verschwörer strikte Regeln und Grenzen. Eher übervorsichtig, weihte er nur die unentbehrlichsten Helfer ein. Gleich Schlabrendorff mied er unnötige Verwicklungen und Risiken. Sein Schrecken waren geheime Abhörvorrichtungen, die er auch hinter den Wänden seines Arbeitsraumes vermutete.[46] Der Holzbau des Stabsgebäudes, ein ehemaliges Erholungsheim, schien nicht überall geheuer. Tresckow hatte erfahren, daß bei lautem Knall die Membranen der Abhörgeräte sprangen. So schoß er – zumeist allein an seinem Schreibtisch – regelmäßig mit der Pistole zur Wand, um unerwünschte Zuhörer abzuwimmeln oder auszuschließen. Wichtige Treffen verlegte er ins Freie. Seine meisten Entscheidungen fielen während Rund- und Spaziergängen. Er war ein Meister der »Sprachregelung«, bei der er sich nach Situationen und Charakteren richtete. Mit Buckligen, gestand er, müsse man bucklig reden.[47] Er konnte, stets um Informationen und andere Meinungen bemüht, in unverfängliche, ja, linientreue »Überzeugungen« schlüpfen. Seine Gedanken und Schlüsse hielt er zurück. Parteianhänger empfing er mit lautstarkem »Heil Hitler«. Als 1943 ein Album über die Heeresgruppe vorbereitet wurde, wählte er bewußt ein Foto, auf dem er martialisch dreinblickte und das spiegeleigroße NS-Emblem seines Deutschen Kreuzes ins Auge stach.[48] Seine Wendigkeit, die Verbündete wie Ahnungslose einspannte, machte ihn undurchsichtig. Selbst für Freunde begann er zu schillern. Obgleich er wußte, daß zum Verschwörer »Schurkerei« gehörte, litt er nun zunehmend unter der Selbstverleugnung. Immer wieder bekannte er, wie sehr er den Tag herbeisehne, an dem er ohne Lüge und Verstellung durch die Straßen gehen dürfe.[49] Doch die gewalttätige und gewissenlose Diktatur tilgte seine Skrupel: auch von widrigen Taktiken und Winkelzügen befreite nur eine erfolgreiche Fronde.

Die Lasten seines Doppelamtes trug er ohne Aufhebens und Klagen. Zuweilen freilich glaubte er sich »verflucht«, denn die Aufgaben verlangten »in bestimmten Momenten nicht Gewandtheit, sondern Deutlichkeit«. »Die Sehnsucht«, schrieb er im Frühherbst 1942 seiner Frau, »von diesem Posten einmal befreit zu sein, ist groß, trotz aller Machtfülle und Einblicke ... *Niemand kann's ermessen!*«[50] Solche Worte zeugten für die Spannungen, die auch ihn zerreiben konnten. Gleichwohl hatte es den Anschein, als wüchsen ihm mit den Ereignissen neue Kräfte zu. Im Widerstand waren eigene Anfänge geglückt; »absolut« fühlte er sich »im Programm«.[51] Seine Briefe in die Heimat verrieten Gelassenheit und die gewohnte Anteilnahme. Vorträge bei Kluge brachten Schatten und Reibungen. Vollends drohte Generalmajor Otto Wöhler, seit August 1942 zweiter Stabschef der Heeresgruppe Mitte, einen lästigen »Registrierbetrieb« aufzuziehen. Zunächst »hagelte es Fragen über Fragen und Rückfragen nach den Rückfragen«.[52] Aber auch Wöhler und dessen Nachfolger Krebs schätzten die Fähigkeiten ihres ersten Generalstabsoffiziers. Als »ausgezeichnetem, straff und vorausschauend führenden Ia« ließen sie ihm seine Selbständigkeit.[53] Die Zusammenarbeit in der Führungsabteilung, berichtete Tresckow, sei »ideal«: »menschlich wie dienstlich«. »Das eigentlich Belastende kommt allein vom Baum der Erkenntnis, dessen biblische Bedeutung ich jetzt gut verstehe.«[54]

Seine Erkenntnis trog nicht. Rascher und verheerender trat ein, was er gefürchtet hatte. Die Offensive im Süden verlief im Sande. Das Desaster des Vorjahres wurde besiegelt. Wohl überwanden alle angreifenden Armeen Hunderte von Kilometern, aber neue Gefangenenmassen – Trophäen des Sieges – fielen nicht in ihre Hände.[55] Der Gegner entwich. Immer behender lockte er in die Tiefe seines Raumes, der Menschen und Waffen verzehrte. Die Spitzen des Heeres suchten ihre Verbände zu konzentrieren. Hitler indes schreckten nicht die sich dehnenden Flanken. Weit vor jeder Entscheidung befahl er, Stalingrad und den Kaukasus gleichzeitig zu erobern.[56] Halder wehrte sich und erntete Tobsuchtsanfälle. Als Generalstabschef wußte er, daß diese Exzentrizität zur Niederlage verdammte. Nirgendwo verfügte er nun über genügend Kräfte, um auch nur einem der gesteckten Ziele nahezukommen. »Die immer schon vorhandene Unterschätzung der feindlichen Möglichkeiten«, notierte er, »nimmt allmählich groteske Formen an und wird gefährlich. Es wird immer unerträglicher. Von ernster Arbeit kann nicht mehr die Rede sein. Krankhaftes Reagieren auf Augenblickseindrücke und völliger Mangel in der Beurteilung des Führungsapparates und seiner Möglichkeiten geben dieser sog. ›Führung‹ das Gepräge.«[57] Halder kämpfte vergebens und wurde abgelöst. Hitlers Dilettantismus wütete ungehemmt. Die zersplitterten Armeen, weiter vorprellend und ohne Reserven, zogen der Katastrophe entgegen. Mit letzter Anstrengung erreichten sie die Ränder Stalingrads und des Kaukasus, dann war ihr Elan verbraucht. Kein Machtwort vermochte die Truppe über Maikop hinwegzureißen. An der Wolga verbluteten Paulus' Korps im Kampf um Fabrikhallen, Häuser und Straßenzüge.

Der Feind nutzte seine Chance. Am 19. November 1942 holte er – im Nordwesten und Süden von Stalingrad – zum Gegenschlag aus.[58] Seine Offensive zerriß die kaum abgeschirmten Flanken der 6. Armee. 22 deutsche Divisionen wurden umgangen und eingekesselt. Nur der sofortige Ausbruch, mehr noch: ein allgemeiner Rückzug auf die Frontlinien vom Juni konnte Hunderttausende vor der Vernichtung retten. Nicht minder beklemmend die Ereignisse in Ägypten und Libyen. Bei El Alamein packten Montgomerys Verbände die deutsch-italienische »Panzerarmee Afrika«.[59] Anfang November durchbrachen sie deren Stellungen. Gegen Hitlers Willen befahl Rommel seinen angeschlagenen Divisionen, sich Zug um Zug zurückzuziehen. Der Druck des Gegners diktierte und erzwang eine unaufhaltsame Absetzbewegung. In den ersten Novembertagen hörte Tresckow eine Meldung der deutschen Marineleitung, nach der starke alliierte Transport- und Kriegsschiffverbände die Straße von Gibraltar mit Ostkurs durchquerten.[60] Er ahnte, was herannahte, und fragte bei Generalleutnant Heusinger an, wie die Operationsabteilung diese Feindlage beurteile. Heusinger sprach von einem Hilfsunternehmen für Malta. Eine Landung in Nordafrika käme, auch nach Auffassung des OKH, nicht in Betracht. Dazu fehle es Amerikanern wie Engländern an Kräften und Erfahrung. Wenig später landeten neun ihrer Divisionen – 110 000 Mann – in Marokko und Algerien.[61] Für Tresckow war die Endphase des Krieges eingeleitet, das Ringen um Afrika entschieden. Die Invasion Siziliens, Italiens Zusammenbruch und ein für Deutschland aussichtsloser europäischer Mehrfrontenkampf mußten folgen.

Erbittert über Hitlers Befehle, die Paulus' Armee im Stalingrader Kessel festnagelten, drang er auf äußerste Beschleunigung des Umsturzes. Das drohende Ende durfte den Staatsstreich nicht überholen. Die um sich greifende düstere Stimmung begünstigte ihn. Ungeduldig erschien Tresckow in Berlin, um – nach einem erneuten Gespräch mit Goerdeler – die Fronde zur Eile anzutreiben.[62] Olbricht unterbreitete Pläne für die Inbesitznahme von Berlin, Köln, München und Wien, die er und Oster entworfen hatten. Über Truppen des Erzsatzheeres war disponiert; Beck, Hassell und Goerdeler verbürgten ein erstes Direktorium und Regierungsprogramm. Olbricht bat sich noch acht Wochen aus. Innerhalb dieser Frist würden alle Vorarbeiten abgeschlossen sein. Wieder in Krassnyj Bor, suchte Tresckow zusätzliche Verbündete zu gewinnen oder einzuweihen. Alexander Stahlberg, den er als Ordonnanz-Offizier für Manstein angefordert hatte, erklärte er: »Wir brauchen Dich. Du hast Abstand und gesundes Urteil. Du bist ein Urenkel Zedlitz-Trützschlers, der, wo es um Wesentliches ging, die Konsequenzen zog. Wenn Du Dich ihm in dieser Weise verpflichtet fühlst, wirst Du erkennen, daß unsere Führung verbrecherisch ist.«[63] »Verbrecherisch? Du und andere – Ihr seid doch da.« »Was können wir denn tun? Wir halten nichts auf. Wir haben nur auszuführen. Sind aber Befehle nicht verbrecherisch, in deren Folge Hunderttausende sinnlos geopfert werden?« Und am nächsten Vormittag: »Du übernimmst einen Auftrag. Es geht hoffnungslos in den Abgrund mit diesem Krieg. Das wirst Du bald sehen. Wir wollen, daß wir den Ausgang gestalten, und nicht diese Kamarilla. Wir werden nur durch einen Staatsstreich – und zwar gewaltsam – das Schicksal Deutschlands wenden können. Manstein ist für uns einer der Wichtigsten. Beeinflusse ihn so, wie es Dir Dein gesunder Menschenverstand eingibt.«[64]

Ähnlich gegenüber Peter von der Groeben, damals Ia einer Division, später Tresckows Nachfolger: er wolle ihn nicht als Mittäter, wohl aber einweihen und seiner Hilfe sicher sein. »Es ist unmöglich, unter dieser Führung den Krieg zu gewinnen. Hitlers Verhaftung genügt nicht. Einzig bei einem Attentat, zu dem ich entschlossen bin, wird es keine Schwierigkeiten geben.«[65] Gewiß, würde dieses Attentat ausgeführt, werde es künftig heißen: eine kleine, reaktionäre, adlige Offiziersclique sei dem Feldherrn vieler Siege in den Rücken gefallen. Doch wenn die wenigen, die durch Stellung und Verstand den entsprechenden Überblick besäßen, jetzt nicht handelten, »dann können wir es uns selbst niemals verzeihen«.[66] Schließlich Georg Freiherr von Boeselager. Als ihm dieser Rittmeister und Eichenlaubträger Ende 1942 vorschlug, einen Kavallerie-Verband im Bereich der Heeresgruppe aufzustellen, griff er umgehend zu. Solch ein Verband taugte nicht nur als operative Reserve und rasch bewegliche »Feuerwehr«, mehr noch schien er – wie kaum ein zweiter – für den Staatsstreich geschaffen. Wieder offenbarte sich Tresckow ohne Halbheit und Tarnung. Boeselager, bald überzeugt, trat auf die Seite der Verschwörung.[67] Die Heeresgruppe sorgte für Ausrüstung und Waffen. Tresckow mobilisierte, von Kluge unterstützt, die Organisationsabteilung. Boeselager zog aus Schulen und zahlreichen Einheiten hervorragende Reiter zusammen. In wenigen Wochen standen zwei Abteilungen mit je fünf Schwadronen zu je 220 Mann, unter ihnen russische Freiwillige: 650 Kosaken. Die Spitzenstellungen besetzten zuverlässige Offiziere. Eine Abteilung übernahm Philipp Freiherr von Boeselager, zuvor Ordonnanz-Offizier bei Kluge. Sein Bruder Georg wurde Kommandeur des Kavallerie-Regiments »Mitte«.[68] Tresckow hatte »seinen« Spezialverband. Gelang es, Hitler nach Krassnyj Bor zu locken: Boeselagers Truppe würde, aufgeboten, ihn gewaltsam beseitigen.

Wie Tresckow arbeitete die Berliner Fronde: emsig mühte sie sich, alle Vorbereitungen abzuschließen. Hoffnung und Zuversicht wuchsen, da drohte, Ende Januar 1943, die alliierte Forderung nach »bedingungsloser Kapitulation« die Verschwörung zu lähmen. Das »unconditional surrender« bewies: Roosevelt und Churchill unterschieden nicht länger zwischen Deutschen und Deutschen. Ihre Politik, schon im Vorjahr unversöhnlich, offenbarte äußerste Härte und verlangte Unterwerfung des Reiches. Die Casablanca-Formel beeindruckte auch Tresckow und steigerte seinen untergründigen Pessimismus.[69] Diese Formel mußte glauben machen, daß die Gegner jeden Ausgleich verwehrten; er empfand sie als Torheit und Schlag gegen den Widerstand, doch zugleich trieb sie ihn noch entschiedener vorwärts. An der Wolga starb – auf Geheiß des gewissenlos-dilettantischen Diktators – Paulus' sechste Armee, ohne daß ein Nutzen ihr Massenopfer aufzuwiegen vermochte. Vor den Linien der Heeresgruppe Mitte erlag, ebenfalls infolge höchsten Starrsinns, die Besatzung von Welikije Luki – 7500 Soldaten, ein Stalingrad im Kleinen. Derart unerträgliche Herausforderungen zwangen, von der Wurzel her, erst recht zu Umbruch und Wandel. »Wo das Müssen anfängt«, bemerkte Tresckow, »hat das Fürchten aufzuhören.«[70] Bedingungslose Kapitulation galt für ihn nur, wenn man weiter zögerte und die Wehrmacht zusammenbrach.

Im Februar flog er zu Manstein. Als er dessen Hauptquartier Saporoschje erreichte, waren die Tragödien von Stalingrad und Welikije Luki vollendet – Tragödien, in denen sich die Entmachtung der Heeresführung und der Verfall ihrer Gewissensfreiheit widerspiegelten. Grundsätze der Auftragstaktik, die seit je erlaubt hatten, Befehle eigenständig durchzusetzen, waren verhöhnt und aufgehoben. Militärische Überzeugungen selbst der besten Köpfe zählten nicht mehr. Tresckow kannte und bewunderte Mansteins geniale operative Begabung. Jetzt, so hoffte er, mußte sie ihn – eher und nachdrücklicher als Kluge – zur Gegenwehr treiben. Tresckow bat um die Stellung des Chefs seines Stabes, aber was diese Berufung bedeutete, zeigte er, in vielleicht undiplomatischer Impulsivität, während eines Vier-Augen-Gesprächs.[71] Ungestüm beschwor er Manstein, der Würdelosigkeit blinden Gehorsams ein Ende zu bereiten. Leidenschaftlich hielt er dem Feldmarschall seine militärische *und* politische Verantwortung vor, die ihm wie den Spitzen des Heeres unabwälzbar auferlegt sei. Tresckows Unnachsichtigkeit erweckte Emotionen, vermutlich auch schroffe Auseinandersetzungen. Stahlberg, der kurz den Raum betrat, erlebte Manstein »bebend«, Tresckow »mit Tränen in den Augen«. Allein kein Appell verfing. Der Feldmarschall scheute politische Urteile und wollte nur Soldat sein. Er nahm die Katastrophen des Winters als Ausnahmefälle, die Hitler drastisch »belehrt« hätten, und glaubte – bei fähiger Führung – an die militärische Chance eines Remis. Zum Chef des Stabes berief er Oberst Busse. Tresckow konnte lediglich Oberstleutnant i. G. Schulze-Büttger, seinen Ia/op und Mitverschworenen, zur Heeresgruppe Don delegieren, kaum ein zureichender Ersatz, allenfalls ein zweiter Verbindungsmann.[72]

Noch im gleichen Monat fuhr Schlabrendorff nach Berlin. Olbricht hatte Wort gehalten und meldete: »Wir sind fertig. Die Initialzündung kann in Gang gesetzt werden.«[73] Sogleich forderte Tresckow eine Besprechung über letzte Einzelheiten – diesmal nicht in der Reichshauptstadt, sondern im Smolensker Quartier der Heeresgruppe. Am 7. März 1943 begrüßte die Führungsabteilung Admiral Canaris und die meisten seiner Mitarbeiter. Das Treffen galt als Zusammenkunft der Nachrichtenoffiziere, die auch umgehend herbeibefohlen wurden. Die Entscheidungen der Fronde fielen im abseitigen Dienstraum des Kriegstagebuchführers, in dem Dohnanyi und Tresckow konferierten.[74] Dohnanyi bestätigte, daß die Vorbereitungen abgeschlossen seien. Die Organisation »stünde«; Truppen wären eingeteilt und zur Hand. Friktionen durch überraschende Personalwechsel ließen sich nicht ausschalten, doch nach menschlichem Ermessen sei das Mögliche getan. Beide Männer verabredeten einen Code zwischen den Verschwörer-Zentren. Tresckow unterrichtete Dohnanyi, daß »in aller Kürze« gehandelt würde. Kluge habe Hitler – aus militärischen Gründen – um einen Besuch gebeten. Schmundt sei eingespannt, der Bitte nachzuhelfen. »Diese Gelegenheit werden wir nutzen.«[75] Dohnanyis Blick streifte die Lagekarten. Entsetzt schaute er auf das Gewirr der roten Pfeile, welche die blau markierten deutschen Positionen zu erdrosseln schienen. Ob es nicht bereits zu spät sei? »Hier«, meinte er, »ist ja die Katastrophe schon perfekt.« Tresckow beruhigte ihn. Die Karten täuschten. »Wir können den Krieg noch gut ein Jahr fortsetzen. Würden die Russen besser geführt, sähe es anders aus, aber die Russen werden hundsmiserabel geführt. Wie mit dem Lineal und unter enormen Verlusten schieben sie unsere Divisionen frontal zurück. Erst wenn sie beweglicher geworden sind und begriffen haben, daß sie konzentriert angreifen und ihre Durchbrüche abdecken müssen, werden sie uns Mores lehren.«[76]

Sechs Tage später war es so weit: Hitler, auf dem Rückflug von Winniza nach Ostpreußen, kündigte sein Kommen an. Noch einmal erwog Tresckow ein Pistolen-Attentat mehrerer Verschwörer. Oberstleutnant von Kleist, Rittmeister Schmidt-Salzmann sowie zehn Offiziere Boeselagers erklärten sich zum Kollektiv-Anschlag bereit.[77] Kluge jedoch, der informiert werden mußte, da man ihn nicht gefährden durfte, winkte ab: solch ein Attentat, ließ er wissen, schiene ihm wenig ehrenhaft. Nicht minder weigerte er sich, Boeselagers Truppe einzusetzen, die gewillt war, Hitler zu ergreifen und nach einem Standgericht an abgelegenem Ort zu beseitigen. Noch vor Hitlers Eintreffen warnte er seinen Ia: »Sie werden doch heute um Gottes willen nichts unternehmen.«[78] Damit blieben nur: Sprengstoff und unabhängiges Handeln, das auch dem zaudernden Feldmarschall jeden Rückweg versperrte. Tresckow und Schlabrendorff fertigten ein formvollendetes »Kognakflaschen«paket mit zwei britischen Haftminen; den Säure-Zündmechanismus legten sie so, daß er ohne Beschädigung der Hülle zu betätigen war. Schlabrendorff nahm die hergerichteten Sprengkörper an sich und verschloß sie; andere wurden von Tresckow zurückgehalten.[79] Geplant war, das Bombenpaket in Hitlers Flugzeug zu schmuggeln. Bestanden weitere Möglichkeiten, wollte Tresckow seine Minen nutzen.

In den Morgenstunden des 13. März 1943 fuhren er und Kluge

zum Flugplatz Smolensk, um Hitler und dessen Begleitung abzuholen. Der Diktator erschien mit einem Pulk von Paladinen, Arzt und Koch in seinem Gefolge.[80] Hitler verschmähte Fahrzeuge der Heeresgruppe und bestieg seinen eigenen Wagen. Erich Kempka, der gewohnte Leib-Chauffeur, steuerte ihn nach Krassnyj Bor. Der Zugverkehr auf der Strecke zwischen dem Flugplatz und dem Hauptquartier der »Mitte« war unterbrochen. Überall lauerten schwerbewaffnete Sicherungsposten des Heeres und der SS, Gewehre oder Maschinenpistolen im Anschlag. Versuche Tresckows, Hitlers abgestellten Wagen zu erreichen, waren aussichtslos und mißlangen.[81] Improvisierte Attentate, auf die er offenbar gehofft hatte, mußte er aufgeben. Die Besprechung in Kluges Blockhaus bot ideale Chancen. Tresckow stand unkontrolliert in Hitlers Nähe. Zudem wäre es »ein Leichtes gewesen, die vorbereitete Bombe in das Besprechungszimmer hineinzubringen«.[82] Aber ein Anschlag an dieser Stelle und im geschlossenen Raum hätte nicht nur Hitler, Jodl, Schmundt, den neuen Generalstabschef Zeitzler und andere getötet; durch ihn wären auch Kluge sowie die versammelten Armee- und Stabschefs der Heeresgruppe ums Leben gekommen. Derartige Konsequenzen wollte und konnte Tresckow nicht verantworten. Beseitigte die Fronde ihren gesamten Front-Befehlsapparat, brachte sie sich um alle Trümpfe.[83] So kam es, nach Abschluß der Besprechung über künftige Operationen, zu einem gemeinsamen Mittagessen im Kasino des Oberkommandos der Heeresgruppe. Hier galten die gleichen Erwägungen wie zuvor in Kluges Blockhaus. »Hitler nahm ein gesondertes Essen zu sich, das ihm von seinem mitgebrachten Koch zubereitet wurde und das vor seinen Augen von seinem Arzt, Professor Morell, abgeschmeckt werden mußte. Der Vorgang mutete an, als ob man einen orientalischen Despoten der Vorzeit vor sich gehabt hätte. Hitler essen zu sehen, war ein höchst widerwärtiger Anblick. Die linke Hand stützte er auf den Oberschenkel, während er mit der rechten Hand sein aus vielerlei Gemüsesorten bestehendes Essen in sich hineinlöffelte. Dabei führte er nicht etwa den rechten Arm zum Munde, sondern ließ ihn während des ganzen Essens auf dem Tisch liegen und neigte statt dessen seinen Mund zum Essen. Zwischendurch trank er verschiedene vor seinem Teller aufgestellte antialkoholische Flüssigkeiten. Auf Befehl Hitlers hatte das Rauchen nach dem Essen zu unterbleiben.«[84]

Tresckow verspürte keine Faszination durch den Diktator. Die Eindrücke, die er registrierte, schreckten ab. Vor ihm saß der Anstifter zahlloser Verbrechen, der Mann, der Deutschland verdarb und in Stalingrad eine ganze Armee sinnlos geopfert hatte. Doch der Tag, Höhepunkt langangestauter Spannungen, zerrte an Tresckows Nerven. Schon bei Tisch erschien er bleich und unkonzentriert. Nach dem Essen ging er zu Schlabrendorff und fragte: »Sollen wir es wirklich machen?«[85] Schlabrendorff sah, was seinen Vetter bewegte, antwortete aber mit Entschiedenheit: »Ja!« Tresckow nickte. Wieder sicher, bat er Oberstleutnant i. G. Heinz Brandt von der Operationsabteilung, ein aus zwei Flaschen Kognak bestehendes Päckchen für Oberst Stieff im OKH mitzunehmen. Die liebenswürdig geäußerte Bitte konnte keinen Verdacht erwecken. Brandt – ohne Argwohn – war bereit, ihr zu entsprechen.[86] Schlabrendorff zog sich zurück und telefonierte. Die bereits vorgewarnte Berliner Fronde empfing das Stichwort über die heranahende »Initialzündung«. Gehre, verabredungsgemäß am Apparat, informierte Dohnanyi und Oster. Beide trafen »die für den zweiten Schritt unmittelbar notwendigen Vorbereitungen«.[87]

Nach dem Mittagessen begleiteten Kluge und Tresckow Hitler zum Flugplatz. Schlabrendorff folgte ihnen mit dem Bombenpäckchen. Vor der Führer-»Condor« wartete er, bis die Offiziere der Heeresgruppe verabschiedet waren und Hitler sein Flugzeug bestieg. In diesem Augenblick zerdrückte er die Säureampulle und übergab auf Tresckows Wink das geschärfte »Kognakflaschen«paket.[88] Brandt nahm es an sich und kletterte in die Führer-Maschine. Wenig später startete sie, dichtauf eine zweite und dritte »Condor«, unter starkem Jagdschutz nach Ostpreußen. Zurück im Quartier, rief Schlabrendorff abermals die Abwehr an, um ihr das entscheidende Stichwort durchzugeben. Gehre bestätigte: »Initialzündung in Gang gesetzt«.[89] Die Berliner Verschwörung ging daran, ihre Pläne zu verwirklichen.

Tresckow und Schlabrendorff wußten, daß Hitlers Flugzeug besondere Schotten und abgeschlossene Kabinen besaß. Der Platz des Diktators war gepanzert. Eine Vorrichtung erlaubte ihm, sofort mit dem Fallschirm abzuspringen.[90] Doch die Sprengladung mußte die Maschine zerreißen oder zumindest zum Absturz bringen; an Überlebenschancen vermochten sie nicht zu glauben. Schlabrendorff hatte 30-Minuten-Zünder gewählt. Nach einem Flug von 200 bis 250 Kilometern, noch vor Minsk, hoffte er auf die Katastrophenmeldung eines der Jäger. Statt dessen ereignete sich nichts. Dafür traf, einige Stunden später, »die Nachricht ein, Hitler sei auf dem Flugplatz Rastenburg glatt gelandet und habe sein Hauptquartier erreicht«.[91] Das

Attentat war gescheitert.

Schlabrendorff verständigte Gehre, dieser Oster, Dohnanyi und Olbricht. Dr. Josef Müller, der mit Canaris' Maschine nach Rom hatte starten sollen, »um vorbereitende Waffenstillstands- und Friedensverhandlungen einzuleiten«, verließ bedrückt das Amt der Abwehr am Tirpitz-Ufer.[92] Die Berliner Fronde – lediglich durch ein Codewort informiert – konnte nur rätseln; auch Tresckow und Schlabrendorff tappten über die Gründe des Mißlingens im dunkeln. Gleichwohl stockte ihnen der Atem: sie hatten zum Anschlag ausgeholt und kannten die Gefahren, in denen sie schwebten. War oder wurde der Sprengstoff entdeckt, mußte man auf sie als Täter stoßen und der Verschwörung ein rasches Ende bereiten.[93] Tresckow überlegte fieberhaft. Schließlich wagte er Brandt anzurufen. Es sei, sagte er gefaßt, eine bedauerliche Verwechselung unterlaufen. Er bitte, das mitgegebene Päckchen nicht an Stieff auszuhändigen, sondern bis zum nächsten Tag zu warten. Brandts Antwort klang beruhigend: das Paket sei noch bei ihm. Die Bombe schien nicht entdeckt worden zu sein.[94]

Am 14. März flog Schlabrendorff mit dem üblichen Kurier-Flugzeug der Heeresgruppe zur Operationsabteilung, sein Vorwand: militärische Aufträge. Sofort in Brandts Dienstzimmer, konnte er das Sprengstoffpaket gegen eine Packung mit zwei echten Kognakflaschen tauschen. »Ein eigentümliches Gefühl«, schreibt er, »empfand ich, als mir der Begleiter Hitlers, nicht ahnend, was er in der Hand hatte, lächelnd die Bombe überreichte und dabei das Paket so heftig bewegte, daß man hätte fürchten können, die Bombe werde noch nachträglich explodieren, da die Zündung ja in Gang gesetzt war. Mit gespielter Ruhe nahm ich die Bombe an mich und fuhr unmittelbar darauf mit einem Wagen nach dem benachbarten Eisenbahnknotenpunkt Korschen. Von dort fuhr gegen Abend ein Sonderschlafwagenzug des Oberkommandos des Heeres nach Berlin.«[95]

Im verschlossenen Abteil öffnete er mit einer Rasierklinge das Sprengstoffpaket. Der Zustand beider Ladungen war unverändert. Sorgfältig entschärfte er die Minen, indem er den Zünder herauslöste. Eine Untersuchung ergab keine Fehler in den Handgriffen. Die Säureampulle war zerbrochen, der Draht durch die ätzende Flüssigkeit zersetzt und der Schlagbolzen nach vorn geschnellt, doch das Zündhütchen hatte sich nicht entzündet und somit die Detonation verhindert.[96] Trotz aller Enttäuschung fühlte sich Schlabrendorff erleichtert: die Gefahr der Entdeckung war abgewendet. Im Laufe des

15. März informierte er Oster, Dohnanyi und Gehre. Der Zünder diente als Beweis für die Tat und den bitteren Zufall. »Kein Wort des Vorwurfs entschlüpfte Oster. Mit Ruhe und Gelassenheit nahm er den Bericht entgegen.«[97]

Der unglückliche Hergang des versuchten Anschlages konnte entmutigen, aber schon wenig später winkte eine zweite Gelegenheit. Am 21. März hielt der Diktator in Berlin seinen »Heldengedenktag«. Die Ausstellung dieses Jahres 1943 im Zeughaus veranschaulichte den Kampf der Heeresgruppe Mitte. Gersdorff, ihr Organisator, sollte Hitler die erbeuteten russischen Waffen erklären.[98] Tresckow ließ die Maske fallen. Offen sprach er zu seinem Ic von den Zielen der Fronde sowie »mit ungeheurem Ernst« über die Lage und »unbedingte Notwendigkeit« einer Tat, um Deutschland vor dem Untergang zu retten. Ohne Umschweife fragte er Gersdorff, ob er die Chance, die sich biete, zu einem persönlichen Attentat nutzen wolle. Tresckow wußte, daß dieser Anschlag – aller Wahrscheinlichkeit nach – das Leben des Attentäters forderte. Um so nachdrücklicher bekräftigte er die Vorbereitungen der Verschwörer-Zentren, nach denen eine festgefügte Organisation bestünde und der Staatsstreich planmäßig abrollen würde. Gersdorff war bereit.[99] Schlabrendorff wurde durch Code verständigt, in Berlin zu bleiben und Gersdorff die Clam-Minen zu übergeben, die während des 13. März nicht detoniert waren. Kluge, der ebenfalls nach Berlin zu reisen gedachte, ließ sich zurückhalten. Die Fronde wollte ihn weder gefährden noch ins Vertrauen ziehen. Da er bisher geschwankt und gezaudert hatte, würde er sich, wieder zum Mitwisser gemacht, erst recht gegen diesen Anschlagsversuch im Zeughaus wehren.[100]

Gersdorff traf auf abschreckende Hindernisse. Schmundt – offenbar mißtrauisch geworden – weigerte sich, ihm die Teilnahme am Festakt zu gestatten, geschweige den Zeitplan der Veranstaltung preiszugeben. Der Teilnehmerkreis, meinte er, sei festgelegt, der Termin des Festakt-Beginns ein Staatsgeheimnis.[101] Generaloberst Walter Model, Oberbefehlshaber der 9. Armee, Vertreter der Heeresgruppe, protestierte und verlangte Gersdorffs Anwesenheit. Schmundt fügte sich widerwillig. Zögernd nur teilte er die nötigsten Informationen mit. Ein Rundgang im Zeughaus bestätigte Gersdorffs Befürchtungen: nirgendwo vermochte er aussichtsreiche Sprengladungen anzubringen. Der Lichthof war scharf überwacht, das Rednerpult, hinter dem Hitler stehen sollte, unauffällig nicht zu erreichen. Einzig an dieser Stelle aber mochten die Haftminen wirken.

Andere Punkte schieden wegen ungenügender Verdämmung aus. Damit blieb lediglich ein Attentat für die Zeitspanne, in der Hitler die Ausstellung der Heeresgruppe besichtigte.[102] Hier kam Gersdorff dem Diktator nahe. Hier durfte er hoffen, mit kurzzeitigen Zündern Erfolg zu haben. In der Frühe des »Heldengedenktages« erschien Schlabrendorff im Hotel Eden und überreichte die Sprengkörper. Gersdorff fragte nach Zündern mit geringster Verzögerung, aber Schlabrendorff bedauerte: die Schwierigkeiten, sie zu beschaffen, seien unüberwindlich. Niemand hätte auch helfen können, da britische Zünder bestenfalls auf zehn Minuten eingerichtet waren. Deutsche Zünder paßten nicht in die »Clam«. Gersdorff mußte es mit seinen eigenen, vorsorglich mitgebrachten 10-Minuten-Zündern versuchen.[103]

Am 21. März, 13 Uhr, begann der Festakt im Zeughaus, eine Stunde später als gewöhnlich. Sonst jedoch unterschieden sich Szenerie und Ablauf kaum von den Heldengedenktagen der Vorjahre. Das Ehrenbataillon war angetreten, Verwundete und Gäste flankierten die Neue Wache Unter den Linden. Im Lichthof des Zeughauses: Fahnen der alten Armee und Marine, der Wehrmacht und Waffen-SS; auf den Sitzen: Verwundete, Generale, Admirale, Minister, Staatssekretäre und Funktionäre der Partei.[104] Hitler fuhr, von Goebbels begleitet, im offenen Mercedes vor und begrüßte am Hauptportal Göring, Himmler und Dönitz, ferner die Feldmarschälle Keitel, von Bock und Milch sowie den Reichskriegsopferführer Oberlindober. Nach dem ersten Satz der siebenten Sinfonie Anton Bruckners erhob er sich zu einer knapp viertelstündigen Rede. Die Rückeroberung von Charkow wurde zum Beweis der »überwundenen Krise«. Mit markigem Stakkato verkündete er den sicheren Sieg im Osten.[105]

Gersdorff, am Eingang zur Ausstellung, konnte nicht abschätzen, wie lange Hitler sprach und im Lichthof des Zeughauses blieb. Wäre er besser informiert gewesen, hätte er seine Minen, die er nun in den Manteltaschen trug, eher gezündet.[106] Aber wenn auch die zehn Minuten, die er zu veranschlagen hatte, unerträglich lang oder gar zu viel wurden: eine vorzeitige Zündung war unkorrigierbar. Mit ihr drohte hektische Nervosität, die er nicht riskieren durfte. Sofort nach der auffällig kurzen Ansprache näherte sich Hitler. Gersdorff reckte – wie Model und der Museumsdirektor – den Arm, seine linke Hand, in der Tasche, zerdrückte die Säureampulle des Zünders. Die Bombe in seiner rechten Tasche zu schärfen, unterließ er, um keinen Verdacht zu erwecken. Obgleich äußerlich beherrscht, fühlte er sich ständig belauert. Um so mehr setzte er auf die ausgelösten Zwangsläufigkeiten: detonierte die gezündete Mine, explodierte gewiß auch die zweite.[107]

Hitler, Göring, Himmler, Dönitz, Keitel und mehrere Adjutanten wandten sich der Ausstellung zu, leider folgten ihnen – auf Geheiß des Führers – auch Bock und dessen Adjutant Graf Hardenberg, der zu den Männern der Opposition gehörte. Gersdorff blieb Hitler nahe und entschlossen, sich mit ihm in die Luft zu sprengen, aber der Diktator ging nicht, er hastete durch die Ausstellungsräume.[108] Nichts fesselte seine Aufmerksamkeit. Weder Hinweise noch Erklärungen vermochten ihn zurückzuhalten. Fast schien es, als wittere er drohende Gefahren. Nach zwei, drei Minuten erreichte er den Ausgang. Gersdorff und alle Begleiter wurden entlassen. Auch dieser, der zweite Anschlagsversuch war mißlungen. Gersdorff beeilte sich, seine Bombe zu entschärfen.[109] Auf einer Toilette des Zeughauses riß er den Zünder aus der Mine. Tresckow saß während der Heldengedenkfeier in Krassnyj Bor mit der Uhr am Radio. Seine innere Spannung stieg. Inständig hoffte er für die Fronde. Als er jedoch hörte, Hitler sei – weit vor der Zeit – ins Freie getreten, wußte er, was die Tat verhindert hatte. Ohne Unwillen bestätigte er später Gersdorff, daß ein Attentat »unmöglich gewesen war«.[110]

Die Anschlagsversuche in diesem März 1943 spiegeln ein eigentümliches Fatum: unlenkbare Zufälle ließen sie scheitern. Nahezu alle Momente waren geprobt, bedacht und ausgespielt, doch auch die geringsten Chancen fielen an Hitler. Beide Male hatte es den Anschein, als solle er nicht sterben. Tresckow hätte – für den Fall des Erfolges – augenblicklich gehandelt, aber durfte die Verschwörung, nach geglücktem Attentat, innenpolitische Siege erhoffen? Ein Absturz Hitlers am 13. März mußte verwirrende Machtkämpfe heraufbeschwören. Erst acht Tage darauf, mit der möglichen Ausschaltung Görings und Himmlers, konnte ein besserer Start gelingen. Gleichwohl blieb es bei einer beklagenswert engen Basis der Fronde. Kaum die nötigsten Helfer waren vorbereitet, angesprochen oder eingeweiht, sichere Verbündete nicht einmal unter den Feldmarschällen des Heeres zu gewinnen. Zwar verurteilten sie Hitlers militärische Führung. Stalingrad hatte sie aufgeschreckt und in eine fortschwelende Vertrauenskrise gestürzt. Manstein forderte einen Oberbefehlshaber Ost und Wehrmachtsgeneralstabschef. Kluge flog Ende Februar 1943 mit dem gleichen Verlangen ins Führerhauptquartier.[111] Doch auch Manstein und Kluge steckten zurück, nachdem Hitler sie abgewiesen hatte. Loyalität ging ihnen – alles in allem – über Sorge und Erkenntnis. Zu wirklicher Opposition fehlte es an politischem Scharfblick, persönlichem Wagemut und Entschlußkraft. Vollends waren Offizierkorps und Truppe auf unbedingte Pflichterfüllung eingeschworen. So sehr sie der Untergang der 6. Armee erschütterte: die Propaganda verherrlichte ihn und spornte zu noch größerem Einsatz an.[112] Die »bedingungslose Kapitulation«, Roosevelts und Churchills Casablanca-Formel, gab den Demagogen Aufwind. Der Frontsoldat sah Sinn nur im eisernen Durchhalten, mit dem er den Vernichtungswillen unversöhnlicher Feinde brechen mußte. So wären der Fronde, namentlich in den ersten, ungeklärten Phasen des Staatsstreiches, innere und äußere Widerstände gewiß gewesen. So hätte sie, nach der Initialzündung, mit besonderem Glück und unnachsichtiger Härte kämpfen müssen. Trotzdem versprach allein schon Hitlers Tod Erfolg. Sein Ende – Fanal für heimliche Regimegegner und Unentschiedene – mochte den Verschwörern Gefolgschaft eintragen. Mit ihm hatte die Vernunft, die zum Frieden mahnte, freiere Bahn oder bessere Aussichten.

Erst recht besaß die Fronde Trümpfe gegenüber den Alliierten. Tresckow durfte sich rühmen, einen guten Zeitpunkt gewählt zu haben, den günstigsten, den er noch treffen konnte. Sicher holten auch die Anschlagsversuche vom 13. und 21. März 1943 – in der Eingebung sein Werk – keine der früher versäumten Chancen zurück. Aber außenpolitisch hätte bei ihrem Erfolg zumindest die Rettung der Substanz des Reiches gewinkt. Die Feindkoalition zeigte Spannungen und Brüche.[113] Wohl hatten die Westmächte seit Casablanca jeden Separatfrieden ausgeschlossen. Ihr »unconditional surrender« bekräftigte, daß sie den vollständigen Sieg erstrebten und zu ihrem Verbündeten im Osten hielten. Ein Strom von Kriegsmaterial, Ausrüstungsgegenständen und Lebensmitteln floß ins russische Hinterland. Doch die Sowjetunion fühlte sich ausgenutzt, wenn nicht isoliert und verraten. Die ausbleibende Zweite Front sowie die verweigerte Anerkennung der Beute aus dem Hitler-Stalin-Pakt stimmten sie mißtrauisch und steigerten ihren Unwillen. Weiterhin mußte sie bei ungesicherten Grenzen die Hauptlast des Kampfes gegen Deutschland tragen. Stalin fürchtete, daß sich Rußland ohne angemessenen Preis verbluten solle. Vorsichtig ließ er 1942 und 1943 über Stockholm sondieren, ob nicht ein Ausgleich mit dem Reiche möglich sei.[114] Seine Kontakte meinten kaum Hitler, gewiß aber dessen Opposition, die politische Rückwege zu suchen hatte. Diese Opposition durfte Proben auf Moskaus Fühler wagen. Die Fronde um Tresckow wollte zunächst und vor allem ein Übereinkommen mit dem Westen. Damit zielte sie, angesichts der Intransigenz Washingtons und Londons, gleichsam in die falsche Richtung. Doch das ungeschlagene Deutschland brauchte nicht »bedingungslos« zu »kapitulieren«. Hitlers Sturz und überzeugend kundgemachte Verständigungsabsichten konnten *1943* selbst die Westmächte vor eine neue Lage stellen. Teheran, Jalta und Potsdam waren Zukunft. England wünschte keine erdrückende europäische Vormacht Sowjetunion. An den Fronten hatten die Alliierten erst ein Remis errungen.[115] Noch stand die Wehrmacht tief in Rußland und am Atlantischen Ozean. Noch drohten ihren Gegnern ungeheure Opfer, bis sie das Reich völlig bezwungen hatten. Da hätte eine siegreiche Verschwörung nicht nur in der Sowjetunion, sondern auch im Westen Zweifel am Sinn weiterer Schlachten erweckt. Freilich: alle Fristen verknappten sich nun rasch. Zusehends schwanden die letzten außenpolitischen Trümpfe dahin. Glückte der Fronde nicht bald ein dritter Versuch, blieben ihr nur Resignation oder Verzweiflungskampf.

Neuntes Kapitel

Kampf um die Verschwörung und Walküre-Plan

Tresckow litt unter den mißlungenen Anschlagsversuchen. Er spürte, daß der günstigste Zeitpunkt verpaßt war.[1] Niemand vermochte zu sagen, ob und wann die Chance eines abermaligen Attentats winkte. Kluge bot, und zumal ohne vollendete Tatsachen, keinen Ausgleich. Im Gegenteil: obgleich zum »höchsten Grad der Erkenntnis« gelangt, scheute er Initiativen. Nach wie vor schien es »völlig abwegig, ihn weiterzubringen«.[2] Doch Enttäuschungen, Widrigkeiten und Rückschläge konnten Tresckow nicht entmutigen. Seine Entschlossenheit, den Diktator und das NS-Regime zu beseitigen, war noch gewachsen, denn die zunehmende Düsternis der Lage mahnte. Unerbittlich verpflichtete sie zum Handeln.[3] Mehr als je durchdrang ihn die Verantwortlichkeit des Generalstabsoffiziers. Von ihr, erklärte er seinem Stab, gäbe es nirgendwo Ablaß. Schwiege Kritik, schwiege auch der Charakter. Er hatte das warnende Beispiel seines Schwiegervaters Erich von Falkenhayn vor Augen, dessen Verdun-Strategie herb verurteilt worden war. Erst recht blieb ihm bewußt, daß man an die führenden Soldaten des Zweiten Weltkrieges unnachsichtige Sonden legen werde.[4]

Anfang April 1943 kam er nach Berlin, um die Verschwörung zu erneuter Aktivität anzuspornen. Er unterrichtete Hauptmann Hermann Kaiser, Mittelsmann der Fronde und Kriegstagebuchführer im Allgemeinen Heeresamt, wenig später gewiß auch General Olbricht, Kaisers Vorgesetzten.[5] Die Spannungen und Erregungen der letzten Wochen zeichneten Tresckows Gesicht. Seine weithin unvorbereitete Frau war erschüttert, als sie von den Anschlagsversuchen des Vormonats erfuhr. Die äußerste Gewalt, die abgründige Konflikte widerspiegelte, entsetzte sie. Tresckow begriff, was er ihr mit seiner Unbedingtheit zumutete. Aber während eines Ganges durch den Park von Sanssouci fragte er sie: »Willst Du auch den Kopf in den Sand stecken und Vogel-Strauß-Politik treiben? Gerade für Dich wird es à la longue *leichter* sein, um die Wirklichkeit zu wissen. Ich möchte, daß meine Frau mit mir einiggeht. Sicher, später werden unsere sogenannten Standesgenossen die ersten sein, die Steine auf uns werfen, denn es wird vielen von ihnen an den Kragen gehen.«[6] Doch er sähe

Mit seiner Frau in Wartenberg

In der Führungsabteilung der Heeresgruppe Mitte (Tresckow: Vierter v. r.; Oberst v. Kleist: Dritter v. l.; Oberst Schulze-Büttger: Vierter v. l.; Oberleutnant v. Schlabrendorff: ganz rechts stehend)

zu dem, was er und andere nach reiflicher Überlegung getan hätten, keine, nicht die geringste Alternative. Hitler sei unbelehrbar und bedeute Deutschlands Ende. Nur dessen Tod könne vor dem größten Unheil bewahren. Und: »Ich verstehe nicht, wie sich heute noch Menschen als Christen bezeichnen können, die nicht gleichzeitig wütende Gegner dieses Regimes sind. Ein wirklich überzeugter Christ *kann* doch nur ein *überzeugter Gegner* sein.«[7]

Die Konfirmation ihrer beiden Söhne, die am 11. April 1943 in der Potsdamer Garnisonkirche eingesegnet wurden, vereinte noch einmal die ganze Familie und viele Verwandte. Nichts trübte die Freude dieses Tages und sollte sie trüben. Was Tresckow bedrückte, verschwieg er, aber in einer unvergessenen Rede für die Jungen und ihre Mutter sprach er nicht nur vom »Gefühl tiefer *Dankbarkeit*«, sondern auch von der Notwendigkeit »eines *sehr klaren Bekenntnisses*«, mit dem er zugleich sein eigenes Fühlen und Denken enthüllte. »Vergeßt... niemals«, bat er die Söhne, »daß Ihr auf preußischem Boden und in preußisch-deutschen Gedanken aufgewachsen und heute an der heiligsten Stätte des alten Preußentums eingesegnet seid. Es birgt eine große Verpflichtung in sich, die Verpflichtung zur Wahrheit, zur innerlichen und äußerlichen Disziplin, zur Pflichterfüllung bis zum Letzten. Aber man soll niemals vom Preußentum sprechen, ohne darauf hinzuweisen, daß es sich damit *nicht* erschöpft. Es wird so oft mißverstanden. Vom wahren Preußentum ist der Begriff der Freiheit niemals zu trennen. Wahres Preußentum heißt Synthese zwischen Bindung und Freiheit, zwischen selbstverständlicher Unterordnung und richtig verstandenem Herrentum, zwischen Stolz auf das Eigene und Verständnis für Anderes, zwischen Härte und Mitleid. Ohne diese Verbindung läuft es Gefahr, zu seelenlosem Kommiß und engherziger Rechthaberei herabzusinken. Nur in der Synthese liegt die deutsche und europäische Aufgabe des Preußentums, liegt der ›preußische Traum‹!«[8]

Seine Überzeugung hatte neue, arge Zerreißproben zu bestehen. Fast schien es, als bräche die Fronde auseinander. Noch während seines Berliner und Potsdamer Aufenthaltes geriet das Amt Abwehr durch eine Devisenaffäre in die Schußlinie der Gestapo.[9] Dohnanyi, der bedrängten Juden geholfen hatte, Dr. Josef Müller und Dietrich Bonhoeffer wurden verhaftet. Oster suchte ungeschickt belastende Dokumente verschwinden zu lassen und durfte froh sein, daß er, unter Hausarrest gestellt, »lediglich« seinen Platz im Amt zu räumen brauchte. Die Führungszentrale der Verschwörung innerhalb des

Reiches war lahmgelegt, das höchste Mißtrauen der SS erweckt. Nichts konnte Himmlers Reichssicherheitshauptamt aufhalten, Canaris' Imperium Zug um Zug zu erobern. Beck kränkelte und mußte sich einer lebensgefährlichen Darmoperation unterziehen, ein noch schwerwiegenderer Ausfall, der wenigstens etliche Monate kostete. Witzleben, zumindest als Soldat entschlossen, erkrankte ebenfalls und stand vor seinem Abschied. Olbricht – zuverlässig im Planen, jedoch ohne eigene Antriebe – wagte nicht selbständig oder gegen den Befehlshaber des Ersatzheeres zu handeln. Fromm aber, sein unmittelbarer Vorgesetzter, blieb ein egoistischer, genußsüchtiger Opportunist, der nur »richtig zu liegen«, trachtete.[10] Ihn, der bedenkenlos auf mehreren Schultern trug, konnten allenfalls die stärksten Bataillone »überzeugen«. Selbst wenn jetzt wider Erwarten ein dritter Anschlagsversuch gelang: die mühsam aufgebauten Positionen in der Heimat waren empfindlich getroffen, wenn nicht zerschlagen.

Gewiß bewährte sich Goerdeler auch weiterhin als Motor des Widerstandes. Mit einer ausholenden Denkschrift vom 26. März 1943 hoffte er die Generalität zu eindeutiger Opposition und schneller Aktivität zu bekehren.[11] Obwohl hinsichtlich des Verständigungswillens der Westmächte von übertriebenem Optimismus, ließen sich ihre wirtschaftlichen und militärischen Argumente kaum widerlegen. Was Goerdeler nach historischen Exkursen niedergeschrieben hatte, mußten sich intelligente Soldaten längst eingestehen. Tresckow, der die Denkschrift las, war beeindruckt, riet aber dringend davon ab, sie an die Adressaten und seinen Feldmarschall zu senden. Es sei »völlig zwecklos«. Nicht einmal »Engelszungen« brächten Kluge als ersten zum Handeln.[12] Noch mehr wurde Goerdeler innerhalb der zivilen Fronde zurückgeworfen. Helmuth James Graf von Moltke und dessen Kreisauer Kreis erstrebten eigenwillige politische Ziele. Diese »Jungen« widersetzten sich Koalitionen, sprachen von verschleierten Gegensätzen und bezichtigten Goerdeler der Reaktion.[13] Ungeduld und Gereiztheit beherrschten jene, die besser daran getan hätten, ihre zumeist akademischen Streitfragen aufzuschieben. Einig war man sich nur über die Notwendigkeit eines baldigen Staatsstreiches, wobei die gewaltsame Beseitigung Hitlers umstritten blieb. Niemand indes, der zu dieser zivilen Fronde gehörte, vermochte den gewollten Staatsstreich auszulösen.

Erneut hatte Tresckow seine noch immer untergeordnete Stellung zu beklagen. Er brauchte weder Aufmunterungen noch Befehle, sondern suchte auch ohne »Sicherheiten« den psychologisch richtigen

Zeitpunkt herbeizuzwingen. Er kämpfte – bis auf Goerdeler – so gut wie allein um die allenthalben zerbröckelnde, gespaltene und resignierende Verschwörung, doch Einfluß und Rang spotteten seiner Energie und seinem Führungswillen. Da er sich weniger denn je über Menschen täuschte, trug er schwer an diesem Mißverhältnis. Es schien ein Mißverhältnis, das, wider alle Absichten, den Jammer der Fronde verewigte. Aber wieder: was zu tun war, ließ ihm keine Ruhe. Er wußte: die Spitzengliederung des Heeres, die für geistlose Strategien und die unentschuldbare Katastrophe von Stalingrad verantwortlich zeichnete, empörte Befehlshaber, Amtschefs und Armeekommandeure. Nutzte er deren Unruhe und Erregung, konnte er die Verschwörung wenigstens um Schritte voranbringen, ihr vielleicht sogar bessere personelle Voraussetzungen erschließen.

Nach Smolensk zurückgekehrt, stärkte er Kluges wachsende Opposition gegen Hitlers militärische Führung und das bisherige OKW.[14] Im Mauerwald bei Angerburg sprach er mit Heusinger, dem Chef der Operationsabteilung. Auch Heusinger gestand zu, daß es »so« nicht weitergehen könne. »Hitler muß zur Abgabe des Oberbefehls über das Heer und die Ostfront und zur Trennung von Keitel bewogen werden. Zeitzler ist der gleichen Auffassung. Wenn das überhaupt jemand durchsetzen kann, dann ist er es. Er besitzt mehr Durchschlagskraft bei Hitler als die anderen.«[15] Das waren erfreuliche Mitteilungen, doch Tresckow zeigte vorsichtige Skepsis und fragte nach Alternativen. Heusinger verwies auf die Notwendigkeit, »dem Russen die Initiative wieder zu entreißen und die Ostfront auf einer verkürzten Linie so zu festigen, daß wir im Westen unter allen Umständen eine Invasion abschlagen können«. Er glaubte – bei derartigen Erfolgen – an ein erträgliches Ende »durch vernünftige politische Maßnahmen« und daran, daß in langandauernden Kriegen »die technische Überlegenheit oft von einer Seite auf die andere« wechsele.[16] Tresckow bezweifelte Hitlers Einsichtsfähigkeit und infolge eigener, sicherer Nachrichten einen Wandel im Bild der Kraftreserven. »Gegen die Rüstungsmaschinerie Amerikas, Englands und Rußlands kommen wir auf die Dauer nicht mehr an. Vor allem wird der Luftkrieg unsere Industrie mehr und mehr zerschlagen. Vom Herbst an werden wir es erleben.«[17]

Ende Mai wieder in Berlin, informierte er Kaiser, Olbricht und Goerdeler über einen Vorstoß Zeitzlers, der zu Himmler gefahren sei, um »dort die Kabinettsfrage zu stellen«. Kaiser notierte: »Keitel ist nicht mehr tragbar. Zeitzler fordert seinen Rücktritt. Keitel hat völlig als OKW. versagt. Zeitzler will Feldmarschall von Kluge als Nachfolger vorschlagen.«[18] Tresckow unterstützte die Kandidatur Kluges. Manstein taugte, in seinen Augen, vor allem als Oberbefehlshaber des Heeres. Rommel dagegen, auf den die Rede kam, schien ihm »für den Posten nicht fähig«. Guderian – bei der Truppe beliebt, aber unpolitisch, mit Kluge verfeindet und selbst militärisch schwankend – schied er von vornherein aus.[19] Olbricht setzte auf Zeitzler und die Phalanx seiner sechs Abteilungschefs, doch Tresckow erblickte unter ihnen, wenn er von Fellgiebel (Nachrichtenwesen) absah, kaum Einigkeit. »Heusinger hat Erkenntnis und Klarheit. Zweistündige Unterredung vor einigen Tagen. Stieff (Organisationsabteilung) hat die beste Absicht und zugleich Willen zur Aktion. Wagner (Oberquartiermeister) kein einwandfreier Charakter. Gercke (Chef Truppenwesen) und Berendt (Abteilung Ausland) treten weniger hervor.«[20] Diese Männer – »sehr verschieden untereinander« – handelten nicht gegen Hitler; sie dächten zuletzt daran, ihn aus dem Sattel zu heben. Auch Heusinger ließe sich nur nach einem Umschwung bewegen. Es habe keinen Zweck, daß Goerdeler Verbindung mit ihm suche.[21]

Tresckows Skepsis wurde bestätigt. Unangefochten verharrte der Diktator in seiner allgewaltigen Stellung. Mühelos, auftrumpfend oder geschmeidig hintertrieb er jede Reform der Spitzengliederung. Nicht einmal das Projekt eines Ostfront-Oberkommandierenden mit eigener Verantwortung und Entschlußfreiheit wollte glücken. Es blieb bei Keitel und dem Irrwitz von Kriegsschauplätzen des Oberkommandos der Wehrmacht (Wehrmachtführungsstab Jodl) und des Oberkommandos des Heeres (Generalstabschef Zeitzler), dem strikten Nebeneinander der Wehrmachtteile und jenem Ämter- und Kompetenzenchaos, das allein Hitler »letzte« Entscheidungen sicherte. Gleichwohl gab Tresckow nicht nach. Die schwelenden Spannungen innerhalb des Führungsapparates rechtfertigten einen neuen Versuch. Im Frühsommer 1943 bat er Gersdorff, mit Briefen von Goerdeler und Popitz zu Manstein zu reisen.[22] »Wir müssen die grundsätzliche Ansicht des Feldmarschalls zu dem geplanten Staatsstreich erkunden.« Schulze-Büttger und Stahlberg, die Verbindungsleute in Saporoschje, würden unterrichtet. Der »Auftrag« Kluges läge vor. Die Briefe seien nur nach einer ermutigenden Aussprache unter vier Augen zu übergeben. Bestünde Manstein auf der Anwesenheit seines Chefs, des Generalmajors Theodor Busse, dürfe lediglich von militärischen Belangen die Rede sein.

Der Oberbefehlshaber der Heeresgruppe Süd empfing Tresckows Abgesandten allein. Gersdorff begann mit der Spitzengliederung. Manstein stimmte ihm zu, daß man sie ändern müsse, meinte aber, er sei persona ingrata und daher nicht der richtige Mann, um bei Hitler vorstellig zu werden.[23] Nur Kluge oder Rundstedt könnten eine solche Aufgabe übernehmen. Eine gemeinsame Aktion aller Feldmarschälle lehnte er ab, denn: »Preußische Feldmarschälle meutern nicht.« Gersdorff erinnerte an historische Gegenbeispiele und sprach – vorsichtig weitergehend – von einer anderen Lösung. Sofort fragte Manstein zurück: »Ihr wollt ihn wohl totschlagen?« Als Gersdorff bejahte, erwiderte er erregt: »Das mache ich nicht mit. Das junge Offizierkorps ist nach wie vor hitlerbegeistert. Daran zerbricht die Armee.«[24] Mansteins Erregung offenbarte einen »feststehenden Entschluß«. Jedes weitere Argument der Fronde war »wie gegen eine Wand geredet«. Die Übergabe der Briefe mußte unterbleiben, weil das Risiko zu groß erschien. Gersdorff konnte dem Feldmarschall nur noch Kluges Wunsch ausrichten, sich für den Fall eines gelungenen Staatsstreiches als Chef des Wehrmachtgeneralstabes bereit zu halten. Darauf Manstein, ruhig und mit leichter Verbeugung: »Ich werde mich stets loyal der legalen Regierung zur Verfügung stellen.«[25]

Die Fronde mußte begreifen, daß auf Manstein nicht zu zählen war: er wollte »Sicherheit« und später Befehle. Dieser Feldmarschall klammerte sich an einen brüchig gewordenen Ehrenkodex, vertraute seinem strategischen Genie und darauf, es nicht zuletzt unter Hitler sinnvoll anwenden zu können. Nur kopfschüttelnd und mit sarkastischen Bemerkungen konnte Tresckow Gersdorffs Bericht vernehmen.[26] Hoffnungsvoller, schien es, entwickelte sich Kluge. Er hatte Gersdorff ermächtigt, neben Problemen der Spitzengliederung auch über den Staatsstreich zu sprechen – nach seiner bisherigen Haltung eine überraschende, wenn nicht gar unglaubwürdige Konzession. Nun, während eines Ganges mit Tresckow und Gersdorff vor seinem Hauptquartier, wagte er einen noch entschiedeneren Schritt. Abermals erörterte man die Lage. Von neuem »bearbeitete« Tresckow seinen Oberbefehlshaber. Mehrfach erklärte er: »Dieser Mann muß weg.«[27] Wieder vermochte sich Kluge zu »einer solchen Sache« nicht durchzuringen. Da sagte ihm Tresckow: »Herr Feldmarschall, wir haben es bereits versucht. Der Mann, der rechts neben Ihnen geht, hat persönlich einen solchen Versuch durchgeführt.« »Gersdorff, was haben Sie gemacht? Wie konnten Sie so etwas tun?« »Herr Feldmarschall, weil wir auf dem Standpunkt stehen, daß es die einzige Lösung ist, um die deutsche Nation zu retten vor dem völligen Untergang.«[28] Kluge verstummte und zögerte. Schließlich breitete er die Arme aus und rief: »Kinder, Ihr habt mich.« Dann folgte das Händeschütteln. Gersdorff empfand die Theatralik des Moments. Tresckow zweifelte und, wie die Zukunft bewies, nicht ohne Grund, ob eine unwiderrufliche Entscheidung gefallen war. »Aber, Herr Feldmarschall«, warnte er lächelnd, »jetzt dürfen Sie nicht mehr zurück.«[29] Doch zunächst überwog Genugtuung. Es war – so Gersdorff – »ein eindrucksvoller Augenblick«.

Am ergiebigsten blieb Tresckows Werbung um jüngere Offiziere. Noch immer hütete er sich, Soldaten der Fronttruppe einzuweihen: sie, die zu kämpfen hatten und eine Verschwörung kaum unterstützen konnten, wollte er nicht mit Pflichten der Führung belasten. Dafür hielt er sich an weitere Männer des inzwischen umbesetzten Stabes. Erneut halfen ihm Beredsamkeit und »besondere Ausstrahlung«. Die instinktsicher und bedachtsam Angesprochenen spürten, daß Verstand und Gewissen seine »unwiderstehliche Überzeugungskraft« prägten.[30] Tresckow gewann den Ia/op, Oberstleutnant Alexander von Voss, zuvor Generalstabsoffizier bei Witzleben in Paris, nun Nachfolger Schulze-Büttgers, Voss' Stellvertreter Major i. G. Ulrich von Oertzen, ferner Hauptmann Albrecht Eggert und Oberleutnant Hans Albrecht von Boddien – sämtlich Offiziere, die innerlich nie dem Nationalsozialismus erlegen waren.[31] Andere wurden zu stillen Verbündeten oder ahnten, womit er sich trug, ohne seine Absichten zu gefährden.

Unverwandt trachtete er nach einer dritten Attentats-Chance. Jede verpaßte Gelegenheit erbitterte ihn. Als ihm Stahlberg mitteilte, im März wäre Hitler in Mansteins Hauptquartier umzubringen gewesen, fragte er »mit großen funkelnden Augen«: »Und Du hast ihn nicht umgebracht?«[32] Die berechtigte Antwort: »Da hätte es wohl eingehenderer Absprachen bedurft«, nahm er nur widerwillig hin. Um so mehr hoffte Tresckow – als Kluges Begleiter – auf eigene Bombenanschläge in Rastenburg. Dann wieder suchte er einen abermaligen Heeresgruppen-Besuch Hitlers anzuregen, bei dem der Diktator durch Pistolenschüsse mehrerer Attentäter fallen sollte.[33] Doch die begehrte Chance wollte sich nirgendwo einstellen. Alle Pläne und Erwägungen schienen vergeblich, sinnlos, zum Scheitern verurteilt. Kluge war im Führerhauptquartier nicht zu isolieren, Hitler zu keinem weiteren Besuch der »Mitte« zu bewegen. Und selbst wenn während dieses Sommers 1943 ein Anschlag geglückt wäre: weniger denn je konnte die angeschlagene Heimat-Fronde einen zügigen Staatsstreich garantieren.

Das anhaltende Desaster der Verschwörung sowie Kluges abermaliges Schwanken zehrten an Tresckows Kräften. Er wurde ungeduldig und abweisend, zeitweise sogar schroff und herrisch. Offen schmähte er im engsten Kreis die Feldmarschälle.[34] Er wußte: Kluge, Manstein und der die Heeresgruppe Nord führende Küchler waren keine Nationalsozialisten. Ihr militärischer Blick sah, was Hitler anrichtete. Sie gaben zu, Verbrechen des Staatsoberhauptes und Obersten Befehlshabers durchschaut zu haben. Sie hatte der Widerstand bestürmt, um des Volkes und Reiches willen eine Wende einzuleiten, da ohne die Spitzen des Heeres nicht auszukommen war, doch sie blieben in mißverstandenem Gehorsam befangen, duldeten unbegrenzte Zumutungen und entzogen sich. Tresckows Wesen rebellierte. Er, dem niemand sagen mußte, daß der Marschallstab zur Teilhabe an der Souveränität verpflichtete, begann abgründige Verachtung für die höchsten Soldaten zu fühlen. Konnte bei solchem Verfall eine Umkehr gelingen? War es nicht bereits zu spät? Vor allem aber: durfte man überhaupt noch einen Ausgleich mit den Gegnern erwarten? Und wenn ja: mit wem sollte man zunächst verhandeln?

Tresckow – wohlinformiert – spürte die zunehmende Ungunst der außenpolitischen Szene. Er täuschte sich nicht, daß jeder ungenutzt dahingehende Monat Deutschlands Niederlage vergrößerte, und gerade dieses Wissen steigerte seine Unrast und Erbitterung. Siegende Nationen, gestand er schon jetzt, ließen sich nicht »abstoppen«; sie gewährten kaum oder allenfalls geringe Zugeständnisse. Niemand könne mehr von ihnen verlangen.[35] Dennoch setzte er auf Einsichten und Interessen, die namentlich bei den Engländern über den Tag hinausweisen mußten. Er war aus Neigung anglophil und entschlossen, in erster Linie eine Verständigung mit den Westmächten zu suchen. Großbritanniens Politik hieß: europäisches Mächte-Gleichgewicht. Unmöglich zielte sie darauf ab, Deutschland auszulöschen und eine Hegemonie der Sowjetunion zuzulassen.[36] Vollends brauchte das Reich Rückendeckung. Ohne westliche Hilfe konnte es dem Sog Rußlands kaum noch widerstehen. Großbritannien und Deutschland, West- und Mitteleuropa waren aufeinander angewiesen. Tresckow registrierte Risse und Spannungen im alliierten Lager. Nirgendwo erinnerte der Bund Englands und Amerikas mit der Sowjetunion an eine »Herzensangelegenheit«.[37] Churchill, den er als Staatsmann und Politiker achtete, schien die »russische Gefahr« zu fürchten: ihm hatte ein neues, freiheitliches Deutschland beizuspringen. Roosevelts ideologische Verblendung zählte nicht. Tresckow, dem die USA fernstanden, blieb sie verborgen. Zumeist unterstellte er gemeinsame angelsächsische Erkenntnisse und Pläne.[38]

Was ein Ausgleich forderte, wollte er erbringen. Er beharrte auf *keiner* der Eroberungen Hitlers. Unbeirrt strebte er zur »balance of power« zurück. Er wünschte weder Österreich noch die Sudeten, sondern lediglich die Grenzen von 1937 und einen schmalen Land-Korridor mit Ostpreußen, kurz: ein Reich, das Deutschland und Europa davor bewahrte, eine Beute der Russen und Amerikaner zu werden.[39] Solch ein Programm, meinte er, müsse jene beeindrucken, die den Krieg gerade wegen des erschütterten Mächte-Gleichgewichts auf sich genommen hatten. Er glaubte an den Ernst der Casablanca-Formel. Diese Formel galt – in seinen Augen – dem deutschen Diktator und dessen Regime, kaum aber der Opposition, sofern sie rechtzeitig handelte.[40] Eine maßvoll auftretende Fronde, die Hitler beseitigt hatte, mochte London zur Vernunft bekehren und von der Notwendigkeit eines intakten Deutschlands überzeugen. Darin wollte er nicht irre werden. Tresckow spann keine eigenen Fäden zu den Westmächten. Als führender Generalstabsoffizier wurde er an der Front festgehalten. Schlabrendorff indes unterrichtete ihn über Bonhoeffers und Schönfelds Mission in Schweden. Goerdeler ließ – häufig und gewiß optimistisch – durchblicken, daß er Verbindung zu Großbritannien habe.[41] Sowenig die Gespräche der Emissäre befriedigten: Tresckow wertete sie positiv. Man hatte, mitten im Krieg, Kontakt und sprach überhaupt miteinander. Aufgabe der Verschwörung war es, bessere Voraussetzungen zu schaffen. Lebhaft begrüßte er Churchills Plan einer Balkan-Invasion. Lange ermutigte ihn Schlabrendorffs Hoffnung, daß »die Sache mit dem britischen Premier«, den der Vetter persönlich kannte, »doch noch glücken werde«.[42]

Tresckows »Westlösung« wurde zu keinem Dogma. Oft genug mühte er sich, auch im Osten einen Ausgleich vorzubereiten. Er war ein Feind des Bolschewismus, den er aus Gründen der Tradition und als System für Deutschland ablehnte, aber ein Freund des russischen Volkes, dem er mit Zuneigung begegnete.[43] Alles war zu tun, um das Vertrauen seiner Menschen zu gewinnen. Die Heeresgruppe folgte Tresckows Willen: sie eröffnete Kirchen, gab den Bauern Land zurück, setzte unabhängige Verwaltungen ein und erleichterte das Los der Bevölkerung. Die Resonanz überwältigte und gipfelte in Ergebenheitsadressen. Nichts schien einfacher, als dieses »bescheidene, fleißige, physisch und moralisch gesunde Volk« zu führen und auf die eigene Seite zu ziehen.[44] Tresckow vermittelte eine Denkschrift seines Ic-Offiziers Strik-Strikfeldt, die bereits im Herbst 1941 eine russische »Befreiungsarmee« von 200 000 Mann und eine provisorische russische Exilregierung empfahl. Er wagte es gegen ungeahnte Hindernisse, die erste Brigade, den sogenannten »Versuchsverband Mitte« aufzustellen.[45] Er bekämpfte Übergriffe nationalsozialistischer Organe sowie die trostlosen Zustände in den Kriegsgefangenenlagern – Hypotheken, die jede russische Bereitschaft im Keim ersticken mußten. Noch Ende 1942 verlangte er ». . . die Errichtung einer zentralen russischen Selbstverwaltung oder mehrerer solcher Verwaltungen für verschiedene Gebiete (z. B. Weißruthenien, Ukraine) unter deutschem Militärschutz. Zusicherung von nach außen hin weitreichender Handlungsfreiheit für diese neue russische Führung, die zum Aufbau eines neuen Rußlands und zum Sturz Stalins und des Bolschewismus aufrufen müßte«.[46]

Die Politik, die er anregte, verhinderte Dialoge mit Moskau. Eher drohte sie, auf den ersten Blick, Hitler zum Triumph zu verlocken. Doch Triumph im Sinne des deutschen Diktators hieß: Unterwerfung und Eroberung, Joch und Annexion. Dafür aber würden, wie Tresckow wußte, Versklavte nie zu haben sein. Er glaubte nicht an die Phantasterei, daß Rußland mit Hilfe der Russen zu schlagen sei, sondern allenfalls an den Zusammenbruch des totalitären kommunistischen Regimes.[47] Was ihm – über Hitler hinaus – vorschwebte, war die Stärkung des nationalrussischen Elements und Selbstbewußtseins. Da sah er Chancen, die sich auszahlen mußten, Möglichkeiten eines Umbruchs, den man zu verwirklichen hatte. Tausende von Russen, Bürger und Kriegsgefangene, haßten den Bolschewismus. Tausende drängten zum Kampf gegen die offenbar ungefestigte sowjetische Zwangsherrschaft. Tresckow wollte sie sammeln, mobilisieren. Ein nicht-stalinistischer Staat, der religiösen und humanen Werten verpflichtet war, schien ihm für die Fronde der beste Partner. Diesen Partner zu täuschen oder gar zu betrügen, lag ihm fern. Stets erstrebte er, im Endeffekt, ein unversehrtes Russisches Reich.

Doch Hitler war nicht um solcher Ziele willen in die Sowjetunion eingefallen. Er gedachte zu kolonisieren und auszurotten. Verbohrt bestand er auf seinem Lebensraum-Imperialismus und der Philosophie vom östlichen Untermenschen. Strik-Strikfeldts Projekt, obgleich von Brauchitsch für »kriegsentscheidend« angesehen, verlief im Sande. Kluge – ängstlich – befahl, Tresckows Versuchsverband in Bataillone zu zerlegen und deutschen Einheiten zuzuweisen. Die ausgewählten russischen Offiziere meuterten und wurden abgeschoben.[48] Noch empfindlicher scheiterte Andrej Andrejewitsch Wlassow, der sich wie kaum ein zweiter eignete, um zum Kampf gegen Stalin aufzurufen. Im Juni 1943, längst nach dem Smolensker Manifest des russischen Generals, fragte Tresckow Eugen Dürksen, Vertreter der Abteilung Wehrmachtspropaganda im OKW: »Warum werden die Einsätze mit Wlassow nicht zu einem Positivum gestaltet? Warum bleibt es in der Luft hängen? Warum wird nicht eine russische Armee und Regierung gebildet und der Russe zu unserem Verbündeten erklärt?«[49] Aber auch diese Fragen waren »sinnlos«: Hitler untersagte zum gleichen Zeitpunkt Wlassow jede Aktivität. »Wir werden niemals eine russische Armee aufstellen: das ist ein Hirngespinst ersten Ranges.«[50]

Der Russe blieb Freiwild. Er hatte – insbesondere in den Städten – weiter zu hungern, die Besatzungsmacht stahl ihm seine Pferde und oft das letzte Stück Vieh, sie zündete Dörfer an und trieb ihn ohne Gnade zur Deportation. Der rücksichtslose Terror, der vor keiner Hinterhältigkeit und Gemeinheit zurückschreckte, peinigte Tresckow. Er protestierte und brandmarkte, er lief in Unterredungen und Memoranden Sturm, doch die »so wunderbare Gelegenheit, die Sympathie eines unterworfenen Volkes« zu erwecken, wurde mißachtet, verschenkt und vertan.[51] Was nutzte der von ihm immer wieder hervorgehobene Drang dieses Volkes »nach Wissen, Kultur und Religion«, an den man sich hätte halten müssen? Tausende, die zu gewinnen gewesen wären, griffen nun als Partisanen die Lebensadern der Heeresgruppe Mitte an. Die Hilfswilligen in den deutschen Frontdivisionen boten keinen Ersatz: sie glichen Troßknechten, nicht aber Soldaten einer eigenständigen russischen Befreiungsarmee. Tresckows »Politik«, nach seiner Kenntnis des Kommissar-Erlasses und anderer vorsätzlicher NS-Barbareien ohnehin eine Utopie, wurde durchkreuzt und ausgelöscht.

Hitler ließ als Partner nur: das kommunistische Rußland. Die Verschwörer konnten nicht wählen, sondern mußten sich, für den Fall ihres Erfolges, im Osten mit dem Bolschewismus verständigen. Tresckow widerstrebte der Weg, auf den er gestoßen wurde. Stalin war ihm »das Pendant zu Hitler«, Gehilfe des Teufels oder auch ein

Teufel selbst, doch zugleich bewunderte er die Energie und Zähigkeit des Kreml-Diktators. Zunehmend erkannte er die welthistorische Rolle der Sowjetunion.[52] Prüfte Tresckow Rußlands Lage nüchtern, hatte es sogar den Anschein, als böte sie die größten Verhandlungschancen. Stalin forderte nicht die bedingungslose Kapitulation, zu der Churchill und Roosevelt überredet worden war. Er sprach von einem deutschen Volk, das bestehen bleibe, auch wenn die Hitler kämen und gingen. Er ließ ein Nationalkomitee »Freies Deutschland« gründen, in dem Emigranten und Überlebende der Stalingrad-Armee – um des Reiches willen – einen baldigen Waffenstillstand propagierten. Und er hatte über Stockholm mehrfach zu erkunden versucht, ob nicht Deutschland einem Frieden zustimmte, der die Ostgrenze von 1939 oder 1941 erhalten sollte.[53] Mit alledem mochte er zunächst die Westmächte erpressen, die ihm vermutlich Konzessionen und offensichtlich eine wirkliche Zweite Front verweigerten. All das deutete aber auch auf Verständigungsaussichten, die das Reich – sein noch immer machtvoller Gegner – erproben konnte.

Tresckow fühlte nach, was deutsche Soldaten veranlaßt hatte, sich dem Nationalkomitee anzuschließen. Indizien bewiesen ihm die Echtheit ihrer Aufrufe. Solange diese Aufrufe – bis zur Konferenz von Teheran – die Oberbefehlshaber der Wehrmacht beschworen, den deutschen Diktator zu stürzen, das Ostheer geordnet auf die Reichsgrenze zurückzuführen und einen Waffenstillstand zu erzwingen, empfand er sie als hilfreiche Unterstützung eigener Aktivität.[54] Nicht minder horchte er auf, als er – spätestens im August 1943 durch Graf Schulenburg – von Stalins Stockholmer Friedensfühlern erfuhr. Werner Graf von der Schulenburg, Deutschlands letzter Botschafter in Moskau, war überzeugt: wenn Stalin, ein »kalter Rechner«, bereits Hitler Chancen einräumte, so mußte er sie erst recht seiner Opposition gewähren. Schulenburg schien die Sowjetunion noch nicht fest gebunden. Er spürte eine gute Verständigungsmöglichkeit und war bereit, sich zu einem Gespräch mit Stalin durch die deutschen Linien schleusen zu lassen.[55] Tresckow teilte Schulenburgs Übelegungen. Auch er begriff, daß Moskau konstruktive Vorschläge unterbreitete, während die Westmächte starrsinnig und unheilvoll schwiegen. Er unterstützte den Plan des Botschafters, der – vielleicht – den Ostkrieg beendete und somit Kräfte für den Kampf gegen Hitler freimachte. »Können wir die Rote Armee«, erklärte er, »von Mitteleuropa fernhalten, so müssen wir es versuchen.«[56]

Wieder dachte er undogmatisch. Ob in West und Ost gleichzeitig oder nacheinander zu verhandeln, ob die Außenpolitik der Fronde von Hassell oder Schulenburg zu leiten war, mußte die Situation entscheiden. Er erhob bis zuletzt keine Einwände, wenn trotz aller Schwierigkeiten zunächst eine Verständigung mit London und Washington erstrebt wurde.[57] Die »Westlösung« war ihm die liebste. Immer glaubte er, daß Großbritannien den »besten und leichtesten Akkord« ermöglichen müßte. Aber sperrten sich England und Amerika, hatte man die Sowjetunion gegen sie auszuspielen. Dieses Mühlespiel blieb sicher arge, verzweifelte Taktik, doch selbst Stalin zeigte an, daß in seiner Deutschland-Politik das russische Moment bolschewistische Prinzipien überwog. Die Opposition mußte sich nur einige ihrer Trümpfe bewahren. Fast schien es, als trieben Tresckow die außenpolitischen Aussichten im Osten zu doppelter Eile an. Derartige Aussichten, argumentierte er, könne auch der deutsche Diktator kaum übersehen. Noch 1943 fürchtete er die Gefahr eines Sonderfriedens zwischen Hitler und Stalin[58] – für ihn eines der größten Übel, das daher rasch abzuwenden war.

Tresckow gehörte zu den Verbündeten überzeugter Anti-Nationalsozialisten, nicht aber zu den Helfern jener, die das Deutsche Reich mit Waffengewalt bekämpften. Sein Treue»bruch« gegenüber Hitler verletzte kodifizierte Normen, ihn ertrug er im Bewußtsein höherer Notwendigkeiten, doch Erziehung, Einsicht und Gewissen verboten ihm Landesverrat.[59] Entschieden weigerte er sich, Wege der Feindbegünstigung einzuschlagen. Stabile Fronten bedeuteten Hoffnung und Handlungsfreiheit. Nichts durfte auch künftig die Kampfkraft des Heeres bedrohen. Die herannahende Katastrophe zwang ihn zu Abstrichen. Im Frühsommer 1944 sollte die Wehrmacht nach seiner Ansicht vor den anglo-amerikanischen Armeen kapitulieren, damit sie und nicht die Sowjets Deutschland besetzten. Solche Konzessionen, mit denen auch er den Zusammenbruch nationaler Kriegführung dokumentierte, galten indes allein für den Westen. Im Osten hatte die Truppe ihre Linien bis zu einem Friedensschluß zu verteidigen.

Seine Zeit als Ia der Heeresgruppe Kluges neigte sich dem Ende zu. Seit gut dreißig Monaten leitete er nun die Führungsabteilung der siegreichen, bedrängten und schließlich verlustreich zurückgeschlagenen »Mitte«. Vor einem weiteren Aufstieg, der ihm bei seinen Fähigkeiten sicher war, sollte er an der Front ein Regiment übernehmen.[60] Obgleich für den Widerstand auf eine einflußreiche Position bedacht, wehrte er sich nicht gegen die Aussicht, »... plötzlich die ganze Verantwortung los zu sein«. Mehr und mehr fühlte er sich nach zweieinhalb Jahren Heeresgruppenoberkommando in seiner Stellung selbst überständig. »Im Grunde«, schrieb er, »ist diese ganze Büroarbeit mit gelegentlichen Frontausflügen ja doch immer etwas beschämend, wenn man an den Druck und das Blut da vorn denkt.«[61] Oberstleutnant Peter von der Groeben, im Frühjahr 1941 sein erster Gehilfe, später Ia der 86. Infanterie-Division, war für den Juli 1943 als wenig beneideter Nachfolger vorgesehen, aber nochmals mußte Tresckow mithelfen, eine militärische Operation vorzubereiten. Hitler – entschlossen, wieder die Initiative zu ergreifen und wenigstens eine krisenfeste Ostfront zu schaffen – hatte das Angriffsunternehmen »Zitadelle« befohlen.

Die Offensive, zu der er ansporte, schien sich gleichsam aufzudrängen. In die deutschen Linien des Frühjahrs 1943 ragte um Kursk ein weit nach Westen vorspringender Frontbogen der Sowjets.[62] Gelang es, ihn durch Angriffe aus Nord und Süd abzuschnüren, wurden der Roten Armee empfindliche Schläge versetzt, bessere Stellungen und endlich Reserven gewonnen. Auch Hitler begriff, daß »Zitadelle« die Sowjetunion nicht mehr niederrang. Die Phasen eines kriegsentscheidenden Cannae waren vorbei. Allenfalls konnte er seinen Ostgegner noch einmal dämpfen, ehe er sich auf die Gegner im Westen warf. Die anglo-amerikanische Invasion des europäischen Festlandes stand bevor. Diese Invasion diktierte den Faktoren Kraft und Zeit. Sie erlaubte ihm kein Zuwarten in der vielleicht verlockenden Defensive, sondern nur den raschen Schlag »aus der Vorhand«, der strategische Schwächen des Feindes nutzte.

Teile der Heeresgruppe Mitte sollten von Norden her angreifen. Umgruppierungen, seit Monaten eingeleitet, begannen sich auszuzahlen.[63] Die glänzend geplante und vollzogene »Büffelbewegung« – Räumung des abnormen Frontbogens um Rshew – hatte Models 9. Armee freigemacht. Nach und nach wurde sie mit schließlich 6 Panzer-, 2 Panzer-Grenadier- und 7 Infanterie-Divisionen an die Angriffsstreifen herangeschoben. Geblieben war, als Folge des Stellungsverlaufs, ein ausladender deutscher Frontbalken um Orel, den Models Nachbar kaum abzustützen vermochte. Hier konnten die Sowjets dem Angriff in Flanke und Rücken fallen. Eine noch imponierendere Truppenmasse auf dem anderen Flügel: Mansteins Heeresgruppe Süd konzentrierte zwei Armeen mit 11 Panzer- und 7 Infanterie-Divisionen, aber auch am Donez beunruhigten nur schwach abgesicherte Fronten, die den Gegner erst recht zu Offensiven er-

munterten.
 Kluge und Manstein bekannten sich zu »Zitadelle«. Alternativen hatte ihnen Hitler versagt.[64] Die wohlerkannten Risiken wollten sie tragen, sofern rechtzeitig, also sofort nach dem Ende der Schlammperiode angegriffen würde. Der Feind durfte nicht zu Atem kommen. Manstein forderte den Einsatz aller verfügbaren Kräfte. Er hoffte auf größere operative Möglichkeiten und die Überlegenheit der deutschen Führung und Truppe. Noch immer war er davon durchdrungen, daß ein militärisches Remis erkämpft werden konnte.[65]
 Tresckow erlag nicht den Trugschlüssen Mansteins. Hitler war für die Feindmächte kein Verhandlungspartner.[66] Ein Remis diente, wenn überhaupt, allein der Opposition: sie hatte es auszuspielen. Auch ein Erfolg der Offensive erlöste nirgendwo von dem militärischen Dilemma, das unaufhebbar geworden war. Das deutsch-italienische Afrika-Korps hatte die Waffen gestreckt; Mussolinis Nation fing an zusammenzubrechen; die nicht bezwungene Sowjetunion fesselte weiterhin zahlreiche Armeen. Unter solchen Vorzeichen glückte die Invasion der Engländer und Amerikaner. Aufschübe, welche die Wehrmacht erfocht, verlängerten nur die Tragödie. Der Ring um Deutschland mußte sich schließen und – früher oder später – das Reich erdrücken.
 Trotz dieser Einsichten stritt Tresckow für »Zitadelle«, denn zumindest zielte das Unternehmen auf einen günstigeren Verlauf der Front. Am 15. Mai 1943 argumentierte er in Krassnyj Bor gegenüber Generalleutnant Friedrich Hoßbach: Hitler verweigere die freiwillige Räumung des Balkons um Orel.[67] Zum Sommer drohte eine sowjetische Offensive großen Stils. Da böte sich der feindliche Frontbogen um Kursk, der weit nach Westen in die deutsche Aufstellung hineinrage, für eine eigene Offensive geradezu an. »Dieser Bogen gibt uns die Gelegenheit, starke Kräfte des Gegners durch beiderseitige Umfassung vernichtend zu treffen. Gelingt die Operation, ist der russische Angriffsplan gestört. Dann haben wir zugleich den Vorteil einer kräftesparenden Frontbegradigung in der Linie Bjelgorod-Orel.«[68]
 Hoßbach – zum Kommandeur einer Infanterie-Division der »Mitte« ernannt – winkte ab. Die Situation verlange strikte Verteidigung. Scharf verurteilte er neue Offensiven im Osten.[69] Um so mehr war er bereit, auf Kluge in der Frage »einer geordneten Führung des Heeres« einzuwirken. Tresckow: bisher sei der OB nicht zu bewegen gewesen, bei Hitler vorstellig zu werden. »Hinsichtlich einer verantwortungsbewußten und fachmännischen militärischen Spitzengliede-

rung sieht Kluge klar, nicht aber in der Beurteilung der Gesamtkriegslage.«[70] Vorsichtig verwies er auf Gespräche mit dem Feldmarschall. Auch Kluge, schien ihm, brauchte noch einige Belehrungen, bis jede seiner Illusionen geschwunden war.

»Zitadelle« verzögerte sich. Hitler wartete auf das Wunder der ersten Tiger- und Panther-Modelle, Panzer, die den geplanten Angriff entscheiden sollten. Mai und Juni verstrichen. Das Moment der Überraschung zählte nicht mehr.[71] Der Feind war gewarnt und verschanzte sich in einem tiefgestaffelten Stellungssystem, er massierte panzerbrechende Waffen und zog starke Reserven heran. Die Bedenken der deutschen Führung stiegen. Model rief nach weiteren Kräften. Kluge ordnete an, vorsorglich rückwärtige Linien auszubauen. Unternehmen gegen Partisanen, bei denen die Heeresgruppe etliche Divisionen einsetzen mußte, säuberten das Hinterland der »Mitte«. Doch die Ausgangslage für »Zitadelle« hatte sich unheilvoll verdüstert. Tresckow warnte. Auch er neigte nun, an Clausewitz erinnernd, dem Konzept der Verteidigung zu.[72]

Seine Vorbehalte wurden überholt. Zum 1. Juli befahl Hitler Kluge und ihn nach Rastenburg. »Ein eigenartiges Gefühl, für so ein paar Stunden im Reich zu landen und wieder wegzufliegen.«[73] Schmundt bestätigte Tresckows bevorstehende Ablösung und eine anschließende Kur. Dann ging es zum Führerbunker: der Diktator wandte sich an die versammelten Befehlshaber der Heeresgruppen und Angriffsarmeen. Schläge aus der Nachhand, ließ er argwöhnisch wissen, seien zu verwerfen.[74] Die Gesamtlage, die er umriß, zwinge zur Offensive. Nichts dürfe kampflos aufgegeben werden. Für Deutschland komme es darauf an, die eroberten Gebiete zu behalten; es müsse die Hegemonie in Europa gewinnen, sonst könne es auf die Dauer nicht existieren. Die »Besprechung« – in Tresckows Sicht »mehr als interessant«[75] – gestattete kein Attentat. Die Fronde war gelähmt und unvorbereitet. Abermals schreckte die Anwesenheit Kluges und anderer Befehlshaber. Ein Anschlag – zu dieser Stunde gewiß ein ertragloser Verzweiflungsakt – mußte unterbleiben.

Vier Tage später, in der Frühe des 5. Juli, griffen die auf engem Raum konzentrierten deutschen Verbände an.[76] Luftflotten bombten ihnen den Weg. Models 9. Armee nahm die vorderen russischen Gräben und machte Gefangene, aber schon am zweiten Angriffstag versteifte sich der Widerstand des Gegners. Seine Stellungssysteme waren nicht zu durchbrechen. Erfolgreicher fochten Mansteins Armeen: sie zersprengten mehrere Korps und hieben eine 35 Kilometer tiefe Beule in die feindlichen Linien, doch erbitterte Gegenschläge verwehrten auch ihnen den operativen Triumph. Die Offensive, zunehmend eine »Materialabnutzungsschlacht«, erlahmte im Norden wie Süden. Am 10. Juli landeten die Westalliierten auf Sizilien – eine Invasion, die den europäischen Zweifronten-Krieg eröffnete; am 11. stießen die Sowjets mit überwältigender Übermacht in den geschwächten Orel-Bogen.[77] Die 2. deutsche Panzer-Armee wurde geworfen. Model, im Rücken bedroht, mußte kehrtmachen, ihr beispringen und weitere Angriffe aufstecken. »Zitadelle« war blutig gescheitert.

Die Führungsabteilung der »Mitte« arbeitete »ohne Punkt und Komma«. Von neuem gab es »verkürzte und zerklingelte Nächte«[78], aber Tresckows Wunsch, bis zu seiner Ablösung wenigstens »einen gewissen Abschluß« zu erzielen, sollte sich nicht erfüllen. Wohl vermochte die Heeresgruppe mit Hilfe starker Luftstreitkräfte den russischen Stoß abzudämmen, doch am 21. Juli kämpften 94 sowjetische Divisionen und 12 Panzer-Korps vor Brjansk: der eingedrückte Orel-Bogen gehörte dem Gegner. Die Initiative fiel endgültig und an allen Fronten in Feindeshand. Keine Heeresgruppe der Wehrmacht konnte sie zurückgewinnen. Mussolinis Sturz erweckte im Smolensker Stab leidenschaftliche Debatten und Hoffnungen auf ein rascheres Ende des Krieges.[79] Tresckow und sein Kreis wünschten, daß Italiens Diktator – Präzedenzfall für Deutschland – getötet würde, aber auch solch ein Ausgang nutzte nur dann, wenn die Fronde nicht länger stillhielt oder zögerte. Im letzten Juli-Drittel übernahm Groeben die Führungsabteilung. Bewegt verabschiedete sich Tresckow am 28. Juli von seinen Offizieren und Mannschaften. Das Heerespersonalamt versetzte ihn zur Führerreserve. Anfang August kam er nach Potsdam.[80]

Vorgesehen war ein dringend nötiger Kuraufenthalt, den er mit seiner Frau im oberbayerischen Heereserholungsheim Schloß Elmau verbringen wollte.[81] Beide rüsteten voller Vorfreude zur Abfahrt, da traf – während der letzten Vorbereitungen – Hamburg ein Großangriff britischer Bomber, der ungezählte Menschenleben forderte und die Stadt in ein Flammenmeer verwandelte. Dieser Feindeinbruch über der Heimat, der nun ständig drohte und sofortige Evakuierungsmaßnahmen erzwang, »wirkte wie ein Fanal«. Tresckow, innerlich aufgewühlt, konnte nicht reisen.[82] Alle Urlaubsträume wurden begraben, die Kinder aufs Land geschickt. Er selbst und seine Frau bezogen das Haus der Schwester, die Arnimsche Villa in Babelsberg. Ohne Umschweife machte er sich an die erneute Organisation der Verschwörung und den Staatsstreichplan.

Täglich fuhr er nach Berlin, um alte Verbindungen wiederherzustellen und weitere anzuknüpfen.[83] Er sprach Goerdeler, Olbricht, Kaiser, Fritz-Dietlof Graf von der Schulenburg, den Nationalökonomen Professor Jens Jessen, mit dem ihn, nicht nur innerhalb der Fronde, eine besondere Freundschaft verband, und, nach dessen Genesung, endlich auch Generaloberst Ludwig Beck. Er erlebte Übereinstimmung, guten Willen und einen Goerdeler, der inzwischen die Generalität abermals aufzurütteln versucht hatte. Er wagte die kühne Mitteilung, Kluge, Manstein und Küchler seien sich darüber klar, daß jetzt »gehandelt werden müsse«[84], doch der Opposition fehlten Führung, Entschlossenheit, Koordination und vor allem zuverlässige Planungsunterlagen. Sie zu erarbeiten, blieb um so dringlicher, als künftig allein noch das Ersatzheer für den Staatsstreich zu mobilisieren war.

Treskows erster Rundblick galt der Berliner Garnison: sie hatte, unmittelbar nach dem Attentat, die Schlüsselpunkte des deutschen Zentrums zu besetzen. Die Truppenteile, die man alarmieren konnte, überzeugten kaum durch Stärke.[85] In der Stadt standen das Wachbataillon, die Heeresfeuerwerkerschule, die Heereswaffenmeisterschule und zwei Landesschützenbataillone. Von ihnen fiel allenfalls das Wachbataillon ins Gewicht. Nach Mannschaft und Gerät verfügte es über die Feuerkraft eines verstärkten Regiments. Außerhalb Berlins lagen auf Übungsplätzen: die Infanterieschule Döberitz, die Schule für Schnelle Truppen in Krampnitz, die Panzertruppenschule in Wünsdorf und die Artillerieschule in Jüterbog. Die Bewaffnung der Schulen, die anrücken mußten, um den Staatsstreich zu sichern, war unterschiedlich. Wo sie nicht ausreichte, hatte man sie am Tag des Aufstandes zu ergänzen. Ein Mobilmachungskalender ließ sich dagegen rechtzeitig aufstellen. Tresckow konnte die Marschwege und -zeiten der Einheiten aufeinander abstimmen.[86]

Ungleich größere Probleme bot die SS als politischer und militärischer Faktor. Die Beck-Goerdeler-Verschwörung schwankte, ob sie nicht selbst die Totenkopf-Verbände in ihre Pläne einbeziehen solle. Delikate Gespräche mit Himmler – von Popitz und Langbehn geführt – schienen zu beweisen, daß die Siegeszuversicht des Reichsführers SS spürbar erschüttert war.[87] Tresckow verwarf solche Kontakte. Für ihn zählte die SS zu den fluchbeladenen Gegnern, die er mit Hitler auszuschalten beschloß. Stellung und Kampfkraft der Waffen-SS waren mühsam zu erkunden. Das Ergebnis: Himmlers Heer im Heer umfaßte, fremdländische Kontingente inbegriffen, fünf Panzer-Korps und siebzehn Divisionen. Gewiß waren die meisten dieser Einheiten an der Front oder in den besetzten Gebieten gebunden.[88] Trotzdem übertraf die SS allein in und um Berlin nicht nur die Stärke des Heeres; ihre Garnisonen legten sich auch vor die Schlüsselpunkte, die von den weiter entfernten Waffenschulen erreicht werden mußten.

Die Luftwaffe verhalf zu keiner Überlegenheit. Als junge Waffe Hitler verpflichtet, würde sie zunächst bestenfalls abseits stehen. Weniger denn je war daher auf die Polizei Berlins zu verzichten. Wolf Heinrich Graf von Helldorf, Polizeipräsident der Reichshauptstadt, unterstützte die Opposition. Er hatte dafür zu bürgen, daß der Sicherungsgürtel um Ministerien und Parteidienststellen verstärkt wurde.[89] Befehle waren entworfen und zur Hand. Tresckow prüfte alle Anweisungen und ordnete sie in seine Pläne ein. Dennoch vermochte keine Überlegung die Risiken des beginnenden Unternehmens auszuschließen. Der Anmarsch insbesondere der Waffenschulen außerhalb Berlins blieb zeitraubend. Voralarme ohne gelungenes Attentat aber bargen erhebliche Gefahren in sich. Zunächst konnten Einheiten des Heeres nur das Regierungsviertel und den Rundfunk besetzen. Auch wenn Überraschung und Verwirrung die Gegner lähmten: erst am Tag nach der »Initialzündung« ballte sich eine Truppenmacht, mit der die Fronde hoffen durfte zu siegen.

Zum Hebel des Staatsstreiches wurde »Walküre« – ein Plan, der den Wehrkreiskommandos bei »inneren Unruhen« befahl, ihre Kräfte in Kampfgruppen und Alarmeinheiten zusammenzufassen und einzusetzen.[90] Gedacht war an Aufstände der ins Reich verschleppten Fremdarbeiter und Kriegsgefangenen, an schwerwiegende Sabotageakte und Landungen feindlicher Agenten oder Fallschirmjäger. Zwei Befehlsstufen zielten auf größte Schnelligkeit. Schon nach sechs Stunden mußte die Truppe – ab Oktober 1943 auch das Feldheer des »Heimatkriegsgebietes«[91] – ihre Einsatzbereitschaft melden. Waffen, Fahrzeuge, Panzer, Munition und Gerät hatten die Wehrkreiskommandos eigenen Beständen zu entnehmen. Zu den übrigen Aufgaben gehörten »Objektschutz und die Sicherung von Kunstbauten«. Strikte Richtlinien verlangten, den Kreis der Beteiligten so weit wie möglich einzugrenzen. »Keinesfalls«, hieß es, »dürfen Dienststellen und Einzelpersonen außerhalb der Wehrmacht von den Absichten bzw. von den Vorarbeiten Kenntnis erhalten.«

Das Stichwort gab der Chef Heeresrüstung und Befehlshaber des Ersatzheeres.[92] Der Empfang war »umgehend und durch Fernschreiben im Wortlaut zu bestätigen«.

»Walküre« schien, in Tresckows Augen, geradezu für einen Staatsstreich entworfen zu sein. Kein Frondeur konnte bessere Arbeit leisten.[93] Die Auslösung versprach Ordnung und Zügigkeit; sie erweckte – unter dem Vorzeichen »Innere Unruhen« – auch in loyalen Köpfen kaum Zweifel. »Walküre« deckte den Anfang des Umsturzes. Das Ersatzheer würde, zunächst ahnungslos, als Exekutive der Verschwörung marschieren. Aber selbst die unerwarteten Chancen winkten nur einmal. Vorzeitige Aufgebote blieben an den legalen Zweck gebunden. Bereits Übungen konnten auffallen und Verdacht erregen. Noch kritischer stand es um die weiteren Phasen und Generaloberst Fromm, den opportunistisch gesinnten Befehlshaber des Ersatzheeres. Ob und wie die Abdeckung des Staatsstreiches zu verlängern war, mußte eingehend bedacht und berücksichtigt werden. Hier durfte man notfalls arge Täuschungen nicht scheuen. Tresckow jedoch ging von Hitlers Ende aus, da ein lebender »Führer« jeden Befehlsmechanismus störte.[94] Allein der Tod des Diktators erlaubte die Fiktion eines Partei- oder SS-Putsches, gegen den die Wehrmacht mit dem militärischen Ausnahmezustand eingeschritten sei. Einzig Hitlers Tod zog auch Fromm auf die Seite der Verschwörer.

»Walküre« diktierte alle Schritte. Tresckow konnte den Ablauf des Staatsstreiches skizzieren. Unmittelbar nach vollzogenem Attentat sind die Befehlsstellen der Bendlerstraße zu unterrichten und die Nachrichtenstränge des Führerhauptquartiers lahmzulegen.[95] Fernschreiben höchster Dringlichkeit setzen die Truppe in Marsch. Schlagartig bemächtigt sie sich der taktisch wichtigsten Punkte. Stoßtrupps verhaften Goebbels und Spitzenfunktionäre der Partei. Gegenüber der SS ist ein Ultimatum vorzusehen. Unterstellt sie sich nicht dem Heer, wird sie angegriffen und vernichtet. »Walküre« aber alarmiert nicht nur Berlin, sondern sämtliche Wehrkreiskommandos sowie die Militärbefehlshaber in den besetzten Gebieten. Sie übernehmen die vollziehende Gewalt und verhaften ebenfalls Gauleiter, Reichsstatthalter, Minister, Oberpräsidenten, ferner höhere Führer der Polizei, Gestapo und SS. Rückwirkungen auf die Front sind überall zu vermeiden. Der Umsturz ist das Werk weniger eingeweihter Gruppen. Er duldet weder Chaos noch Massenaktionen. Das nationalsozialistische Regime darf nicht gewarnt werden, geschweige zu Gegenschlägen ausholen. Erst der vollzogene Staatsstreich soll ins

Bewußtsein des Volkes dringen. Dann, mit dem Erfolg, wird ihm auch Autorität zuwachsen, ja, sicher sein.

Noch während dieser Vorarbeiten, Anfang August 1943, traf Tresckow Oberst Helmuth Stieff, im Generalstab Chef der Organisationsabteilung.[96] Das Treffen erneuerte eine alte Bekanntschaft. Schon Anfang des Jahres hatte sich Tresckow Stieff anvertraut: Hitler, gestand er dem zwergenhaften, aber agilen Mann, müsse beseitigt werden. Später war er abermals an ihn herangetreten. Jetzt – in Gegenwart Becks und Olbrichts – brauchte er nicht länger darzulegen, daß es historische Pflicht der Generalstabsoffiziere sei, den Zusammenbruch der Nation zu verhindern. Stieff, ein Hasser Hitlers, bekannte sich zur Fronde. Einen Monat darauf, in einem Gespräch zu zweit, offenbarte ihm Tresckow die versuchten März-Anschläge sowie Absprachen, die mit Großbritannien bestünden.[97] Nach geglücktem Attentat würde der Kampf gegen England und Amerika eingestellt, die Truppe hinter die deutsche Westgrenze zurückgenommen. »Die Front gegen Rußland wird aufrechterhalten.« Stieff blieb bereit. Im November empfing er Sprengstoff und Terminkalender für den X-Fall »Walküre«.

Ende August folgte Kluge. Tresckow, Beck und Goerdeler, in Olbrichts Wohnung gerufen, erlebten einen sorgenvollen Feldmarschall.[98] Italiens Kapitulation, die alliierten Luftangriffe auf Deutschland, der am britischen Radar gescheiterte U-Boot-Krieg, vor allem aber die verzweifelten Rückzugsschlachten im Osten schienen ihn nun aufgeschreckt zu haben. Die militärischen Kräfte, gestand er, reichten nicht aus, um den Kampf in Rußland, Italien und bald auch im Westen durchzustehen. Im Augenblick werde es selbst am Dnjepr kein Halt der Ostfront geben. Der Krieg sei verloren, wenn es nicht zu großen Entschließungen käme.

Kluge fragte Goerdeler, ob er noch außenpolitische Chancen sähe. Dessen Antwort: Großbritannien wolle, nicht zuletzt wegen seines Empires, ein intaktes Reich als Damm gegen den Bolschewismus.[99] Lediglich Hitler habe es in eine Koalition mit der Sowjetunion getrieben. Kluge erinnerte skeptisch an 1918. Darauf Goerdeler: damals lag Rußland am Boden. England sei »nach Osten unbehindert gewesen« und habe zudem Deutschland das linke Rheinufer erhalten. Eine besonnene britische Politik »kann es sich nicht leisten, diesen Krieg damit zu beschließen, daß ein riesenstarkes Rußland allein auf dem Kontinent zurückbleibt«. Ein Ausgleich wäre möglich. Die Grundlage: im Osten die Grenze von 1914; Österreich, Sudetenland,

Südtirol und Eupen-Malmedy deutsch; deutsch-französische Verhandlungen über Elsaß-Lothringen; keine Antastung der deutschen Souveränität; keine Reparationen, aber gemeinsamer Wiederaufbau Europas; Wirtschaftszusammenschluß der europäischen Staaten ohne Rußland.

Wunschgemäß entwickelte er auch innenpolitische Ziele.[100] Seine Stichworte für die nötigsten Reformen: Stärkung der Selbstverwaltung, gesicherte Persönlichkeitsrechte, absolute Unabhängigkeit der Richter, freie Wirtschaft und vereinfachtes Erziehungswesen. Sofort nach einem Vier-Augen-Gespräch mit Beck erklärte Kluge, daß es nun höchste Zeit sei zu handeln, »um noch rechtzeitig die militärische Situation auszunützen«.[101] Hitler werde die unumgänglichen Entschlüsse nicht fassen. Darum habe man ihn gewaltsam auszuschalten. Wieder stemmte sich Goerdeler gegen ein Attentat. Erregt verlangte er, »mit dem Führer ganz offen zu sprechen«. »Die gute Sache setzt sich jedem gegenüber durch.«[102] Kluge jedoch wies ihn ab. Beck ebenfalls. Der Feldmarschall beharrte auf dem Attentat. Die Verantwortung trüge er. Das Weitere besprächen er und seine Kameraden. Mit der Bitte an Goerdeler, »nur dafür zu sorgen, daß die Angelsachsen sich später richtig verhielten«, endete die Unterredung.[103]

Tresckow erfüllte Genugtuung. Endlich schien nun wenigstens Kluge wirklich entschlossen. Handelte er in entscheidender Stunde, vermochte er Manstein und Küchler mitzureißen. Die Verschwörung hatte ihren Frontbefehlshaber. Der Staatsstreich, von Goerdeler sogleich »fest« für den September erwartet, konnte verwirklicht werden.[104] Noch immer aber fehlte die wichtigste Voraussetzung: ein Attentäter, nicht minder die Gelegenheit, Hitler nahe zu kommen. Hier fühlte sich Tresckow jetzt ohnmächtiger denn je. Hier blieben auch ihm, den die mißlungenen März-Anschläge von neuem quälten, nur Hoffnung und Suche nach Auswegen.

Dafür gewann er jenen Verbündeten, dem er seit langem vorgearbeitet hatte, den Mann, der, sechs Jahre jünger als er, die Fronde im Reich wieder zusammenfügte: Oberstleutnant i. G. Claus Graf Schenk von Stauffenberg.[105] Stauffenberg, eine der größten Begabungen des Generalstabes, teilte nicht Tresckows frühe Skepsis und Hellsicht. Obgleich kein Nationalsozialist und unumwunden Konsequenzen zugeneigt, glaubte er noch 1942 an einen deutschen Sieg. Doch die törichte NS-Ostpolitik, die jede Organisation russischer Freiwilligenverbände zunichte machte, trieb ihn zum Aufbegehren.

Die Katastrophe von Stalingrad – Spiegelbild einer auch militärisch unfähigen und gewissenlosen Führung – erweckte seinen Widerstand.

Ein Frontkommando verbannte Stauffenberg zur Truppe weitab in Nordafrika. Nach schwerer Verwundung im April 1943, bei der er das linke Auge, die rechte Hand und die beiden letzten Finger der linken Hand verlor, drohte er vollends auszuscheiden. Aber Schmerz und Verstümmelung bezwangen ihn nicht. Zu seiner Frau äußerte er: »Weißt Du, ich habe das Gefühl, daß ich jetzt etwas tun muß, um das Reich zu retten. Wir sind als Generalstäbler alle mitverantwortlich.« Zu seinem Onkel und Vertrauten Graf Üxküll: »Nachdem die Generäle bisher nichts erreicht haben, müssen sich nun die Obersten einschalten.«[106] Zum Herbst wollte er Olbricht »zur Verfügung« stehen. Am 1. Oktober 1943 war er, kaum genesen, Chef des Stabes im Allgemeinen Heeresamt.

Bereits um den 10. August erschien er kurz in Berlin. Bei Olbricht traf er Tresckow, der ihn – zunächst erschüttert über Stauffenbergs Armstumpf und Augenklappe – nach Jahren erstmals wiedersah.[107] Einen Monat später setzten sie sich zusammen. Ihre gemeinsame, von seltenem Einklang getragene Arbeit begann. Beide, Tresckow wie Stauffenberg, waren Berufsoffiziere, gläubige Christen, vielseitig, sozial aufgeschlossen und beste Repräsentanten ihrer Schicht. Jeder empfand für den anderen größte Hochachtung.[108] Tresckow bewunderte Stauffenbergs Organisationsgenie und musische Neigungen, die der Literatur und besonders Stefan George gehörten, Stauffenberg die Klarheit und Unerbittlichkeit im militärisch-politischen Denken Tresckows. Animositäten, die der Süddeutsche gegen den Preußen hätte hegen können, konnten nicht aufkommen. Beide waren überlegene, konziliante Charaktere.[109]

Tresckow und Stauffenberg brauchten über ein Attentat nicht zu rechten. Hitler mußte sterben. Erste Überlegungen aber bekräftigten, daß auch der erzielte Tod des Diktators zur Vorsicht nötigte. Der Staatsstreich verlangte die Fiktion eines hinterhältigen *Partei*-Putsches. Diese Taktik war durch die Stimmung eines noch immer zuversichtlichen Volkes geboten. Sie hatte man zu beachten, wenn man obsiegen wollte.[110] Kein Verschwörer durfte davon ausgehen, daß seine eigene Einsicht in Deutschlands trostlose Lage Allgemeingut sei. Nach wie vor wußte die Propaganda unter Mißbrauch anerzogenen Vertrauens von Hitlers Sache zu überzeugen. Hinzu kam: wer in Deutschland zu einem Umsturz aufrief, bevor dieser zu einer vollendeten Tatsache gediehen war, der mußte gewärtig sein, auf die Empörung der Armee zu treffen. Meutereien und Revolten widersprachen ihrem Ethos, das eine Ausbeutung soldatischer Tugenden oft nicht einmal erwog. Somit hatte man vorzeitige offene Appelle an Volk und Wehrmacht endgültig zu verwerfen.

Um so mehr taugte »Walküre« für den Umsturz. Tresckow und Stauffenberg konnten – in detaillierter Form – den Ablauf festlegen. Ihr erster Befehl, den Witzleben unterschrieb, verkündete den Wehrkreisen: »Der Führer Adolf Hitler ist tot.«[111] Mit dem Hinweis auf »eine gewissenlose Clique frontfremder Parteiführer«, die versucht habe, der Front in den Rücken zu fallen und die Macht eigennützig an sich zu reißen, verhängte er den militärischen Ausnahmezustand. Die vollziehende Gewalt wurde – im Auftrag der Reichsregierung – dem Oberbefehlshaber der Wehrmacht übertragen. Ihm unterstanden Heer, Marine, Luftwaffe, Waffen-SS und Polizei, ferner Arbeitsdienst, Organisation Todt, jede Behörde des Reiches sowie sämtliche Gliederungen der NSDAP. Schlußziffern mahnten zu Sicherheit, Ordnung, Geschlossenheit und Disziplin. »Der deutsche Soldat«, hieß es, »steht vor einer geschichtlichen Aufgabe. Von seiner Tatkraft und Haltung wird es abhängen, ob Deutschland gerettet wird.« Der zweite Befehl, mit dem Witzleben die vollziehende Gewalt delegierte, bestimmte Sofortmaßnahmen wie die Besetzung aller Knotenpunkte und Konzentrationslager.[112] Er forderte, hohe Würdenträger des Staates und der Partei zu verhaften, und verbot Übergriffe oder Racheakte. Sein Passus, daß sich die Bevölkerung »des Abstandes zu den willkürlichen Maßnahmen der bisherigen Machthaber bewußt werden« müsse, enthüllte »Walküre« als legalistisch verbrämten Staatsstreich. Doch diese – unvermeidliche – Offenheit deckte sich mit den durchschaubaren Sofortmaßnahmen. Sie galt zudem nicht der Öffentlichkeit, sondern den Wehrkreiskommandos und setzte auf die schwelende Feindschaft zwischen Heer und SS.

Standrecht-Verordnungen untersagten Demonstrationen und Arbeitsniederlegungen. Andere Weisungen befahlen, bei Widerständen der SS gegen ihre Eingliederung in das Heer rücksichtslose Gewalt anzuwenden.[113] Noch eingehender die Befehle für den wichtigsten Wehrkreis III (Berlin), die Tresckow, Stauffenberg und der herbeigerufene Major Ulrich von Oertzen ausarbeiteten. Ein Zeitplan regelte Einsatz und Aufgaben der verfügbaren Einheiten, zu denen Verbindungsoffiziere entsandt werden sollten. Der »Kalender« unterschied vorbereitende Maßnahmen, Vorausmaßnahmen und den X-Fall

»Walküre«.[114] Zusätze bestanden auf völliger Geheimhaltung und klarster Befehlsübermittlung als Gewähr »für ein schlagartiges Gelingen aller Absichten«. Der Berliner Stadtkommandant, Generalleutnant Paul von Hase, war eingeweiht. Im Wehrkreis III half der Chef des Stabes, Generalmajor Hans-Günther von Rost, den Plänen der Fronde.[115] Rost sondierte geschickt in Dienststellen, bei Kommandeuren und Truppenteilen. Er konnte im von Bombenangriffen heimgesuchten Berlin sogar erste, unverdächtige Übungen abhalten. Nirgendwo glückte es, den Umsturz besser vorzubereiten.

Weitere Anweisungen Trescows und Stauffenbergs zielten auf die Eroberung der Rundfunksender: ihr, die über den Staatsstreich entschied, maßen sie unbedingten Vorrang zu.[116] General Erich Fellgiebel, auch er ein Mitverschworener, war entschlossen, die Nachrichtenstränge der »Wolfsschanze« oder des »Berghofes« zu blockieren; doch eine vollständige Abschaltung konnte er angesichts unabhängiger Fernschreib-, Funksprech- und Funkschreibverbindungen weder in Ostpreußen noch im Innern des Reiches garantieren.[117] Hier blieben Handicaps und nur Fellgiebels Zusicherungen, unternehmen zu wollen, »was möglich war«. Kaum weniger kritisch stand es um die 21 Wehrkreise. Wohl saßen in vielen ihrer Stäbe Anhänger und Vertraute. Die Militärbefehlshaber in Belgien und Nordfrankreich, Falkenhausen und Stülpnagel, unterstützten die Verschwörung.[118] Andere Offiziere wurden angesprochen, wieder andere gewonnen. Aber diese Arbeit störten nicht allein überraschende Versetzungen und Personalwechsel; oft mußten ihr vage Ergebnisse genügen. Stauffenberg erwog überzeugendere Lösungen. Beharrlich schuf er ein festes Netz Politischer Beauftragter und sogenannter OKH-Verbindungsoffiziere zu den Wehrkreiskommandos.[119]

Die meisten Aufrufe und Befehle schrieben Erika von Trescow und Margarethe von Oven, früher Sekretärin der Heeresleitung, mit der Schreibmaschine nieder. Beide trugen Handschuhe, um Fingerabdrücke zu vermeiden.[120] Alle Abschriften wurden versteckt, Entwürfe und Konzepte sorgfältig vernichtet. Trescow benutzte weder Post noch Telefon. Wände hatten für ihn Ohren. Stauffenberg traf er im Grunewald. Nahezu jede Zusammenkunft erzwang Umwege und war mühsam einzufädeln. Nicht selten hinderten Fliegeralarme oder Zwischenfälle, über die man keine Nachricht geben konnte. Als eines Abends, in der Trabener Straße, vor Trescow, Stauffenberg und Fräulein von Oven ein Mannschaftswagen bremste und SS absprang, erbleichten alle drei. Jeder glaubte sich festgenommen und verloren.[121] Zwar verschwanden Himmlers Soldaten im nächstgelegenen Haus; doch die Gefahr der Entdeckung, die bei der hochkonspirativen Tätigkeit noch unheimlicher und drohender erschien, raubte sonst schon Nerven und Kräfte. Tresckow spürte die Last der Anspannung und Erregung. Zeitweise zweifelte er am Erfolg des Umsturzes. Dann war es an Margarethe von Oven, mit größerem Optimismus zu bekunden, daß der Staatsstreich gelingen werde, »wenn erst die Rundfunksender besetzt und die führenden NS-Funktionäre verhaftet wären«.[122] »Sei Dir ganz im klaren darüber«, sagte Tresckow zu der eigens aus Lissabon zurückgeholten Jugendfreundin seiner Frau, »daß Du nicht nur Dein Leben riskierst. Scheitert das Unternehmen, das wir planen, wird kein Schmutz zu schmutzig sein, um Dich, uns alle zu verunglimpfen und anzuprangern.« Aber auch: »Wir können nicht anders, wenn wir uns je noch selbst achten wollen. Es muß geschehen.« Und: »Hilf Stauffenberg, wo Du kannst! Niemand übertrifft seinen Einsatz und seine Hingabe. Er ist einer der Besten, die wir haben.«[123]

Tresckow folgte »nüchternster Überlegung«. Sein Ehrgeiz – längst nicht mehr auf die eigene Karriere gerichtet – hatte sich abgeklärt. Allenfalls erstrebte er eine unauffällig wirksame Kontrollfunktion, einen Posten, auf dem er für »Anständigkeit und Sauberkeit« sorgen konnte, »denn es wird lange dauern, bis das zersetzende Gift dieser Zeit ausgemerzt ist«.[124] Was ihn bewegte, waren Staatsstreich und Frieden. Innenpolitisch vertraute er Goerdeler. Er begehrte, wie einmal Stauffenberg, keine »rasende Fahrt« in unbekanntes Neuland, sondern maßvolle Reformen; aber wenn »Revolution« Mitherrschaft des Arbeiters und eingeschränkte Macht der Militärs bedeutete, so stand er auf ihrer Seite. Ein pragmatischer Sozialismus konnte ihn nicht erschrecken.[125] Die Haltung der Generäle erbitterte zu sehr, als daß er deren Entthronung beklagt hätte. Sein von der preußischen Staatsidee geformter Konservativismus widersetzte sich einem ungezügelten Parteien-Regime. Selbst 1943/44 war ihm die Weimarer Republik kaum anziehender geworden. Daher begrüßte er Goerdelers Bemühen um einen demokratischen Aufbau von unten nach oben, um eine Wahl der Volksvertreter von Stufe zu Stufe.[126] Sein Herz hing am Reich, doch zugleich dachte er – der Zeit voraus – europäisch. Nationalstaaten betrachtete er, schon aus ökonomischen Gründen, nicht als politische Ewigkeiten. Das Entscheidende aber blieb ihm der Rückgewinn des kostbarsten Guts: der Freiheit, ohne die er sich weder menschliche Würde noch Fortschritt vorzustellen vermochte.[127] Hitlers Diktatur hatte in Angst, Feigheit und Unmündigkeit gezwungen; sie hatte Charaktere gebrochen und eine Wolfsgesellschaft gezüchtet, in der Minderwertige knechteten und jeder jeden belauerte. Nur Freiheit erlöste von dem menschlichen und geistigen Elend, das mit der Anmaßung totalitärer Weltanschauungen drohte.

Anfang Oktober 1943 mußte Tresckow seine Arbeiten abbrechen. Im Südabschnitt der Ostfront sollte er nun das 442. Grenadier-Regiment führen.[128] Die Versetzung in abseitige Regionen – vom Heerespersonalamt möglicherweise beschleunigt – konnte verärgern, aber die Mühen mehrerer Wochen hatten gelohnt. Der Staatsstreichplan war, umfassender als je, festgelegt oder entworfen. Stauffenberg, der für einen Attentäter einstand und zusagte, über den X-Tag rechtzeitig Nachricht zu geben, würde ihn vervollkommnen.[129] Auch die Fronde hatte – wenngleich erst spät und in düster gewordener Lage – an Zulauf gewonnen. Eine »Initialzündung« durfte ihre militärische Spitze, unabhängig vom »psychologisch richtigen Augenblick«, künftig selbst bestimmen. Tresckow verließ Berlin mit Hoffnungen. Gegen Skepsis mobilisierte er Willen. Von der Front schrieb er – öfter und beschwörend – seiner Frau: »... es ist... so sonnenklar, wir müssen durch!«[130]

Zehntes Kapitel

Chef des Stabes der 2. Armee

Tresckows Regiment gehörte zur 8. Armee, Oberbefehlshaber ein vertrauter Vorgesetzter: General der Infanterie Otto Wöhler, Chef des Stabes ein hochbegabter Soldat: Generalmajor Dr. Hans Speidel. Noch in Kirowograd, dem Sitz der Armee, fragte Tresckow Speidel, ob er – unter gewissen Umständen – ein Flugzeug haben könne.[1] Speidel, der sofort wußte, was gemeint war, trug die Bitte Wöhler vor. Wöhler, auch er auf Anhieb im Bild, bejahte. Tresckow – gegenüber den Generalen »ruhig und bestimmt« – gab keine näheren Aufschlüsse. Nach kurzer Erörterung der Gesamtsituation, bei der völlige Klarheit darüber herrschte, daß der Krieg verloren sei, fuhr er am 14. Oktober im Kübelwagen zur Truppe.

Das 442. Grenadier-Regiment, Teil der 168. Infanterie-Division, lag zwischen Tscherkassy und Krementschug. Seine Bataillone, weit auseinandergezogen, verteidigten einen bewaldeten, steilen Westuferstreifen und mehrere Inseln des Dnjeprs.[2] Das im Ostkrieg erfahrene Regiment war erschöpft und zusammengeschmolzen. Die Schlachten um Kursk und Charkow, insbesondere aber die erbitterten Rückzugskämpfe der beiden letzten Monate hatten schwere Verluste gekostet. Auch Tresckow erhielt kaum Ersatz, doch ebenso umsichtig wie zäh baute er eine abwehrbereite Einheit auf.[3] Eindringlich wandte er sich an das Offizierkorps. Die Bataillone, mahnte er, dürften nicht vom Dnjepr weichen. Täglich inspizierte er – »immer mit dem Blick auf den Fluß« – die vordersten Linien; zu einer der Inseln setzte er im Sturmboot über. Mängel suchte er durch Stellungsausbau, Umgruppierungen und erneute Ausbildungskurse zu beheben. Das Regiment schanzte, bildete Schwerpunkte und gewann seine Schlagkraft zurück. Russische Stoßtrupp-Unternehmen »fielen ins Wasser«. Nächtliche Vorstöße von Verbänden der 2. Ukrainischen Front Konjews wurden abgewiesen.[4]

Wieder war Tresckow, wie im Ersten Weltkrieg, kämpfender Infanterist. Wieder hockte er mit Kerzenstummeln und Ungeziefer in armseligen Gefechtsständen, vor sich einen »bescheidenen Feldfernsprecher, der glücklicherweise sehr selten klingelte«.[5] Sein Kommando zwang ihn, sich völlig umzustellen. Statt an operierende Armeen hatte er an jede Kleinigkeit eines geschrumpften Regiments zu denken, aber »wunderbar«, berichtete er, »ist diese Selbständigkeit, die ich in meiner militärischen Laufbahn so noch niemals erlebt habe, vielleicht abgesehen von der Selbstherrlichkeit des 17jährigen Kompanieführers 1918. Wieviel abhängiger ist doch der Generalstäbler selbst in höchsten Stellungen als solch Kommandeur. In meinem Bereich bin ich überall der ›Älteste‹, und Rußland ist groß und der Zar ist weit.«[6] Abermals erfuhr er, daß die Last des Krieges auf dem Infanteristen der ersten Linie ruhte, doch zugleich gewahrte er Anzeichen eines Verfalls, den gerade seine Stammwaffe offenbarte. »Sage Beck«, bat er später Schlabrendorff, »unsere Infanterie ist nicht mehr das, was sie im Ersten Weltkrieg war.«[7]

Mitten in hartem Abwehrringen meldete sich Generalleutnant Schmidt-Hammer, sein Divisionskommandeur. Überraschend befahl er: »Regiment sofort übergeben und noch am 19. November zum A.O.K.; von dort Weiterleitung zu neuer Verwendung.«[8] »Hals über Kopf« übergab Tresckow – »immerhin doch ein Abschied nach *diesen* Wochen«. Zunächst glaubte er, Speidel ablösen zu sollen. Wöhler hatte ihm gerade erst entsprechend geschrieben; aber in Kirowograd hörte er, daß er – für ihn eine »ausgesprochene Kastanienaufgabe« – zum Chef des Stabes der 2. Armee ernannt war, die auf dem Südflügel der alten »Mitte« kämpfte.[9] Das Eiltempo, in dem Tresckow seinen Stab erreichen sollte, scheiterte an hartnäckigem Nebel. Kein Flugzeug konnte starten. Mühsam und zunehmend ungeduldiger »hangelte« er sich von Etappe zu Etappe. Auch in Winniza, dem Hauptquartier der Heeresgruppe Süd, saß er fest, doch diese Pause begrüßte er. Noch einmal sprach er mit Manstein.[10]

Der Feldmarschall empfängt Tresckow sofort. Er ist aufgeschlossener, weil voller Sorge. Ihn erbittern Bedingungen, unter denen auch seine Führungskunst versagen muß. Die Kräfte der Heeresgruppe Süd sind zum Zerreißen angespannt: von Kiew bis zur Nogaischen Steppe muß sie, zumeist ohne Ersatz, unsinnig überdehnte Fronten halten.[11] Manstein hat seine Verbände hin und her zu werfen. Jedes gestopfte Loch reißt ein neues auf. Der Feind gewährt keine Atempausen, sondern greift – gleichzeitig oder nacheinander – an allen Abschnitten an. Hoffnungen, daß er sich je erschöpfen könnte, sind nun eitel, töricht, eine unentschuldbare Illusion. Die Rote Armee stärken immer größere Reserven; sie gleicht einer tausendköpfigen, nicht bezwingbaren Hydra. Allein gegen Mansteins Heeresgruppe kämpft sie mit dreifacher Übermacht. Der Feldmarschall ringt um

Frontverkürzungen und operative Entschlußfreiheit, Hitler jedoch bleibt starrsinnig und stellt sich taub. Ob Donez-Gebiet, Dnjepr-Bogen, Tscherkassy, Nikopol: nirgendwo gesteht er eine sinnvolle Verteidigung zu.[12] Wenn ihn Manstein militärisch widerlegt, argumentiert er wirtschaftlich und politisch. Verbissen klammert er sich an jeden Meter Boden und den beginnenden Irrwitz »Fester Plätze«, freiwillige Kessel, in denen die ohnehin überforderte Truppe unfehlbar vernichtet wird. Der Verlust Kiews, nach dem die Sowjets Mansteins Nordflügel und schließlich die ganze Heeresgruppe im Rücken zu packen drohen, stört ihn nicht. Diese Risiken »trägt« er. Blind »für das Erreichbare« und unfähig, »die gegnerischen Absichten zu erwägen«, spielt er Vabanque.[13] Die Folgen sind ständig bedrückendere Krisen.

Der Feldmarschall ist kein Politiker, instinktiv aber widersetzt er sich Überlegungen, die den Bankrott der Defensiv-Strategie verlangen. Solch ein Bankrott, weiß er, läßt alle Politik scheitern. Eindringlich hat er dargelegt, daß es nur darum gehe, entweder die begehrten Bodenschätze mitsamt den Armeen zu verlieren oder in beweglicher Kampfführung die Heeresgruppe zu erhalten und aufgegebenen Raum zurückzugewinnen. Gerade als ihn Tresckow besucht, schickt er dem OKH eine neue Eingabe. Die Eingabe warnt vor der Gefahr »völliger operativer Abhängigkeit vom Gegner«.[14] Weitere Schlachten ohne »*ausreichende und schlagkräftige Reserven*« – betont sie – kosteten »überhohe Einbußen« an Gelände, Menschen und Material, doch kann sie Hitler beeindrucken und zur Besinnung rufen? Manstein beklagt des Diktators zermürbende Rechthaberei. Mit ungewöhnlichem Nachdruck besteht er auf einer Reform der Spitzengliederung, die endlich der strategischen Vernunft Wege bahnt.[15] Tresckow stimmt zu. Aber was er hört, sind wohlbekannte, überfällig gewordene Forderungen. Nichts vermögen sie in seiner Sicht zu ändern und auszurichten. Der Feldmarschall, scheint es, spürt jetzt das allgemeine Desaster im militärischen Bereich. Von neuem wagt Tresckow einen Zuspruch. Von neuem plädiert er für den gewaltsamen Umsturz, in dem er – nochmals rückhaltlos offen – die einzige Lösung erblickt.[16] Hitler sei nicht belehrbar, sondern erzwinge den Untergang. »Wir dagegen verfügen über die Macht, dem Ablauf in die Speichen zu greifen. Niemand sonst. Tun wir es nicht, tut es keiner.« Und wieder: »Wir haben die Verantwortung. Die Verantwortung trifft uns.«[17]

Manstein indes ist nicht zu bekehren. Gegen jede Erfahrung

glaubt er, Hitler überzeugen zu können. Gewalt lehnt er ab; sie führe zum Zusammenbruch der Front. »Der Gedanke, daß dann der Russe nach Deutschland gelangt«, schließt für ihn Gewaltanwendung ebenso aus wie der an das alliierte Kriegsziel bedingungsloser Kapitulation.[18] Tresckow versucht es mit »vollster Massivität«. Der Feldmarschall bleibt verbindlich und bittet sogar, spät abends, um ein zweites Gespräch, sein Partner verzeichnet »immerhin Fortschritte«, aber: »Die Wände möchte man heraufgehen!«[19] Tresckow resigniert. Nie hat er sich mehr um Manstein bemüht. Schlabrendorff – ins Bild gesetzt – informierte Beck. Beck meinte, all diesen Beschwörungen werde kein Glück beschieden sein. Der Grund sei Mansteins Charakter, nicht dessen Ratio. Im übrigen widerlegte sich der Feldmarschall. Denn gerade die Ablehnung des gewaltsamen Umsturzes »würde zu dem Sieg der Russen beitragen«.[20]

Am 1. Dezember 1943, dem letzten Tag der Konferenz von Teheran, erreichte Tresckow – über Ostpreußen – das Hauptquartier der 2. Armee im Pripjet-Flecken Petrikoff. Vierundzwanzig Stunden später meldete er der Heeresgruppe Mitte, daß er »die Geschäfte des Chefs des Generalstabes übernommen« habe.[21] Die Armee, infanteristisch nahezu ausgebrannt, schien geschlagen. Verzweifelt wehrte sie sich gegen ein neues Stalingrad. Der Feind hatte ihre Fronten durchbrochen und mehrere Korps abgeschnitten; vor Kalinkowitschi, hinter dem Pripjet, stieß er auf die einzige noch intakte Lebensader. Die Verbindung zu den Nachbarn war gerissen. Überall klafften Lükken. Im Süden dehnte sich eine 200 Kilometer lange, nur vom Sumpf »abgesicherte« Flanke. Die Sowjets standen, nach der Rückeroberung Kiews, weit westlich bei Schitomir.[22] Wie Manstein verlangte General Weiß, der Armeeoberbefehlshaber, rechtzeitige Entschlüsse und vor allem Handlungsfreiheit, aber wie Manstein mußte er – mit doppelt hohen Verlusten – selbst umgangene Stellungen halten. Der auch hier dreifach überlegene Gegner diktierte. »Die Bedrohung der Flanken«, so das Kriegstagebuch vom 2. Dezember 1943, »nimmt weiter zu. Im Norden wie im Süden schieben sich Feindverbände, deren Stärke sich infolge der mangelhaften Aufklärungsmöglichkeiten noch nicht hat feststellen lassen, in die tiefen Flanken der Armee. Eigene Kräfte, die sich diesen Feindgruppen entgegenstellen können, sind nicht verfügbar.«[23]

Tresckow gewann, unter Zeitdruck, rasch Einblick. Sofort flog er im Fieseler Storch zu den drei Generalkommandos, um ihnen die nächsten Führungsabsichten darzulegen.[24] Seine erste Operation, die er einzufädeln und mit Korps- und Divisionskommandeuren abzustimmen hatte, zielte auf zusammenhängende Verteidigungslinien und war vorbereitet. In erbittertem Ringen gelang es der Truppe, die Verbindung zur 9. Armee, dem nördlichen Nachbarn, wiederherzustellen. Der Angriff glückte nur bei erheblichen Risiken. Die Lücke zur Heeresgruppe Mansteins zu schließen, ging über jede Kraft der Armee. Für ihre offene Südflanke konnte sie lediglich ständige Luftaufklärung erbitten.[25] Der Frontbogen vor Kalinkowitschi brachte neue Krisen: abermals drohten, zumal angesichts des Geländes, Einkesselung und Vernichtung. Der Kampfraum: Wald, Wasserläufe und Unwegsamkeit, dahinter schlimmstes Sumpfgebiet. Tresckow sah die Alternativen: »Entweder Halten, dann Verstärkungen – oder die Armee geht hinter die Sümpfe zurück, um nicht bewegungsunfähig und erdrückt zu werden.«[26] Da Verstärkungen ausblieben, entwarf er Anfang Januar 1944 eine Denkschrift, in der er die planmäßige Aufgabe des Kalinkowitschi-Bogens forderte. Die oberste Führung billigte sie. Weiß erinnerte mehrfach an ihre Dringlichkeit. Doch alle Anträge wurden von Hitler »glatt abgelehnt«.[27] Erst nachdem die Armee schon umfaßt war, durfte sie sich – im letzten Augenblick – aus der Schlinge ziehen.

Die verkürzten Stellungen erlaubten einen erfolgreicheren Abwehrkampf. Trotzdem hielten Tresckow auch »örtliche Spannungen« in Atem.[28] Als »Chef« trug er, obgleich nun ungebundener, eine noch größere Verantwortung. Sein »normaler« Tag: 7 Uhr Wecken, darauf Morgenmeldungen, »die man beim Rasieren erledigt, wichtigste Frühanrufe zwischendurch, um 8 Uhr Frühstück, anschließend Bearbeitung der in der Nacht aufgelaufenen Eingänge, wenn's geht ein kurzer Spaziergang, erster Vortrag beim O.B. und dann der übliche Stabsbetrieb mit Vorträgen der Sachbearbeiter, Feindlage, x-Telefone usw. Um 13 Uhr gemeinsames Mittagessen, bei dem man leider bis 14 Uhr festsitzt, anschließend der geheiligte Nachmittag mit Spaziergang und Ruhe (wenn nichts Besonderes los ist!), ab 15.30 bis 20 Uhr wieder lebhafter Betrieb, dann meist nicht pünktlich zum gemeinsamen Abendbrot, von dem man sich – mit Mühe – um 21.30 oder 22 Uhr wegstiehlt. Dann wird es mit Abendeingängen und Telefonen mit den ›Kindern‹, Krebs usw. Mitternacht, bis man in die Falle kommt... Natürlich gilt das nicht für unruhige Tage, an denen alle festen Zeiten über den Haufen geworfen werden.«[29] Die »tausend Kleinigkeiten«, die »den Kopf heiß machten«, lähmten seine Gedanken an Stauffenberg und den Widerstand. Erneut verstrichen kostbarste Monate, ohne daß er sie, auf den befohlenen Bahnen, sinnvoll nutzen konnte. Ende Januar 1944, während eines Gesprächs mit Generalleutnant Edgar Röhricht, verlor er Geduld und Beherrschung.

Röhricht, stellvertretender Korpskommandeur, hatte mehrere Divisionen der Armee durch eigenmächtige Entschlüsse vor sicherem Untergang bewahrt. Tresckow lobte die Konsequenz dieser Führung, die gedeckt worden wäre, »falls man es oben in die falsche Kehle bekam«[30], doch: »Was haben wir von unserm taktischen und sonstigen Können, wenn dabei die entscheidenden Fragen ungelöst bleiben? Wir erschöpfen uns darin, immer wieder Fronten zu leimen, ein wankendes Gebäude zu stützen, ohne uns darum zu scheren, wie es oben aussieht und zugeht, wo alle Fäden zusammenlaufen. Wir klammern uns daran, daß unser Kampf für den Bestand des Vaterlandes geführt wird, aber dürfen wir dabei völlig übersehen, daß das im Dienst eines – Verbrechers geschieht?«[31] Und schärfer: »Wie man es dreht und wendet, unser Verderben hängt an einer Person. Dieser eine muß weg, es bleibt keine Wahl! . . . Der Kreis, der eingesehen hat, daß nunmehr gehandelt werden muß, nicht von andern, sondern von uns, ist erfreulich gewachsen. Angesichts der durchorganisierten Himmlerschen Überwachung lag die Hauptschwierigkeit darin, die kleinen Einzelgruppen, die voneinander nichts wissen, zusammenzuführen und damit die Grundlage für eine Aktion zu schaffen. Dieser Vorgang ist trotz der damit verbundenen Gefahren und Schwierigkeiten jeder erdenklichen Art in Gang gekommen. So können wir hoffen, daß bald genügend entschlossene Männer zur Verfügung stehen, dann aber auch, daß es gelingt, das Wild bei der nächstmöglichen Gelegenheit zu stellen, notfalls unter Durchbrechung der Absperrung, hinter der es haust.«[32]

Röhricht war betroffen und glaubte an keinen Erfolg. Das Verhängnis schien ihm unabwendbar, die Vernichtung Deutschlands durch dessen Feinde eine unwiderruflich beschlossene Sache zu sein. Jeden Staatsstreich konnte er nur als Vollendung des Unglücks empfinden.[33] Was ihn beunruhigte und abschreckte, waren – in der West-Ost-Lösung – unterschiedliche Konzepte der Verschwörer. Erregt verwies er auf die niederdrückende Schwäche der Opposition. »Alle Machtpositionen sind über das ganze Reich hin von der Partei durchsetzt und eng mit ihr gekoppelt. Über den gesamten Propaganda- und Nachrichtenapparat verfügt uneingeschränkt der Gegner. Auch die Masse des Volkes und unserer Mannschaft, die ja ahnungslos ist, steht nicht auf Ihrer Seite.«[34]

Tresckow – in Röhrichts Augen verändert und nervös – leugnete nicht die Isolation der Fronde. Mehr denn je bekannte er sich auch, von den Westmächten enttäuscht, zum rechtzeitigen politischen »Anschluß« an die Sowjetunion[35], doch um so unmutiger setzte er hinzu: auf den zündenden Gedanken käme es an, das Weitere fände sich dann von selbst. Die Masse brauche doch nur den Anstoß, zumal sie gelernt habe, Ordre zu parieren. Wer das Gesetz des Handelns durch die Tat an sich risse, bestimme auch den Kurs.[36] »Herr General, der Grundsatz, daß Zuwarten und Entschlußlosigkeit schwerer wiegen als ein Fehlgreifen in der Wahl der Mittel, gilt nicht nur für den taktischen Bereich! In solch einer Lage muß auch mal der Sprung ins Ungewisse gewagt werden! ... Ebenso wie es im Privatleben Augenblicke gibt, wo, wer zu erwägen beginnt, bereits die Ehre verloren hat, so scheiden sich hier die Geister. Aber mit Geist hat das nichts zu tun, der Verstand stört dabei, eher ist es eine Frage des Blutes. Wir sind in den letzten Generationen hoffnungslos verbürgerlicht, was weder an Namen noch an Herkunft gebunden ist, herabgestiegen in die Ebene der genormten behäbigen Sicherheit ... Die Würfel werden rollen, ... allein um der eigenen Achtung willen, mag darüber zu Bruch gehen, was will! Wir müssen uns frei machen von allen Bindungen, auch denen der Tradition! Das Gesetz, das jetzt allein gilt, trägt man in sich! Vielleicht erfüllt sich damit Nietzsches prophetisches Wort: ›Die Zukunft der deutschen Kultur ruht auf den Söhnen der preußischen Offiziere!‹«[37]

Aber erwartete er noch Zukunft – er, der ungebärdig zugegeben hatte, daß nun gegen alle Gewalten zu handeln sei? Niemand vermochte seinen Tatwillen zu beirren oder anzutasten. Dieser Tatwillen war Einwänden und Argumenten entzogen, doch Tresckow machte sich nichts vor: die Uhren der Fronde liefen ab. Ihre Aussichten begannen dahinzuschwinden.[38] Die Teheraner Konferenz hatte, wie er erfuhr, Deutschlands Gegner geeint. Ostpolen gehörte, mit westlichem Segen, der Sowjetunion. Die Zweite Front war ihr versprochen, das Reich künftig Objekt der Welt- und Großmächte-Politik. Der Kampf des Jahres 1944 konnte keine Wende bringen. Im Gegenteil: die abnormen, hochgefährdeten Stellungen des Ostheeres verbürgten neue Rückschläge und Zusammenbrüche. Nirgendwo ein Ansatz zu sinnvoller, kräftesparender Verteidigung, zu der gerade die bevorstehende Invasion der Amerikaner und Engländer bekehren mußte.[39] Mit der Zweiten Front waren auch die stillen Reserven in Frankreich gebunden. Und Hitlers »Wunderwaffen«, deren Ankündigung selbst nüchtern Denkende betörte? Für Tresckow blieben sie, nach kurzer Unsicherheit, Schall und Rauch. Schlabrendorff – bei der 2. Armee wieder sein Ordonnanz-Offizier – hatte diplomatische Kanäle genutzt und gehört, daß der vielberedete »Trumpf« des Regimes nicht stechen werde. Die Niederlage, erklärte ihm Kurt Herbert Damgren, der schwedische Gesandtschaftsrat, sei »zuverlässig«.[40] Während eines Spazierganges mit dem Vetter wies Tresckow auf die Leiche eines offenbar erfrorenen Hundes am Wegesrand: »Es wird nicht mehr lange dauern, dann ergeht es uns so, wie es diesem Hund ergangen ist ... Ich wünschte nur, noch einmal unsere oberste militärische Führung in einem Raum versammelt zu sehen, um ihr das ganze Ausmaß ihrer Erbärmlichkeit, Schande und Gewissenlosigkeit vorhalten zu können. Die Verachtung, die ich fühle und die sie verdient, ist grenzenlos.«[41]

Die Unseligkeit im weiteren Geschick des Widerstandes mußte ihn noch pessimistischer stimmen. Kluge, als einziger Heeresgruppenbefehlshaber endlich bekehrt, erlitt einen schweren Autounfall. Sein Nachfolger Generalfeldmarschall Ernst Busch – ein politisch urteilsloser Nur-Soldat, der auch den unsinnigsten Führerbefehlen gehorchte – ersetzte ihn nicht einmal militärisch.[42] Das Oberkommando der »Mitte«, für die Fronde schon nach Tresckows Weggang ohne Kopf und Herz, war konspirativ verwaist. Ähnliche Verhängnisse innerhalb des Reiches. Wohl hielt Stauffenberg alle Zusagen. Wenn irgendeiner in der Heimat, so bewahrte er die Verschwörung vor Resignation und Zusammenbruch. Wie Tresckow wußte er, daß sie nicht länger zögern durfte: die sich reißend verschlechternde Kriegslage zwang sie zu handeln. Eingehend überprüfte er die geleisteten Arbeiten. Unermüdlich ergänzte und vervollständigte er den Staatsstreichplan. Stauffenbergs Ausstrahlung gewann nicht allein neue Verbündete, sondern auch die Männer des Attentats: Hauptmann Axel von dem Bussche und Oberleutnant Ewald-Heinrich von Kleist.[43] Bussche, der tief erschüttert Judenmorde durch systematisch exekutierende SS erlebt hat, drängt es zum Anschlag. Kleist entschließt sich auf den Rat seines Vaters, des glaubensstarken Konservativen und unerbittlichen Hitler-Gegners Ewald von Kleist-Schmenzin. Beide sind hervorragende, zielbewußte Offiziere. Beide sollen – im November 1943 und Februar 1944 – eine Vorführung verbesserter Uniformen nutzen, um sich mit dem Diktator in die Luft zu sprengen. Der Sprengstoff, deutsches Fabrikat, handlich gemacht und rasch zündbar, ist bequem am Leib zu tragen. Die Fronde empfängt ihre Stichworte und Vorwarnungen, doch die Uniformen vernichtet ein Luftangriff. Später, als sie nochmals bereitliegen, will Hitler nicht kommen.[44] Kleist muß aufgeben, Bussche – dringend gerufen – an die Front zurück.

Anfang März 1944 erfährt Tresckow, daß Rittmeister Eberhard von Breitenbuch, nach Kluges Unfall nun auch Bussches Ordonnanz-Offizier, den Feldmarschall zum Obersalzberg begleiten wird. Umgehend fährt er zum Hauptquartier der Heeresgruppe. Tresckow kennt Breitenbuch und dessen politische Gesinnung. Bereits im Juli 1943 hatte er ihm bedeutet, daß er bei jeder Gelegenheit mithelfen müsse, Kluge für ein Attentat zu gewinnen – ein Ansinnen, dem sich der junge Offizier nicht versagte.[45] Jetzt fragt Tresckow Breitenbuch, ob er sich darüber klar sei, welche Verantwortung während der Berchtesgadener Besprechung auf ihm ruhe. Er allein habe es »in der Hand, diesen Krieg mit all seinen Scheußlichkeiten sofort zu beenden«. Wieder besticht Tresckows »ungeheuer eindrückliche Überredungsgabe«.[46] Einwände oder Widersprüche – so Breitenbuch – konnten sich nicht regen. Major Ulrich von Oertzen, der dem Gespräch folgt, zieht eine »Bombe« hervor. Der metallische Sprengkörper wiegt kaum 300 Gramm; er ist schmal und unauffällig unter dem Uniformrock zu verbergen. Das mühsam beschaffte Gerät, erläutert Oertzen, sei völlig sicher, die Zündung, die Laufzeiten von 1 Sekunde, 3 Sekunden und 3 Minuten erlaube, durch Knopfdruck auszulösen.[47]

Breitenbuch bleibt skeptisch, weil er die Wirkung der »Bombe« weder abschätzen noch erproben kann. Er, der ehemalige Forstmeister und ungewöhnlich gute Schütze, entscheidet sich für ein Pistolen-Attentat. Mit einer 7,65-mm-Browning hofft er bis zu Hitler vorzudringen. Tresckow, der Sprengstoff den Vorzug gäbe, muß sich dieser Entscheidung fügen. Er macht nur darauf aufmerksam, daß einzig Schüsse auf Kopf und Hals den Diktator töten können.[48] Am 9. März fliegen Busch und Breitenbuch von Minsk nach Breslau, am 11. erreicht die Führer-Condor Salzburg. Nun alarmiert Tresckows Vorwarnung die Fronde. Breitenbuch ist entschlossen, den Anschlag zu wagen. Ringe und Armbanduhr schickt er seiner Frau. Auf dem »Berghof« versammeln sich Busch, dessen Ia, Oberst i. G. von der Groeben, Breitenbuch, Goebbels, Keitel und Jodl. Als Hitler zum Vortrag rufen läßt, steht Breitenbuch, gemäß der Rangordnung, hinter den anwesenden Würdenträgern – die geladene und entsicherte

Browning-Pistole in der Hosentasche. Beherrscht nähert er sich mit Aktenunterlagen dem Konferenzraum, aber noch vor der Schwelle wird er, selbst gegen Buschs Proteste, von einem SS-Mann festgehalten. »Heute«, heißt es kühl und unumstößlich, »bitte, keine Ordonnanz-Offiziere.«[49]

Bussche und Kleist scheiterten an Zufällen, Breitenbuchs Anläufe – möglicherweise – an Fehlern, die zu Lasten der Verschwörung gingen. Tresckow fürchtete, durch Telefonate Verdacht erregt zu haben.[50] Gleichwohl suchte nun er das »Wild« zu stellen. Entschieden trachtete er nach einer Position, die ihn aus seinem Abseits erlöste und in Hitlers Umgebung versetzte. Der Weg führte über Schmundt, seinen Freund und mehrfach bewährten »Personalpolitiker«. Ihm schlug er vor, ein Amt zu schaffen, das psychologisch-politische Erfahrungen des Frontheeres auswertete und dem Obersten Befehlshaber unmittelbar zuleitete. Schmundt bekundete – sachlich vielleicht überzeugt – Interesse, doch mit dem Interesse war der Vorschlag begraben.[51] Eine andere Hoffnung bot Heusinger, Chef der Operationsabteilung im OKH, der auf Urlaub ging und einen Stellvertreter, vielleicht sogar einen Nachfolger brauchte. In einem Brief beschwor Tresckow diesen alten Vorgesetzten, ihn für die Dauer des geplanten Urlaubs als seinen Vertreter nach Ostpreußen zu holen. Heusinger las das von Schlabrendorff überbrachte Schreiben, aber kalt und ohne eine Miene zu verziehen erwiderte er: »Es bedarf keiner Antwort.«[52] Hitlers Schutz blieb vollkommen, unheimlich und dauerhaft.

Den Spitzen der 2. Armee verschwieg Tresckow, was ihn umtrieb und bewegte. Sie konnte er auch nicht auf die Seite der Fronde ziehen. Walter Weiß, Königsberger Infanterist und seit dem 30. Januar 1944 Generaloberst, war ein bewährter Truppenführer. Sooft er indes als Taktiker und Soldat Scharfblick zeigte: Politik lag jenseits seines militärischen Horizontes. Obgleich er die »große Arbeitskraft« des »weit über dem Durchschnitt stehenden« neuen Chefs rühmte, mühte sich Tresckow vergebens, mit ihm »in der Tiefe warm zu werden«.[53] Teste, die er bei Offizieren des Stabes unternahm, enttäuschten ebenso. Was sie außer ihrem Alltagskram beherrschten, waren Beförderungs- und Ordensfragen, Eitelkeiten, die bekümmerten und der Kriegslage zu spotten schienen.[54] Man versteckte sich, trotz beunruhigender Einsichten, im Gewohnten oder erwartete jene Wunder, ohne die Hitler, wie man glaubte, den Kampf nicht fortsetzen könne. Tresckows Ansprache am 20. April 1944 – eine vorgeschriebene Pflichtübung zum Geburtstag des Führers – suchte solche

Erwartungen zu dämpfen. Mit keinem Wort erwähnte er, darin von entwaffnender Ehrlichkeit, den Diktator und dessen Glorie.[55] Jeder Kotau fehlte. Um so eindringlicher erinnerte er an den machtvollen russischen Gegner und die Schwere der Aufgaben, die der Armee, dem Heer gestellt seien. Form und Ton ließen sich kaum mißverstehen. Schlabrendorff, der in einem eigenen Entwurf unverhohlene Byzantinismen empfohlen hatte, nannte die Rede »meisterlich«.[56] Ob auch nur ein zweiter, bezweifelte Tresckow.

Seine Führung der 2. Armee – 1944 zehn Divisionen, ein Kavallerie-Korps und Georg von Boeselagers Kavallerie-Regiment »Mitte« – blieb überlegen und umsichtig. Immer wieder wies er auf die Gefahren breiter Frontlücken hin, die »folgerichtige und vorausschauende Konsequenzen« verlangten.[57] Weitreichende Operationsziele wie »Zitadelle«, warnte er Krebs während einer Chef-Besprechung, brächten nichts »Entscheidendes« mehr. Um in den kommenden Schlachten ein halbwegs erträgliches Verlustverhältnis – »mindestens 1 : 5« – zu erreichen, strebte er unausgesetzt festgefügte und stabilisierte Stellungen an. Die taktischen Entschlüsse, die er faßte oder beharrlich verfocht, gingen vom Ganzen aus.[58] Probleme des Ic-Geschäftes und der Versorgung – sonst ein gern vernachlässigtes Feld – waren ihm gleichermaßen gegenwärtig. Seine Weisungen, eindeutig und klar, gaben den Gehilfen die Unterlagen für ihr Handeln. Übergriffe des Regimes hatten in der 2. Armee keine Chance. Befehle, die darauf pochten, feindliche Fallschirmjäger sofort zu erschießen, sabotierte er. Rabiate »NSFO's« – Nationalsozialistische Führungsoffiziere, die Hitlers »Gedankengut« propagierten – wurden von ihm abgeschoben.[59] Seine Aufmerksamkeit galt jedem Bereich des Stabes, sein regstes Interesse Sprengstoffen und den gerade entwickelten knallschwachen Waffen, die er sich samt der zugehörigen Munition aushändigen ließ, um, wie er sagte, »ein eingehendes Bild zu gewinnen«. Er veranlaßte Versuchssprengungen in Räumen und eigens errichteten Bunkern. Zündmittel und besonders Zeitzünder mußten ihm die Feldzeugoffiziere erklären.[60] Die Quartiermeister-Abteilung kannte sein Interesse; sie nahm es, ohne sich Gedanken darüber zu machen, als eine »Marotte«.

Er war der »unkommißigste« Chef des Stabes der Armee. In leerer Betriebsamkeit erblickte er Torheit und Energieverschwendung. Verbotssüchtige Offiziere – so den Kommandanten des Hauptquartiers – bat er ironisch oder belustigt zu überlegen, ob ihnen nicht noch andere Einfälle kämen.[61] Was Soldaten beleidigte und lähmte, blieb ihm weiterhin bewußt. Leider hatte er Grund, die Angehörigen des Armeeoberkommandos zu »*einfacher* und *beispielhafter Lebenshaltung*« aufzufordern. Selbst bedürfnislos und stets im gröbsten, unauffälligen Feldgrau, mußte er diesen Befehl als Beschämung empfinden.[62] Weiß' Kasino-Abende, die nahezu regelmäßig mit üppigem Umtrunk begannen und endeten, waren ihm ein Greuel. Zumeist schützte er dringende Arbeiten vor, um der langweiligen und trostlosen Runde den Rücken kehren zu können. Dagegen regte er – bei passender Gelegenheit – anspruchsvolle Gespräche und Vorträge Schlabrendorffs an, unter den Vorträgen einen über die Willensfreiheit.[63] Langsam hob er das Niveau auch des neuen Stabes.

Selbst während kritischer Situationen vermied er es, operative Entschlüsse bis zum Überdruß zu erörtern. Hatte er Zeit, las er ein Buch oder im Neuen Testament. Nicht minder fand er Ausgleich in der Natur, die ihm, einem leidenschaftlichen Jäger, eigentlichstes Element und Zuflucht blieb.[64] Nie versäumte er, Kirchen der Umgebung zu besichtigen, immer beeindruckt von der Gläubigkeit des russischen Volkes, das – bitterer Gedanke – kein Deutscher mehr zurückgewinnen konnte. Nach außen hin zeigte er Ruhe, Souveränität und Ausgeglichenheit. Selten verriet er Spannungen, Mißmut oder Ungeduld. Für die jungen Offiziere des Stabes, die ihn verehrten, ja wünschten, »so wie er zu werden«, war er das größte Vorbild eines Soldaten.[65] Takt und Wärme verhalfen ihm erneut zu menschlichen Eroberungen, aber so wenig er sich zu solchen Haltungen überreden mußte: in seinem Inneren wichen Hoffnung und Zuversicht. Das Strahlende seines Wesens erlosch. Er spürte, über seine Jahre gealtert, die Vergeblichkeit aller Anstrengungen des Widerstandes. Er wußte, daß die Fronde, der ein rätselhafter Wille Erfolge versagte, zu spät kam. Die Gewalt der Ereignisse würde seine Welt und das Reich zertrümmern.[66] Tresckows wahres Gesicht spiegelte Schmerz, Trauer, Aussichtslosigkeit; es gehörte einem Mann, der – auch gegen andere Regungen – abgeschlossen hatte. Mit wehrloser Gelassenheit nahm er sein Schicksal an.

Ende April 1944 erhielt er den letzten Heimaturlaub. In Berlin waren die Staatsstreichpläne vervollkommnet und zur Hand. Jederzeit konnte Stauffenberg das Walküre-Stichwort geben. Nirgendwo jedoch zeichneten sich weitere Anschlagsmöglichkeiten ab. Tresckow traf auf eine der unergiebigsten Phasen der Verschwörung.[67] Im Mai sprach er Silex, der, inzwischen Korvettenkapitän, in die Kriegsmarine ausgewichen war. Wieder testete er ihn hinsichtlich des besten

Termins. Wieder hörte er, der günstigste Zeitpunkt läge unmittelbar nach einem militärischen Sieg, konkret: nach mißglückter Invasion der Engländer und Amerikaner. Obgleich Tresckow vorgab, an eine »mögliche« Abwehr dieser Invasion zu glauben, weigerte er sich, Silex zuzustimmen. Sein Schlußsatz: »Einig in der Sache, nicht einig im Termin«.[68] Ohne Fanatismus drängte es ihn, »das Unausweichliche und Notwendige« sofort zu tun, doch auf Stahlbergs Frage, ob der Staatsstreich eine Wendung herbeiführen werde, erwiderte er: »Mit der allergrößten Wahrscheinlichkeit wird es schiefgehen.«[69] Noch einmal sah er Freunde, Potsdam und Wartenberg, aber auch die Tage, die er ganz Frau und Kindern widmete, belasteten Ernst und Sorge. Er fühlte oder ahnte, was bevorstand. Sein Blick aus dem Zugabteil, in dem er an die Front zurückfuhr, war der eines unwiderruflichen Abschieds.[70]

Am 1. Juni 1944 wurde er weit vor der Zeit Generalmajor.[71] Gerade dreiundvierzig Jahre, zählte er zu den jüngsten Heeresgenerälen. Die Flut der Glückwünsche überraschte ihn. Bekannte und insbesondere Unbekannte wollten sich empfohlen halten. Seine »Verfärbung«, schrieb er, erlaube ein vorzügliches Menschenstudium; – »als ob man plötzlich eine andere Art Mensch, so etwa eine Art höheres Wesen würde«.[72] Er kokettierte nicht. Eher erfüllte es ihn nun mit Wehmut, daß er seine schlichten silbernen Spiegel und die Karmoisin-Streifen ablegen mußte, um – äußerlich nicht länger als Angehöriger eines »Ordens« erkennbar – in der Masse der Vielzuvielen aufzugehen.

Fünf Tage später begann an den Küsten der Normandie die Invasion.[73] Unter der Feuerglocke einer überwältigenden See-Armada landeten die ersten anglo-amerikanischen Verbände. Gegenangriffe scheiterten oder erstickten im Bombenhagel alliierter Flugzeuggeschwader. Die Zweite Front war Wirklichkeit. Tresckow empfing die Invasionsnachricht während eines Inspektionsbesuchs. Betroffen gestand er sich den Verlust des letzten Trumpfes der Fronde ein.[74] Ein Befehl Zeitzlers rief ihn wie alle Armeeführer und -chefs der Ostfront ins Führerhauptquartier. In Ostpreußen fragte Graf Lehndorff, der Freund und Gesinnungsgenosse, im Auftrag Stauffenbergs, ob es noch Sinn habe, am Staatsstreich festzuhalten. »Ein praktischer Zweck sei nicht mehr ersichtlich.«[75]

Stauffenbergs Realismus mußte in erster Linie Tresckow überzeugen. Schon seit Monaten hatte er gewarnt: eine politische Wirkung erziele die Opposition nur dann, wenn sich ihre Pläne vor der Invasion verwirklichten. Nach der Invasion, an deren Erfolg er nicht zweifle, »spielten« die Westmächte »höher«.[76] Jetzt standen England und Amerika mit geballter Macht auf dem Kontinent. Niemand unter den Verschwörern vermochte die bedingungslose Kapitulation abzuwenden. War es da nicht klüger, die Besten für Deutschlands Zukunft zu retten, statt sie bei einem ohnehin befürchteten Fehlschlag des Umsturzes zu opfern?[77] Die Rechnung, die sich aufdrängte, schien sicher, nahezu unabweisbar, aber Tresckow entschied: »Das Attentat muß erfolgen, coûte que coûte. Sollte es nicht gelingen, so muß trotzdem in Berlin gehandelt werden. Denn es kommt nicht mehr auf den praktischen Zweck an, sondern darauf, daß die deutsche Widerstandsbewegung vor der Welt und vor der Geschichte den entscheidenden Wurf gewagt hat. Alles andere ist daneben gleichgültig.«[78] Lehndorff bat er, diese Antwort Stauffenberg zu überbringen und ihm eine Fahrt nach Frankreich zu Generalleutnant Speidel nahezulegen. Speidel, Stabschef Rommels, müsse dafür sorgen, daß Löcher in die Westfront gerissen würden, »um einen Durchbruch der Alliierten zu ermöglichen«. Andernfalls werde der Russe durchbrechen und das gesamte Reich überschwemmen.[79]

Hielt er sich an den eigenen Abschnitt, schien seine Prognose unbegründet. Die 2. Armee kämpfte in hinreichend gefestigten Stellungen. Die Pripjet-Sümpfe, während der Schlammperiode kaum passierbar, waren als Operationsgebiet den Sowjets zugeschoben.[80] Der Entsatz Kowels hatte – endlich – die Verbindung zum südlichen Nachbarn wiederhergestellt, allein was besagten örtliche Siege angesichts der jammervollen Strategie des Diktators? Mansteins Heeresgruppe war bis an den Rand der Karpathen zurückgeworfen, die bitterste Bestätigung für den im März entlassenen Feldmarschall.[81] Von Kowel verlief die Front der »Mitte« vierhundertfünfzig Kilometer nach Osten: ein riesiger Balkon, der zu umfassenden Feindoffensiven geradezu ermunterte. Hitler und das OKH indes erwarteten, vom Kartenbild gebannt, russische Großangriffe über Lemberg auf Königsberg. Mit ihnen schnitt der Gegner sechs deutsche Armeen ab.[82] Umgehend wurden fast alle Panzerkräfte im Raum der Heeresgruppe Nordukraine zusammengezogen. Tresckow widersprach. Der Russe, wandte er Heusinger gegenüber ein, griffe den vorspringenden Bogen der »Mitte« an. »Sind ihm Einbrüche geglückt, schiebt er sich in die Lücken, um alsdann die ganze Heeresgruppe aufzurollen.«[83] Seine Armeen seien weit rückwärts gestaffelt. Luftaufklärung könne sie nicht erfassen. Tresckow fand kein Gehör. Der Gegner massierte vor Buschs Heeresgruppe eine sechsfache Übermacht: 2,5 Millionen Mann. Am 22./23. Juni 1944 erhoben sich, nur teilweise ausgemacht, vier sowjetische »Fronten« zum Sturm auf die deutschen Linien.[84]

Die Wucht ihrer Offensiven zerschmetterte den großen Halbkreis der »Mitte«. Die verdünnten Dämme brachen. Der angreifenden Infanterie folgten Panzerverbände. Mit atemberaubender Schnelligkeit stießen sie durch die geschlagenen Breschen.[85] 4500 Feindmaschinen – böseste Überraschung des Unternehmens – beherrschten den Himmel und kämpften deutsche Artillerie-Stellungen nieder. Wie im Westen verwirrte oder lähmte nun auch die Rote Luftwaffe jede Bewegung. Hitler verbot selbständige Entschlüsse und befahl, Witebsk, Orscha, Mogilew und Bobruisk als »Feste Plätze« zu verteidigen, aber der Gegner ließ sich, dieser Stützpunkte sicher, nicht aufhalten und vollendete die Tragödie. Seine ins Hinterland getriebenen Keile zersplitterten die 3. Panzer-Armee, die 4. und 9. Armee.[86] Das Ringen um Handlungsfreiheit kostete – von neuem – wertvollste Zeit und doppelte Verluste. Nur Reste konnten entrinnen. Die Masse wurde eingekesselt und erlag der sowjetischen Umklammerung. Anfang Juli waren 28 deutsche Divisionen vernichtet. 350000 Mann – weit mehr als in Stalingrad – blieben tot, verwundet und gefangen auf den Schlachtfeldern Weißrußlands.[87]

Das Desaster zwischen Minsk und der Beresina bedrohte die zunächst nicht angegriffene 2. Armee in Flanke und Rücken. Verharrte sie – Richtung Süden – hinter dem Lauf des Pripjet, vervollständigte sie den Untergang der Heeresgruppe Mitte. Tresckow war nicht gewillt, sich an unsinnige oder überholte Befehle zu binden.[88] Seinem Stab legte er dar, daß nun der Gegner, der gelernt habe, die deutschen Taktiken des Sommers 1941 anwende, freilich »in erschreckendem Ausmaß«. Weiß' Abwesenheit und die durch Verhängnisse vollauf beanspruchte Oberste Führung »halfen«. Noch vor den ersten Krisen bog er die Front der östlich stehenden Korps zurück.[89] Meldungen, die er frisierte und die von härtestem Feinddruck sprachen, deckten die notwendigen Absetzbewegungen. Wo es anging, forcierte er den Rückzug, ohne das OKH zu verständigen. Die planmäßig weichende Truppe bildete Sperriegel und wahrte ihren Zusammenhalt. Wenn später Generalfeldmarschall Walter Model, Buschs Nachfolger, Auffanglinien aufbauen konnte, so vor allem mit den intakt gebliebenen Divisionen der 2. Armee. Tresckow hatte sie gerettet.[90]

Die katastrophale Situation zwang ihn zu Alarmrufen. Verwandte und Freunde im Osten des Reiches bat er zu fliehen.[91] Oberstleutnant Georg Freiherr von Boeselager empfing den Auftrag, Kluge, den neuernannten Oberbefehlshaber West, zu beschwören, die Normandie-Front zu öffnen und gegen Hitler loszuschlagen. Zögere er, sei Deutschland verloren. Auf jeden Fall solle Kluge ihn, Tresckow, als Gehilfen nach Frankreich holen.[92] Boeselagers Mission scheiterte. Der Feldmarschall, wissend und sehend, war nicht zu bewegen, auch nur einen Schritt zu tun. Er brauche, erklärte Kluge, keine Lücken mehr aufzureißen. Der alliierte Durchbruch stünde unmittelbar bevor. Niemand könne diesen Durchbruch verhindern. Für Aktionen gegen Hitler sah der Feldmarschall – bei der Unzuverlässigkeit seines Stabes – kaum eine Chance. »Im Augenblick« weigerte er sich, Tresckow anzufordern.[93]

Um so vorbehaltloser antwortete Stauffenberg. Über Lehndorff stimmte er Tresckows Gründen und der Auffassung zu, daß »gehandelt werden müsse – koste es, was es wolle«.[94] Seit dem 1. Juli 1944 Oberst und unter Fromm Stabschef des Ersatzheeres, kam er nun durch Referate und Vorlagen Hitler nahe. Entschlossen schlug er sich selbst als Attentäter vor. Da er alle Pläne zu sichern hatte, bat er, Oertzen ohne Verzug abzustellen. Mühsam wurde der Major und Divisions-Ia aus der Fronttruppe herausgelöst.[95] Tresckow, ließ Stauffenberg mitteilen, solle zunächst auf seinem Posten bleiben. Ein Fernschreiben Witzlebens würde ihn rechtzeitig rufen. Schlabrendorff dagegen möge sich bereithalten, sofort im Anschluß an das Attentat nach Berlin zu kommen. Ein Telefonanruf des Obersten Mertz von Quirnheim, inzwischen Chef des Stabes bei General Olbricht, gäbe die entsprechenden Stichworte.[96]

Stauffenbergs Entschluß mußte bange Zweifel erwecken. Konnte er, ein Schwerversehrter, Planender und Attentäter in einem sein? Wenn irgendwo, so wurde er – angesichts der Unentschiedenheit Fromms – in Berlin gebraucht. Seine Doppelrolle verstieß gegen Staatsstreich-Regeln, aber er erblickte keine Alternative: von den Frondeuren, die Hitler erreichten, war nur er noch gewillt, die Tat zu versuchen. »Das Furchtbarste ist« für ihn »zu wissen, daß es nicht gelingen kann«.[97] Doch wie Tresckow wehrt er sich, der Schande zu verfallen. Allein Handeln, gesteht er, schaffe äußere und innere Freiheit. Mit den drei Fingern seiner linken Hand lernt er, eine Zange zu handhaben, deren Druck die Bombe – britischen Sprengstoff – schärfen muß. Erste Aufenthalte im Führerhauptquartier offenbaren

Mit Generalfeldmarschall Busch (l.) im Juni 1944

Als Generalmajor und Chef des Stabes der 2. Armee (Juni 1944)

überraschende Bewegungsmöglichkeiten. Hitlers »Faszination« berührt ihn nicht.[98]

Am 11. Juli 1944 fliegt Stauffenberg, die Bombe in seiner Aktentasche, nach Berchtesgaden. Wieder hat er den Diktator über Neuaufstellungen zu informieren. Stauffenberg will die Bombe zünden, aber Himmler fehlt. Der Anschlag, der die gesamte nationalsozialistische Führungsspitze treffen soll, muß unterbleiben.[99] Am 15. Juli wird Stauffenberg in die »Wolfsschanze« befohlen. Um 11 Uhr alarmiert Olbricht die Truppenschulen des Ersatzheeres. Kurz nach 13 Uhr beginnt im Rastenburger Hauptquartier die Lagebesprechung. Stauffenberg, ständig beobachtet, ist unvorbereitet. Er telefoniert mit der Bendlerstraße, die ihn bestärkt, auf jeden Fall zu handeln, doch als er vom Hörer zurückeilt, hat Hitler die Versammlung bereits aufgelöst. Sofort verständigt Stauffenberg Berlin. Olbricht gelingt es, die anrückenden Einheiten abzufangen. Noch einmal tarnt er »Walküre« als Übung.[100]

Tresckow bleibt ahnungslos. Er weiß lediglich, daß im Juli mit dem Attentat zu rechnen sei. Gerüchte machen ihn nur ungeduldiger.[101] Er kann nichts tun. Teile des Kavallerie-Regiments »Mitte«, die Lufttransporter nach Berlin bringen sollen, darf er erst auf Abruf schicken. So geht, unter Hiobsbotschaften von allen Fronten, Woche um Woche dahin. Beck, ganz im Bild, ist – wie die eingeweihte Fronde – niedergeschlagen. Ein Pferd, das zweimal die Hürde verweigerte, meint er resigniert, werde auch beim drittenmal nicht springen.[102] Stauffenberg indes verspricht ihm, beim drittenmal zu handeln. Am 20. Juli 1944 detoniert seine Bombe.

Elftes Kapitel

Tod und Nachspiel

Tresckows Stab lag seit dem 18. Juli im polnischen Ostrów, einem trübseligen Flecken nordöstlich von Warschau.[1] Die 2. Armee kämpfte am Tag des Stauffenberg-Attentats – hart bedrängt – zwischen Brest und Białystok vor den Grenzen Ostpreußens. Die Katastrophe der »Mitte« drohte sie einzuholen. Abermals war jede Verbindung zum rechten Nachbarn gerissen. Tiefe Feindeinbrüche konnten nicht länger abgeriegelt werden. Die angeschlagenen oder zersprengten Korps versuchten, »weiter rückwärts wieder eine geschlossene Verteidigungsfront zu gewinnen«.[2] Tresckow, während des Vormittags pausenlos telefonierend, mühte sich um Reserven und Schwerpunkte. Den Stabschef des durchbrochenen LV. Korps beschwor er, Models Besuch zu sinnvollen Entschlüssen zu nutzen. Doch der Feldmarschall befahl zu halten und verweigerte die »einzig mögliche Lösung«. Sein Besuch blieb »absolute Kapriole«. Neue Verbände kamen nicht.[3]

Am Nachmittag hielt Major i. G. Hanno Krause, Id der Armee, Tresckow Vortrag über Nachschub- und Versorgungsprobleme, als der Kurier-Unteroffizier des Stabes ins Zimmer trat, um zu melden: ein Oberst Graf Stauffenberg habe ein Attentat auf den Führer verübt, das aber – ersten Nachrichten zufolge – gescheitert sei.[4] Tresckow erstarrte. Für einen Augenblick verfärbte er sich. Er wünsche, erklärte er knapp, den genauen Wortlaut der Meldungen zu sehen. Dann wurde der unterbrochene Vortrag fortgesetzt. Krause wandte sich der Karte zu, merkte jedoch mit Erstaunen, daß Tresckow nicht bei der Sache war. Es schien dem Major, als ob seinem Chef – seltsamerweise – Hitlers Geschick naheginge. »Sie werden, lieber Krause«, hörte er zum Abschied, »in Zukunft wesentlich selbständiger handeln müssen. Sie kennen meine Führungsgrundsätze: bei Bewegungen Trosse der Armee nach Westen voraus; weit hinten versammeln; keine Behinderungen der Truppe.«[5]

Wenig später, gegen 16 Uhr, kehrte Schlabrendorff aus dem Hauptquartier der »Mitte« zurück. Quirnheims Anruf lief ihm hinterher. »Die 2. Armee«, gab der Oberst durch, »erhält die angeforderten Maschinengewehre.«[6] Das Attentat war gelungen, der Staatsstreich im Gange. Schlabrendorff mußte unverzüglich nach Berlin, aber noch vor seinem Aufbruch sprach der Rundfunk von einem mißglückten Attentat. Hitler, hieß es, sei nur unwesentlich verletzt. Obwohl die Meldung wiederholt wurde, glaubten Schlabrendorff und Tresckow an Lüge, ja, bewußte Irreführung.[7] Erste Verbote, Befehle von Witzleben, Fromm und Hoepner entgegenzunehmen, erweckten Zweifel. Doch die hinzugesetzte Begründung, »es gäbe in Berlin Kreise, die angesichts des Attentates im Trüben fischten«, machte einen Erfolg der Fronde eher wieder plausibler. Wie auch immer: der Anschlag war gewagt worden. Tresckow beschloß abzuwarten. Nach dem Abendessen mit Weiß und dem Stab – an diesem Abend eine beklommene Runde – hatte er den Nerv, sich zurückzuziehen und schlafen zu legen.[8]

Gegen 1 Uhr morgens verbreiteten alle Reichssender Hitlers mehrfach angekündigte Rede. Schlabrendorff saß am Apparat.[9] Die Stimme des Totgewünschten wetterte über »eine ganz kleine Clique ehrgeiziger, gewissenloser und zugleich verbrecherisch dummer Offiziere«, die ein Komplott geschmiedet habe, um ihn und den Stab der Wehrmachtsführung auszurotten. »Ich selbst«, gelobte Hitler, »bin völlig unversehrt bis auf ganz kleine Hautabschürfungen, Prellungen oder Verbrennungen. Ich fasse das als Bestätigung des Auftrages der Vorsehung auf, mein Lebensziel weiter zu verfolgen, so, wie ich es bisher getan habe.«[10] ». . . Ich habe, um endgültig Ordnung zu schaffen, zum Befehlshaber des Heimatheeres den Reichsminister Himmler ernannt . . . Diesmal wird nun so abgerechnet, wie wir das als Nationalsozialisten gewohnt sind . . .« Schlabrendorff schaltete ab, eilte zu Tresckow, weckte und unterrichtete ihn. Ton und Argumentation der Rede, meinte er zu seinem Vetter, könnten nicht gefälscht sein. Hitler sei davongekommen, der Staatsstreich gescheitert.[11]

Tresckow nickte. Bleich erwiderte er: »Ich werde mich nun erschießen. Denn bei den Untersuchungen müssen sie auf mich stoßen und versuchen, auch andere Namen aus mir herauszupressen.«[12] Schlabrendorff trachtete ihn umzustimmen. Wiederholt bat er, zu warten, aber da – für beide – ein Überlaufen zum Russen ausschied, vermochte er keine einleuchtende Alternative aufzuzeigen. Tresckow: er habe eine hohe Partie gespielt. »Wer eine solche Partie verloren hat, der muß die Konsequenzen ziehen.« Zuwarten hieß – in seinen Augen – Verrat, Schmerz und Entwürdigung.[13] Er jedoch wollte niemand preisgeben und erst recht nicht ertragen, daß physische Tortur seinen Willen brach. Er kannte sich und die Grenzen eigener Kraft. Er zweifelte nicht, daß er, einmal verhaftet, das fürchterliche Ereignis der Folter umsonst erlitt. Er dachte an seine Familie, den Bruder und Wartenberg. Tötete er sich selbst, mochte oder mußte die Rache der Herausgeforderten mit der »ganz kleinen Clique« vorlieb nehmen.[14]

Auch in den Morgenstunden des 21. Juli 1944 ahnt Tresckow nicht, was den Umsturz – im einzelnen – scheitern ließ. Er weiß nur, daß Stauffenberg, Olbricht, Mertz von Quirnheim und Haeften während der Nacht erschossen worden sind. Um so mehr drängt er zur Front, wo er, noch an diesem Tag, sterben will. »Vollkommen ruhig und gelassen« verabschiedet er sich von Schlabrendorff, seinem Freund und Vertrauten, der, solange es zu rechtfertigen ist, am Leben bleiben soll.[15] »Jetzt«, sagt er ihm, »wird die ganze Welt über uns herfallen und uns beschimpfen. Aber ich bin nach wie vor der felsenfesten Überzeugung, daß wir recht gehandelt haben. Ich halte Hitler nicht nur für den Erzfeind Deutschlands, sondern auch für den Erzfeind der Welt. Wenn ich in wenigen Stunden vor den Richterstuhl Gottes treten werde, um Rechenschaft abzulegen über mein Tun und Unterlassen, so glaube ich mit gutem Gewissen das vertreten zu können, was ich im Kampf gegen Hitler getan habe. Wenn einst Gott Abraham verheißen hat, er werde Sodom nicht verderben, wenn auch nur zehn Gerechte darin seien, so hoffe ich, daß Gott auch Deutschland um unsertwillen nicht vernichten wird. Niemand von uns kann über seinen Tod Klage führen. Wer in unseren Kreis getreten ist, hat damit das Nessushemd angezogen. Der sittliche Wert eines Menschen beginnt erst dort, wo er bereit ist, für seine Überzeugung sein Leben hinzugeben.«[16]

Bevor er aufbricht, empfängt er von 8.15 bis 9.40 Uhr die üblichen Telefonanrufe. Seine Sorgen gelten den bedrängten Korps. Zum letzten Male gibt er Weisungen und Befehle.[17] Er spricht mit mehreren Stabschefs und Weiß, mit dem Armee-Ia und Krebs, der ihn, neben taktischen Belangen, über das Attentat im Rastenburger Führerhauptquartier orientiert. Von Angehörigen des Stabes verabschiedet er sich anschließend besonders herzlich. Er müsse, erklärt er ihnen, zum LV. Korps, um sich selbst ein Lagebild zu machen. Generaloberst Weiß, zuvor unterrichtet, ist einverstanden, daß er fährt. Vor dem bereitstehenden Wagen warten der Fahrer und Rittmeister von Breitenbuch. Breitenbuch meldet Tresckow, daß er ihn nicht begleiten kann.[18] Feldmarschall Model habe – überraschend – einen anderen Auftrag erteilt. Tresckow nimmt ihn beiseite. »Schade, ich hätte

Sie so gern als Zeugen bei meinem Tod dabeigehabt.« Breitenbuch erschrickt. »Ich möchte«, eröffnet ihm Tresckow, »unseren Gegnern nicht die Genugtuung lassen, meiner habhaft zu werden. Ich will zur 28. Jäger-Division und im Gelände allein nach vorn. Dort werde ich ein Gefecht vortäuschen und mir das Leben nehmen. Es soll der Eindruck entstehen, daß ich mit Partisanen zusammengestoßen bin.« Beherrscht sagt Tresckow Breitenbuch Lebewohl. »Auf Wiedersehen in einer besseren Welt.«[19]

Der Fahrer – schon auf 9 Uhr bestellt – ist seltsam beunruhigt, daß sich Tresckow gegen jede Gewohnheit verspätet hat. Auch die merkwürdig zerstreute Begrüßung wundert ihn, aber wie immer setzt sich Tresckow, die Karte in der Hand, auf den Vordersitz des Wagens.[20] Nach mehrstündiger Fahrt befiehlt er plötzlich zu bremsen. Betroffen entdeckt er, daß er eine falsche Richtung angegeben hat. Der Fahrer, wieder überrascht, weil er zuvor nie solche Irrtümer erlebte, wendet, doch von da an ist Tresckow ganz der Gewohnte. Angeregt unterhält er sich über dienstliche und persönliche Fragen. Nach einiger Zeit läßt er abermals stoppen und wegen des schönen Wetters das Verdeck aufschlagen. Unterdes geht er, für Minuten, in den nahegelegenen Wald. Als er zurückkommt, summt er ein Lied.[21] Während der Weiterfahrt bleibt er schweigsam. Mit geschlossenen Augen hält er sein Gesicht in die Sonne.

Gegen Mittag erreicht er den Gefechtsstand der 28. Jäger-Division. Noch einmal ruft er Schlabrendorff an. Er fragt, ob neue, bessere Nachrichten vorlägen, aber Schlabrendorff muß verneinen.[22] Mit dem Divisionskommandeur, Generalmajor von Ziehlberg, und dessen Ia, Major i. G. Kuhn, verläßt Tresckow – wohl nach einer Unterredung – die Baracke. Sofort beordert er seinen und Kuhns Wagen voraus zur Straße. Er und der Major folgen zu Fuß über einen schmalen Waldweg. An der Straße, bittet Tresckow Kuhn in seinen Wagen. Der Major klettert auf den Rücksitz. Kuhns Wagen soll sich – leer – der Fahrt anschließen. Der Major, in die Fronde eingeweiht, ist nervös. Er antwortet kaum oder verworren und macht einen abwesenden Eindruck.[23] Tresckow dagegen scheint heiter und müht sich um harmlose Gespräche. Bald darauf passiert der Konvoi einen deutschen Soldaten, der sich eingegraben hat und erstaunt aufblickt: wohl der letzte Vorposten. Kuhn warnt. Man sei, meint er, im Niemandsland, vielleicht schon vor den russischen Linien.

Tresckow befiehlt, umzukehren und, wenig später, rechts von der Straße abzubiegen. Die Wagen, im Królowy Most, einem undurchsichtigen, mit dichtem Unterholz bewachsenen Wald, halten an.[24] Tresckow und Kuhn steigen aus. Sie wollen die unheimlich gewordene Lage sondieren. Die Fahrer bleiben bei den Wagen. Nach kurzer Zeit kommt Kuhn zurückgelaufen. Aufgeregt ruft er Tresckows Fahrer zu: »Die Karte!« Der Fahrer greift in den Wagen, eilt mit der Karte dem Major entgegen und erschrickt über dessen Leichenblässe. In diesem Augenblick fallen aus der Richtung, in der Tresckow entschwunden ist, rasch hintereinander mehrere Schüsse.[25] Eine Granate detoniert. Die Männer werfen sich, seitwärts der Straße, im Gebüsch zu Boden.

Tresckows Fahrer, der längst Böses fürchtete, glaubt an einen Partisanenüberfall, doch als alles ruhig bleibt, besteht er darauf, Tresckow unverzüglich zu suchen.[26] Da der Major – offensichtlich planlos – zögert, muß er das Kommando übernehmen. Vorschriftsmäßig sichernd kriecht die Gruppe langsam vorwärts. An einer Böschung findet sie Tresckow. Eine Hälfte seines Gesichts ist weggerissen. Er liegt auf dem Rücken, die Arme ausgebreitet, daneben seine Pistole. Es scheint, als habe er sich gewehrt, bevor er – vermutlich von einer Handgranate – getötet wurde.[27] Kuhns Verwirrung und der merkwürdig »saubere« Kampfplatz lassen die Fahrer stutzen. Sie fangen an, den wahren Sachverhalt zu ahnen, aber umgehend tragen sie Tresckow zum Wagen. Ohne Zwischenfall geht es zurück. Um 15.45 Uhr meldet das LV. Korps per Telefon der Armee: »Generalmajor von Tresckow während einer Erkundungsfahrt im Wald nordostwärts Nowosiolki gefallen.«[28] Noch am Abend wird der Tote beim Korps aufgebahrt.

Die Telefon-Meldung bestürzte. Der Armee-Stab wußte, daß ihn ein großer Verlust getroffen hatte.[29] Weiß gab einen Tagesbefehl heraus, der von tiefer Ehrfurcht und Trauer sprach und den »Gefallenen« als wahrhaft ritterlichen Offizier mit einer glänzenden Begabung des Geistes rühmte.[30] Krebs, Generalstabschef der Heeresgruppe Mitte und wie Weiß hinsichtlich der Hintergründe ahnungslos, beantragte eine ehrende Erwähnung. Am 24. Juli hob der Wehrmachtbericht hervor, daß der Chef des Stabes einer Armee, Generalmajor von Tresckow, in vorderster Linie den Heldentod gefunden habe.[31]

Mit einer Trauerfeier vor dem nach Ostrów überführten Sarg nahm das Armee-Oberkommando 2 Abschied. Alle abkömmlichen Offiziere, Unteroffiziere und Mannschaften versammelten sich. Ia, Ic, Oberquartiermeister und andere Abteilungschefs hielten die Ehrenwache.³² Nach Abschluß der halbstündigen Trauerfeier geleiteten sie den Sarg zur Motorlafette. Tresckows Kraftfahrzeug-Stander wurde vorangetragen. Westlich Ostrów übernahm Schlabrendorff den Kondukt, den er in die Heimat bringen sollte: einen Pkw, den Tresckows Fahrer steuerte, einen Lastwagen mit dem Sarg und Begleitsoldaten.³³

Nachts, auf der Straße, stellten sich Kleist, Eggert und Boddien in seinen Weg. Er stieg aus und unterrichtete sie. Nach dem, was er wisse, müsse Tresckow wie beabsichtigt gestorben sein.³⁴ Er habe eine Gewehrsprenggranate abgezogen und an die Schläfe gehalten. Von der Explosion sei der Kopf zerschmettert worden. Alle drei bestürmten Schlabrendorff, nicht in sein sicheres Verderben zu rennen, sondern sich zu retten und überzulaufen, doch Schlabrendorff lehnte ab. Er fühle – erwiderte er –, daß er seinen Vetter nicht allein lassen dürfe. Am 25. Juli war er mit den Wagen in Wartenberg.³⁵

Erika von Tresckow weilte, wie üblich, auch während der Sommerferien 1944 auf dem Gut in der Neumark: diesmal nur mit den kleinen Töchtern. Die Söhne – inzwischen 17 und 16 Jahre alt – taten bereits Dienst als Flak- und Marinehelfer.³⁶ Trotz mehrfacher Mahnungen hatte sie sich noch nicht zur »Flucht« in ein südliches Domizil entschließen können. Am 21. Juli erfuhr sie von dem mißglückten Attentat. Entsetzt sagte sie sich, daß ihr Mann tot sei; er konnte, schien es, nicht mehr am Leben sein. Der Schwager schlug vor, die Abendnachrichten – aus taktischen Gründen – in einem größeren Kreis zu hören. Beide radelten zum Nachbargut Hohen-Wartenberg. Die Sendung erwähnte Stauffenberg und weitere Verschwörer, nicht aber Tresckows Namen. Dafür fielen empörte Äußerungen von seiten der anwesenden Sommergäste. Bis zum 22. Juli nachmittags verstrichen quälende und verzweifelte Stunden. Dann erschien Margarethe von Oven und teilte mit: »Er ist gefallen, an der *Front* gefallen!«³⁷

Die Nachricht, daß der Tote nach Wartenberg überführt würde, überraschte seine Frau in Potsdam, wo sie die Mutter und den ältesten Sohn verständigte.³⁸ Als sie zurückkam, fand sie den Sarg schon aufgebahrt: im Gartensaal, vor der offenen Veranda, mit Blick auf den See. Noch während der Beerdigung am 27. Juli, bei der zu ihrem Erstaunen militärische Ehrungen untersagt waren, glaubte sie wie die zahlreiche Trauergemeinde an die Version des Heldentodes. Schlabrendorff schwieg zunächst. Erst allmählich erschlossen sich ihr die Zusammenhänge. Danach rechnete sie täglich mit ihrer Verhaftung.

Noch vor der Trauerfeier in Wartenberg war Major i. G. Kuhn zur Roten Armee übergelaufen. Sein Fahrer fühlte sich gedrängt, Generaloberst Weiß eine Meldung zu machen. Bei dem angeblichen Gefecht zwischen Tresckow und den Partisanen, gestand er, habe er nur wenige Schüsse und eine Detonation gehört.[39] Am Ort des Geschehens hätten lediglich Patronenhülsen aus Tresckows Pistole gelegen. Die Detonation müsse der Tote selbst ausgelöst haben: allein an der Stelle des zertrümmerten Kopfes sei im Boden eine flache Sprengmulde zu erkennen gewesen. Nirgendwo wäre die Suchgruppe auf Spuren von Feindeinwirkung gestoßen. Weiß ließ daraufhin den Armeerichter Wilken von Ramdohr kommen und fragte, was er tun solle. In der Armee ginge es bereits herum, daß Tresckow nicht gefallen sei, sondern Selbstmord verübt habe.[40] Ramdohr sprach von einer gefährlichen Situation – gefährlich vor allem deshalb, weil nun kaum jemand dem Oberbefehlshaber der 2. Armee glauben werde, daß er nichts von den Plänen seines Chefs gewußt habe. Ramdohr bat um ein Todes-Ermittlungsverfahren, das Weiß sofort genehmigte. Der Armeerichter vernahm Kuhns Fahrer und Offiziere des Stabes. Ein Freitod Tresckows war nicht länger auszuschließen.

Ohne zu zögern, schickte Weiß seinen Armeerichter mit dem Ergebnis zum Reichskriegsgericht Torgau.[41] Hier jedoch erfuhr Ramdohr, daß – contra legem – der Volksgerichtshof zuständig sei. Die Akte, meinte Oberreichskriegsanwalt Dr. Kraell, müsse unverzüglich zu General Reinecke nach Berlin. In Berlin stellte Reinecke sogleich die gefürchtete Frage, ob denn Weiß wirklich ahnungslos gewesen sei. Ramdohr bejahte und bürgte für die Loyalität seines Oberbefehlshabers.[42] Hätte er Tresckows Pläne gekannt, wäre er eingeschritten und insbesondere am 21. Juli im Armee-Hauptquartier geblieben. Da schrillte das Telefon. SS-Obergruppenführer Heinrich Müller vom Reichssicherheitshauptamt war am Apparat. Müller schien die gleiche Frage zu bewegen, denn Ramdohr hörte Reineckes Erwiderung: »Nein, Müller, Sie irren sich. Sein Armeerichter sitzt gerade mit der Akte über Tresckows Tod vor mir.«[43] Reinecke sandte Ramdohr zu Müller in die Prinz-Albrecht-Straße. Müller blätterte die Akte durch und nahm sie an sich. Wieder mußte Ramdohr – auf strenge Vorhalte – Weiß' Unschuld beteuern. Darauf Müller: »Nun, man wird sehen.« Ramdohr wurde entlassen, mit dem nötigen Benzin versorgt und zur 2. Armee zurückgeschickt.[44]

Anfang August erbrachte ein Fellgiebel-Verhör erste Belastungen. Am 4. 8. 1944 »stieß« der sogenannte Ehrenhof des Deutschen Heeres Tresckow aus den Reihen der Wehrmacht.[45] Barsch befahl Model Oberst Berndt von Kleist, all die Offiziere der »Mitte« aufzuschreiben, die an der Fronde beteiligt waren – ein Befehl zur Denunziation, den Krebs, von Kleist instruiert, nur mühsam abbiegen konnte.[46] Im Hauptquartier der 2. Armee begannen Schnüffeleien und Verdächtigungen. Die Lager sonderten sich. Der innere Zusammenhalt des Stabes brach auseinander. Tresckows Nachfolger Generalmajor Macher, von Hause aus ein Bayer, kehrte mit neuem Besen. Als Blutordensträger hatte er unbedingte Linientreue zu »gewährleisten«. Generaloberst Weiß widerrief gegenüber den Kommandierenden Generalen seinen Tagesbefehl zum Tode Tresckows. Entschieden brandmarkte er nun »die schändliche Handlungsweise« des Verräters, der sich »in Erkenntnis seiner Schuld« selbst gerichtet habe.[47] Die Stäbe der Armee und Heeresgruppe, auch deren Mannschaften, blieben unbeeindruckt. Für sie konnte eine Sache, an der Tresckow beteiligt war, nicht schlecht gewesen sein. Sie empfanden Trauer und spürten, daß die Ruhe, mit der er den Schlußpunkt gesetzt hatte, »den Rang seines Lebens spiegelte«.[48]

Am 15. August verhafteten Beamte der Gestapo Erika von Tresckow und ihre fünf- und dreizehnjährigen Töchter. Nach schmerzlicher Trennung von den Kindern, die in ein »gutes Heim« gebracht werden sollten, vernahm sie im Reichssicherheitshauptamt Kriminalkommissar Habeker.[49] Habeker bevorzugte zermürbende Wartezeiten, aber da schriftliches Belastungsmaterial rechtzeitig vernichtet und versteckt worden war, hatte er einen schlechteren Stand als anderswo. Trotz stundenlangen Verhörs geriet die Verhaftete weder in Fallen noch Widersprüche. Was sie zugab, rechtfertigte keine Anklage. Sonst schwieg sie. Auch ein beschlagnahmtes und abgefragtes Telefonverzeichnis aus der Potsdamer Wohnung konnte nicht verstricken. Habeker war enttäuscht.[50] Tresckow, polterte er bei der zweiten Vernehmung, sei der Spiritus rector der Fronde gewesen und habe die Gesichter des guten Ehemannes und abgefeimten Verbrechers gehabt, doch als er merkte, daß seine Eröffnungen »erschütterten«, brach er plötzlich ab. Fast schien es, als bedauere er die Frau, die vor ihm saß. Gefahren drohten im September mit dem Komplex Babelsberg. Habeker ging zu scharfer Gangart über. Noch einmal suchte er Beteiligte und Mitwisser herauszupressen, aber die Zeugen, an die er sich hielt, waren präpariert oder besaßen zum Glück ein Alibi. Der Kommissar – offenbar ohne weitere Trümpfe – glaubte, daß Tresckow seine Frau »hintergangen« habe. Nach knapp sieben

Wochen Haft, am 2. Oktober, entließ er sie.[51] Vier Tage später kamen die Töchter.

Schlabrendorff war – im Anschluß an die Wartenberger Trauerfeier – zur 2. Armee zurückgekehrt. Weiß beorderte ihn zu sich und forderte Aufschluß. Schlabrendorff bestritt, im Bilde zu sein. Um den unbeteiligten Weiß nicht zu belasten und der Gestapo auszuliefern, gab er ihm, auf Verlangen, sogar sein Ehrenwort.[52] Zwei Wochen blieb er unbehelligt. Dann verhaftete ihn ein Stabsoffizier. Im ersten Augenblick wollte er zur Pistole greifen und ein Ende machen, doch zugleich sagte ihm ein instinktives Gefühl, daß er überleben werde. So nutzte er auch, während des Transports nach Berlin, keine der sich bietenden Fluchtmöglichkeiten. Am Abend des 18. August 1944 schloß sich hinter ihm die Tür einer Einzelzelle im Hausgefängnis der Prinz-Albrecht-Straße.[53]

Tresckow behielt recht: die Verfolger waren auf ihn gekommen. Stieff, Fritz-Dietlof Graf von der Schulenburg, Wirmer, Smend und Lehndorff hatten weitgehende Aussagen gemacht. Goerdeler, seit Mitte August gefaßt, ergänzte sie.[54] Die Gestapo wußte, daß Tresckow einer der »Haupttreiber« und – nach einer Regierungsliste – als Chef der Deutschen Polizei ausersehen war. Vor ihr rundete sich das Bild eines Mannes, der die Fronde organisiert, den Staatsstreich entworfen und auf gewaltsamer Beseitigung Hitlers bestanden hatte. Schlabrendorff, in Handfesseln vorgeführt, leugnete, die Aktivitäten Tresckows und anderer gekannt zu haben. Trotz aller Vorhalte gewahrte er, daß die Gestapo bei ihm im dunklen tappte.[55] Kaum einer von den Inhaftierten konnte die März-Anschläge des Jahres 1943 preisgeben. Für Tresckows Berliner Planungen und Kontakte verfügte er über Alibis. Kurze Verständigungen mit Goerdeler und Lehndorff im Waschraum des Gefängnisses sicherten ihn. Ein »Protokoll« Lehndorffs, das unmittelbare Vorbereitungen des 20. Juli »bewies«, nannte er Fälschung. Hartnäckig weigerte er sich, Geständnisse abzulegen.

Die Gestapo ordnete Tag- und Nachtfesseln an und griff – nach Schlägen während der Vernehmungen – zur Folter.[56] Schlabrendorffs Hände wurden in einen Apparat gespannt. Durch Drehung einer Schraube bohrten sich Stachel in die Fingerspitzen. Als diese Tortur nicht verfing, steckte man seine Beine in Metalldornen-Röhren. Langsam drückte man beide Röhren zusammen. Die Dornen drangen ins Fleisch. Zu gleicher Zeit schlug man ihn mit Stöcken und Peitschen. Da er noch immer schwieg, hatte er sich gefesselt und unbeweglich nach vorn zu beugen. Schwere Knüppelhiebe trafen seinen Kopf. Jeder Hieb streckte ihn zu Boden. Schlabrendorff verlor das Bewußtsein und erlitt eine Herzattacke, aber schon wenig später und kaum erholt mußte er weitere Folterungen ertragen.[57]

Die unmenschlichen Quälereien bewegten ihn zu einem kalkulierten Teilgeständnis. Er gab zu Protokoll, daß Tresckow – anfangs »150prozentiger Nazi« – als erster den Ostfeldzug für verloren ansah und rasch pessimistischer wurde.[58] Nach Stalingrad sei es ihm absolut gewiß gewesen, daß das Verhängnis seinen Lauf nehmen werde, »wenn nicht der Führer von der militärischen Führung zurücktritt und sich allein auf das Gebiet der Politik beschränke«. Tresckow habe danach gestrebt, »den Posten eines Chefs der Operationsabteilung zu erlangen«. Ob er diesen Posten indes »nur anstrebe, um ins Führerhauptquartier zu kommen oder wenigstens in dessen Nähe und dort als Attentat vorzubereiten oder gar selbst zu begehen, entzieht sich meiner Kenntnis. Richtig ist jedenfalls, daß er unausgesetzt die Ansicht vertrat, daß der Führer zum Rücktritt vom Oberbefehl veranlaßt werden müsse«...[59] Obgleich Schlabrendorff – sein fester Entschluß – keine weiteren Namen genannt hatte, schien die Gestapo zunächst befriedigt.

Dafür fuhr sie ihn ins Konzentrationslager Sachsenhausen. Vor dem Schießstand des Lagers höhnte sein Begleiter: »Nun werden Sie ja wissen, was mit Ihnen geschehen wird. Vorher aber haben wir noch etwas anderes mit Ihnen vor.«[60] Man führte ihn ins Krematorium. Im Raum stand der aus dem Wartenberger Grab gewühlte Sarg Tresckows. Schlabrendorff – schmerzlich berührt – mußte erleben, daß man ihn öffnete. Dann hieß es: er könne seine Lage verbessern, wenn er zugebe, diesen Russen erschossen zu haben. Offenbar glaubte die Gestapo, Tresckow sei wie Kuhn zu den Sowjets übergelaufen. Schlabrendorff bestritt alle Vorhalte. Im Sarg, erklärte er bestimmt, läge Generalmajor Henning von Tresckow. Er erkenne ihn an den schlanken Händen. Ein umfassendes Geständnis, zu dem man ihn halb drohend, halb beschwörend drängte, legte er nicht ab. Darauf verbrannte man auf sofortigen Befehl den Sarg.[61] Mit innerer Bewegung nahm Schlabrendorff von seinem Vetter endgültig Abschied.

Aus der Wehrmacht ausgestoßen und des Hoch- und Landesverrats angeklagt, stand er am 21. Dezember 1944 und 3. Februar 1945 vor dem Volksgerichtshof.[62] Der erste Termin verstrich ohne Aufruf seiner Sache, den anderen verhinderte ein 1000-Bomber-Luftangriff, bei dem Freisler, mit Schlabrendorffs Akte in der Hand, durch einen herabstürzenden Balken ums Leben kam. Am 16. März 1945 folgte der letzte Termin, Vorsitzender: Vizepräsident Dr. Krohne. Schlabrendorff machte geltend: Friedrich der Große habe die Folter abgeschafft; gegen ihn sei sie angewendet worden. Seine Darlegungen unterbrach ein Weinkrampf, aber nachdem er sich gefangen hatte, durfte er fortfahren. Atemlos hörte ihm das Gericht bis zum Schluß zu. Krohne mußte – nach Vernehmung eines Kriminalkommissars außerhalb des Hauptverfahrens – die Aussagen des Angeklagten bestätigen. Schlabrendorff wurde freigesprochen und – von der Gestapo erneut in Haft genommen.[63] Unter Drohungen, daß man ihn jetzt »nur« erschießen werde, transportierte sie ihn über Flossenbürg und Dachau in die Nähe Innsbrucks, doch Anfang Mai 1945 befreiten ihn die Amerikaner.

Schlabrendorffs Schweigen rettete Kleist, Eggert, Boddien, Groeben, Philipp Boeselager, Stahlberg und Breitenbuch.[64] Oertzen dagegen tötete sich, wie Tresckow, mit einer Gewehrsprenggranate. Schulze-Büttger, wenige Tage nach dem 20. Juli verhaftet, wurde gehängt. Georg Boeselager fiel an der Ostfront. Voss nahm sich das Leben. Gersdorff, zuletzt hochdekorierter Generalmajor und Korpschef im Westen, blieb unentdeckt. Mitte August 1944, unmittelbar vor dem alliierten Durchbruch bei St. Lô, bestürmte er Kluge, den Kampf in der Normandie einzustellen.[65] Nur solch ein Entschluß könne noch Rettung bringen, doch Kluge wählte Gift und schrieb Hitler einen Abschiedsbrief. Er beschwor den Diktator, »einen fortan hoffnungslosen Kampf zu beenden«, und versicherte, daß er dessen Größe immer bewundert habe. »In der Überzeugung, bis zum letzten meine Pflicht getan zu haben, schließe ich, mein Führer, der ich Ihnen innerlich viel näher stand, als Sie wohl geahnt haben.«[66] Diese Worte verleugneten, was Kluge wußte, geduldet und schließlich bejaht hatte, aber mit ihnen sprach er, alles in allem, wohl die Wahrheit.

Vergeblich Tresckows Hoffnung, durch seinen Freitod den Bruder Gerd decken zu können. Gerd von Tresckow, Oberstleutnant im Stab einer Frontdivision, kämpfte 1944 in Italien.[67] Obgleich eingeweiht und Verbündeter der Fronde, wäre er, stets auf unverfänglichen Schauplätzen, kaum anzuklagen gewesen. Doch die Gradheit seines Wesens ertrug keine Verstellung: vorbehaltlos bekannte er sich zum Bruder. Am 21. Juli schickte er einen Brief an Frau und Kinder, in dem er ihnen die Möglichkeit andeutete, daß er sie vielleicht nicht wiedersähe. Zwei Tage später offenbarte er sich seinem Vorgesetzten. Der überraschte General beschwichtigte und redete von »Fieberdelirien«, aber Tresckow beharrte auf seinen Äußerungen. Haft und Untersuchung folgten. In Bayern, auf dem Transport, schrieb der Festgenommene zum letztenmal: »Ich fahre durch blühendes, sonniges Land. Alles ist bei der Ernte. Überall wird gearbeitet und geschafft. Wie ist es doch schön, das deutsche Vaterland.«[68] Mitte August war er im Gefängnis der Lehrter Straße in Berlin. Am 6. September 1944 schnitt er sich die Pulsadern auf, um weiteren Verhören zu entgehen und seine Familie zu schützen. Die Herausgabe der Leiche wurde verweigert. Der Tote war es nicht wert, daß er in deutscher Erde ruhte.

Der Endkampf bestätigte alle Pläne und Prognosen der Verschwörung. Die Rache des Feindes suchte insbesondere die unglücklichen Provinzen des deutschen Ostens heim. Städte wie Dörfer gingen in Flammen auf und hallten von den Schreien geschändeter Frauen wider. Plünderung, Mord, Verschleppung und Gewalt regierten. Mit einem Paroxysmus ohnegleichen wütete die entfesselte und aufgestachelte Soldateska der Roten Armee.[69] Das Ringen an den Fronten erweckte unter solchen Vorzeichen Leidenschaften, die jede Besinnung und Vernunft erstickten. Wo lediglich Tod oder Sklaverei drohten, galten allein erbitterte Abwehr und verzweifelter Mut. Die Masse der Soldaten verteidigte nun Deutschland und zahllose Flüchtlingstrecks, denen ein Vorsprung zu erkämpfen war. Der brutale Gegner tilgte Fragen nach den Ursachen des Dramas. Um so stärker regte sich der Glaube an Goebbels' hitzige Wunderwaffen-Propaganda. Von neuem hoffte man auf Hilfen des Westens, der jetzt die bolschewistische Gefahr für Europa erkennen mußte.

Nicht minder klammerte sich die Führung an »Gründe«, um Anfechtungen zu betäuben oder abzumildern. Zudem schreckte der Terror des NS-Regimes mehr denn je, doch Zusammenbruch und Kapitulation blieben unabwendbar. Am 22. Januar 1945 fiel bei Bentschen Tresckows ältester Sohn Mark, Kanonier im Artillerie-Regiment 23.[70] Zur gleichen Zeit starb Jürgen von Tresckow, letzter Herr auf Wartenberg, an den Folgen eines Jagdunfalls. Eine Woche darauf, während der Besetzung des Gutes, erschossen die Russen seine Frau und den Sohn Rüdiger, der versucht hatte, sich vor die bedrohte Mutter zu stellen. Im Mai 1945 schied Marie-Agnes von Arnim, Henning von Tresckows Schwester, mit Mann und Tochter aus dem Leben. Erika von Tresckow, nach der Entlassung aus der Haft noch einmal in Wartenberg, floh bei Schnee und Eis über die

Oder.[71] Sie, ihre Töchter und der zweite Sohn überlebten, aber es gab keine Rückkehr in die Neumark. Henning von Tresckows Heimat und das Reich waren verloren.

Deutschlands Niederlage, an deren Ausmaß nicht zu deuteln war, rechtfertigte jene, die sie hatten verhindern wollen. Frühzeitig mühten sich Publizisten und Historiker, den 20. Juli 1944 als hellsten Augenblick unserer sonst so dunklen jüngsten Geschichte zu feiern.[72] So gering wohl der politische Ertrag des Stauffenberg-Attentats gewesen wäre: Tresckows befolgte Maxime, daß der entscheidende Wurf gewagt werden müsse, trug erste Früchte. Hier war ein Aktivposten. Ihn konnte man, als sich die Verbrechen des Nationalsozialismus erschlossen, ins Feld führen. Er bewahrte vor vollkommener Schande und erlaubte, auf die Feinde von gestern zuzutreten. Ihr Gericht, das der Widerstand ihnen nicht hatte abnehmen dürfen, blieb bitter und hart. Besetzung, Reparationen und Teilung hielten das ehemalige Reich nieder, große Teile des Landes fielen an Polen, aber Tresckows Hoffnung erfüllte sich: ganz Deutschland wurde nicht zuschanden.

Die DDR fesselte, bei Darstellung und Wertung der Fronde, engste ideologische Konzepte. Sie verhöhnte die angebliche Gewissensentscheidung der Beck, Goerdeler und Tresckow. Sie beschimpfte den »Interessensputsch der Junker, Monopolisten und Reaktionäre« und nannte die Offiziersverschwörung vom 20. Juli »Legende«.[73] Widerstand, ihr hartnäckiges Postulat, leisteten allein Kommunisten. Erst nach Anstößen von sowjetischer Seite begann sich das Bild zu wandeln. Nun widerfuhr denen, die sozialistische Absichten gehegt und eine Verständigung mit dem Osten erstrebt hatten, in Grenzen Gerechtigkeit. Nun galt: Stauffenberg ist unser.

Brüche und Verworrenheiten auch in der Bundesrepublik. Ansprachen und Versammlungen priesen Hitlers Opposition. Deren Geist sollte anspornen und verpflichten, aber kaum eine von den Beschwörungen schlug im Volk Funken. Der 20. Juli 1944 lähmt und entzweit; er war ohne Erfolg und erinnert an Schuld. Schon deshalb suchte man – geschichtslos und selbstgerecht – dieses Datum abzutun oder eilfertig zu verdrängen.[74] Die westdeutsche Historiographie unterschied plötzlich bei den Frondeuren zwischen Fortschritt und Reaktion. Schließlich gab sie sogar vor, zu wissen, daß der Widerstand gesellschaftlicher Freiheit nicht den Weg geebnet hätte.

Ähnlich gespalten die Bundeswehr. Obwohl bereit, zum »Befehl des Gewissens« zu stehen, erblickte ihre Führung im Eid»bruch« der

Verschwörer den »einmaligen« Ausnahmefall. Alle Erfahrungen der Hitler-Zeit waren und sind ihr eine schwere Bürde. Daß auch ein demokratischer Staat dem Soldaten Aufgaben stellen kann, die er nicht zu lösen vermag und gegen die er rebellieren muß, überdeckte sie trotz verlorener Unbefangenheit geflissentlich.[75] Die Truppe der neuen Republik unterstand ziviler Gewalt. Vorwürfe eines mißdeuteten Militarismus erschreckten. Gehorsam – im Frieden eines Rechtsstaates kein Problem – hatte wieder Regel zu sein.

Trotzdem blieb es beim Bekenntnis zu den Männern der Opposition. Am 20. Juli 1961 hießen die Truppenunterkünfte in Oldenburg-Bümmerstede: Henning-von-Tresckow-Kaserne.[76] Die Namensgebung stattete schuldigen Dank ab. Der Befehlshaber des Wehrkreises, Generalmajor Schwatlo-Gesterding, sprach Worte des Gedenkens. Heer, Marine und Luftwaffe waren im großen offenen Viereck angetreten, Ehrengast des Festaktes: Erika von Tresckow. Das Musik-Korps intonierte den Paradenmarsch des Ersten Garde-Regiments zu Fuß, Beethovens Yorckschen Marsch. Unter den Klängen des Deutschland-Liedes wurde, bei Ehrenbezeigung der Truppe und aller Anwesenden, an der Front des Stabsgebäudes ein Bild Henning von Tresckows enthüllt.

Anmerkungen und Ergänzungen

Erstes Kapitel: Herkommen, Jugend und Erster Weltkrieg

1 Heinrich v. Tresckow: Familien-Geschichte derer von Tresckow, Potsdam-Wildpark 1920 (unveröffentlicht), S. 1, 4 f., 423.
2 Ders.: Einiges über Namen und Familie von Tresckow, Berlin 1913 (Privatdruck), S. 10.
3 a.a.O., S. 32–34.
4 Heinrich v. Tresckow: Familien-Geschichte, S. 142–357.
5 a.a.O.; Eckhard v. Tresckow: Die Geschichte der Familie Tresckow und ihr Besitz bis 1945 (unveröffentlicht, 1961), S. 1; Rolf v. Tresckow: Die Regimenter von Tresckow und ihre Fahnen (unveröffentlicht, 1970), S. 1.
6 Heinrich v. Tresckow, a.a.O.; S. 151, 170.
7 a.a.O., S. 347–357; Ders.: Einiges, S. 13–16.
8 Genealogisches Handbuch der adeligen Häuser, Band 22 der Gesamtreihe, Limburg a. d. Lehe 1960, S. 590.
9 Heinrich v. Tresckow: Familien-Geschichte, S. 395–398; Erika v. Tresckow: Erinnerungen (unveröffentlicht, o. J.), S. 2–5; Bericht (künftig zitiert: Ber.) Ruth v. Wedemeyer (o. J.), S. 2 f.; Ber. Propst Zuckschwerdt (o. J.), S. 1 f.; Kurt Hesse: Der Geist von Potsdam, Mainz 1967, S. 95 f.
10 Erika v. Tresckow: Erinnerungen, S. 4.
11 a.a.O.
12 a.a.O., S. 2 f.; Ber. Ruth v. Wedemeyer, S. 3; Ber. Zuckschwerdt, S. 2; Otto Graf zu Stolberg-Wernigerode: Die unentschiedene Generation. Deutschlands konservative Führungsschichten am Vorabend des Ersten Weltkrieges, München und Wien 1968, S. 265 f.
13 Erika v. Tresckow: Erinnerungen, S. 2 f.
14 a.a.O., S. 5; auch Mitteilung (Mitteilung künftig zitiert: Mitt.) Erika v. Tresckow (27. 10. 1970); Ber. Ruth v. Wedemeyer, S. 3.
15 Mitt. Erika v. Tresckow (27. 10. 1970).
16 a.a.O.
17 a.a.O.
18 Ber. Zuckschwerdt, S. 2.
19 Erika v. Tresckow: Erinnerungen, S. 7 f.; Ber. Ruth v. Wedemeyer, S. 1; Ber. Erika v. Tresckow, Witwe Gerd von Tresckows (o. J.), S. 1; Hesse, a.a.O., S. 95. Zum Wappen Heinrich v. Tresckow: Familien-Geschichte, S. 16–18.
20 Erika v. Tresckow: Erinnerungen, S. 8; Hesse, a.a.O.; Mitt. Fabian v.

Schlabrendorff (17. 6. 1967). Fabian v. Schlabrendorff künftig, der Häufigkeit wegen, nur noch mit dem Hauptnamen zitiert.
21 Ber. Zuckschwerdt, S. 1, 3 f.
22 a.a.O., S. 4.
23 Erika v. Tresckow, a.a.O., S. 13 f.; Ber. Fritz v. Werder (18. 3. 1970), S. 1; Ber. Wolfgang Petersen (o. J.), S. 1; Ber. Anna v. Winterfeldt (30. 11. 1965), S. 1; Ber. Ilse v. Schaumann (o. J.), S. 1.
24 Mitt. Anna v. Winterfeldt (1. 7. 1968).
25 Ber. Ilse v. Schaumann, S. 1.
26 Ber. H. v. Diringshofen (31. 5. 1965), S. 1; Ber. Christoph v. L'Estocq (15. 5. 1965), S. 1; Ber. Hans Harald v. Selchow (7. 7. 1970), S. 1.
27 a.a.O.; Personalbogen und Dienstlaufbahn Henning von Tresckow (Kornelimünster).
28 Mitt. Christoph v. L'Estocq (23. 9. 1970).
29 Ber. Hans Harald v. Selchow, S. 1.
30 Ber. Christoph v. L'Estocq, S. 3 f. (nach Tagebuch-Aufzeichnungen).

Zweites Kapitel: Nachkriegsjahre

1 Mitt. Christoph v. L'Estocq (23. 9. 1970); Mitt. Wilhelm v. Friedeburg (25. 11. 1969).
2 Ber. Prinz v. Hohenzollern (22. 7. 1970), S. 1; Erika v. Tresckow: Aufzeichnungen zum Lebenslauf Henning von Tresckows; Francis L. Carsten: Reichswehr und Politik 1918–1933, Köln/Berlin 1964, S. 30 f.
3 Mitt. Christoph v. L'Estocq (23. 9. 1970).
4 Erika v. Tresckow, a.a.O.; Personalbogen und Dienstlaufbahn Henning von Tresckow (Kornelimünster).
5 Ber. Hans Harald v. Selchow, S. 2; Ber. W. v. Hippel (o. J.), S. 1; Ber. E. Kaulbach (28. 6. 1970), S. 1; Henning v. Tresckow: Tagebuch (unveröffentlicht), 10. 7. 1920.
6 Ber. Hans Harald v. Selchow, S. 2.
7 Henning v. Tresckow: Tagebuch, 18. 7. 1920.
8 a.a.O.
9 a.a.O., 10. 7. 1920.
10 a.a.O.
11 a.a.O.
12 Mitt. Christoph v. L'Estocq (23. 9. 1970); Erika v. Tresckow: Aufzeichnungen zum Lebenslauf Henning von Tresckows.
13 Studienbücher: Henning von Tresckow (Berlin: Winter-Semester 1920/21; Kiel: 18. Mai 1921 bis 9. Dezember 1922).
14 Erika v. Tresckow: Aufzeichnungen zum Lebenslauf Henning von Tresckows; Mitt. Erika v. Tresckow (27. 10. 1970); Mitt. Alexander Stahlberg (15. 9. 1965).

15 Mitt. Erika v. Tresckow (27. 10. 1970); auch Mitt. Schlabrendorff (17. 6. 1967).
16 Hesse, a.a.O., S. 94; Mitt. Christoph v. L'Estocq (23. 9. 1970).
17 Henning v. Tresckow: Politische Gedanken.
18 Hesse, a.a.O., S. 96; spezifizierend: Ber. Kurt Hesse (1. 3. 1971), S. 1; Mitt. Wilhelm v. Friedeburg (25. 11. 1969).
19 Henning v. Tresckow: Politische Gedanken.
20 Hesse, a.a.O.; Ber. Kurt Hesse, S. 1.
21 Hesse, a.a.O., S. 94.
22 a.a.O., S. 95.
23 Henning v. Tresckow: Reise-Tagebuch, 17. 7. 1924.
24 Reise-Tagebuch (unveröffentlichtes Original lag vor); Hesse, a.a.O., S. 97.
25 Reise-Tagebuch, 19. 7. 1924; Hesse, a.a.O., S. 97 f.
26 Reise-Tagebuch, 20. 7. 1924.
27 a.a.O., 22. 7. 1924; Mitt. Kurt Hesse (12. 10. 1969).
28 Reise-Tagebuch, a.a.O.
29 a.a.O., 27. 7. 1924.
30 a.a.O., 25. 7. 1924.
31 a.a.O.
32 a.a.O., 26. 7.–30. 7. 1924.
33 Hesse, a.a.O., S. 100.
34 Reise-Tagebuch, 12. 8.–11. 9. 1924; Hesse, a.a.O.
35 Reise-Tagebuch, 12. 9.–30. 9. 1924; Deutsche La Plata Zeitung, Buenos Aires, 21. September 1924.
36 Hesse, a.a.O., S. 101.
37 Reise-Tagebuch, 1. 10.–8. 11. 1924.
38 Mitt. Erika v. Tresckow (27. 10. 1970).
39 Ber. Helene Gräfin Zedlitz (o. J.), S. 1.
40 Erika v. Tresckow: Erinnerungen, S. 16 f.; Personalbogen und Dienstlaufbahn Henning von Tresckow (Kornelimünster).

Drittes Kapitel: Infanterie-Regiment 9 und Potsdam

1 Die deutsche Forschung zur Geschichte der Reichswehr zeigte lange Befangenheit. Oft genug wertete sie mit apokryphen Maßstäben. Erste Korrekturen bei Hans Meier-Welcker: Seeckt, Frankfurt a. M. 1967, S. 199–347. Die besten Analysen und Übersichten bieten angelsächsische Historiker: Carsten, a.a.O., S. 115–140, 157–168, 228–239; Harold J. Gordon: Die Reichswehr und die Weimarer Republik 1919–1926, Frankfurt a. M. 1959, S. 221–255.
2 a.a.O.
3 Hermann Teske: Analyse eines Reichswehr-Regiments, in: Wehrwis-

	senschaftliche Rundschau 1962 (12), S. 255–258. Die Analyse bezieht sich auf Tresckows Einheit, das 9. (Preuß.) Infanterie-Regiment.
4	Teske, a.a.O., S. 258 f.; Mitt. Wolf Graf v. Baudissin (21. 11. 1969).
5	a.a.O.
6	a.a.O.
7	Teske, a.a.O., S. 262; Mitt. Wolf Graf v. Baudissin (21. 11. 1969); Ber. E. Kaulbach, S. 1; Ber. W. v. Hippel, S. 1; Mitt. Christoph v. L'Estocq (23. 9. 1970); Ber. Kurt Wolff (20. 3. 1970), S. 1.
8	Teske, a.a.O., S. 259, 262–264.
9	a.a.O., S. 263 f.
10	Personalbogen und Dienstlaufbahn Henning von Tresckow (Kornelimünster); Teske, a.a.O., S. 256 f.; Mitt. Erika v. Tresckow (27. 10. 1970).
11	Mitt. Paul Klasen (10. 12. 1966); Mitt. Theodor Jacoby (10. 12. 1966).
12	a.a.O.; Mitt. Wolf Graf v. Baudissin (21. 11. 1969).
13	a.a.O.
14	Mitt. Paul Klasen (10. 12. 1966); Mitt. Theodor Jacoby (10. 12. 1966).
15	a.a.O.
16	a.a.O.; Ber. Harald Frhr. v. Uslar-Gleichen (15. 5. 1970), S. 1; Ber. (19. 7. 1970), S. 1 f.; Hesse: Der Geist, S. 101; auch Teske, a.a.O., S. 264–266.
17	Ber. Hermann Teske (2. 6. 1965), S. 2.
18	Mitt. Paul Klasen (10. 12. 1966); Mitt. Theodor Jacoby (10. 12. 1966).
19	a.a.O.; Teske: Analyse, S. 265.
20	Mitt. Christoph v. L'Estocq (23. 9. 1970); Ber. E. Kaulbach, S. 1; Ber. W. v. Hippel, S. 1; Ber. Harald Frhr. v. Uslar-Gleichen (15. 5. 1970), S. 1; Ber. Walther Wenck (16. 10. 1970), S. 1.
21	Hesse: Der Geist, S. 103.
22	Mitt. Erika v. Tresckow (1. 5. 1969, 27. 10. 1970); Ber. Karoline Freifrau v. Gebsattel (o. J.), S. 1; Ber. E. Kaulbach, S. 1.
23	Mitt. Erika v. Tresckow (1. 5. 1969); Ber. Cornelia Mette (8. 10. 1965), S. 2. S. 4: »Hochintelligent, aufmerksam, begabt mit erstaunlichem Einfühlungsvermögen und immer bereit zu ganzem Einsatz, beseelt von dem Wunsche zu helfen, hätte er wahrscheinlich einen ausgezeichneten Arzt abgegeben.« Mitt. Alexander Stahlberg (15. 9. 1965); Mitt. Rolf v. Tresckow (3. 6. 1970); Mitt. Kurt Hesse (12. 10. 1969); Ber. Constanze Lange (22. 5. 1970), S. 4.
24	a.a.O.; Erika v. Tresckow: Erinnerungen, S. 26.
25	Henning v. Tresckow: Anhang zum Tagebuch (um die Mitte der zwanziger Jahre niedergeschrieben).
26	Erika v. Tresckow, a.a.O., S. 24–26.
27	a.a.O., S. 24; Ber. Erna Drömer (4. 4. 1970), S. 1.
28	Erika v. Tresckow, a.a.O.
29	a.a.O., S. 18.

30 a.a.O., S. 18 f.
31 Mitt. Erika v. Tresckow (1. 5. 1969); Ber. Cornelia Mette, S. 1; Mitt. Erika v. Tresckow, Witwe Gerd von Tresckows (16. 9. 1969). Über Tresckows Verhältnis zu dem wohl bekanntesten neumärkischen Konservativen Ber. B. v.d. Osten-Warnitz (15. 2. 1967), S. 1: »Es ist besonders hervorzuheben, daß zwischen meinem Großvater von der Osten-Warnitz und Henning von Tresckow eine besondere freundschaftliche Bindung bestand. Immer wenn T. in Wartenberg war, versäumte er nicht, meinen Großvater zu besuchen. Bei diesen Gelegenheiten fanden stets längere ernste Gespräche, zum Teil unter vier Augen, statt. Mein Großvater schätzte Henning von Tresckow besonders und betonte dies mir gegenüber häufig. Er hielt T. für einen der fähigsten Männer seiner Generation, bei dem Klugheit, Besonnenheit und Pflichtgefühl gegenüber Volk und Vaterland besonders ausgeprägt in Erscheinung traten.«
32 Ber. Erika v. Tresckow, Witwe Gerd v. Tresckows, S. 1–4, vor allem: S. 1.

Viertes Kapitel: Nationalsozialismus und erste Opposition

1 Mitt. Christoph v. L'Estocq (23. 9. 1970); Ber. E. Kaulbach, S. 1; Ber. W. v. Hippel, S. 1; Ber. Kurt Wolff, S. 1.
2 Mitt. Wilhelm v. Friedeburg (25. 11. 1969); Mitt. Kurt Hesse (12. 10. 1969).
3 a.a.O.
4 a.a.O.
5 a.a.O.; Mitt. Wolf Graf v. Baudissin (21. 11. 1969); Mitt. Erika v. Tresckow (1. 5. 1969).
6 a.a.O.; Mitt. Schlabrendorff (17. 6. 1967).
7 Werner Conze: Die Zeit Wilhelms II. und die Weimarer Republik. Deutsche Geschichte 1890–1933, Tübingen/Stuttgart 1964, S. 226, 228, 237 f.
8 Conze, a.a.O., S. 229–232; Karl Dietrich Bracher: Die Auflösung der Weimarer Republik. Eine Studie zum Problem des Machtverfalls in der Demokratie, Villingen (Schwarzwald) [4]1964, S. 287–309; Andreas Dorpalen: Hindenburg in der Geschichte der Weimarer Republik, Berlin/Frankfurt a. M. 1966, S. 171–173.
9 Conze, a.a.O., S. 232–234; Alan Bullock: Hitler, Düsseldorf 1953, S. 147 f.; Ernst Nolte: Der Faschismus in seiner Epoche. Die Action française; Der italienische Faschismus; Der Nationalsozialismus, München 1963, S. 361.
10 Bullock, a.a.O., S. 137; Nolte, a.a.O.
11 Nolte, a.a.O., S. 358–361.
12 Carsten, a.a.O., S. 341–360, 418–443; Klaus-Jürgen Müller: Das Heer

und Hitler. Armee und nationalsozialistisches Regime 1933–1940 (Beiträge zur Militär- und Kriegsgeschichte. Hgg. vom Militärgeschichtlichen Forschungsamt, Zehnter Band), Stuttgart 1969, S. 37–39; Helmut Krausnick: Vorgeschichte und Beginn des militärischen Widerstandes gegen Hitler, in: Vollmacht des Gewissens, Frankfurt a. M./Berlin 1960, S. 200–210; Moriz v. Faber du Faur: Macht und Ohnmacht. Erinnerungen eines alten Offiziers, Stuttgart 1953, S. 125–132; Kunrat Frhr. v. Hammerstein: Spähtrupp, Stuttgart 1963, S. 11–13.

13 Zusammenfassend: Carsten, a.a.O., S. 418–443.
14 Erika v. Tresckow: Erinnerungen, S. 19; Mitt. (1. 5. 1969); Mitt. Kurt Hesse (12. 10. 1969); Mitt. Wolf Graf v. Baudissin (21. 11. 1969); Mitt. Schlabrendorff (17. 6. 1967).
15 a.a.O.
16 Mitt. Erika v. Tresckow (1. 5. 1969); Mitt. Schlabrendorff (17. 6. 1967).
17 a.a.O.
18 a.a.O.
19 Teske: Analyse, S. 260.
20 Hermann Teske: Die silbernen Spiegel. Generalstabsdienst unter der Lupe, Heidelberg 1952, S. 31.
21 Ber. W. v. Hippel, S. 1.
22 Ber. Karoline Freifrau v. Gebsattel, S. 1.
23 Conze, a.a.O., S. 248; Bracher, a.a.O., S. 608–611.
24 Mitt. Erika v. Tresckow (1. 5. 1969); Berndt v. Kleist: Henning von Tresckow, in: Das Gewissen steht auf. 64 Lebensbilder aus dem deutschen Widerstand 1933–1945, gesammelt von Annedore Leber; hgg. in Zusammenarbeit mit Willy Brandt und Karl Dietrich Bracher, Berlin/Frankfurt a. M. 1954, S. 158.
25 Mitt. Schlabrendorff (17. 6. 1967); Mitt. Kurt Hesse (12. 10. 1969).
26 Der Tag von Potsdam, Gedenkausgabe »Die Woche« (7/1933), S. 8.
27 Mitt. Alexander Stahlberg (15. 9. 1965).
28 Müller, a.a.O., S. 35.
29 a.a.O., S. 63.
30 a.a.O., S. 41–43.
31 Personalbogen und Dienstlaufbahn Henning von Tresckow (Kornelimünster); Mitt. Erika v. Tresckow (1. 5. 1969); Mitt. Schlabrendorff (17. 6. 1967).
32 Ber. Harald Frhr. v. Uslar-Gleichen (15. 5. 1970), S. 1. Später äußerte Tresckow: »Ein Mann muß ehrgeizig sein; er muß ganz nach oben kommen wollen.« Mitt. Karl Silex (9. 5. 1968).
33 Hansgeorg Model: Der deutsche Generalstabsoffizier. Seine Auswahl und Ausbildung in Reichswehr, Wehrmacht und Bundeswehr, Frankfurt a. M. 1968, S. 73–75, 197.
34 a.a.O., S. 74.
35 Mitt. Paul Klasen (10. 12. 1966); Mitt. Theodor Jacoby (10. 12. 1966).

36 a.a.O.; Ber. Wilhelm Mittelstädt (13. 6. 1970), S. 1.
37 Zusammenfassend: Müller, a.a.O., S. 88–133.
38 Mitt. Erika v. Tresckow (1. 5. 1969); Mitt. Schlabrendorff (17. 6. 1967); Hesse: Der Geist, S. 113.
39 So Gerd v. Tresckow in seinen Briefen vom 2., 9. und 10. 4. 1934 an den Bruder.
40 Ders.: Brief an den Bruder vom 2. 4. 1934.
41 Ders.: Brief an den Bruder vom 19. 4. 1934.
42 Mitt. Erika v. Tresckow (1. 5. 1969); Mitt. Schlabrendorff (17. 6. 1967).

Fünftes Kapitel: Kriegsakademie, Generalstab, letztes Friedenskommando

1 Model, a.a.O., S. 99.
2 a.a.O., S. 75 f.
3 a.a.O., S. 76.
4 a.a.O., S. 78 f.
5 a.a.O., S. 82 f., ferner S. 79 f.
6 a.a.O., S. 77 f.
7 a.a.O., S. 77, 83.
8 a.a.O., S. 77 f.; Mitt. Bogislaw v. Bonin (25. 9. 1970).
9 Model, a.a.O., S. 82–93; Müller, a.a.O., S. 221–224.
10 Müller, a.a.O., S. 232–237.
11 Ber. Ernst Klasing (13. 1. 1966), S. 1.
12 Müller, a.a.O., S. 222.
13 Ber. A. v. Schell (2. 3. 1958, 15. 2. 1966); weitere Berichte über die Kriegsakademie-Zeit: Ber. August Winter (2. 6. 1966, 11. 3. 1970); Ber. Kurt v. Einem (31. 1. 1965, 9. 3., 16. 3. 1970); Ber. Gronemann-Schoenborn (28. 1. 1966); Ber. W. Hamberger (22. 1. 1966); Ber. Erich Helmdach (21. 3. 1965); Ber. Joachim Hesse (13. 2. 1966); Ber. E. Kaulbach (23. 3. 1965); Ber. Ernst Klasing (7. 1., 13. 1. 1966); Ber. Wilhelm Knüppel (26. 1. 1966); Ber. Heinz Schmidtke (21. 3. 1966).
14 Ber. Wilhelm Knüppel, S. 2.
15 Ber. Heinz Schmidtke, S. 1; Ber. Kurt v. Einem (31. 1. 1965), S. 2. Oberst v. Xylander, Kriegsgeschichtslehrer im ersten Jahre des Lehrgangs, äußerte in Ostpreußen zu Rolf v. Tresckow (etwa): »Henning Tresckow ist der Beste im Hörsaal der Kriegsakademie. Er würde wohl gern Chef der Heeresleitung werden, aber er kann es auch mal werden.« Ber. Rolf v. Tresckow (o. J.), S. 1; Mitt. (3. 6. 1970).
16 Mitt. Erika v. Tresckow (1. 5. 1969); Personalbogen und Dienstlaufbahn Henning von Tresckow (Kornelimünster).
17 Ber. Kurt v. Einem (16. 3. 1970), S. 2.
18 Hesse, a.a.O., S. 101; Mitt. (12. 10. 1969).
19 Ber. Wilhelm Knüppel, S. 1; Ber. Gronemann-Schoenborn, S. 1.

20 Ber. August Winter (2. 6. 1966), S. 2; Ber. A. v. Schell (15. 2. 1966), S. 1.
21 Ber. August Winter (2. 6. 1966), S. 4, 6.
22 Ber. Kurt v. Einem (9. 3. 1970), S. 2; Ber. Ernst Klasing (7. 1. 1965), S. 1; Ber. Erich Helmdach, S. 1.
23 Hesse: Der Geist, S. 95; Mitt. Schlabrendorff (17. 6. 1967).
24 Mitt. Margarethe Gräfin v. Hardenberg (2. 5. 1969).
25 Ber. August Winter (2. 6. 1966), S. 3; Ber. A. v. Schell (2. 3. 1958), S. 1; Ber. (15. 2. 1966), S. 1.
26 Ber. Ernst Klasing (7. 1. 1965), S. 1: »Alle wußten, daß ihm eine große Zukunft bevorstand, nicht nur wegen seines Könnens, auch wegen seines Charakters.« Ber. Kurt v. Einem (9. 3. 1970), S. 2: »Auch die beiden argentinischen Generalstabsoffiziere in unserem Hörsaal (beide älter als T.) haben ihn regelrecht verehrt.«
27 Ber. A. v. Schell (15. 2. 1966), S. 1; Ber. Heinz Schmidtke, S. 1; Ber. Erich Helmdach, S. 1; Ber. Joachim Hesse, S. 1; Ber. Ernst Klasing (7. 1. 1965), S. 2; Ber. Wilhelm Knüppel, S. 2.
28 Ber. August Winter (2. 6. 1966), S. 4.
29 Ber. Ernst Klasing (7. 1. 1966), S. 2.
30 Mitt. Erika v. Tresckow (1. 5. 1969); Mitt. Schlabrendorff (17. 6. 1967). Ber. August Winter (2. 6. 1966), S. 4: »1934/35 bekannte sich Tr. zweifellos zu Hitler und dessen Absichten in nationaler Hinsicht.« S. 4 und vor allem S. 5 jedoch Belege für völlige Opposition Tresckows. Ber. A. v. Schell (15. 2. 1966), S. 1: »Seine Einstellung zu Hitler war damals (Im Jahre 1935. B. Sch.) schon ausgesprochen ablehnend. Ich weiß das aus vielen persönlichen Gesprächen mit ihm über den Nationalsozialismus.«
31 Hesse, a.a.O., S. 113; Mitt. (12. 10. 1969).
32 Mitt. Erika v. Tresckow (1. 5. 1969); Mitt. Schlabrendorff (17. 6. 1967).
33 a.a.O.
34 Ber. Ernst Klasing (7. 1. 1966), S. 2.
35 Henning v. Tresckow (Konzept): Vortrag Schacht Wehrmachtsakademie 12. 11. 1935, S. 8; Mitt. Erika v. Tresckow (1. 5. 1969).
36 Henning v. Tresckow (Konzept): Vortrag Schacht, S. 1–8.
37 Ber. August Winter (2. 6. 1966), S. 3; Ber. A. v. Schell (15. 2. 1966), S. 1.
38 Personalbogen und Dienstlaufbahn Henning von Tresckow (Kornelimünster); Stellenbesetzung des Heeres, 6. 10. 1936, S. 4; Mitt. Erika v. Tresckow (1. 5. 1969).
39 Mitt. Erika v. Tresckow (1. 5. 1969).
40 Mitt. Siegfried Westphal (8. 5. 1970). Westphal, damals Rittmeister, arbeitete als Ib in der Operationsabteilung, Generalstab des Heeres (1. Gruppe), Tresckow als Ia. Müller, a.a.O., S. 236–239.
41 Mitt. Adolf Heusinger (5. 5. 1970).

42 Mitt. Siegfried Westphal (8. 5. 1970).
43 a.a.O.; Siegfried Westphal: Heer in Fesseln. Aus den Papieren des Stabschefs von Rommel, Kesselring und Rundstedt, Bonn 1950, S. 71 f.
44 Müller, a.a.O., S. 247 f.
45 a.a.O., S. 248; zum 5. November 1937: S. 243–247.
46 Mitt. Adolf Heusinger (5. 5. 1970). Ein weiteres Schlaglicht für die Zeit der Sudeten-Krise im noch unveröffentlichten Tagebuch des damaligen Heeres-Adjutanten Gerhard Engel: »11. 8. 1938. Schmundt und v. Tresckow. Große Empörung bei Schmundt. Dieser hatte ein Fernschreiben vom Obersalzberg durchgegeben mit der Willensmeinung von F. (Führer. B. Sch.), die Ergänzungstruppenteile mobmäßig zusammenzufassen und als Divisionen aufzustellen. Das Schreiben war an Chef OKW gegangen, von dort an Chef Generalstab weitergeleitet, dann zur Operationsabteilung. Dort ist Schmundts engster Freund Tresckow. Beck hatte an den Rand über Schmundt folgende Bemerkung geschrieben: »Dieser Offizier hat sich vom generalstabsmäßigen Denken entfernt und ist so bald wie möglich aus dem Generalstabsdienst zu entfernen.« Leider zeigte Tresckow diese Randbemerkung Schmundt, was Öl auf die Lampe war. Schmundt will es Führer melden. Ich hoffe, im Sinne der Sache, ihn davon abgebracht zu haben. Tresckow sagte ich, daß dies nicht sehr geschickt gewesen sei.«
47 Mitt. Erika v. Tresckow (1. 5. 1969); Mitt. Margarethe Gräfin v. Hardenberg (2. 5. 1969); Ber. Luise Jodl I (o. J.), S. 3. Über die Blomberg-Fritsch-Affäre: Müller, a.a.O., S. 255–299.
48 Mitt. Wolf Graf v. Baudissin (21. 11. 1969); Statement Harold C. Deutsch.
49 Mitt. Erika v. Tresckow (1. 5. 1969).
50 a.a.O.; Mitt. Schlabrendorff (17. 6. 1967); Mitt. Kurt Hesse (12. 10. 1969).
51 Ber. Luise Jodl II (o. J.), S. 3: »Er war der erste, von dem ich das Wort hörte: ›Ich bin Europäer.‹ Ein Wort, mit dem ich damals noch wenig anzufangen wußte.«
52 Mitt. Erika v. Tresckow (1. 5. 1969); Mitt. Schlabrendorff (17. 6. 1967); Mitt. Siegfried Westphal (8. 5. 1970).
53 Hermann Mau/Helmut Krausnick: Hitler und der Nationalsozialismus, in: Peter Rassow (Herausgeber): Deutsche Geschichte im Überblick. Ein Handbuch, Stuttgart 1953, S. 702–705.
54 a.a.O., S. 703; Müller, a.a.O., S. 308, 316, Becks Reaktion: S. 309–314.
55 Mitt. Erika v. Tresckow (1. 5. 1969); Mitt. Karl Silex (9. 5. 1968); Mitt. Frau v. Kotze (2. 7. 1968); Mitt. Siegfried Westphal (8. 5. 1970); Westphal: Heer, S. 73 f.
56 Mitt. Wolf Graf v. Baudissin (21. 11. 1969); Mitt. Adolf Heusinger (5. 5. 1970); Mitt. Siegfried Westphal (8. 5. 1970). Zum Hintergrund: Müller, a.a.O., S. 345–377.

57 a.a.O.
58 a.a.O.
59 a.a.O.; Mitt. Erika v. Tresckow (1. 5. 1969).
60 Müller, a.a.O., S. 387 f.
61 Ber. Luise Jodl II (o. J.), S. 3.
62 a.a.O.
63 Mitt. Erika v. Tresckow (1. 5. 1969); Mitt. Schlabrendorff (17. 6. 1967).
64 Personalbogen und Dienstlaufbahn Henning von Tresckow (Kornelimünster); Stellenbesetzung des Heeres 1938, S. 297.
65 Mitt. Siegfried Westphal (8. 5. 1970); Erika v. Tresckow: Erinnerungen, S. 20; Mitt. (1. 5. 1969); Personalbogen und Dienstlaufbahn Henning von Tresckow (Kornelimünster).
66 Ber. Friedrich Stahl (17. 9. 1970), S. 1; Ber. Robert Meseck (18. 3. 1970), S. 1; Mitt. Erika v. Tresckow (1. 5. 1969).
67 Mitt. Erika v. Tresckow (1. 5. 1969).
68 Mau/Krausnick, a.a.O., S. 706.
69 Von Tresckow gebrauchte Formulierung: Mitt. Siegfried Westphal (8. 5. 1970).
70 Henning v. Tresckow: Brief an (den Schwager) Fritz v. Falkenhayn vom 9. 7. 1939 aus Elbing.
71 Fritz v. Falkenhayn: England-Bericht (Juni oder Juli 1939 abgefaßt), S. 2.
72 Henning v. Tresckow: Brief an Fritz v. Falkenhayn vom 21. 7. 1939 aus Elbing.
73 Mitt. Schlabrendorff (17. 6. 1967); Fabian v. Schlabrendorff: Offiziere gegen Hitler, Zürich/Wien/Konstanz 1946, S. 54. Das genaue Datum enthält, infolge eines im Gedächtnis behaltenen Familien-Ereignisses, Ber. Maria v. Bismarck (7. 10. 1965), S. 1.
74 Mitt. Schlabrendorff (17. 6. 1967).
75 a.a.O.
76 a.a.O.; allgemeiner: Schlabrendorff: Offiziere, S. 54.
77 Mitt. Schlabrendorff (17. 6. 1967); Ernst Niekisch: Gewagtes Leben, Köln/Berlin 1965; Bodo Scheurig: Ewald von Kleist-Schmenzin. Ein Konservativer gegen Hitler, Oldenburg und Hamburg 1968.
78 Mitt. Schlabrendorff (17. 6. 1967).
79 a.a.O.
80 a.a.O.; Schlabrendorff: Offiziere, S. 54.

Sechstes Kapitel: Vom Polen- bis zum Frankreichfeldzug

1 Mau/Krausnick, a.a.O., S. 711–713; Müller, a.a.O., S. 390–392, 416.
2 Kriegstagebuch (Kriegstagebuch künftig, auch bei anderen Titeln, zitiert: KTB) 228. Infanterie-Division, Ia, Anlagen (National Archives, Washington, D. C.): Divisions-Aufstellung; Befehl XXI. AK vom

25. 8. 1939.
3 Erika v. Tresckow: Erinnerungen, S. 20.
4 KTB 228. Infanterie-Division: Meldung Tresckows am 26. 8. 1939.
5 KTB 228. Infanterie-Division: Divisions-Befehle vom 26., 27. und 28. 8. 1939.
6 Mau/Krausnick, a.a.O.
7 Mitt. Erika v. Tresckow (1. 5. 1969); Mitt. Schlabrendorff (17. 6. 1967).
8 a.a.O.; Mitt. Kurt Hesse (12. 10. 1969).
9 a.a.O.
10 Mitt. Erika v. Tresckow (1. 5. 1969).
11 Hesse: Der Geist, S. 108; Mitt. Erika v. Tresckow (1. 5. 1969).
12 KTB 228. Infanterie-Division: 2.–16. 9. 1939; Kurt von Tippelskirch: Geschichte des Zweiten Weltkriegs, Bonn 1951, S. 26–29.
13 KTB 228. Infanterie-Division: 17.–21. 9. 1939.
14 Personalbogen und Dienstlaufbahn Henning von Tresckow (Kornelimünster). 19. 9. 1939: Spange EK II; 8. 10. 1939: EK I.
15 Mitt. Siegfried Westphal (8. 5. 1970); Mitt. Adolf Heusinger (5. 5. 1970); Mitt. Rolf v. Tresckow (3. 6. 1970).
16 Mitt. Siegfried Westphal (8. 5. 1970).
17 a.a.O.; Mitt. Kurt Hesse (12. 10. 1969).
18 a.a.O.
19 a.a.O.; Mitt. Erika v. Tresckow (1. 5. 1969); Mitt. Schlabrendorff (17. 6. 1967).
20 Mitt. Erika v. Tresckow (1. 5. 1969); Mitt. Kurt Hesse (12. 10. 1969).
21 Personalbogen und Dienstlaufbahn Henning von Tresckow (Kornelimünster); Ber. Erich v. Manstein (23. 11. 1965), S. 1; Erich v. Manstein: Verlorene Siege, Bonn 1955, S. 62. Vermutlich kam Manstein Generaloberst v. Bock zuvor, der wohl gewünscht hatte, daß Tresckow in sein Heeresgruppenoberkommando (Heeresgruppe B) versetzt würde. Generaloberst Halder: Kriegstagebuch. Tägliche Aufzeichnungen des Chefs des Generalstabes des Heeres 1939–1942. Hgg. vom Arbeitskreis für Wehrforschung Stuttgart, bearb. von Hans-Adolf Jacobsen in Verbindung mit Alfred Philippi. Band I: Vom Polen-Feldzug bis zum Ende der Westoffensive (14. 8. 1939–30. 6. 1940), Stuttgart 1962, S. 113. Fußnote zu 25. 10. 1939 (I) vom Bearbeiter Hans-Adolf Jacobsen, freilich mit falschem Dienstrang Tresckows.
22 Manstein: Verlorene Siege, S. 62.
23 a.a.O., S. 61.
24 Zur »Weisung für die Umstellung des Heeres auf den Abwehrkrieg im Westen« vom 17. 9. 1939: Dokumente zur Vorgeschichte des Westfeldzuges 1939–1940 (Studien und Dokumente zur Geschichte des Zweiten Weltkrieges), hgg. von Hans-Adolf Jacobsen, Göttingen/Berlin/Frankfurt a. M. 1956, S. 35–40; Aufmarschanweisung »*Gelb*« vom 19. 10. 1939, S. 41; Manstein, a.a.O., S. 95 f.

25 Dokumente zur Vorgeschichte des Westfeldzuges, S. 41.
26 a.a.O., S. 80–85: Denkschrift über die Aussichten und Wirkungen eines Angriffs auf Frankreich und England unter Verletzung der Neutralität Hollands, Belgiens und Luxemburgs, 11. 10. 1939.
27 Halder: KTB, I, S. 99 f. (9. 10. 1939); Müller, a.a.O., S. 477 f.
28 Dokumente zur Vorgeschichte des Westfeldzuges, S. 119: Chefsache des Oberbefehlshabers der Heeresgruppe A an den Herrn Oberbefehlshaber des Heeres, 31. 10. 1939.
29 Hans-Adolf Jacobsen: Fall Gelb. Der Kampf um den deutschen Operationsplan zur Westoffensive 1940 (Veröffentlichungen des Instituts für europäische Geschichte in Mainz, Band 16), Wiesbaden 1957, S. 10 f.; Halder: KTB, I, S. 92 f. (28. 9. 1939); Müller, a.a.O., S. 474, 481; Harold C. Deutsch: Verschwörung gegen den Krieg. Der Widerstand in den Jahren 1939–1940, München 1969, S. 202–233; Heidemarie Gräfin Schall-Riaucour: Aufstand und Gehorsam. Offizierstum und Generalstab im Umbruch, Leben und Wirken von Generaloberst Franz Halder, Generalstabschef 1938–1942. Mit einem Vorwort von General a. D. Adolf Heusinger, Wiesbaden 1972, S. 145 f., 229–232. Diese neueste und umfassend angelegte Darstellung kann jedoch hinsichtlich Halders Widerstandshaltung nicht befriedigen. Mehrfach verschweigt sie kritische Aspekte und Tatbestände.
30 Halder: KTB, I, S. 106 (15. 10. 1939); Müller, a.a.O., S. 481; Helmuth Groscurth: Tagebücher eines Abwehroffiziers 1938–1940. Mit weiteren Dokumenten zur Militäropposition gegen Hitler, hgg. von Helmut Krausnick und Harold C. Deutsch unter Mitarbeit von Hildegard von Kotze (Quellen und Darstellungen zur Zeitgeschichte, Band 19), Stuttgart 1970, S. 51.
31 Jacobsen: Fall Gelb, S. 15, 18; Dokumente zur Vorgeschichte des Westfeldzuges, S. 4–6.
32 Jacobsen: Fall Gelb, S. 21.
33 Halder: KTB, I, S. 111 (22. 10. 1939), S. 113 (25. 10. 1939); Jacobsen, a.a.O., S. 41; Müller, a.a.O., S. 483.
34 Ulrich von Hassell: Vom andern Deutschland. Aus den nachgelassenen Tagebüchern 1938–1944. Mit einem Geleitwort von Hans Rothfels, Frankfurt a. M. 1964 (Taschenbuchausgabe), S. 76–78; Müller, a.a.O., S. 485 f.
35 Hassell, a.a.O., S. 82
36 Groscurth, a.a.O., S. 53; Deutsch, a.a.O., S. 219–221.
37 Erich Kordt: Nicht aus den Akten..., Stuttgart 1950, S. 359–366; vollständiger Text bei Groscurth, a.a.O., S. 498–503.
38 Kordt, a.a.O., S. 361.
39 a.a.O., S. 364.
40 a.a.O., S. 365.
41 a.a.O., S. 365 f.

42 a.a.O., S. 366.
43 Groscurth, a.a.O., S. 220; Deutsch, a.a.O., S. 221 f.
44 Deutsch, a.a.O., S. 222; Müller, a.a.O., S. 490, 494, 508–510.
45 Halder: KTB, I, S. 105 (14. 10. 1939); Müller, a.a.O., S. 480 f.; Deutsch, a.a.O., S. 231.
46 Müller, a.a.O., S. 495.
47 Deutsch, a.a.O., S. 223.
48 Groscurth, a.a.O., S. 222.
49 a.a.O., S. 223 f.; Müller, a.a.O., S. 513 f., 516–519; Deutsch, a.a.O., S. 233–236.
50 Generalleutnant a. D. Vincenz Müller: Ich fand das wahre Vaterland. Hgg. von Klaus Mammach, Berlin (Ost) 1963, S. 374. Weitere Kontakte Tresckows mit Oster bestätigen: Ber. Gerhard Graf v. Schwerin (31. 7. 1972), S. 1: »In der folgenden Zeit (1939/40. B. Sch.) haben mich Oster und Planck öfter gefragt, was ich von Tresckow hielte.« Mitt. Schlabrendorff (17. 6. 1967).
51 Vincenz Müller, a.a.O., S. 371; Mitt. Schlabrendorff (17. 6. 1967).
52 Vincenz Müller, a.a.O., S. 374.
53 Ber. Rolf v. Tresckow, S. 2: »Mir ist besonders in Erinnerung, wie freimütig Henning mit seinen beiden Generalen (O. B. und Chef) sprach.«
54 Vincenz Müller, a.a.O.
55 Manstein, a.a.O., S. 63.
56 Ber. v. Saldern (16. 10. 1965), S. 1. Saldern, zuletzt Oberst i. G., nahm als Dritter an diesem Gespräch teil.
57 a.a.O.
58 Mitt. Schlabrendorff (17. 6. 1967).
59 Deutsch, a.a.O., S. 241–249; Klaus-Jürgen Müller, a.a.O., S. 520–525; Halder: KTB, I, S. 120 (5. 11. 1939).
60 Groscurth, a.a.O., S. 224 f.
61 a.a.O., S. 236.
62 a.a.O., S. 225.
63 a.a.O.
64 Müller, a.a.O., S. 542 f.
65 Vincenz Müller, a.a.O., S. 374.
66 a.a.O.
67 Ber. v. Saldern, S. 1: »Schmundt ... war sehr zuversichtlich und lehnte unsere (Salderns und Tresckows B. Sch.) Ansicht ab.«
68 Deutsch, a.a.O., S. 271.
69 Vincenz Müller, a.a.O., S. 375.
70 Mitt. Erika v. Tresckow (1. 5. 1969); Mitt. Schlabrendorff (17. 6. 1967).
71 Ber. Karoline Freifrau v. Gebsattel, S. 2.
72 Mitt. Erika v. Tresckow (1. 5. 1969).
73 Mitt. Wolf Graf v. Baudissin (21. 11. 1969).

74 a.a.O.
75 Mitt. Kurt Hesse (12. 10. 1969); weitere Einzelheiten bei Hesse: Der Geist, S. 175 f.
76 a.a.O.; Mitt. Erika v. Tresckow (1. 5. 1969); Mitt. Schlabrendorff (17. 6. 1967).
77 Manstein, a.a.O., S. 96–100.
78 a.a.O., S. 100–103.
79 a.a.O., S. 93, 109; Ber. Heinrich Nolte (April 1970), S. 5.
80 Ber. Heinrich Nolte, S. 6.
81 a.a.O. Nolte, damals Hauptmann i. G. und Adjutant des Heeres-Generalstabschefs, war Zeuge eines (wohl am 14. Februar 1940 geführten) Gesprächs, in dem Guderian seine Bedenken »Halder gegenüber in sehr harter Form ausgesprochen hatte«. Halder: KTB, I, S. 194 (14. 2. 1940): »Guderian: Vertrauenskrise. – Panzereinsatz falsch!«
82 Jacobsen: Fall Gelb, S. 80.
83 Manstein, a.a.O., S. 118. Über den »Kampf um den Plan der Heeresgruppe A«: S. 103–124.
84 a.a.O., S. 118; Jacobsen, a.a.O., S. 113. Der »Sichelschnitt«plan vom 24. 2. 1940: S. 112–118.
85 Mitt. Rudolf Frhr. v. Gersdorff, künftig nur zitiert: Gersdorff (17. 3. 1970).
86 Tippelskirch, a.a.O., S. 88 f.
87 a.a.O., S. 92, 94; Dokumente zum Westfeldzug 1940 (Studien und Dokumente zur Geschichte des Zweiten Weltkrieges, hgg. vom Arbeitskreis für Wehrforschung in Stuttgart, Band 2 b), hgg. von Hans-Adolf Jacobsen, Göttingen/Berlin/Frankfurt a. M. 1960, S. 46.
88 Personalbogen und Dienstlaufbahn Henning von Tresckow (Kornelimünster): Beförderung zum Oberstleutnant i. G. am 1. 3. 1940.
89 Dokumente zum Westfeldzug 1940, S. 18.
90 a.a.O., S. 24.
91 a.a.O., S. 32.
92 Hesse: Der Geist, S. 175; Mitt. Kurt Hesse (12. 10. 1969); vgl. auch Anm. 100 dieses Kapitels.
93 Adolf Heusinger: Befehl im Widerstreit. Schicksalsstunden der deutschen Armee 1923–1945, Tübingen 1957, S. 89; bekräftigend: Mitt. Adolf Heusinger (5. 5. 1970).
94 Heusinger: Befehl im Widerstreit, S. 90.
95 Hesse: Der Geist, S. 176.
96 Ber. v. Saldern, S. 1.
97 Tippelskirch, a.a.O., S. 98 f., 102; Raymond Cartier: Der Zweite Weltkrieg, I, München 1967, S. 162.
98 Dokumente zum Westfeldzug 1940, S. 186 f., 189 f.
99 Tippelskirch, a.a.O., S. 104–109.
100 Mitt. Rolf v. Tresckow (3. 6. 1970); Karl Silex: Mit Kommentar. Le-

bensbericht eines Journalisten, Frankfurt a. M. 1968, S. 217: »Er war stolz auf den Anteil am Siege über Frankreich, den er sich ganz persönlich zuschreiben durfte.« Mitt. Rolf v. Tresckow (11. 10. 1971): »Ressentiments, die bei anderen durch den Triumph über Frankreich abgebaut worden waren, hatte er 1940 nicht empfunden, jedoch taktische und strategische Genugtuung. Motto: Wir können eben mehr. Überlegenheit des deutschen Generalstabes seit Moltke und Schlieffen.« Freilich widersetzte sich Tresckow Übertreibungen, zu denen Euphorie vorübergehend auch die Spitzen des Heeres verführte. Als er las, erstes Angriffsziel einer Division werde »stets die Durchbrechung des vor ihr stehenden Gegners, d. h. der Stoß durch die feindliche Artillerie hindurch sein müssen« (Taktische Erfahrungen im Westfeldzug. H. Qu. OKH, 20. 11. 1940, S. 6), schrieb er an den Rand: »Meist eine Redensart, oft eine gefährliche!«

101 Mitt. Rolf v. Tresckow (3. 6. 1970, 11. 10. 1971).
102 a.a.O.; Ber. Rolf v. Tresckow, S. 2.
103 Mitt. Rolf v. Tresckow (3. 6. 1970); Ber., S. 2.
104 Ber. Luise Jodl II, S. 1.
105 Mitt. Kurt Hesse (12. 10. 1969); Mitt. Erika v. Tresckow (1. 5. 1969).
106 Mitt. Rolf v. Tresckow (3. 6. 1970); Joachim Kramarz: Claus Graf Stauffenberg. 15. November 1907–20. Juli 1944. Das Leben eines Offiziers, Frankfurt a. M. 1965, S. 79; umfangreicher, freilich oft auch aufgebauscht und vor allem subjektiver Christian Müller: Oberst i. G. Stauffenberg. Eine Biographie (Bonner Schriften zur Politik und Zeitgeschichte, 3; Herausgeber: Karl Dietrich Bracher und Hans-Adolf Jacobsen, Seminar für politische Wissenschaft an der Universität Bonn), Düsseldorf o. J., S. 192. Halders Äußerung (u. a. bei Klaus-Jürgen Müller, a.a.O., S. 518), er habe nach dem Frankreich-Feldzug gemeinsam mit Stauffenberg, Tresckow und anderen stundenlang über die Frage eines Attentats gesprochen, hat Verwirrung in die Literatur hineingetragen. Diese Äußerung wiederholt auch der Ber. Franz Halder (1. 4. 1970), S. 2, doch sie trifft nicht zu. Vielleicht sprach Halder 1940 mit Tresckow, ohne daß Stauffenberg zugegen war. In jedem Fall lernte nach Mitt. Schlabrendorff (17. 6. 1967) Tresckow Stauffenberg erst im Jahre 1941 kennen. Richtige Version: Christian Müller, a.a.O., S. 206.
107 Ber. Luise Jodl II, S. 4.
108 a.a.O., S. 5.

Siebentes Kapitel: Ia der Heeresgruppe Mitte

1 Cartier, a.a.O., S. 197–208; Tippelskirch, a.a.O., S. 111–115; Hans-Adolf Jacobsen: 1939–1945. Der Zweite Weltkrieg in Chronik und Dokumenten, Darmstadt ^{5}1961, S. 151–154.

2   Tippelskirch, a.a.O., S. 117–124; Mitt. Schlabrendorff (17. 6. 1967).
3   Mitt. Schlabrendorff (17. 6. 1967); zum Hintergrund: Tippelskirch, a.a.O., S. 131–144.
4   Halder: KTB, Band II: Von der geplanten Landung in England bis zum Beginn des Ostfeldzuges (1. 7. 1940–21. 6. 1941), Stuttgart 1963, S. 49 (31. 7. 1940).
5   Carl J. Burckhardt: Meine Danziger Mission 1937–1939, München 1962 (Taschenbuchausgabe), S. 272.
6   Allgemein Eberhard Jäckel: Hitlers Weltanschauung. Entwurf einer Herrschaft, Tübingen 1969; Klaus Hildebrand: Deutsche Außenpolitik 1933–1945. Kalkül oder Dogma? Stuttgart/Berlin/Köln/Mainz 1971; Hugh Redwald Trevor-Roper: Hitlers Kriegsziele, in: Stationen der Deutschen Geschichte 1919–1945. Internationaler Kongreß zur Zeitgeschichte München, Stuttgart 1962, S. 9–28.
7   Tippelskirch, a.a.O., S. 124–126; Cartier, a.a.O., S. 240–242; hervorragende Analysen und Darstellung bei F. A. Krummacher/Helmut Lange: Krieg und Frieden. Geschichte der deutsch-sowjetischen Beziehungen. Von Brest-Litowsk zum Unternehmen Barbarossa, München und Esslingen 1970, S. 404–457.
8   Jacobsen: 1939–1945, S. 164 f., 201–204; Tippelskirch, a.a.O., S. 198–206.
9   Tippelskirch, a.a.O., S. 202.
10 Andreas Hillgruber: Hitlers Strategie. Politik und Kriegführung 1940–1941, Frankfurt a. M. 1965, S. 292–299, 388–397, 409–419, 564–578.
11 Halder: KTB, II, S. 336 f. (30. 3. 1941).
12 a.a.O., S. 337.
13 Tippelskirch, a.a.O., S. 198–202.
14 Hans Buchheim/Martin Broszat/Hans-Adolf Jacobsen/Helmut Krausnick: Anatomie des SS-Staates, Band II, München 1967 (Hans-Adolf Jacobsen: Kommissarbefehl und Massenexekutionen sowjetischer Kriegsgefangener), S. 146; Der verbrecherische Befehl. Aus Politik und Zeitgeschichte, Beilage zur Wochenzeitung »Das Parlament«, 17. Juli 1957, S. 432, Anm. 11; Peter Hoffmann: Widerstand, Staatsstreich, Attentat. Der Kampf der Opposition gegen Hitler, München 1969, S. 310; Manfred Messerschmidt: Die Wehrmacht im NS-Staat. Zeit der Indoktrination. Mit einer Einführung von General a. D. Johann Adolf Graf Kielmansegg, Hamburg 1969, S. 257–259.
15 Personalbogen und Dienstlaufbahn Henning von Tresckow (Kornelimünster); Dienstplan für das Oberkommando der Heeresgruppe B (Stand: 20. 6. 1941), Abt. IIa Nr. 94/41 g. Kdos., S. 2; GFM (Generalfeldmarschall) Fedor v. Bock: Tagebuch, 10. 12. 1940: »Nachfolger als Ia wird Oberstleutnant v. Tresckow.«
16 Schlabrendorff: Offiziere, S. 67.

17 a.a.O., S. 67 f.; Mitt. Schlabrendorff (17. 6. 1967).
18 Schlabrendorff: Offiziere, S. 68.
19 Mitt. Schlabrendorff (17. 6. 1967).
20 Ber. Rolf v. Tresckow, S. 3.
21 Mitt. Schlabrendorff (17. 6. 1967); abgeschwächter: Offiziere, S. 68.
22 Mitt. Schlabrendorff (17. 6. 1967); Cartier, a.a.O., S. 290–293.
23 Schlabrendorff: Offiziere, S. 68.
24 a.a.O.
25 Daß nun er, Tresckow, den Staatsstreich vorbereiten wollte und mußte, bestätigt nachdrücklich Mitt. Schlabrendorff (17. 6. 1967).
26 Mitt. Schlabrendorff (17. 6. 1967).
27 Dienstplan Oberkommando H. Gr. B (20. 6. 1941), S. 4; Mitt. Erika v. Tresckow (1. 5. 1969); Mitt. Alexander Stahlberg (15. 9. 1965); Hesse: Der Geist, S. 109.
28 Schlabrendorff: Offiziere, S. 69; Mitt. Gersdorff (17. 3. 1970).
29 Dienstplan Oberkommando H. Gr. B (20. 6. 1941), S. 5.
30 Bock: Tagebuch, 1. 2. 1941; Schlabrendorff: Offiziere, S. 71 f.
31 Mitt. Schlabrendorff (17. 6. 1967); Mitt. Gersdorff (6. 5. 1969); Mitt. Berndt v. Kleist (28. 10. 1970); Mitt. Bogislaw v. Bonin (25. 9. 1970).
32 Schlabrendorff: Offiziere, S. 71; Dienstplan Oberkommando H. Gr. B (20. 6. 1941), S. 2, 15.
33 Schlabrendorff: Offiziere, S. 69; Dienstplan Oberkommando H. Gr. B (20. 6. 1941), S. 3.
34 Schlabrendorff: Offiziere, S. 69.
35 Bock: Tagebuch, 24. 2., 18., 27. 3. und 16. 5. 1941; Halder: KTB, II, S. 290 (22. 2. 1941).
36 Mitt. Schlabrendorff (17. 6. 1967); Hesse, a.a.O., S. 191.
37 Jacobsen (in: Buchheim/Broszat/Jacobsen/Krausnick), S. 174–178.
38 a.a.O., S. 176.
39 a.a.O., S. 178.
40 Gerhard Engel: Tagebuch, 10. 5. 1941.
41 a.a.O.; Jacobsen (a.a.O., S. 148) zitiert mit anderer Nuancierung und nach dem für die Veröffentlichung vorgesehenen Text des Engel-Tagebuches offenbar falsch: »Wenn Völkerrecht gebrochen wird, sollen es zuerst (sic) die Russen tun und nicht wir.« Hesse (Der Geist, S. 195) zitiert: »zunächst«.
42 Jacobsen, a.a.O., S. 182–184; Mitt. Gersdorff (6. 5. 1969).
43 Jacobsen, a.a.O., S. 182.
44 a.a.O., S. 183.
45 a.a.O.
46 Mitt. Gersdorff (6. 5. 1969); Protokoll des Colloquiums (künftig zitiert: Coll.) am 8. und 9. März 1956, Institut für Zeitgeschichte, S. 2.
47 a.a.O.
48 Mitt. Gersdorff (6. 5. 1969); Coll., S. 2 f.

49   Coll., S. 3; Mitt. Gersdorff (6. 5. 1969).
50   a.a.O.
51   a.a.O.
52   a.a.O.
53   a.a.O.
54   Coll., S. 3 f.; Mitt. Gersdorff (6. 5. 1969).
55   Coll., S. 4; Mitt. Gersdorff (6. 5. 1969).
56   Jacobsen, a.a.O., S. 185 f.
57   Mitt. Gersdorff (6. 5. 1969); Schlabrendorff: Offiziere, S. 72.
58   Jacobsen, a.a.O., S. 188–191.
59   Mitt. Schlabrendorff (17. 6. 1967); Mitt. Gersdorff (6. 5. 1969).
60   Schlabrendorff: Offiziere, S. 76 f.; Mitt. Gersdorff (6. 5. 1969); Coll., S. 14.
61   Mitt. Gersdorff (6. 5. 1969).
62   Mitt. Schlabrendorff (17. 6. 1967); Offiziere, S. 73.
63   Mitt. Schlabrendorff (17. 6. 1967); Mitt. Gersdorff (6. 5. 1969).
64   Mitt. Wilhelm v. Friedeburg (25. 11. 1969).
65   Ber. Gronemann-Schoenborn, S. 2; auch Ber. Kurt v. Einem (16. 3. 1970), S. 2.
66   Mitt. Alexander Stahlberg (15. 9. 1965).
67   a.a.O. Ber. Cornelia Mette, S. 4: »Zuletzt sah und sprach ich Tresckow im Frühjahr 1941, als er mich kurz vor der Rußlandoffensive in meinem damaligen Schulort im Wartheland (er war damals in Posen) für ein paar Stunden besuchte. Er war sehr ernst, ich kann mich nicht besinnen, ihn jemals vorher so tiefernst gesehen zu haben. Beim Abschied sagte er: ›Wir werden sie besiegen; *natürlich* werden wir sie besiegen; aber es wird furchtbar.‹ In seine Pläne hat er mich niemals eingeweiht.«
68   Tippelskirch, a.a.O., S. 209, 212 f.; Werner Haupt: Heeresgruppe Mitte 1941–1945, Dorheim 1968, S. 25.
69   Tippelskirch, a.a.O., S. 214.
70   a.a.O., S. 214–216, 210–212.
71   a.a.O., S. 214, 221 f.
72   a.a.O., S. 222.
73   Heeresgruppe Mitte (Album), 1943, Zeittafel; Schlabrendorff: Offiziere, S. 74. Weitere Einzelheiten, ohne Seitenangaben, Heeresgruppe Mitte (Album).
74   Heeresgruppe Mitte (Album), Zeittafel; Schlabrendorff: Offiziere, S. 76; Mitt. (17. 6. 1967); Mitt. Gersdorff (6. 5. 1969).
75   Dienstplan Oberkommando H. Gr. B. (20. 6. 1941), seit 22. 6. 1941 – im Gegensatz zu der abwegigen Angabe bei Hoffmann, a.a.O., S. 311 – H. Gr. Mitte, S. 2–7.
76   Mitt. Schlabrendorff (17. 6. 1967); Mitt. Gersdorff (6. 5. 1969); Mitt. Berndt v. Kleist (28. 10. 1970).
77   a.a.O.

78 Mitt. Schlabrendorff (17. 6. 1967); Mitt. Gersdorff (6. 5. 1969).
79 a.a.O. Mehrere solcher Berichte im Original lagen vor.
80 Mitt. Schlabrendorff (17. 6. 1967, 28. 9. 1970).
81 a.a.O.; Schlabrendorff: Offiziere, S. 106.
82 Mitt. Schlabrendorff (17. 6. 1967); Mitt. Gersdorff (6. 5. 1969).
83 a.a.O.; Mitt. Philipp Frhr. v. Boeselager (15. 9. 1969).
84 Zum Charakterbild Tresckows: a.a.O. Ferner: Mitt. Berndt v. Kleist (28. 10. 1970); Mitt. Hans Albrecht v. Boddien (7. 5. 1970); Mitt. Albrecht Eggert (7. 10. 1968); Ber. Wilhelm Hotzel (20. 7. 1970), S. 2; Ber. Andreas Frhr. v. Knigge (29. 3. 1970), S. 1: auch für weitere Angehörige des Stabes; Mitt. Peter v. d. Groeben (4. 6. 1970); Mitt. Bogislaw v. Bonin (25. 9. 1970); Ber. Rolf v. Tresckow, S. 4 f.; Ber. B. v. d. Osten-Warnitz, S. 2; Ber. Kurt Weckmann (12. 5. 1970), S. 1. Über Tresckow in der Literatur: Hoffmann, a.a.O., S. 311–314, freilich mehrfach fehlerhaft in den Personalangaben auf S. 311; Eberhard Zeller: Geist der Freiheit. Der zwanzigste Juli, München ^{5}1965, S. 193–196 (ebenfalls mit fehlerhaften Angaben auf S. 194); Hans Rothfels: Die deutsche Opposition gegen Hitler. Eine Würdigung. Neue, erweiterte Ausgabe (Taschenbuchausgabe), Frankfurt a. M. 1969, S. 80 (auch hier falsche Zeitangabe).
85 Mitt. Schlabrendorff (17. 6. 1967); Mitt. Gersdorff (6. 5. 1969); Mitt. Philipp Frhr. v. Boeselager (15. 9. 1969).
86 Mitt. Hans Albrecht v. Boddien (7. 5. 1970); Mitt. Philipp Frhr. v. Boeselager (15. 9. 1969).
87 a.a.O.
88 So Ber. Gerhard Engel (4. 5. 1972), S. 1: »Leider war er nicht frei, wie so viele seiner Klasse, wenn man so sagen darf, von generalstabsmäßigem Dünkel. Das hing auch zweifellos zusammen mit seiner Intelligenz, ein gewisser Intellektualismus war ihm nicht abzustreiten. Und dieser bestimmte auch seine beruflichen Erfolge.« Doch selbst Engel, a.a.O.: »Tresckow war der Prototyp des preußischen Offiziers, seinen geraden Charakter zeichneten Eigenwilligkeit und Zähigkeit aus. Er vertrat seine Auffassungen offen und hart, auch wenn es anderen manchmal unangenehm war. Die schon erwähnte Eigenwilligkeit war auch hauptsächlich ein Grund dafür, daß er insbesondere in bezug auf politische Auffassungen häufig anderer Meinung war als seine Kameraden und Mitmenschen.«
89 Mitt. Schlabrendorff (17. 6. 1967, 19. 4. 1970).
90 Mitt. Schlabrendorff (17. 6. 1967).
91 a.a.O.; Offiziere, S. 73 f.
92 Mitt. Schlabrendorff (17. 6. 1967).
93 a.a.O.
94 a.a.O.; Mitt. Gersdorff (6. 5. 1969).
95 Mitt. Schlabrendorff (17. 6. 1967).

96 a.a.O.; Mitt. Gersdorff (6. 5. 1969).
97 a.a.O.; Schlabrendorff: Offiziere, S. 77; Coll., S. 14 f.
98 Mitt. Schlabrendorff (17. 6. 1967); Offiziere, S. 77 f.
99 Mitt. Schlabrendorff (28. 9. 1970); Offiziere, S. 78; Ber. Carlludwig Graf v. Berg (März 1970), S. 2 f. Tresckow zu Berg nach Bocks Ablehnung, umgehend ins Führerhauptquartier zu fliegen und dort »energisch die sofortige Einstellung dieser Verbrechen« zu fordern: »Sie schielen alle mit einem Auge auf ihre Karriere, mit dem anderen nach der Dotation.«
100 Schlabrendorff, a.a.O.
101 Mitt. Schlabrendorff (17. 6. 1967).
102 Schlabrendorff: Offiziere, S. 129; Mitt. (17. 6. 1967).
103 Schlabrendorff: Offiziere, S. 74 f.; nach Haupt, a.a.O., S. 71: Zeitpunkt 4. August 1941.
104 Mitt. Schlabrendorff (17. 6. 1967).
105 Schlabrendorff: Offiziere, S. 79–82; Hassell, a.a.O., S. 204 f.
106 Hassell, a.a.O., S. 205.
107 a.a.O.
108 a.a.O.
109 Mitt. Schlabrendorff (17. 6. 1967); Mitt. Gersdorff (6. 5. 1969).
110 Tippelskirch, a.a.O., S. 221 f., 229; Klaus Reinhardt: Die Wende vor Moskau. Das Scheitern der Strategie Hitlers im Winter 1941/42 (Beiträge zur Militär- und Kriegsgeschichte. Hgg. vom Militärgeschichtlichen Forschungsamt, 13. Band), Stuttgart 1972, S. 102–120; Rudolf Hofmann: Die Schlacht vor Moskau 1941, in: Entscheidungsschlachten des zweiten Weltkrieges. Im Auftrag des Arbeitskreises für Wehrforschung, Stuttgart, hgg. von Dr. Hans-Adolf Jacobsen und Dr. Jürgen Rohwer, Frankfurt a. M. 1960, S. 143. Außerordentlich anschauliche Beispiele auch bei Udo von Alvensleben: Lauter Abschiede. Tagebuch im Kriege, hgg. von Harald von Koenigswald, Frankfurt a. M./Berlin/Wien 1971, S. 187–192.
111 Mitt. Schlabrendorff (17. 6. 1967); Mitt. Gersdorff (6. 5. 1969).
112 a.a.O.
113 Mitt. Schlabrendorff (17. 6. 1967).
114 Mitt. Gersdorff (6. 5. 1969); Coll., S. 79. Daß sich Paulus »ohne Vorbehalt zum Fürsprecher der Entscheidung Hitlers« machte, »herbliche Kräfte von ›Mitte‹ nach ›Süd‹ abzuzweigen, um eine Monstrekesselschlacht in der Ukraine zu schlagen«, hebt auch Paulus: Ich stehe hier auf Befehl. Lebensweg des Generalfeldmarschalls Friedrich Paulus. Mit Aufzeichnungen aus dem Nachlaß, Briefen und Dokumenten, hgg. von Walter Görlitz, Frankfurt a. M. 1960, S. 136 hervor. Ferner Einleitung S. 51 f., nach der Paulus Hitler militärische Könnerschaft nicht abgesprochen habe.
115 Tippelskirch, a.a.O., S. 231 f.

116 Bock: Tagebuch, 23., 30. 8. und 7. 9. 1941; Reinhardt, a.a.O., S. 50–58; Hofmann, a.a.O., S. 144 f.
117 Mitt. Schlabrendorff (17. 6. 1967).
118 Tippelskirch, a.a.O., S. 238; Hofmann, a.a.O., S. 147.
119 Tippelskirch, a.a.O.; Reinhardt, a.a.O., S. 63–67; Hofmann, a.a.O., S. 150–152.
120 Oberstleutnant Soldan: Die Entscheidungsschlacht bei Wjasma-Brjansk (ungedruckt, 1941), S. 7.
121 Bock: Tagebuch, 19. 10. 1941; Tippelskirch, a.a.O., S. 240; Reinhardt, a.a.O., S. 67–70; Hofmann, a.a.O., S. 152.
122 Tippelskirch, a.a.O.; Reinhardt, a.a.O., S. 71–82; Hofmann, a.a.O., S. 153.
123 Schlabrendorff: Offiziere, S. 73 (leider wieder ohne Zeitangabe, auch sonst der einzige Nachteil dieses ausgezeichneten und erstaunlich zuverlässigen Berichtes); wesentlich detaillierter Mitt. Schlabrendorff (17. 6. 1967, 28. 9. 1970). Für Tresckows Einschätzung der Kriegslage im Osten auch Albert Krebs: Fritz-Dietlof Graf von der Schulenburg. Zwischen Staatsräson und Hochverrat, Hamburg 1964, S. 224 (Gespräch Tresckows mit Schulenburg und Hardenberg am 7. oder 8. 11. 1941).
124 Mitt. Schlabrendorff (17. 6. 1967, 28. 9. 1970).
125 a.a.O.
126 Tippelskirch, a.a.O., S. 241 f.; grundlegend: Reinhardt, a.a.O., S. 126–171; Hofmann, a.a.O., S. 161 f.; Engel: Tagebuch, 16. 11. 1941: »Wolfschanze. v. Bock ganz rabiat von dieser Idee (Moskau einzunehmen) besessen.«
127 KTB, Oberkommando der H. Gr. Mitte, 1. 12. 1941 (Telefongespräch Tresckow/Armeeoberkommando 2).
128 Hofmann, a.a.O., S. 163.
129 KTB, Oberkommando der H. Gr. Mitte, 13., 16., 17. und 18. 12. 1941; Tippelskirch, a.a.O., S. 242–244; Reinhardt, a.a.O., S. 197–254; Hofmann, a.a.O., S. 165–179.
130 KTB, Oberkommando der H. Gr. Mitte, 16. 12. 1941; Tippelskirch, a.a.O., S. 242; Bock: Tagebuch, 19. 12. 1941.
131 Mitt. Schlabrendorff (17. 6. 1967, 19. 4. und 28. 9. 1970); Mitt. Gersdorff (6. 5. 1969); Hesse: Der Geist, S. 191.
132 Mitt. Schlabrendorff (17. 6. 1967, 28. 9. 1970).
133 a.a.O.
134 Ber. Carlludwig Graf v. Berg, S. 1 f.; ähnlich Mitt. Gersdorff (6. 5. 1969).

Achtes Kapitel: Organisation der Fronde und Anschlagsversuche

1. Mitt. Kurt Hesse (12. 10. 1969); Silex: Mit Kommentar, S. 220 f.
2. Silex, a.a.O.
3. a.a.O., S. 221.
4. a.a.O.
5. a.a.O.
6. Schlabrendorff: Offiziere, S. 87 f.; Mitt. (17. 6. 1967); Mitt. Berndt v. Kleist (28. 10. 1970); Mitt. Philipp Frhr. v. Boeselager (15. 9. 1969); Mitt. Eberhard v. Breitenbuch (19. 7. 1972); Engel: Tagebuch, 23. 5. 1941: »Kluge bittet mich, Führer zu bewegen, die gefährlichen Kommissaranweisungen zu ändern, vor allem aber SD-Kommandos mehr unter Kontrolle der Truppe zu stellen. Es spielten sich sehr schlechte Sachen in Polen ab, und er habe schon mehrfach eingreifen müssen, z. B. in Modlin und Lublin. Hält politische Taktik in Polen für sehr unglücklich, das Schlimmste wäre die Ungewißheit über Maßnahmen der Polizei und SS.«
7. Schlabrendorff: Offiziere, S. 84–86.
8. Mitt. Philipp Frhr. v. Boeselager (15. 9. 1969); Mitt. Schlabrendorff (17. 6. 1967); Mitt. Gersdorff (6. 5. 1969).
9. Schlabrendorff: Offiziere, S. 87 f.; zur Dotations-Affäre: S. 88; Mitt. Schlabrendorff (17. 6. 1967); eingehender: Mitt. Gersdorff (6. 5. 1969); Ordonnanz-Offiziere Kluges: Ber. Ernst-Ulrich v. Bülow (17. 7. 1971), S. 1; Mitt. Philipp Frhr. v. Boeselager (15. 9. 1969).
10. Schlabrendorff: Offiziere, S. 87.
11. Jacobsen: 1939–1945, S. 297–300; Tippelskirch, a.a.O., S. 280–284.
12. Hassell, a.a.O., S. 216 (Treffen Beck-Goerdeler/Kreisauer Kreis).
13. a.a.O., S. 224, 228; Jacobsen, a.a.O., S. 305–308; Gerhard Ritter: Carl Goerdeler und die deutsche Widerstandsbewegung, Stuttgart 1954, S. 322 f.
14. Schlabrendorff: Offiziere, S. 91; Mitt. (17. 6. 1967); Mitt. Gersdorff (6. 5. 1969); Mitt. Berndt v. Kleist (28. 10. 1970).
15. Ber. v. Saldern, S. 1. Nicht ganz sicher ist dagegen, ob sich Tresckow im Winter 1941/42 gegenüber Gehlen offen ausgesprochen und vor allem in der Form verhalten hat, wie es Reinhard Gehlen: Der Dienst. Erinnerungen 1942–1971, Mainz-Wiesbaden 1971, S. 57 darstellt. Tresckow hielt Gehlen, den damaligen Leiter der Abteilung »Fremde Heere Ost«, für »aalglatt und unzuverlässig« im Sinne der Verschwörung. Mitt. Schlabrendorff (12. 10. 1971).
16. Mitt. Gersdorff (6. 5. 1969).
17. Tippelskirch, a.a.O., S. 290–292; Gesamtüberblick: Haupt, a.a.O., S. 118–148.
18. Personalbogen und Dienstlaufbahn Henning von Tresckow (Kornelimünster).

19 Mitt. Schlabrendorff (17. 6. 1967).
20 a.a.O.; Ber. Schlabrendorff (21. 3. 1972), S. 1; Mitt. Gersdorff (6. 5. 1969); Ber. (28. 3. 1972), S. 1.
21 a.a.O.; Mitt. Schlabrendorff (17. 6. 1967).
22 Mitt. Gersdorff (6. 5. 1969); Coll., S. 29–31; Ber. Wilhelm Hotzel, S. 1 f.
23 a.a.O.; Hoffmann, a.a.O., S. 322–325.
24 Mitt. Schlabrendorff (17. 6. 1967); Offiziere, S. 116–118.
25 Schlabrendorff: Offiziere, S. 117 f.
26 Mitt. Schlabrendorff (17. 6. 1967); Mitt. Gersdorff (6. 5. 1969); Hoffmann, a.a.O., S. 323 f.
27 Mitt. Schlabrendorff (17. 6. 1967); Mitt. Gersdorff (6. 5. 1969); Dieter Ehlers: Technik und Moral einer Verschwörung. Der Aufstand am 20. Juli 1944, Bonn 1964, S. 105.
28 Mitt. Gersdorff (6. 5. 1969); ähnliche Version: Ehlers, a.a.O., S. 123.
29 Mitt. Schlabrendorff (17. 6. 1967); Mitt. Gersdorff (6. 5. 1969); Mitt. Margarethe Gräfin v. Hardenberg (2. 5. 1969).
30 Mitt. Gersdorff (6. 5. 1969); Mitt. Margarethe Gräfin v. Hardenberg, geb. v. Oven (2. 5. 1969).
31 Mitt. Gersdorff (6. 5. 1969).
32 a.a.O.; Mitt. Schlabrendorff (17. 6. 1967).
33 a.a.O.
34 Schlabrendorff: Offiziere, S. 88–108; Mitt. (17. 6. 1967).
35 Schlabrendorff: Offiziere, S. 90–92; zusammenfassend: Zeller, a.a.O., S. 13–33.
36 Schlabrendorff: Offiziere, S. 91.
37 a.a.O., S. 92–94; Mitt. Schlabrendorff (17. 6. 1967); Zeller a.a.O., S. 65–78; generell: Ritter, a.a.O. Goerdelers Bild in der Literatur schwankt, die Gestalt und ihr Wollen sind umstritten. Neuere Forschungen (so: Der deutsche Widerstand gegen Hitler. Vier historisch-kritische Studien von Hermann Graml/Hans Mommsen/Hans Joachim Reichhardt und Ernst Wolf. Hgg. von Walter Schmitthenner und Hans Buchheim, Köln/Berlin 1966) lieben offenbar Abwertungen, aber fraglich bleibt, ob bei alledem immer Wille zur Gerechtigkeit und insbesondere historische Sehweise vorherrschen. Viele Interpretationen klammern sich an die von Goerdeler hinterlassenen Aufzeichnungen und Dokumente, ohne Umstände, Absichten und Adressaten genügend zu berücksichtigen. Auch Ritters Werk, weder reine Biographie noch zureichende Geschichte des Widerstandes, erweckt häufig nur unzulängliche Vorstellungen vom Wesen Goerdelers.
38 Schlabrendorff: Offiziere, S. 93; Ritter, a.a.O., S. 342.
39 Schlabrendorff: Offiziere, S. 93; Mitt. (17. 6. 1967); Mitt. Erika v. Tresckow (1. 5. 1969); Mitt. Philipp Frhr. v. Boeselager (15. 9. 1969).
40 Schlabrendorff: Offiziere, S. 93; Mitt. (19. 4. 1970). Auch Hans Bernd

Gisevius: Bis zum bittern Ende, Zürich 1946, S. 507 f. schildert Goerdelers Besuch in Krassnyj Bor, freilich mit der abwegigen Version: »Was noch bedeutsamer war, Goerdeler gewann Tresckow.« Völlig falsche Datierung bei Hans Speidel: Zeitbetrachtungen. Ausgewählte Reden, Mainz 1969, S. 114: April 1942. Hier auch die sonst nicht belegbare Äußerung Tresckows, nach der Kluge zunächst noch versuchen wollte, »Hitler, ›zur Umkehr zu zwingen‹, um zu einem erträglichen Frieden zu kommen«.

41 Mitt. Schlabrendorff (17. 6. 1967).
42 Schlabrendorff: Offiziere, S. 93 f.; Mitt. (17. 6. 1967); Hoffmann, a.a.O., S. 320.
43 Mitt. Schlabrendorff (17. 6. 1967); Mitt. Gersdorff (6. 5. 1969).
44 Mitt. Gersdorff (6. 5. 1969).
45 a.a.O.; Mitt. Schlabrendorff (17. 6. 1967); Mitt. Berndt v. Kleist (28. 10. 1970); Mitt. Hans Albrecht v. Boddien (7. 5. 1970); Mitt. Albrecht Eggert (7. 10. 1968); Mitt. Philipp Frhr. v. Boeselager (15. 9. 1969).
46 Mitt. Schlabrendorff (17. 6. 1967).
47 a.a.O.
48 Mitt. Philipp Frhr. v. Boeselager (15. 9. 1969).
49 Mitt. Margarethe Gräfin v. Hardenberg (2. 5. 1969).
50 Henning v. Tresckow: Brief an seine Frau (künftig zitiert: H. v. Tresckow: Brief), 4. 9. 1942.
51 H. v. Tresckow: Brief, 9. 11. 1942.
52 H. v. Tresckow: Brief, 30. 9. 1942; auch Mitt. Schlabrendorff (28. 9. 1970).
53 Beurteilung Wöhler (1. 3. 1943); Beurteilung Krebs (31. 7. 1943): Personalbogen und Dienstlaufbahn Henning von Tresckow (Kornelimünster); Ber. Otto Wöhler (20. 12. 1970), S. 1.
54 H. v. Tresckow: Brief, 8. 12. 1942; auch Ber. Gustav Harteneck (14. 10. 1970), S. 1.
55 Tippelskirch, a.a.O., S. 281–286.
56 Halder: KTB, Band III: Der Rußlandfeldzug bis zum Marsch auf Stalingrad (22. 6. 1941–24. 9. 1942), Stuttgart 1964, S. 489 (23. 7. 1942); Jacobsen: 1939–1945, S. 338–340.
57 Halder, a.a.O.
58 Tippelskirch, a.a.O., S. 312–314.
59 a.a.O., S. 333–336.
60 Schlabrendorff: Offiziere, S. 105; Mitt. (17. 6. 1967).
61 Tippelskirch, a.a.O., S. 339–349.
62 Schlabrendorff: Offiziere, S. 112 (Ende 1942); Mitt. (17. 6. 1967). Das Treffen Tresckow-Olbricht kann nach den Briefen Tresckows erst im Januar 1943 stattgefunden haben. Hermann Kaiser: Tagebuch, 25. 1. 1943: »Unterredung Tresckow/Olbricht/Goerdeler.« Gegen diesen und für Schlabrendorffs Zeittermin sprechen – allenfalls – die For-

mulierungen »Alles konsequent« und »Der Wagen rollt« in Tresckows Brief vom 23. 11. 1942.
63 Mitt. Alexander Stahlberg (15. 9. 1965). Zeitpunkt Anfang November 1942: H. v. Tresckow: Brief, 3. 11. 1942: »Stahlberg ist jetzt wieder in meiner Nähe und nahm schon die Verbindung auf.« Brief, 17. 11. 1942 belegt die Vorbereitung der Stahlberg-Mission.
64 Mitt. Alexander Stahlberg (15. 9. 1965).
65 Mitt. Peter v. d. Groeben (4. 6. 1970).
66 a.a.O.
67 Mitt. Philipp Frhr. v. Boeselager (15. 9. 1969); Mitt. Schlabrendorff (17. 6. 1967); Ber. (21. 3. 1972), S. 3; Cord v. Hobe/Walter Görlitz: Georg v. Boeselager. Ein Reiterleben, Düsseldorf ²1960, S. 58–65, 73, 95 f.
68 Archiv Philipp Freiherr v. Boeselager: Kavallerie-Regiment Mitte/ Kommandeur, 10. 4. 1943. Befehl des OKH auf Vorschlag der H. Gr. Mitte, »das Kavallerie-Regiment ›Mitte‹ aus den noch bestehenden Reiterschwadronen der Heeresgruppe aufzustellen«. Georg v. Boeselager wurde am 1. Juni mit Wirkung vom 1. April 1943 zum Major befördert. v. Hobe/Görlitz, a.a.O., S. 73.
69 Ber. Schlabrendorff (6. 10. 1971), S. 1; Mitt. (12. 10. 1971).
70 Mitt. Schlabrendorff (17. 6. 1967, 28. 9. 1970); Tresckows Erbitterung über Welikije Luki bezeugt vor allem Mitt. Philipp Frhr. v. Boeselager (15. 9. 1969); Tippelskirch, a.a.O., S. 328.
71 Schlabrendorff: Offiziere, S. 159 f.; Mitt. Alexander Stahlberg (15. 9. 1965). Manstein bestätigt in einer »Richtigstellung« zu Schlabrendorff (Ber., 31. 5. 1948, S. 1–5) den Zeitpunkt des Gesprächs sowie seine damaligen Auffassungen, bestreitet jedoch mit Nachdruck, daß Tresckow politische oder moralische Argumente vorgebracht habe. Erst recht sei er, Manstein, nicht erregt gewesen. Diese »Richtigstellungen« bleiben unhaltbare Apologie. Vgl. auch Anmerkung 19 des zehnten Kapitels, ferner Bodo Scheurig: Um West und Ost. Zeitgeschichtliche Betrachtungen, Hamburg 1969, S. 91–106 (Erich von Manstein – seine Memoiren und die Bundeswehr). Zur militärischen Führungsproblematik im Schatten Stalingrads jetzt die (leider noch ungedruckte) hervorragende Arbeit von Herbert Selle: Stalingrad nach 30 Jahren – kein Gefechtsbericht (Vortrag vor der Vereinigung ehem. Pionier-Offiziere Hamburg, 1973).
72 Schlabrendorff: Offiziere, S. 94 ohne Zeitangabe, jedoch Anfang 1943. Der Dienstplan des Oberkommandos der Heeresgruppe Mitte (Stand: 15. 11. 1942), Ia Nr. 9400/42 geh. führt als Ia/op noch Oberstleutnant i. G. Schulze-Büttger.
73 Schlabrendorff: Offiziere, S. 112.
74 a.a.O., S. 113.
75 Mitt. Schlabrendorff (17. 6. 1967).

76 Mitt. Schlabrendorff (17. 6. 1967, 28. 9. 1970).
77 Mitt. Berndt v. Kleist (28. 10. 1970); Mitt. Philipp Frhr. v. Boeselager (15. 9. 1969); Hoffmann, a.a.O., S. 329.
78 Mitt. Schlabrendorff (17. 6. 1967); Offiziere, S. 116.
79 Schlabrendorff: Offiziere, S. 119; Mitt. (17. 6. 1967).
80 Schlabrendorff: Offiziere, S. 119; Hoffmann, a.a.O., S. 333.
81 Mitt. Gersdorff (6. 5. 1969); Ber. (28. 3. 1972), S. 2.
82 Schlabrendorff: Offiziere, S. 119.
83 a.a.O.
84 a.a.O., S. 119 f.
85 Ber. Schlabrendorff (21. 3. 1972), S. 2.
86 Schlabrendorff: Offiziere, S. 120.
87 a.a.O.
88 a.a.O.
89 a.a.O., S. 120 f.; Mitt. Schlabrendorff (17. 6. 1967).
90 Schlabrendorff: Offiziere, S. 121; Mitt. (17. 6. 1967).
91 Schlabrendorff: Offiziere, S. 121.
92 a.a.O.; Ber. Josef Müller (6. 10. 1970), S. 1.
93 Schlabrendorff: Offiziere, S. 121.
94 a.a.O., S. 121 F.
95 a.a.O., S. 122.
96 a.a.O., S. 122 f.; Mitt. Schlabrendorff (17. 6. 1967).
97 Schlabrendorff: Offiziere, S. 123.
98 a.a.O.; Mitt. Gersdorff (6. 5. 1969).
99 a.a.O.
100 a.a.O.; Mitt. Schlabrendorff (20. 7. 1972); Hoffmann, a.a.O., S. 336.
101 Mitt. Gersdorff (6. 5. 1969).
102 a.a.O.
103 a.a.O.; Schlabrendorff: Offiziere, S. 123; Mitt. Schlabrendorff (17. 6. 1967); Hoffmann, a.a.O., S. 338.
104 Mitt. Gersdorff (6. 5. 1969); Hoffmann, a.a.O., S. 339.
105 Hoffmann, a.a.O., S. 339 f.
106 Mitt. Gersdorff (6. 5. 1969).
107 a.a.O.
108 a.a.O.
109 a.a.O.
110 a.a.O.
111 Engel: Tagebuch, 7. und 28. 2. 1943.
112 Tippelskirch, a.a.O., S. 330 f., 379.
113 Boris Meissner: Rußland, die Westmächte und Deutschland. Die sowjetische Deutschlandpolitik 1943–1953 (Abhandlungen der Forschungsstelle für Völkerrecht und ausländisches öffentliches Recht der Universität Hamburg, Band 5), Hamburg ²1954, S. 11–14.
114 Peter Kleist: Zwischen Hitler und Stalin, Bonn 1950, S. 235–242 (Das

erste Angebot; 14. Dezember 1942), S. 243–255 (Juni/September 1943); Bodo Scheurig: Freies Deutschland. Das Nationalkomitee und der Bund Deutscher Offiziere in der Sowjetunion 1943–1945, München ²1961, S. 69 f.
115 Tippelskirch, a.a.O., S. 330, 332; Manstein: Verlorene Siege, u. a. S. 398. Manstein will freilich geglaubt haben, daß eine militärische Remis-Lösung noch von Hitler genutzt werden konnte.

Neuntes Kapitel: Kampf um die Verschwörung und Walküre-Plan

1 Kaiser: Tagebuch, 6. 4. 1943; Mitt. Schlabrendorff (17. 6. 1967); Marlis G. Steinert: Hitlers Krieg und die Deutschen. Stimmung und Haltung der deutschen Bevölkerung im Zweiten Weltkrieg, Düsseldorf/Wien 1970, S. 329, 338 f., 347 f.
2 Kaiser: Tagebuch, 7. und 11. 4. 1943.
3 Mitt. Schlabrendorff (17. 6. 1967); Offiziere, S. 124.
4 Mitt. Schlabrendorff (17. 6. 1967). Tresckows Hinweise auf seinen Schwiegervater Erich v. Falkenhayn bestätigt vor allem Mitt. Philipp Frhr. v. Boeselager (15. 9. 1969).
5 Kaiser: Tagebuch, 6. 4. 1943.
6 Mitt. Erika v. Tresckow (1. 5. 1969); Aufzeichnungen (o. J.).
7 a.a.O.
8 Henning v. Tresckow: Ansprache zur Konfirmation der Söhne (Regimentshaus Potsdam, 11. April 1943), S. 2 f. Ber. Constanze Lange, S. 3 f.: »Seine Redegabe machte einen sehr tiefen Eindruck auf mich... Alles war anders. Der dunkle Hintergrund, die ernste Stimmung, der Mensch. – Am nachdrücklichsten wurden seine Worte, als er über die Freundschaft sprach, die in den kommenden Zeiten ein ganz besonderes Gewicht haben würde. – Obwohl ich nie Konkretes über den 20. Juli wußte, war mir nach dieser Rede irgendwie bewußt und klar, wenn jemand einen Versuch in dieser Richtung wagen würde, es einer von Henning Tresckows Art sein müßte. – Im Verlaufe dieses Abends fragte er mich, ein bißchen lächelnd, ob meine Mutter immer noch optimistisch sei. Ich mußte, auch lächelnd, es bejahen. Er hatte Verständnis dafür bei einer im internationalen Kraftfeld Chinas aufgewachsenen leidenschaftlichen Patriotin, wie es meine Mutter war.«
9 Zusammenfassend: Hoffmann, a.a.O., S. 344–348; Schlabrendorff: Offiziere, S. 126 f.
10 Zeller, a.a.O., S. 271 f.; Hoffmann, a.a.O., S. 350; Kaiser: Tagebuch, 19. 2., 4. 3. und 9. 6. 1943.
11 Ritter, a.a.O., S. 347–351, 577–595.
12 Kaiser: Tagebuch, 6., 7. und 11. 4. 1943.
13 Hassell, a.a.O., S. 214–216; Ritter, a.a.O., S. 346 f.

14 Mitt. Schlabrendorff (17. 6. 1967); Mitt. Gersdorff (6. 5. 1969). Wie nötig diese weiteren Einwirkungen waren, bezeugt Engel: Tagebuch, 28. 2. 1943, das von Kluges Besuch in Rastenburg (Wolfschanze) und dessen Entschluß berichtet, »Oberbefehl niederzulegen, wenn nicht Neuordnung Befehlsgewalt mit Ob. Ost unter Ausschaltung Keitels«: ». . . Bringe Feldmarschall zum Flugplatz und frage. v. Kluge, sehr bedrückt und nachdenklich. Sagt, daß er alles schonungslos losgeworden sei und Führer ihm ganz ruhig zugehört habe. Auch einig mit ihm in bezug auf Keitel. Aber dann habe F. so überzeugend Lage, Möglichkeiten und Notwendigkeiten geschildert und an sein Gewissen appelliert, daß er sich nicht habe entschließen können, letzte Konsequenz zu ziehen. Es war erschütternd und ist immer das gleiche.«
15 Heusinger: Befehl im Widerstreit, S. 247.
16 a.a.O., S. 247 f.
17 a.a.O., S. 248.
18 Kaiser: Tagebuch, 28. 5. 1943: »Von Tresckow war im großen Hauptquartier und hat General Heusinger 2 Stunden gesprochen. Einig.«
19 Kaiser: Tagebuch, 28. 5., 9. und 10. 6. 1943. Ein Versuch Tresckows, Guderian und Kluge wieder miteinander auszusöhnen, scheiterte. Der Vermittler fühlte sich »wie zum Fenster hinausgeworfen«. Hesse: Der Geist, S. 208 (vermutlich zutreffende Zeitangabe: Mai 1943); Heinz Guderian: Erinnerungen eines Soldaten, Heidelberg 1951, S. 248. Hier Schilderung der Tresckow-Mission für Juli 1943, jedoch mit falschen Einzelangaben zu Tresckow.
20 Kaiser: Tagebuch, 9. 6. 1943.
21 a.a.O., 10. 6. 1943.
22 Mitt. Gersdorff (6. 5. 1969, 17. 3. 1970).
23 a.a.O.
24 a.a.O.; gleichsam bestätigend Dietrich v. Choltitz: Soldat unter Soldaten, Konstanz/Zürich/Wien 1951, S. 303–305.
25 Mitt. Gersdorff (6. 5. 1969, 17. 3. 1970).
26 a.a.O.
27 a.a.O.; Coll., S. 38.
28 a.a.O.
29 a.a.O.; Coll., S. 39.
30 Mitt. Hans Albrecht v. Boddien (7. 5. 1970); Mitt. Albrecht Eggert (7. 10. 1968); Schlabrendorff: Offiziere, S. 70; Dienstplan des Oberkommandos der Heeresgruppe Mitte (Stand: 30. 4. 1943), Ia Nr. 4500/43, geh. vom 30. 4. 1943.
31 Mitt. Hans Albrecht v. Boddien (7. 5. 1970); Mitt. Albrecht Eggert (7. 10. 1968); Mitt. Schlabrendorff (17. 6. 1967).
32 Mitt. Alexander Stahlberg (15. 9. 1965).
33 Schlabrendorff: Offiziere, S. 169; detaillierter: Mitt. (17. 6. 1967).
34 Mitt. Schlabrendorff (17. 6. 1967): »Seine Meinung über die Generali-

tät wurde von Tag zu Tag schlechter.« Mitt. Albrecht Eggert (7. 10. 1968). Für die »Verhärtung« Tresckows auch Ber. August Winter (2. 6. 1966), S. 3 (April 1943): »Damals hatte ich, wie mein Ia, der damalige Oberst v. Kahlden, den Eindruck, daß Tr. sehr herrisch verhärtet und unseren Anregungen wenig zugänglich war.«

35 Mitt. Erika v. Tresckow (24. 3., 1. 5. 1969) für *1943*.
36 Mitt. Schlabrendorff (17. 6. 1967); Mitt. Kurt Hesse (12. 10. 1969); Der Geist, S. 205: »Er (Tresckow B. Sch.) war anglophil eingestellt.«
37 a.a.O.; Heusinger: Befehl im Widerstreit, S. 249.
38 Mitt. Schlabrendorff (17. 6. 1967).
39 a.a.O.; Mitt. Erika von Tresckow (1. 5. 1969).
40 Heusinger, a.a.O.; Mitt. Schlabrendorff (17. 6. 1967).
41 Mitt. Schlabrendorff (17. 6. 1967, 20. 7. 1972).
42 Mitt. Schlabrendorff (20. 7. 1972).
43 Mitt. Schlabrendorff (17. 6. 1967, 28. 9. 1970); Mitt. Gersdorff (6. 5. 1969, 18. 3. 1972); Ber. Gersdorff (6. 11. 1970), S. 2.
44 a.a.O.; Alexander Dallin: Deutsche Herrschaft in Rußland 1941–1945. Eine Studie über Besatzungspolitik, Düsseldorf 1958, S. 562 f. (Tresckows Memorandum, 3. 1. 1943).
45 Dallin, a.a.O., S. 529, 551 f.; Wilfried Strik-Strikfeldt: Gegen Stalin und Hitler. General Wlassow und die russische Freiheitsbewegung, Mainz 1970, S. 35 f., 44, 67 f.; Sven Steenberg: Wlassow. Verräter oder Patriot? Köln 1968, S. 42, 63.
46 Dallin, a.a.O., S. 574.
47 Mitt. Schlabrendorff (17. 6. 1967, 28. 9. 1970); Mitt. Gersdorff (6. 5. 1969, 18. 3. 1972); Ber. Gersdorff (9. 11. 1970), S. 1.
48 Dallin, a.a.O., S. 529, 545; Steenberg, a.a.O., S. 66 f.; Strik-Strikfeldt, a.a.O., S. 44. Der aufgeputzte und kaum kontrollierbare Bericht Jürgen Thorwalds: Wen sie verderben wollen, Stuttgart 1952 wurde nicht mitberücksichtigt.
49 Ber. Eugen Dürksen (11. 6. 1951/Institut für Zeitgeschichte), S. 1.
50 Dallin, a.a.O., S. 548; Strik-Strikfeldt, a.a.O., S. 146.
51 Dallin, a.a.O., S. 562 f.
52 Mitt. Schlabrendorff (17. 6. 1967); Mitt. Gersdorff (6. 5. 1969, 18. 3. 1972).
53 Scheurig: Freies Deutschland, S. 33–62.
54 Mitt. Schlabrendorff (17. 6. 1967, 19. 4. 1970); Mitt. Erika v. Tresckow (24. 3. 1969) bekräftigt, daß Tresckow Seydlitz' und Paulus' Weg und insbesondere jede Zersetzungspropaganda entschieden abgelehnt habe. Diese Reaktion Tresckows kann sich nur auf die zweite Phase der Bewegung »Freies Deutschland« (Nationalkomitee/Bund Deutscher Offiziere) mit der Losung »Einstellung des Kampfes, Übergang auf die Seite des Nationalkomitees« (5. 1. 1944) bezogen haben. Scheurig, a.a.O., S. 118–124. Vgl. Auch Anmerkung 35 des 10. Kapitels.

55 Ritter, a.a.O., S. 379 f.; Hoffmann, a.a.O., S. 292; Mitt. Schlabrendorff (17. 6. 1967, 20. 7. 1972).
56 Mitt. Schlabrendorff (17. 6. 1967, 20. 7. 1972).
57 a.a.O.
58 a.a.O.
59 a.a.O.; Mitt. Erika v. Tresckow (1. 5. 1969).
60 Schlabrendorff: Offiziere, S. 171.
61 H. v. Tresckow: Briefe, 9. und 21. 7. 1943; zu Groeben: Brief, 4. 7. 1943; Mitt. Peter v. d. Groeben (4. 6. 1970).
62 Tippelskirch, a.a.O., S. 378–381; Manstein: Verlorene Siege, S. 473–484; Ernst Klink: Das Gesetz des Handelns. Die Operation »Zitadelle« (Beiträge zur Militär- und Kriegsgeschichte. Hgg. vom Militärgeschichtlichen Forschungsamt, Band 7), Stuttgart 1966.
63 Tippelskirch, a.a.O., S. 379; Manstein, a.a.O., S. 485–488.
64 Manstein, a.a.O., S. 483; Klink, a.a.O., S. 107; Friedrich Hoßbach: Die Schlacht um Ostpreußen. Aus den Kämpfen der deutschen 4. Armee um Ostpreußen in der Zeit vom 19. 7. 1944–30. 1. 1945, Überlingen/Bodensee 1951, S. 9.
65 Manstein, a.a.O., S. 474, 484, 487.
66 Mitt. Schlabrendorff (17. 6. 1967).
67 Ber. Friedrich Hoßbach (12. 7. 1951/Institut für Zeitgeschichte), S. 4; Mitt. Hoßbach (27. 10. 1970).
68 a.a.O.
69 Ber. Friedrich Hoßbach, S. 4.
70 a.a.O.
71 Tippelskirch, a.a.O., S. 381; Manstein, a.a.O., S. 488–497.
72 Kaiser: Tagebuch, 7. 7. 1943; über Model und Kluge zusammenfassend: Klink, a.a.O., S. 271.
73 H. v. Tresckow: Brief, 4. 7. 1943.
74 Klink, a.a.O., S. 197 f.
75 H. v. Tresckow: Brief, 4. 7. 1943.
76 Tippelskirch, a.a.O., S. 381 f.; Manstein, a.a.O., S. 497–504; Klink, a.a.O., S. 246–265.
77 Tippelskirch, a.a.O., S. 382.
78 H. v. Tresckow: Briefe, 9. und 13. 7. 1943; Tippelskirch, a.a.O.
79 Mitt. Albrecht Eggert (7. 10. 1968); Mitt. Schlabrendorff (17. 6. 1967).
80 Erika v. Tresckow: Erinnerungen, S. 22; Oberst v. Tresckow: Brief an Georg Freiherr v. Boeselager, 27. 7. 1943; Brief, 28. 10. 1943: Abfahrt von Krassnyj Bor am 28. 7. 1943.
81 Erika v. Tresckow: Erinnerungen, S. 22.
82 a.a.O.
83 a.a.O.; Mitt. Schlabrendorff (17. 6. 1967). Viele von den zahlreichen Gesprächspartnern Tresckows sind nicht mehr zu ermitteln. Er »sammelte« – seit 1942 – auch jene, von denen er wußte, daß sie nur indi-

rekte Hilfen bieten konnten. Für 1942 und später Ber. Rüdiger Graf von der Goltz (8. 11. 1965), S. 1 f.: »Henning Tresckow meldete sich bei mir in Wannsee ... an. Wir sprachen seinem Wunsche gemäß außerhalb der Wohnung im Garten. Er sagte, er hielte es für seine Pflicht, mir zu sagen, daß der Krieg nicht gewonnen werden könne. Er wisse das, denn er könne in seiner Stellung als Ia der Heeresgruppe Mitte alles beobachten und habe nach diesen Beobachtungen der Menschen, der Pläne und der Leistungen das sichere Gefühl, daß er verlorengehen müsse. Es müsse deshalb alles geschehen, um ihn in nicht allzu langer Zeit zu beenden, solange das noch ohne weitere schwere Schäden und Verluste möglich sei. Das würde voraussetzen, daß die Führung verschwände, die auch sonst nicht mehr zu verantworten sei. Er fühlte sich verpflichtet, mir das zu sagen, da er wisse, daß er auf mich rechnen könne. Ich möge auch meinerseits in diesem Sinne im Rahmen meiner Möglichkeiten hören und zur Verfügung stehen, wo ich könne, und mich bereithalten.« Goltz kämpfte, wie Tresckow, freilich schon 1914, als Leutnant im Ersten Garde-Regiment zu Fuß und verteidigte 1938 Fritsch. Klaus-Jürgen Müller, a.a.O., S. 266, 285, 289.

84 Hoffmann, a.a.O., S. 353.
85 Mitt. Schlabrendorff (17. 6. 1967); Offiziere, S. 131 f.; Zeller, a.a.O., S. 307.
86 Schlabrendorff: Offiziere, S. 133; Zeller, a.a.O., S. 306–308, 310.
87 Hoffmann, a.a.O., S. 349 f., jedoch falsche Version, daß Tresckow zu dem Gespräch mit Himmler geraten zu haben scheine (auch bei Ehlers, a.a.O., S. 220). Mitt. Schlabrendorff (17. 6. 1967, 20. 7. 1972).
88 Schlabrendorff: Offiziere, S. 132 f.; Bodo Scheurig: Claus Graf Schenk von Stauffenberg (Köpfe des XX. Jahrhunderts, Band 33), Berlin ³1964, S. 41.
89 Schlabrendorff: Offiziere, S. 133 f.
90 Über »Walküre« Hoffmann, a.a.O., S. 355–362; Zeller, a.a.O., S. 303 f.
91 Hoffmann, a.a.O., S. 359 f.
92 a.a.O., S. 361.
93 Mitt. Schlabrendorff (17. 6. 1967).
94 a.a.O.; Offiziere, S. 135.
95 Schlabrendorff: Offiziere, S. 136 f.; Zeller, a.a.O., S. 306–310; Christian Müller, a.a.O., S. 320–326.
96 Hoffmann, a.a.O., S. 353 f.
97 Helmuth Stieff: Aus den Briefen (Hoover Library, Stanford, Calif.), S. 75 f.
98 Spiegelbild einer Verschwörung. Die Kaltenbrunner-Berichte an Bormann und Hitler über das Attentat vom 20. Juli 1944. Geheime Dokumente aus dem ehemaligen Reichssicherheitshauptamt. Hgg. vom Archiv Peter für historische und zeitgeschichtliche Dokumentation (künftig zitiert: KB), Stuttgart 1961, S. 410–412 (12. 9. 1944/Goerdeler);

Ritter, a.a.O., S. 357 f.
99 KB, S. 411.
100 a.a.O., S. 412.
101 a.a.O.
102 a.a.O.
103 a.a.O.; Ritter, a.a.O., S. 358.
104 Hoffmann, a.a.O., S. 355.
105 Christian Müller, a.a.O., S. 219–280, 293; Schlabrendorff: Offiziere, S. 127–129.
106 Christian Müller, a.a.O., S. 290 f.
107 a.a.O., S. 295; Mitt. Erika v. Tresckow (1. 5. 1969).
108 Mitt. Schlabrendorff (17. 6. 1967); Mitt. Erika v. Tresckow (1. 5. 1969); Mitt. Margarethe Gräfin v. Hardenberg (20. 7. 1972). Auch Christian Müller, a.a.O., S. 319.
109 Mitt. Schlabrendorff (17. 6. 1967); Mitt. Erika v. Tresckow (1. 5. 1969).
110 Mitt. Schlabrendorff (17. 6. 1967).
111 Schlabrendorff: Offiziere, S. 135–137. Die Originale dieser Befehle sind entweder verschollen oder vernichtet. So ist auch nicht mehr auszumachen, inwieweit die Dokumente, die nach dem 20. Juli 1944 der Gestapo in die Hände fielen, von Tresckow stammen. Stauffenberg hatte sie seit Oktober 1943 mehrfach bearbeitet. Immerhin haben sich wohl – fast in allem – die Grundgedanken erhalten. Hoffmann, a.a.O., S. 368 f.
112 Schlabrendorff: Offiziere, S. 137 f.
113 Christian Müller, a.a.O., S. 323 f.
114 a.a.O., S. 325.
115 Zeller, a.a.O., S. 288, 307; Hoffmann, a.a.O., S. 363–365.
116 Mitt. Erika v. Tresckow (1. 5. 1969); Mitt. Margarethe Gräfin v. Hardenberg (2. 5. 1969, 20. 7. 1972); Christian Müller, a.a.O., S. 326.
117 Umfassend: Hoffmann, a.a.O., S. 396–410.
118 a.a.O., S. 363–365.
119 a.a.O., S. 367 f., 771.
120 Mitt. Erika v. Tresckow (1. 5. 1969); Mitt. Margarethe Gräfin v. Hardenberg (2. 5. 1969, 20. 7. 1972).
121 Mitt. Margarethe Gräfin v. Hardenberg (2. 5. 1969, 20. 7. 1972).
122 Mitt. Margarethe Gräfin v. Hardenberg (20. 7. 1972).
123 a.a.O.
124 Mitt. Erika v. Tresckow (1. 5. 1969) und Aufzeichnungen. Diesen Absichten Tresckows hätte wohl die Stellung eines »Chefs der Deutschen Polizei« entsprochen, für die er seit Ende 1943 – offenbar – ausersehen war. Ritter, a.a.O., S. 606; Zeller, a.a.O., S. 319.
125 Mitt. Schlabrendorff (17. 6. 1967); Mitt. Kurt Hesse (12. 10. 1969). Es existiert kein Programmentwurf Tresckows. Eine Notiz im Notizbuch 1941: »Behebung der Landflucht nur durch entscheidende ›Qualitätsverbesserung‹ der Landarbeit. Landarbeiter muß ›Monteur‹ werden und

als solcher vom Besitzer bezahlt werden *können*. Gesamtumstellung – vielleicht Zukunftslösung.«
126 Mitt. Schlabrendorff (17. 6. 1967); Ber. (21. 3. 1972), S. 2; Offiziere, vor allem S. 144–148.
127 Mitt. Schlabrendorff (17. 6. 1967); Mitt. Erika v. Tresckow (1. 5. 1969).
128 Personalbogen und Dienstlaufbahn Henning von Tresckow (Kornelimünster).
129 Erika v. Tresckow: Erinnerungen, S. 23.
130 H. v. Tresckow: Briefe, vor allem 26. 10. und 1. 11. 1943.

Zehntes Kapitel: Chef des Stabes der 2. Armee

1 Mitt. Hans Speidel (6. 5. 1970); Speidel: Zeitbetrachtungen, S. 115 f.; Ber. Otto Wöhler, S. 1; H. v. Tresckow: Brief, 14. 10. 1943.
2 Order of Battle of the German Army, 1 March 1945. Military Intelligence Division, War Department, Washington, D. C. (o. J.), S. 190; Paul Carell: Verbrannte Erde. Schlacht zwischen Wolga und Weichsel, Stuttgart/Hamburg o. J., S. 43, 292–294, 299, 305, 310 f., 322; Klink, a.a.O., S. 215 f., 228, 237, 239; H. v. Tresckow: Brief, 17. 10. 1943.
3 Beurteilung Generalleutnant Werner Schmidt-Hammer, 21. 11. 1943: Personalbogen und Dienstlaufbahn Henning von Tresckow (Kornelimünster).
4 H. v. Tresckow: Briefe, 17., 21., 28., 29., 31. 10., 1. und 10. 11. 1943.
5 Brief, 17. 10. 1943.
6 Briefe, 18., 25. 10., 10. und 14. 11. 1943.
7 Mitt. Schlabrendorff (28. 9. 1970).
8 H. v. Tresckow: Brief, 21. 11. 1943.
9 a.a.O.
10 H. v. Tresckow: Brief, 27. 11. 1943.
11 Ber. Erich v. Manstein (31. 5. 1948), S. 4 f.; Verlorene Siege, S. 540–548; H. v. Tresckow: Brief, 27. 11. 1943.
12 Manstein: Verlorene Siege, S. 522–558.
13 a.a.O., S. 554 f.; über »Hitler in der Ausübung des militärischen Oberbefehls« generell: S. 303–318, besonders S. 308–310.
14 a.a.O., S. 558 f.: Eingabe vom 20. November 1943.
15 Ber. Erich v. Manstein (31. 5. 1948), S. 4; H. v. Tresckow: Brief, 27. 11. 1943.
16 H. v. Tresckow: Brief, 27. 11. 1943; Mitt. Schlabrendorff (17. 6. 1967) nach dem Bericht seines Vetters bei der 2. Armee.
17 Mitt. Schlabrendorff (17. 6. 1967, 12. 10. 1971).
18 Manstein: Verlorene Siege, S. 574; Ber. (31. 5. 1948), S. 4.
19 H. v. Tresckow: Brief, 27. 11. 1943.
20 Schlabrendorff: Offiziere, S. 160; Mitt. Alexander Stahlberg

(15. 9. 1965). Nach dieser Mitteilung beschränkte sich Tresckow *1944* hinsichtlich Mansteins auf Formalitäten: »Wie geht es dem Feldmarschall? Was macht er? Bitte, Grüße an ihn.«

21 KTB, 2. Armee, 1. und 2. 12. 1943.
22 Tippelskirch, a.a.O., S. 396, 446, 448.
23 KTB, 2. Armee, 2. 12. 1943.
24 a.a.O., 6. und 12. 12. 1943.
25 Aufzeichnung über die Besprechung der Chefs der Generalstäbe der Armeen der Heeresgruppe Mitte am 12. 12. 1943 (Oberkommando der Heeresgruppe Mitte, Ia Nr. 14 800/43 g.Kdos.; H.Qu., 12. 12. 1943), S. 21; Tippelskirch, a.a.O., S. 447; KTB, 2. Armee, 13. 4. 1944.
26 Aufzeichnung: Besprechung am 12. 12. 1943, S. 3, 8.
27 Denkschrift vom 3. 1. 1944 (A.O.K. 2, der Chef des Stabes, Ia Nr. 31/44 g.Kdos. Chefs); KTB, 2. Armee, 11. 1. 1944; Tippelskirch, a.a.O., S. 448.
28 H. v. Tresckow: Briefe, 10., 15., 18. und 21. 1. 1944.
29 Brief, 11. 12. 1943.
30 Edgar Röhricht: Pflicht und Gewissen. Erinnerungen eines deutschen Generals 1932 bis 1944, Stuttgart 1965, S. 201 f.; Ber. Edgar Röhricht (29. 12. 1966), S. 1: »Das Tresckow-Gespräch fand im Armee-Hauptquartier (AOK 2) in Petrikoff am Pripjet statt, und zwar am 30. Januar 1944 ... Während einer Rückflugpause in Pinsk zur Heeresgruppe (bei Minsk) machte ich mir am nächsten Tage meine üblichen Gedächtnisnotizen, die knapp und verschlüsselt die wesentlichsten Punkte festhielten. Ich verfügte über ein ausnehmend geschultes Gedächtnis gerade für charakteristische Formulierungen. Meine Notizen dieser Wochen haben daheim (Heilbronn) in meinem alten franz. Konversationslexikon das III. Reich überstanden.« Ber. Walter Weiß (17. 12. 1966), S. 1 f. bestätigt Röhrichts Besuch, nicht jedoch das Gespräch Röhricht/Tresckow, da es unter vier Augen und offenbar in Tresckows Büro (Röhricht: Pflicht und Gewissen, S. 203) stattfand.
31 Röhricht: Pflicht und Gewissen, S. 202.
32 a.a.O., S. 203 f.
33 a.a.O., S. 203, 205–207.
34 a.a.O., S. 205
35 a.a.O., S. 206. Hier auch Tresckows vorbehaltlos positive Einschätzung von Seydlitz. Röhricht: »Verständigung mit den Sowjets also?« Tresckow: »Wenn ein so vorbildlicher Offizier wie Seydlitz, ein Edelmann ohne Fehl und Tadel, sich dazu hergab, müßte es auch für uns möglich sein, dort anzuknüpfen und auf diesem Wege zu retten, was sich retten läßt!« Bekräftigend: Ber. Edgar Röhricht, S. 1.
36 Röhricht: Pflicht und Gewissen, S. 205, 207.
37 a.a.O., S. 207–209.
38 Mitt. Schlabrendorff (17. 6. 1967, 28. 9. 1970).

39 a.a.O.
40 Mitt. Schlabrendorff (17. 6. 1967).
41 a.a.O.
42 Schlabrendorff: Offiziere, S. 170; Mitt. Eberhard v. Breitenbuch (19. 7. 1972); Mitt. Berndt v. Kleist (28. 10. 1970); Mitt. Hans Albrecht v. Boddien (7. 5. 1970); Hoffmann, a.a.O., S. 355.
43 Hoffmann, a.a.O., S. 378–388; Scheurig: Ewald von Kleist-Schmenzin, S. 186 f.
44 Hoffmann, a.a.O., S. 386 f.; Scheurig, a.a.O., S. 187
45 Ber. Eberhard v. Breitenbuch (o. J.), S. 1; Mitt. (19. 7. 1972).
46 Ber. Eberhard v. Breitenbuch (28. 3. 1970), S. 1.
47 a.a.O.; Hoffmann, a.a.O., S. 390.
48 a.a.O.
49 Mitt. Eberhard v. Breitenbuch (19. 7. 1972); Hoffmann, a.a.O., S. 391; Zeller, a.a.O., S. 338.
50 Mitt. Eberhard v. Breitenbuch (19. 7. 1972); Hoffmann, a.a.O., S. 392.
51 Schlabrendorff: Offiziere, S. 168.
52 a.a.O., S. 169.
53 H. v. Tresckow: Brief, 11. 12. 1943. Über Weiß: Mitt. Schlabrendorff (28. 9. 1970); Mitt. Ernst August Lassen (18. 9. 1970); Mitt. Adolf Dedekind (26. 4. 1970); Mitt. Hanno Krause (3. 6. 1970); Ber. Georg Kappus (12. 10. 1970), S. 3; Mitt. Bogislaw v. Bonin (25. 9. 1970).
54 Mitt. Schlabrendorff (28. 9. 1970); Ber. Georg Kappus, S. 4; Mitt. Hanno Krause (3. 6. 1970). Dies schloß nicht aus, daß Tresckow – freilich in sehr bewußter Auswahl – andere Offiziere »testete« und auf das, was er plante, »einzustimmen« trachtete. Ber. Herbert Bogislaw Blaskowitz (13. 8. 1969), S. 3, 6 f. Blaskowitz, im Sommer 1944 Leutnant und Ordonnanz-Offizier der 4. Kavallerie-Brigade (A.O.K. 2), kannte die schimpfliche Behandlung, die seinem Vater, dem Generalobersten Johannes Blaskowitz, 1939/40 nach Protesten gegen deutsche Übergriffe im besetzten Polen widerfahren war. Deutsch, a.a.O., S. 46, 197–200, 280, 302 f.
55 Mitt. Schlabrendorff (28. 9. 1970); Ber. Adolf Dedekind (29. 4. 1970), S. 2.
56 Mitt. Schlabrendorff (28. 9. 1970).
57 Verkürzte Offiziersstellenbesetzung, Stand: 13. 7. 1944 (Armee-Oberkommando 2, Abt. IIa Nr. 2073/44 g.; A.H.Qu., den 13. 7. 1944), S. 1–5; Aufzeichnung über die Besprechung der Chefs der Generalstäbe der Armeen der Heeresgruppe Mitte am 10. 4. 1944 (Oberkommando der Heeresgruppe Mitte, Ia Nr. 4502/44 g.Kdos.; H.Qu., 10. 4. 1944), S. 7, 22.
58 Ber. Adolf Dedekind, S. 1; Mitt. Adolf Dedekind (26. 4. 1970); Mitt. Hanno Krause (3. 6. 1970); Ber. Karl-Heinz Wirsing (Dezember 1970), S. 2 f.; Mitt. Bogislaw v. Bonin (25. 9. 1970).

59 Ber. Karl-Heinz Wirsing, S. 4; über die »Nationalsozialistischen Führungsoffiziere«: Messerschmidt, a.a.O., vor allem S. 435–437, 441–443, 447–459.

60 Ber. Karl-Heinz Wirsing, S. 5. Wirsing war Chef der Quartiermeister-Abteilung des A.O.K. 2. Ferner Mitt. Ernst August Lassen (18. 9. 1970).

61 Ber. Georg Kappus, S. 3; Mitt. Adolf Dedekind (26. 4. 1970); Mitt. Hanno Krause (3. 6. 1970).

62 Stabsbefehl Nr. 453: Armee-Oberkommando 2, Abt. IIa Nr. 1084. 2.44; A.H.Qu., 25. 2. 1944 (Akten: 2. Armee).

63 Mitt. Schlabrendorff (28. 9. 1970); Mitt. Hanno Krause (3. 6. 1970); Mitt. Adolf Dedekind (26. 4. 1970).

64 Mitt. Schlabrendorff (17. 6. 1967, 28. 9. 1970).

65 Mitt. Adolf Dedekind (26. 4. 1970); Mitt. Hanno Krause (3. 6. 1970). Ber. Werner Loesebrink (31. 10. 1970), S. 1 für das deutsche Verbindungskommando beim Gen.-Kdo. des ungarischen Besatzungskorps, das »zum Schutz der rückwärtigen Verbindungen eingesetzt und insoweit der 2. deutschen Armee unterstellt war«: »T. genoß als integerer Offizier hohes Ansehen bei der Führung des ungarischen Korps, die später nach seinem Selbstmord – welcher nur kurze Zeit geheim gehalten werden konnte – tiefe Erschütterung zeigte.« Ein weiters Schlaglicht im Ber. Georg Kappus, S. 2, der als Kurier-Unteroffizier des Stabes dem »Chef vorgeführt« wurde: »Ich meldete mich in strammer Haltung bei Tresckow mit dem vorgeschriebenen Spruch: »Unteroffizier Kappus usw ...«. Liebenswürdig und mit einem ganz feinen Zug der Belustigung um den Mund nahm Tresckow die Meldung entgegen und antwortete mit einer einladenden Handbewegung: »Bitte, nehmen Sie Platz.« Tresckow begann eine Unterhaltung, die einige Minuten dauerte, völlig ungezwungen war und während deren ich das Gefühl hatte, als sei ich bei ihm zu Besuch. Es ist klar, daß dieses souveräne Übergehen des militärischen Unterordnungsverhältnisses mich beeindruckte und davon überzeugte, mit einem Mann zu tun zu haben, dessen natürliche Würde und Selbstvertrauen keiner Stütze durch die Gesetze der militärischen Hierarchie bedürften. Damit war auch die normale Scheu des Soldaten vor irgendwelchen Veränderungen, die die »Versetzung zum Chef« mit sich gebracht hatte, bei mir verflogen. Dieselbe menschliche Wärme und die gleiche, letztlich wohl auf dem berechtigten Bewußtsein vom eigenen Wert beruhende Sicherheit zeigte Tresckow ständig im Umgang mit allen anderen Stabsangehörigen.«

66 Mitt. Schlabrendorff (17. 6. 1967, 28. 9. 1970).

67 KTB, 2. Armee, 21. 5. 1944; Mitt. Erika v. Tresckow (1. 5. 1969); Hoffmann, a.a.O., S. 392 f.

68 Silex: Mit Kommentar, S. 235. Zutreffender Zeitpunkt: Mai 1944.

69 Mitt. Alexander Stahlberg (15. 9. 1965).

70 Mitt. Erika v. Tresckow (1. 5. 1969); Mitt. Christoph v. L'Estocq (23. 9. 1970).
71 Vorzugsweise Beförderungen. Auszugsweise Abschrift; Folge 6/1944 (Nr. 3210/44 PA/Ag P 1/1. (Zentral-)Abt./IIIb (IIa) vom 20. Juni 1944).
72 H. v. Tresckow: Brief, 3. 6. 1944. Auf die Rückseite eines Bildes schrieb er: »Letzter Tag als Oberst – also sozusagen Abschied von der Jugend.« Ferner: Mitt. Schlabrendorff (17. 6. 1967).
73 Tippelskirch, a.a.O., S. 481–485.
74 Mitt. Schlabrendorff (28. 9. 1970).
75 Schlabrendorff: Offiziere, S. 174 f.
76 Mitt. Schlabrendorff (28. 9. 1970).
77 a.a.O.
78 Schlabrendorff: Offiziere, S. 175.
79 a.a.O., S. 175 f.
80 Tippelskirch, a.a.O., S. 449 f.
81 Manstein: Verlorene Siege, S. 561–619.
82 Tippelskirch, a.a.O., S. 530–533; Carell, a.a.O., S. 464–466.
83 Schlabrendorff: Offiziere, S. 177; Mitt. Schlabrendorff (17. 6. 1967).
84 Carell, a.a.O., S. 462, 468; Tippelskirch, a.a.O., S. 533.
85 Tippelskirch, a.a.O., S. 533–541; Carell, a.a.O., S. 472–490; Hermann Gackenholz: Zum Zusammenbruch der Heeresgruppe Mitte im Sommer 1944, in: Vierteljahrshefte für Zeitgeschichte, 3. Jahrgang, Stuttgart 1955, S. 320–329.
86 Tippelskirch, a.a.O., S. 533–538.
87 Gackenholz, a.a.O., S. 317.
88 Mitt. Schlabrendorff (28. 9. 1970); Ber. Adolf Dedekind, S. 2; Mitt. Adolf Dedekind (26. 4. 1970); Mitt. Hanno Krause (3. 6. 1970); Mitt. Berndt v. Kleist (28. 10. 1970).
89 a.a.O.; Gackenholz, a.a.O., S. 331 (Lage der H.Gr. Mitte am 3. Juli 1944); H. v. Tresckow: Brief, 8. 7. 1944.
90 Mitt. Schlabrendorff (28. 9. 1970); Ber. Adolf Dedekind, S. 2 f.; Mitt. Berndt v. Kleist (28. 10. 1970); Tippelskirch, a.a.O., S. 537.
91 Mitt. Erika v. Tresckow (1. 5. 1969); Mitt. Anna v. Winterfeldt (1. 7. 1968); Mitt. Frau v. Kotze (2. 7. 1968).
92 Schlabrendorff: Offiziere, S. 177 f.
93 a.a.O., S. 178.
94 a.a.O., S. 178, 182.
95 a.a.O., S. 182 f.; Mitt. Schlabrendorff (28. 9. 1970); Ber. Adolf Dedekind, S. 3 f.; Hoffmann, a.a.O., S. 440–443.
96 Schlabrendorff: Offiziere, S. 182 f.
97 Hoffmann, a.a.O., S. 442.
98 a.a.O., S. 441, 443 f., 450; Christian Müller, a.a.O., S. 426 f.
99 Hoffmann, a.a.O., S. 451 f.; Christian Müller, a.a.O., S. 431–433.

100 Hoffmann, a.a.O., S. 453–457; Christian Müller, a.a.O., S. 444–451.
101 H. v. Tresckow: Briefe, 12. 6. und 11. 7. 1944. Doch Brief, 13. 7. 1944: »Aber die klare Linie gibt Ruhe und Kraft. Und der Lichtschein ist weder vergessen noch erloschen.« Ber. Philipp Frhr. v. Boeselager (22. 1. 1965), S. 6 f.; Schlabrendorff: Offiziere, S. 184.
102 Gisevius, a.a.O., S. 593, 597; Zeller, a.a.O., S. 373.

Elftes Kapitel: Tod und Nachspiel

1 Armee-Gefechtsstände der 2. Armee 1943/1944 (Aufstellung Hanno Krause); Mitt. Ernst August Lassen (18. 9. 1970); Mitt. Adolf Dedekind (26. 4. 1970).
2 Tippelskirch, a.a.O., S. 532; Tagesmeldung 21. 7. 1944 (Oberkommando der Heeresgruppe Mitte, Ia Nr. T 3764/44 geh.; H.Qu., 22. 7. 1944), S. 1 f.
3 Ferngespräche vom 20. 7. 1944 (Akten: 2. Armee): Tresckow/Generalleutnant Krebs, Chef H.Gr. Mitte (5.40 Uhr); Tresckow/Oberst Hölz, Chef LV. Korps (5.50 Uhr); dto. (8.05 Uhr); dto. (9.00 Uhr); Oberst Hölz über den Besuch des Feldmarschalls und Oberbefehlshabers Model (13.00 Uhr).
4 Mitt. Hanno Krause (3. 6. 1970); Mitt. Adolf Dedekind (26. 4. 1970).
5 Mitt. Hanno Krause (3. 6. 1970).
6 Schlabrendorff: Offiziere, S. 194; spezifizierend: Mitt. Schlabrendorff (28. 9. 1970).
7 a.a.O.
8 a.a.O.
9 a.a.O.; Zeller, a.a.O., S. 426–428.
10 Zeller, a.a.O.
11 Schlabrendorff: Offiziere, S. 194; Mitt. Schlabrendorff (28. 9. 1970).
12 Schlabrendorff: Offiziere, S. 194 f.; Mitt. Schlabrendorff (28. 9. 1970).
13 Mitt. Schlabrendorff (28. 9. 1970).
14 a.a.O.; Ber. Dassler (o. J.; Niederschrift: Erika v. Tresckow), S. 1 f.
15 Mitt. Schlabrendorff (28. 9. 1970); Offiziere, S. 195.
16 Schlabrendorff: Offiziere, S. 195.
17 Ferngespräche vom 21. Juli 1944 (Akten: 2. Armee): Tresckow/Oberst Pfafferodt, Chef der Gruppe Harteneck (8.15 Uhr); Tresckow/Armee-Ia (8.30/9.50 Uhr); Tresckow/Generalleutnant Krebs, Chef H.Gr. Mitte (8.40 Uhr); Tresckow/Oberst Hölz, Chef LV. Korps (9.25 Uhr); Tresckow/Chef XXIII.A.K. (9.40 Uhr); Ber. Adolf Dedekind, S. 3; Mitt. Hanno Krause (3. 6. 1970); Ferngespräch Tresckow/Weiß (8.50 Uhr/Fortsetzung).
18 Ber. Eberhard v. Breitenbuch (o. J.), S. 2.
19 a.a.O.; Mitt. Eberhard v. Breitenbuch (19. 7. 1972).

20 Ber. Dassler, S. 2.
21 a.a.O., S. 2 f.
22 Mitt. Schlabrendorff (28. 9. 1970).
23 Ber. Dassler, S. 3 f.
24 a.a.O., S. 4.
25 a.a.O., S. 4 f.
26 a.a.O., S. 5 f.
27 a.a.O., S. 6.
28 Ferngespräch vom 21. 7. 1944 (Akten: 2. Armee): Oberst Hölz, Chef LV. Korps (15.45 Uhr); Ber. Dassler, S. 6.
29 Mitt. Adolf Dedekind (26. 4. 1970); Mitt. Hanno Krause (3. 6. 1970).
30 Tagesbefehl: Der Oberbefehlshaber der 2. Armee; A. H. Qu., 22. 7. 1944 (Akten: 2. Armee).
31 Wehrmachtbericht: Aus dem Führerhauptquartier, 24. 7. (1944); Mitt. Peter v. d. Groeben (4. 6. 1970).
32 Stabsbefehl Nr. 473: Armee-Oberkommando 2, Abteilung IIa; A.H.Qu., 22. 7. 1944 (Akten: 2. Armee); Ber. Adolf Dedekind, S. 3; Ber. Karl-Heinz Wirsing, S. 6 f.
33 Stabsbefehl Nr. 473; Schlabrendorff: Offiziere, S. 196; Mitt. Schlabrendorff (17. 6. 1967).
34 Mitt. Schlabrendorff (17. 6. 1967): Gewehrsprenggranate (im Gegensatz zu Offiziere, S. 195: Gewehrgranate); Hoffmann, a.a.O., S. 779 f.; Mitt. Berndt v. Kleist (28. 10. 1970); Mitt. Albrecht Eggert (7. 10. 1968); Mitt. Hans Albrecht v. Boddien (7. 5. 1970).
35 Mitt. Schlabrendorff (17. 6. 1967).
36 Erika v. Tresckow: Bericht über das Jahr 1944/45 (unveröffentlicht, o. J.), S. 1.
37 a.a.O., S. 1 f.
38 a.a.O., S. 2 f.; Mitt. Schlabrendorff (17. 6. 1967); Mitt. Wilhelm v. Friedeburg (25. 11. 1969); Ber. B. v. d. Osten-Warnitz, S. 2; Blatt: Trauerfeier für den Generalmajor Henning von Tresckow am 27. Juli 1944 in Wartenberg.
39 Mitt. Wilken v. Ramdohr (20. 9. 1970).
40 a.a.O.; Ber. Wilken v. Ramdohr (1. 10. 1970), S. 1; Mitt. Ernst August Lassen (18. 9. 1970); Ber. Karl-Heinz Wirsing, S. 5 f. Erstaunlicherweise hebt der Tätigkeitsbericht Schmundts bereits am 21. Juli 1944, S. 171 hervor: »Chef des GenSt AOK 2, Gen.-Mjr. v. Tresckow, erschießt sich. Zunächst wird angegeben, daß Tr. bei einem Frontbesuch gefallen ist. Tr. steht zu den Attentätern in engster Verbindung.« Diese Eintragung stammt von unbekannter Hand. Schmundt wurde durch das Stauffenberg-Attentat am 20. Juli so schwer verletzt, daß er am 1. Oktober 1944 in einem Lazarett bei Rastenburg verstarb (Hoffmann, a.a.O., S. 476). – Rudolf Schmundt, zuletzt Generalleutnant und Chef des Heerespersonalamtes, hatte noch wenige Wochen vor dem 20. Juli

(Teske: Die silbernen Spiegel, S. 60) mit Tresckow »eine ganze Nacht lang über das Problem der Beendigung des Krieges gestritten«. Andererseits zeigte Schmundt 1944 nach Mitt. Siegfried Westphal (8. 5. 1970) gegenüber seinem einstigen Regimentskameraden Tresckow längst Skepsis, wenn nicht gar Ablehnung.

41 Mitt. Wilken v. Ramdohr (20. 9. 1970); Ber., S. 1.
42 Mitt. Wilken v. Ramdohr (20. 9. 1970).
43 a.a.O.
44 a.a.O.
45 Personalbogen und Dienstlaufbahn Henning von Tresckow (Kornelimünster); Erika v. Tresckow: Bericht, S. 3; Gert Buchheit: Richter in roter Robe. Freisler, Präsident des Volksgerichtshofes, München 1968, S. 145 f.: Stieff über Tresckow vor dem Volksgerichtshof am 7. August 1944.
46 Mitt. Berndt v. Kleist (28. 10. 1970); Mitt. Schlabrendorff (17. 6. 1967).
47 An die Herrn Kommandierenden Generale: Der Oberbefehlshaber der 2. Armee, Abt. IIa Nr. 2461/44 g.; A.H.Qu., 9. 8. 1944 (Akten: 2. Armee); über Tresckows Nachfolger Macher und den Stab: Ber. Georg Kappus, S. 4; Mitt. Hanno Krause (3. 6. 1970).
48 Mitt. Berndt v. Kleist (28. 10. 1970); Mitt. Hanno Krause (3. 6. 1970); Mitt. Albrecht Eggert (7. 10. 1968); Mitt. Philipp Frhr. v. Boeselager (15. 9. 1969).
49 Erika v. Tresckow: Bericht, S. 3–5.
50 a.a.O., S. 6, 8.
51 a.a.O., S. 10 f.
52 Mitt. Schlabrendorff (17. 6. 1967, 28. 9. 1970).
53 a.a.O.; Offiziere, S. 198 f.
54 KB (Kaltenbrunner-Berichte), S. 87 f. (28. 7. 1944/Stieff, Schulenburg); S. 178 (9. 8. 1944/Wirmer); S. 224 f. (15. 8. 1944/Smend); S. 257 (18. 8. 1944/Lehndorff); S. 283 (21. 8. 1944/Goerdeler). Weitere Aussagen Goerdelers im September 1944: KB, S. 349 (4. 9. 1944); S. 361 (6. 9. 1944); S. 412 (21. 9. 1944). In einem Schreiben Bormanns aus dem Führerhauptquartier vom 17. 8. 1944, S. 1 an Parteigenossen hieß es: »Tresckow gehörte, wie die Ermittlungen ergaben, zu den Hauptverrätern!« In einer Mitteilung vom Chef des Wehrmachtsrechtswesens im Oberkommando der Wehrmacht, 18. 9. 1944 (s. 16/44 g.Kdos. WR (II/8), S. 1: »Oberreichskriegsanwalt hat umfangreiche Ermittlungen bei den Stäben der Heeresgruppe Mitte eingeleitet; insbesondere wird die Tätigkeit des Generals von Tresckow einer besonderen Überprüfung unterzogen.« Vermerk: Zum Vortrag RFSS (Reichsführer SS. B.Sch.) 24/9. Beide Dokumente im Document Center, Berlin.
55 Mitt. Schlabrendorff (17. 6. 1967); Offiziere, S. 200 f.
56 Schlabrendorff: Offiziere, S. 204–206; Hoffmann, a.a.O., S. 621 f.
57 Schlabrendorff: Offiziere, S. 206.

58 a.a.O., S. 207; KB, S. 394 f. (18. 9. 1944); Schlabrendorffs »Haupt«-aussage: S. 399–402 (18. 9. 1944/Anlage 3).
59 KB, S. 401 (18. 9. 1944/Anlage 3); Schlabrendorff: Offiziere, S. 207.
60 Schlabrendorff: Offiziere, S. 208; Mitt. Schlabrendorff (17. 6. 1967).
61 a.a.O.; ferner Ber. des ehem. Sachsenhausener KZ-Häftlings Hans Gärtner (11. 8. 1954), S. 1 f.: »Bei der Ausgrabung der Leiche von General v. Tresckow war ich persönlich anwesend. Er wurde von uns in Gegenwart der Gestapo aus Berlin in Königsberg in der Mark (sic) unter gleichzeitiger Anwesenheit der Familie aus der Gruft gehoben; er befand sich in einem Eichensarg, welchen die Kameraden an der Front hergestellt hatten. Er wurde nach Sachsenhausen gebracht, dort aufgestellt und fotografiert, seine rechte Gesichtshälfte war vom Abzug der Handgranate zerrissen, ebenso trug er noch seine Orden, auf Anordnung der Gestapo wurde er verbrannt, und seine Asche sollte verstreut werden. Ich habe ihm aber eine Urne gemacht und dieselbe unter größter Gefahr in Berlin auf dem Friedhof Wilmersdorf, wo Tausende Häftlinge liegen, mit Unterstützung des SS-Unterscharführers Max Kassler beigesetzt, was uns den Kopf gekostet hätte, wenn es rausgekommen wäre.« Gärtners Angaben sind nach Auskunft der Verwaltung des Friedhofes Berlin-Wilmersdorf (7. 5. 1973) nicht zu erhärten, freilich auch nicht zu widerlegen. Eine Kartei-Karte über Henning von Tresckow existiert nicht. Er *kann* jedoch zu den vielen namenlosen Kriegsopfern gehören, die auf dem Wilmersdorfer Friedhof – darunter in großen Gemeinschaftsgräbern – beigesetzt worden sind.
62 Mitt. Schlabrendorff (17. 6. 1967); Offiziere, S. 209, 212–214, 216.
63 Schlabrendorff: Offiziere, S. 216–219.
64 Mitt. Berndt v. Kleist (28. 10. 1970); Mitt. Albrecht Eggert (7. 10. 1968); Mitt. Hans Albrecht v. Boddien (7. 5. 1970); Hoffmann, a.a.O., S. 608 f.; Schlabrendorff: Offiziere, S. 70, 225 f.; Mitt. Schlabrendorff (17. 6. 1967).
65 Ber. Gersdorff (7. 2. 1973), S. 1 f.; Coll., S. 41–45.
66 Text bei Choltitz, a.a.O., S. 239–242.
67 Ber. Erika v. Tresckow, Witwe Gerd v. Tresckows, S. 4; Mitt. (16. 9. 1969).
68 Ber. Erika v. Tresckow, Witwe Gerd v. Tresckows, S. 4.
69 Scheurig: Freies Deutschland, S. 162 f., 221.
70 Hans-Heinrich v. Tresckow: Fortsetzung der Familiengeschichte der Familie von Tresckow (unveröffentlicht, 1953), S. 10, 21, 37 f.; Mitt. Erika v. Tresckow (1. 5. 1969).
71 Mitt. Erika v. Tresckow (1. 5. 1969).
72 So vor allem Rothfels und Schlabrendorff.
73 Scheurig: Um West und Ost, S. 69–90; Bodo Scheurig: Probleme des Zweiten Weltkrieges in östlicher und westlicher Sicht, in: Merkur, XVI. Jahrgang, 5. Heft, Mai 1962, Stuttgart, S. 472–477.

74 Bodo Scheurig (Herausgeber): Deutscher Widerstand 1938–1944, München 1969, S. 312–319.
75 a.a.O.
76 v. Tresckow'scher Familienverband, 5. 8. 1961 (Rolf v. Tresckow), S. 1; Ansprache Generalmajor Schwatlo-Gesterding: Anlage zum Familienbrief vom 5. 8. 1961, S. 1–6.

Quellen- und Literaturverzeichnis

I. Dokumente (Akten, Aufzeichnungen, Briefe und Tagebücher)

An die Herrn Kommandierenden Generale: Der Oberbefehlshaber der 2. Armee, Abt. IIa Nr. 2461/44 g.; A.H.Qu., 9. 8. 1944 (Akten: 2. Armee).
Archiv Philipp Freiherr v. Boeselager: Kavallerie-Regiment Mitte/Kommandeur, 10. 4. 1943.
Armee-Gefechtsstände der 2. Armee (Aufstellung Hanno Krause).
Aufzeichnung über die Besprechung der Chefs der Generalstäbe der Armeen der Heeresgruppe Mitte am 12. 12. 1943 (Oberkommando der Heeresgruppe Mitte, Ia Nr. 14 800/43 g.Kdos.; H.Qu., 12. 12. 1943).
Aufzeichnung über die Besprechung der Chefs der Generalstäbe der Armeen der Heeresgruppe Mitte am 10. 4. 1944 (Oberkommando der Heeresgruppe Mitte, Ia Nr. 4502/44 g.Kdos.; H.Qu., 10. 4. 1944).
Blatt: Trauerfeier für den Generalmajor Henning von Tresckow am 27. Juli 1944 in Wartenberg.
Bock, Fedor v.: Tagebuch, 1940/1941.
Denkschrift vom 3. 1. 1944 (A.O.K. 2, der Chef des Stabes, Ia Nr. 31/44 g.Kdos. Chefs.).
Der Tag von Potsdam, Gedenkausgabe »Die Woche« (7, 1933).
Deutsche La Plata Zeitung, Buenos Aires, 21. September 1924.
Dienstplan für das Oberkommando der Heeresgruppe B (Stand: 20. 6. 1941), Abt. IIa Nr. 94/41 g.Kdos.
Dienstplan des Oberkommandos der Heersgruppe Mitte (Stand: 15. 11. 1942), Ia Nr. 9400/42 geh.
Dienstplan des Oberkommandos der Heeresgruppe Mitte (Stand: 30. 4. 1943), Ia Nr. 4500/43 geh. vom 30. 4. 1943.
Dokumente zur Vorgeschichte des Westfeldzuges 1939–1940 (Studien und Dokumente zur Geschichte des Zweiten Weltkrieges), herausgegeben von Hans-Adolf Jacobsen, Göttingen/Berlin/Frankfurt a. M. 1956.
Dokumente zum Westfeldzug 1940 (Studien und Dokumente zur Geschichte des Zweiten Weltkrieges, herausgegeben vom Arbeitskreis für Wehrforschung in Stuttgart, Band 2 b), herausgegeben von Hans-Adolf Jacobsen, Göttingen/Berlin/Frankfurt a. M. 1960.
Engel, Gerhard: Tagebuch, 1938/1941/1943.
Falkenhayn, Fritz v.: England-Bericht (Juni oder Juli 1939 abgefaßt).
Ferngespräche vom 20. und 21. Juli 1944 (Akten: 2. Armee).
Groscurth, Helmuth: Tagebücher eines Abwehroffiziers 1938–1940. Mit weiteren Dokumenten zur Militäropposition gegen Hitler, herausgegeben von Helmut Krausnick und Harold C. Deutsch unter Mitarbeit von Hilde-

gard von Kotze (Quellen und Darstellungen zur Zeitgeschichte, Band 19), Stuttgart 1970.

Halder, Generaloberst: Kriegstagebuch. Tägliche Aufzeichnungen des Chefs des Generalstabes des Heeres 1939–1942. Herausgegeben vom Arbeitskreis für Wehrforschung Stuttgart, bearbeitet von Hans-Adolf Jacobsen in Verbindung mit Alfred Philippi.

I: Vom Polen-Feldzug bis zum Ende der Westoffensive (14. 8. 1939–30. 6. 1940), Stuttgart 1962.

II: Von der geplanten Landung in England bis zum Beginn des Ostfeldzuges (1. 7. 1940– 21. 6. 1941), Stuttgart 1963.

III: Der Rußlandfeldzug bis zum Marsch auf Stalingrad (22. 6. 1941–24. 9. 1942), Stuttgart 1964.

Heeresgruppe Mitte (Album), 1943.

Kaiser, Hermann: Tagebuch, 1943.

Kriegstagebuch: 228. Infanterie-Division, Ia, Anlagen: August/September 1939 (National Archives, Washington, D.C.).

Kriegstagebuch, Oberkommando der H.Gr. Mitte, 1941.

Kriegstagebuch, 2. Armee, 1943/1944.

Mitteilung vom Chef des Wehrmachtsrechtswesens im Oberkommando der Wehrmacht, 18. 9. 1944 (S. 16/44 g.Kdos. WR (II/8); Document Center, Berlin.

Order of Battle of the German Army, 1 March 1945. Military Intelligence Division, War Department, Washington, D.C. (o. J.).

Personalbogen und Dienstlaufbahn Henning von Tresckow (Kornelimünster).

Protokoll des Colloquiums am 8. und 9. März 1956, Institut für Zeitgeschichte.

Schmundt, Rudolf: Tätigkeitsbericht, 21. 7. 1944.

Schreiben Bormanns aus dem Führerhauptquartier vom 17. 8. 1944 an Parteigenossen; Document Center, Berlin.

Selle, Herbert: Stalingrad nach 30 Jahren – kein Gefechtsbericht (Vortrag vor der Vereinigung ehem. Pionier-Offiziere Hamburg, ungedruckt, 1973).

Soldan (Oberstleutnant): Die Entscheidungsschlacht bei Wjasma-Brjansk (ungedruckt, 1941).

Spiegelbild einer Verschwörung. Die Kaltenbrunner-Berichte an Bormann und Hitler über das Attentat vom 20. Juli 1944. Geheime Dokumente aus dem ehemaligen Reichssicherheitshauptamt. Herausgegeben vom Archiv Peter für historische und zeitgeschichtliche Dokumentation, Stuttgart 1961.

Stabsbefehl Nr. 453: Armee-Oberkommando 2, Abt. IIa Nr. 1084.2.44; A.H.Qu., 25. 2. 1944 (Akten: 2. Armee).

Stabsbefehl Nr. 473: Armee-Oberkommando 2, Abt. IIa; A.H.Qu., 22. 7. 1944 (Akten: 2. Armee).

Statement Harold C. Deutsch.

Stellenbesetzung des Heeres, 1936/1938.

Stieff, Helmuth: Aus den Briefen (Hoover Library, Stanford, Calif.).
Studienbücher: Henning von Tresckow (Berlin: Winter-Semester 1920/21; Kiel: 18. Mai 1921 bis 9. Dezember 1922).
Tagesbefehl: Der Oberbefehlshaber der 2. Armee; A.H.Qu., 22. 7. 1944 (Akten: 2. Armee).
Tagesmeldung 21. 7. 1944 (Oberkommando der Heeresgruppe Mitte, Ia Nr. T 3764/44 geh.; H.Qu., 22. 7. 1944).
Taktische Erfahrungen im Westfeldzug, H.Qu. OKH, 20. 11. 1940.
Tresckow, Eckhard v.: Die Geschichte der Familie Tresckow und ihr Besitz bis 1945 (unveröffentlicht, 1961).
Tresckow, Erika v.: Erinnerungen (unveröffentlicht, o. J.).
–: Aufzeichnungen zum Lebenslauf Henning von Tresckows.
–: Aufzeichnungen (o. J.).
–: Bericht über das Jahr 1944/45 (unveröffentlicht).
v. Tresckow'scher Familienverband, 5. 8. 1961 (Rolf v. Tresckow); Ansprache Generalmajor Schwatlo-Gesterding: Anlage zum Familienbrief vom 5. 8. 1961.
Tresckow, Gerd v.: Briefe an Henning von Tresckow, 2., 9., 10. und 19. 4. 1934.
Tresckow, Hans-Heinrich v.: Fortsetzung der Familiengeschichte der Familie von Tresckow (unveröffentlicht, 1953).
Tresckow, Heinrich v.: Familien-Geschichte derer von Tresckow, Potsdam-Wildpark 1920 (unveröffentlicht).
–: Einiges über Namen und Familie von Tresckow, Berlin 1913 (Privatdruck).
Tresckow, Henning v.: Tagebuch, 1920 und Anhang (unveröffentlicht).
–: Politische Gedanken.
–: Reise-Tagebuch, 1924 (unveröffentlicht).
–: (Konzept) Vortrag Schacht Wehrmachtsakademie 12. 11. 1935.
–: Briefe an Fritz v. Falkenhayn (Elbing, 9. und 21. 7. 1939).
–: Notiz (Notizbuch 1941).
–: Briefe an seine Frau, 1942–1944.
–: Ansprache zur Konfirmation der Söhne (Regimentshaus Potsdam, 11. April 1943).
–: Brief an Georg Freiherr v. Boeselager, 27. 7. 1943.
Tresckow, Rolf v.: Die Regimenter Treskow und ihre Fahnen (unveröffentlicht, 1970).
Verkürzte Offiziersstellenbesetzung, Stand: 13. 7. 1944 (Armee-Oberkommando 2, Abt. IIa Nr. 2073/44 g.; A.H.Qu., den 13. 7. 1944).
Vorzugsweise Beförderungen. Auszugsweise Abschrift; Folge 6/1944 (Nr. 3210/44 PA/Ag P 1/1. (Zentral-)Abt./III b (IIa) vom 20. Juni 1944.).
Wehrmachtbericht: Aus dem Führerhauptquartier, 24. 7. (1944).

II. Schriftliche und mündliche Mitteilungen

Bericht (Ber.): Zusendungen
Mitteilung (Mitt.): Mündlich auf Grund von Befragungen
 1. Baudissin, Wolf Graf v.: Mitt., 21. 11. 1969.
 2. Berg, Carlludwig Graf v.: Ber., März 1970.
 3. Bismarck, Maria v.: Ber., 7. 10. 1965.
 4. Blaskowitz, Herbert Bogislaw: Ber., 13. 8. 1969.
 5. Boddien, Hans Albrecht v.: Mitt., 7. 5. 1970.
 6. Boeselager, Philipp Freiherr v.: Ber., 22. 1. 1965; Mitt., 15. 9. 1969.
 7. Bonin, Bogislaw v.: Mitt., 25. 9. 1970.
 8. Breitenbuch, Eberhard v.: Ber., o. J., 28. 3. 1970; Mitt., 19. 7. 1972.
 9. Bülow, Ernst-Ulrich v.: Ber., 17. 7. 1971.
10. Dassler: Ber., o. J.; Niederschrift: Erika v. Tresckow.
11. Dedekind, Adolf: Ber., 29. 4. 1970; Mitt., 26. 4. 1970.
12. Diringshofen, H. v.: Ber., 31. 5. 1965.
13. Drömer, Erna: Ber., 4. 4. 1970.
14. Dürksen, Eugen: Ber., 11. 6. 1951/Institut für Zeitgeschichte.
15. Eggert, Albrecht: Mitt., 7. 10. 1968.
16. Einem, Kurt v.: Ber., 31. 1. 1965, 9. 3., 16. 3. 1970.
17. Engel, Gerhard: Ber., 4. 5. 1972.
18. Friedeburg, Wilhelm v.: Mitt., 25. 11. 1969.
19. Gärtner, Hans: Ber., 11. 8. 1954.
20. Gebsattel, Karoline Freifrau v.: Ber., o. J.
21. Gersdorff, Rudolf Freiherr v.: Ber., 6. 11., 9. 11. 1970, 28. 3. 1972, 7. 2. 1973; Mitt., 6. 5. 1969, 17. 3. 1970, 18. 3. 1972.
22. Goltz, Rüdiger Graf von der: Ber., 8. 11. 1965.
23. Groeben, Peter v. d.: Mitt., 4. 6. 1970.
24. Gronemann-Schoenborn: Ber., 28. 1. 1966.
25. Halder, Franz: Ber., 1. 4. 1970.
26. Hamberger, W.: Ber., 22. 1. 1966.
27. Hardenberg, Margarethe Gräfin v.: Mitt., 2. 5. 1969, 20. 7. 1972.
28. Harteneck, Gustav: Ber., 14. 10. 1970.
29. Helmdach, Erich: Ber., 21. 3. 1965.
30. Hesse, Joachim: Ber., 13. 2. 1966.
31. Hesse, Kurt: Ber., 1. 3. 1971; Mitt., 12. 10. 1969.
32. Heusinger, Adolf: Mitt., 5. 5. 1970.
33. Hippel, W. v.: Ber., o. J.
34. Hohenzollern, Prinz v.: Ber., 22. 7. 1970.
35. Hoßbach, Friedrich: Ber., 12. 7. 1951/Institut für Zeitgeschichte; Mitt., 27. 10. 1970.
36. Hotzel, Wilhelm: Ber., 20. 7. 1970.
37. Jacoby, Theodor: Mitt., 10. 12. 1966.
38. Jodl, Luise: Ber. I/II, o. J.

39. Kappus, Georg: Ber., 12. 10. 1970.
40. Kaulbach, E.: Ber., 23. 3. 1965, 28. 6. 1970.
41. Klasen, Paul: Mitt., 10. 12. 1966.
42. Klasing, Ernst: Ber., 7. 1., 13. 1. 1966.
43. Kleist, Berndt v.: Mitt., 28. 10. 1970.
44. Knigge, Andreas Freiherr v.: Ber., 29. 3. 1970.
45. Knüppel, Wilhelm: Ber., 26. 1. 1966.
46. Kotze, Frau v.: Mitt., 2. 7. 1968.
47. Krause, Hanno: Mitt., 3. 6. 1970.
48. Lange, Constanze: Ber., 22. 5. 1970.
49. Lassen, Ernst August: Mitt., 18. 9. 1970.
50. L'Estocq, Christoph v.: Ber., 15. 5. 1965; Mitt., 23. 9. 1970.
51. Loesebrink, Werner: Ber., 31. 10. 1970.
52. Manstein, Erich v.: Ber., 31. 5. 1948, 23. 11. 1965.
53. Meseck, Robert: Ber., 18. 3. 1970.
54. Mette, Cornelia: Ber., 8. 10. 1965.
55. Mittelstädt, Wilhelm: Ber., 13. 6. 1970.
56. Müller, Josef: Ber., 6. 10. 1970.
57. Nolte, Heinrich: Ber., April 1970.
58. Osten-Warnitz, B. v. d.: Ber., 15. 2. 1967.
59. Petersen, Wolfgang: Ber., o. J.
60. Ramdohr, Wilken v.: Ber., 1. 10. 1970; Mitt., 20. 9. 1970.
61. Röhricht, Edgar: Ber., 29. 12. 1966.
62. Saldern, v.: Ber., 16. 10. 1965.
63. Schaumann, Ilse v.: Ber., o. J.
64. Schell, A. v.: Ber., 2. 3. 1958, 15. 2. 1966.
65. Schlabrendorff, Fabian v.: Ber., 6. 10. 1971, 21. 3. 1972; Mitt., 17. 6. 1967, 19. 4., 28. 9. 1970, 12. 10. 1971, 20. 7. 1972.
66. Schmidtke, Heinz: Ber., 21. 3. 1966.
67. Schwerin, Gerhard Graf v.: Ber., 31. 7. 1972.
68. Selchow, Hans Harald v.: Ber., 7. 7. 1970.
69. Silex, Karl: Mitt., 9. 5. 1968.
70. Speidel, Hans: Mitt., 6. 5. 1970.
71. Stahl, Friedrich: Ber., 17. 9. 1970.
72. Stahlberg, Alexander: Mitt., 15. 9. 1965.
73. Teske, Hermann: Ber., 2. 6. 1965.
74. Tresckow, Erika v.: Mitt., 24. 3., 1. 5. 1969, 27. 10. 1970.
75. Tresckow, Erika v., Witwe Gerd v. Tresckows: Ber., o. J.; Mitt., 16. 9. 1969.
76. Tresckow, Rolf v.: Ber., o. J.; Mitt., 3. 6. 1970, 11. 10. 1971.
77. Uslar-Gleichen, Harald Freiherr v.: Ber., 15. 5., 19. 7. 1970.
78 Weckmann, Kurt: Ber., 12. 5. 1970.
79. Wedemeyer, Ruth v.: Ber., o. J.
80. Weiß, Walter: Ber., 17. 12. 1966.

81. Wenck, Walther: Ber., 16. 10. 1970.
82. Werder, Fritz v.: Ber., 18. 3. 1970.
83. Westphal, Siegfried: Mitt., 8. 5. 1970.
84. Winter, August: Ber., 2. 6. 1966, 11. 3. 1970.
85. Winterfeldt, Anna v.: Ber., 30. 11. 1965; Mitt., 1. 7. 1968.
86. Wirsing, Karl-Heinz: Ber., Dezember 1970.
87. Wöhler, Otto: Ber., 20. 12. 1970.
88. Wolff, Kurt: Ber., 20. 3. 1970.
89. Zedlitz, Helene Gräfin: Ber., o. J.
90. Zuckschwerdt: Ber., o. J.

III. Literatur

Alvensleben, Udo von: Lauter Abschiede. Tagebuch im Kriege, herausgegeben von Harald von Koenigswald, Frankfurt a. M./Berlin/Wien 1971.
Bracher, Karl Dietrich: Die Auflösung der Weimarer Republik. Eine Studie zum Problem des Machtverfalls in der Demokratie, Villingen (Schwarzwald) [4]1964.
Buchheim, Hans/Broszat, Martin/Jacobsen, Hans-Adolf/Krausnick, Helmut: Anatomie des SS-Staates, Band II, München 1967.
Buchheit, Gert: Richter in roter Robe. Freisler, Präsident des Volksgerichtshofes, München 1968.
Bullock, Alan: Hitler, Düsseldorf 1953.
Burckhardt, Carl J.: Meine Danziger Mission 1937–1939, München 1962 (Taschenbuchausgabe).
Carell, Paul: Verbrannte Erde. Schlacht zwischen Wolga und Weichsel, Stuttgart/Hamburg o. J.
Carsten, Francis L.: Reichswehr und Politik 1918–1933, Köln/Berlin 1964.
Cartier, Raymond: Der Zweite Weltkrieg, I/II, München 1967.
Choltitz, Dietrich v.: Soldat unter Soldaten, Konstanz/Zürich/Wien 1951.
Conze, Werner: Die Zeit Wilhelms II. und die Weimarer Republik. Deutsche Geschichte 1890–1933, Tübingen/Stuttgart 1964.
Dallin, Alexander: Deutsche Herrschaft in Rußland 1941–1945. Eine Studie über Besatzungspolitik, Düsseldorf 1958.
Das Gewissen steht auf. 64 Lebensbilder aus dem deutschen Widerstand 1933–1945, gesammelt von Annedore Leber; herausgegeben in Zusammenarbeit mit Willy Brandt und Karl Dietrich Bracher, Berlin/Frankfurt a. M. 1954.
Der deutsche Widerstand gegen Hitler. Vier historisch-kritische Studien von Hermann Graml/Hans Mommsen/Hans Joachim Reichhardt und Ernst Wolf. Herausgegeben von Walter Schmitthenner und Hans Buchheim, Köln/Berlin 1966.
Der verbrecherische Befehl. Aus Politik und Zeitgeschichte, Beilage zur Wo-

chenzeitung »Das Parlament«, 17. Juli 1957.
Deutsch, Harold C.: Verschwörung gegen den Krieg. Der Widerstand in den Jahren 1939–1940, München 1969.
Dorpalen, Andreas: Hindenburg in der Geschichte der Weimarer Republik, Berlin/Frankfurt a. M. 1966.
Ehlers, Dieter: Technik und Moral einer Verschwörung. Der Aufstand am 20. Juli 1944, Bonn 1964.
Entscheidungsschlachten des zweiten Weltkrieges. Im Auftrag des Arbeitskreises für Wehrforschung, Stuttgart, herausgegeben von Dr. Hans-Adolf Jacobsen und Dr. Jürgen Rohwer, Frankfurt a. M. 1960.
Faber du Faur, Moriz v.: Macht und Ohnmacht. Erinnerungen eines alten Offiziers, Stuttgart 1953.
Gackenholz, Hermann: Zum Zusammenbruch der Heeresgruppe Mitte im Sommer 1944, in: Vierteljahreshefte für Zeitgeschichte, 3. Jahrgang, Stuttgart 1955.
Gehlen, Reinhard: Der Dienst. Erinnerungen 1942–1971, Mainz/Wiesbaden 1971.
Genealogisches Handbuch der adeligen Häuser. Band 22 der Gesamtreihe, Limburg a. d. Lehe 1960.
Gisevius, Hans Bernd: Bis zum bittern Ende, Zürich 1946.
Gordon, Harold J.: Die Reichswehr und die Weimarer Republik 1919–1926, Frankfurt a. M. 1959.
Guderian, Heinz: Erinnerungen eines Soldaten, Heidelberg 1951.
Hammerstein, Kunrat Frhr. v.: Spähtrupp, Stuttgart 1963.
Hassell, Ulrich von: Vom andern Deutschland. Aus den nachgelassenen Tagebüchern 1938–1944. Mit einem Geleitwort von Hans Rothfels, Frankfurt a. M. 1964 (Taschenbuchausgabe).
Haupt, Werner: Heeresgruppe Mitte 1941–1945, Dorheim 1968.
Hesse, Kurt: Der Geist von Potsdam, Mainz 1967.
Heusinger, Adolf: Befehl im Widerstreit. Schicksalsstunden der deutschen Armee 1923–1945, Tübingen 1957.
Hildebrand, Klaus: Deutsche Außenpolitik 1933–1945. Kalkül oder Dogma? Stuttgart/Berlin/Köln/Mainz 1971.
Hillgruber, Andreas: Hitlers Strategie. Politik und Kriegführung 1940–1941, Frankfurt a. M. 1965.
Hobe, Cord v./Görlitz, Walter: Georg v. Boeselager. Ein Reiterleben, Düsseldorf ^{2}1960.
Hoffmann, Peter: Widerstand, Staatsstreich, Attentat. Der Kampf der Opposition gegen Hitler, München 1969.
Hoßbach, Friedrich: Die Schlacht um Ostpreußen. Aus den Kämpfen der deutschen 4. Armee um Ostpreußen in der Zeit vom 19. 7. 1944 bis 30. 1. 1945, Überlingen/Bodensee 1951.
Jacobsen, Hans-Adolf: Fall Gelb. Der Kampf um den deutschen Operationsplan zur Westoffensive 1940 (Veröffentlichungen des Instituts für europäi-

sche Geschichte in Mainz, Band 16), Wiesbaden 1957.
—: 1939–1945. Der Zweite Weltkrieg in Chronik und Dokumenten, Darmstadt ⁵1961.
Jäckel, Eberhard: Hitlers Weltanschauung. Entwurf einer Herrschaft, Tübingen 1969.
Kleist, Peter: Zwischen Hitler und Stalin, Bonn 1950.
Klink, Ernst: Das Gesetz des Handelns. Die Operation »Zitadelle« (Beiträge zur Militär- und Kriegsgeschichte. Herausgegeben vom Militärgeschichtlichen Forschungsamt, Band 7), Stuttgart 1966.
Kordt, Erich: Nicht aus den Akten..., Stuttgart 1950.
Kramarz, Joachim: Claus Graf Stauffenberg. 15. November 1907–20. Juli 1944. Das Leben eines Offiziers, Frankfurt a. M. 1965.
Krebs, Albert: Fritz-Dietlof Graf von der Schulenburg. Zwischen Staatsräson und Hochverrat, Hamburg 1964.
Krummacher, F. A. / Lange, Helmut: Krieg und Frieden. Geschichte der deutsch-sowjetischen Beziehungen. Von Brest-Litowsk zum Unternehmen Barbarossa, München und Esslingen 1970.
Manstein, Erich v.: Verlorene Siege, Bonn 1955.
Meier-Welcker, Hans: Seeckt, Frankfurt a. M. 1967.
Meissner, Boris: Rußland, die Westmächte und Deutschland. Die sowjetische Deutschlandpolitik 1943–1953 (Abhandlungen der Forschungsstelle für Völkerrecht und ausländisches öffentliches Recht der Universität Hamburg, Band 5), Hamburg ²1954.
Messerschmidt, Manfred: Die Wehrmacht im NS-Staat. Zeit der Indoktrination. Mit einer Einführung von General a. D. Johann Adolf Graf Kielmansegg, Hamburg 1969.
Model, Hansgeorg: Der deutsche Generalstabsoffizier. Seine Auswahl und Ausbildung in Reichswehr, Wehrmacht und Bundeswehr, Frankfurt a. M. 1968.
Müller, Christian: Oberst i. G. Stauffenberg. Eine Biographie (Bonner Schriften zur Politik und Zeitgeschichte, 3; Herausgeber: Karl Dietrich Bracher und Hans-Adolf Jacobsen, Seminar für politische Wissenschaft an der Universität Bonn), Düsseldorf o. J.
Müller, Klaus-Jürgen: Das Heer und Hitler. Armee und nationalsozialistisches Regime 1933–1940 (Beiträge zur Militär- und Kriegsgeschichte. Herausgegeben vom Militärgeschichtlichen Forschungsamt, Zehnter Band), Stuttgart 1969.
Müller, Vincenz: Ich fand das wahre Vaterland. Herausgegeben von Klaus Mammach, Berlin (Ost) 1963.
Niekisch, Ernst: Gewagtes Leben, Köln/Berlin 1965.
Nolte, Ernst: Der Faschismus in seiner Epoche. Die Action française; Der italienische Faschismus; Der Nationalsozialismus, München 1963.
Paulus: Ich stehe hier auf Befehl. Lebensweg des Generalfeldmarschalls Friedrich Paulus. Mit Aufzeichnungen aus dem Nachlaß, Briefen und Do-

kumenten, herausgegeben von Walter Görlitz, Frankfurt a. M. 1960.
Rassow, Peter (Herausgeber): Deutsche Geschichte im Überblick. Ein Handbuch, Stuttgart 1953.
Reinhardt, Klaus: Die Wende vor Moskau. Das Scheitern der Strategie Hitlers im Winter 1941/42 (Beiträge zur Militär- und Kriegsgeschichte. Herausgegeben vom Militärgeschichtlichen Forschungsamt, 13. Band), Stuttgart 1972.
Ritter, Gerhard: Carl Goerdeler und die deutsche Widerstandsbewegung, Stuttgart 1954.
Röhricht, Edgar: Pflicht und Gewissen. Erinnerungen eines deutschen Generals 1932 bis 1944, Stuttgart 1965.
Rothfels, Hans: Die deutsche Opposition gegen Hitler. Eine Würdigung. Neue, erweiterte Ausgabe (Taschenbuchausgabe), Frankfurt a. M. 1969.
Schall-Riaucour, Heidemarie Gräfin: Aufstand und Gehorsam. Offizierstum und Generalstab im Umbruch, Leben und Wirken von Generaloberst Franz Halder, Generalstabschef 1938–1942. Mit einem Vorwort von General a. D. Adolf Heusinger, Wiesbaden 1972.
Scheurig, Bodo: Freies Deutschland. Das Nationalkomitee und der Bund Deutscher Offiziere in der Sowjetunion 1943–1945, München ²1961.
–: Claus Graf Schenk von Stauffenberg (Köpfe des XX. Jahrhunderts, Band 33), Berlin ³1964.
–: Ewald von Kleist-Schmenzin. Ein Konservativer gegen Hitler, Oldenburg und Hamburg 1968.
–: Um West und Ost. Zeitgeschichtliche Betrachtungen, Hamburg 1969.
–: Probleme des Zweiten Weltkrieges in östlicher und westlicher Sicht, in: Merkur, XVI. Jahrgang, 5. Heft, Mai 1962, Stuttgart.
Scheurig, Bodo (Herausgeber): Deutscher Widerstand 1938–1944, München 1969.
Schlabrendorff, Fabian v.: Offiziere gegen Hitler, Zürich/Wien/Konstanz 1946.
Silex, Karl: Mit Kommentar. Lebensbericht eines Journalisten, Frankfurt a. M. 1968.
Speidel, Hans: Zeitbetrachtungen. Ausgewählte Reden, Mainz 1969.
Stationen der Deutschen Geschichte 1919–1945. Internationaler Kongreß zur Zeitgeschichte München, Stuttgart 1962.
Steenberg, Sven: Wlassow. Verräter oder Patriot? Köln 1968.
Steinert, Marlis G.: Hitlers Krieg und die Deutschen. Stimmung und Haltung der deutschen Bevölkerung im Zweiten Weltkrieg. Düsseldorf/Wien 1970.
Stolberg-Wernigerode, Otto Graf zu: Die unentschiedene Generation. Deutschlands konservative Führungsschichten am Vorabend des Ersten Weltkrieges, München und Wien 1968.
Strik-Strikfeldt, Wilfried: Gegen Stalin und Hitler. General Wlassow und die russische Freiheitsbewegung, Mainz 1970.
Teske, Hermann: Die silbernen Spiegel. Generalstabsdienst unter der Lupe,

Heidelberg 1952.
- : Analyse eines Reichswehr-Regiments, in: Wehrwissenschaftliche Rundschau 1962 (12).
Tippelskirch, Kurt von: Geschichte des Zweiten Weltkriegs, Bonn 1951.
Vollmacht des Gewissens, Frankfurt a. M./Berlin 1960.
Westphal, Siegfried: Heer in Fesseln. Aus den Papieren des Stabschefs von Rommel, Kesselring und Rundstedt, Bonn 1950.
Zeller, Eberhard: Geist der Freiheit. Der zwanzigste Juli, München ^{5}1965.

Personenregister

Baudissin, Wolf Graf v. 59, 85
Beck, Ludwig 51 ff., 57 ff., 63 f., 75, 77, 79 f., 83, 117, 128, 134 f., 139, 155, 170 ff., 181, 198, 211
Beethoven, Ludwig van 212
Bell, George 128
Benda, Luise v. 92
Benesch, Eduard 62
Berendt 157
Bismarck, Otto Fürst v. 11, 40, 61
Blomberg, Werner v. 46, 58
Bock, Fedor v. 77, 80 f., 84 f., 90, 98 f., 110, 115, 120 ff., 126 f., 147, 167
Boddien, Hans Albrecht v. 159, 204, 209
Boeselager, Georg Frhr. v. 139 f., 190, 209
Boeselager, Philipp Frhr. v. 140, 142, 195, 209
Bonhoeffer, Dietrich 128, 154, 161
Brandt, Heinz 144 ff.
Brauchitsch, Walther v. 63, 77 ff., 82, 84, 98, 102, 104 f., 124, 129, 163
Bredow, Kurt v. 48
Breitenbuch, Eberhard v. 188 f., 201 f., 209
Brockdorff-Ahlefeldt, Erich Graf v. 63
Bruckner, Anton 147
Brüning, Heinrich 39, 44
Budjonny, Semjon Michailowitsch 109
Burckhardt, Carl Jacob 95
Busch, Ernst 187 ff., 194, 196
Bussche, Axel v. dem 187 ff.
Busse, Theodor 141, 157

Canaris, Wilhelm 108, 141, 145, 155
Carossa, Hans 32
Chamberlain, Neville 64, 69
Churchill, Winston Spencer 69, 92, 94 f., 128, 140, 149, 160 f., 164
Claudius, Matthias 32
Clausewitz, Carl v. 112, 120, 168

Damgren, Kurt Herbert 117, 187
Delbrück, Justus 133
Dietrich, Otto 121
Dönitz, Karl 148
Dohnanyi, Hans v. 78, 133, 142, 146 f., 154
Dschugaschwili, Jakob 110
Dürksen, Eugen 163

Ebert, Friedrich 17
Eden, Anthony 128
Eggert, Albrecht 159, 204, 209
Eitel Friedrich, Prinz v. Preußen 16
Engel, Gerhard 102
Etzdorf, Hasso v. 78 ff.
Eulenburg, Graf zu 16, 70

Falkenhausen, Alexander Frhr. v. 177
Falkenhayn, Erich v. 52, 151
Feder, Gottfried 44
Fellgiebel, Erich 157, 177, 205
Freisler, Roland 208
Friedeburg, Wilhelm v. 108
Friedrich der Große 10, 209
Fritsch, Werner Frhr. v. 46, 56, 59 f., 63
Fromm, Fritz 155, 172, 195, 200

Gehlen, Reinhard 112
Gehre, Ludwig 133, 144 ff.
George, Stefan 175
Gercke 157
Gersdorff, Rudolf Frhr. v. 87, 101, 103 ff.

Goebbels, Joseph 55, 114, 147, 172, 188
Goerdeler, Carl 75, 78 ff., 83, 117 ff., 134 ff., 139 f., 155 ff., 161, 170 f., 174 f., 207, 211
Göring, Hermann 44, 79, 93, 123, 147
Greiffenberg, Hans v. 101
Groeben, Peter v. d. 139, 166, 169, 209
Groener, Wilhelm 41
Groscurth, Helmuth 78 ff., 83
Guderian, Heinz 51, 53, 87 f., 90 f., 109, 121, 157
Guttenberg, Karl Ludwig Frhr. v. 133

Habeker 206 f.
Haeften, Werner v. 201
Halder, Franz 77 ff., 83 ff., 99, 102, 114, 122, 129, 137
Hardenberg, Hans Graf v. 101, 148
Hase, Paul v. 177
Hassell, Ulrich v. 75, 78, 117 f., 126, 128, 139, 165
Helldorf, Wolf Heinrich Graf v. 80, 171
Henlein, Konrad 62
Heß, Rudolf 55
Hesse, Kurt 21 ff., 30, 89
Heusinger, Adolf 57 f., 63, 89, 138, 156 f., 189, 193
Heydrich, Reinhard 55
Heye, Wilhelm 41
Himmler, Heinrich 104, 148 f., 170, 177, 185, 198, 200
Hindenburg, Paul v. 26, 28, 39, 45, 55
Hitler, Adolf 39 ff., 48, 54 ff., 58 ff., 68 f., 71 ff., 89 ff., 94 ff., 116 ff., 123, 125 ff., 132 ff., 138 ff., 154 ff., 170 ff., 178, 182 ff., 186 f., 193 ff., 208 ff.
Hoepner, Erich 126, 200

Hoßbach, Friedrich 167
Hoth, Hermann 109
Hotzel, Wilhelm 130
Hugenberg, Alfred 44

Jessen, Jens 170
Jodl, Alfred 58, 92, 143, 157, 188
John, Hans 133
John, Otto 133

Kahr, Gustav Ritter v. 48
Kaiser, Hermann 151, 156, 170
Kann, Wilhelm 19, 65
Kapp, Wolfgang 27 f.
Karl XII., König v. Schweden 99
Keitel, Wilhelm 147 f., 156 f., 188
Kempka, Erich 143
Klausener, Erich 48
Kleist, Berndt v. 101, 135 f., 142, 204, 206, 209
Kleist, Ewald v. 88
Kleist, Ewald-Heinrich v. 187 ff.
Kleist-Schmenzin, Ewald v. 70, 187 f.
Kluge, Günther v. 124 ff., 133, 135, 137, 140 ff., 148 f., 151, 155 ff., 158 ff., 167 ff., 173 f., 187 f., 195, 209
Konjew, Iwan Stepanowitsch 180
Kordt, Erich 78 f., 80 f.
Kraell 205
Krause, Hanno 199
Krebs, Hans 137, 190, 201 f., 206
Krohne 209 f.
Küchler, Georg v. 71, 160, 170, 174
Kuhn, Joachim 202 ff., 205, 208

Langbehn, Carl 170
Leeb, Wilhelm Ritter v. 76, 80, 83 f., 90, 104, 109, 111, 118
Lehndorff-Steinort, Heinrich Graf v. 101, 192 f., 195, 207
Löns, Hermann 14
Ludendorff, Erich 15

Macher 206
Manstein, Erich v. 56, 76, 81, 84 ff., 91, 126, 139 ff., 148, 157 ff., 166, 168 f., 174, 180 ff., 193
Marcu, Valeriu 30
Matsuoka, Josuke 97
Mertz v. Quirnheim Albrecht Ritter 195, 201
Milch, Erhard 147
Model, Walter 146 f., 166, 168 f., 194, 199, 201, 206
Molotow, Wjatscheslaw Michailowitsch 71
Moltke, Helmuth Graf v. 97
Moltke, Helmuth James Graf v. 155
Montgomery, Bernard Law 138
Morell, Theo 143
Müller, Eugen 102, 104
Müller, Heinrich 205 f.
Müller, Hermann 39
Müller, Josef 145, 154
Müller, Vinzenz 84
Mussolini, Benito 64, 72, 89, 94, 100, 167, 169

Napoleon, Bonaparte 99, 110, 123
Naumann, Friedrich 13
Nebe, Arthur 105, 108, 115
Niekisch, Ernst 70
Nietzsche, Friedrich 186

Oberlindober, Hans 147
Oertzen, Ulrich v. 159, 176, 188, 195, 209
Olbricht, Friedrich 133, 139 f., 145, 151, 155 f., 170, 173, 175, 195, 198, 201
Oster, Hans 78 ff., 85, 105 f., 117, 133, 139, 144 ff., 154
Oven, Margarethe v. 133, 177 f., 204

Papen, Franz v. 39

Paulus, Friedrich 120, 138, 140 f.
Pétain, Henri Philippe 90
Pleß, Fürst v. 25
Popitz, Johannes 117, 157, 170
Probaschenski 10

Quirnheim 199

Ramdohr, Wilken v. 205 f.
Rathenau, Walther 37
Reichenau, Walther v. 46, 74, 77
Reinecke, Hermann 205
Réti 24
Ribbentrop, Joachim v. 71
Rilke, Rainer Maria 14
Röhm, Ernst 48
Röhricht, Edgar 185 f.
Rommel, Erwin 89, 112, 138, 193
Roosevelt, Franklin Delano 128, 140, 149, 161, 164
Rost, Hans-Günther v. 177
Rundstedt, Gerd v. 76 f., 79 ff., 84 ff., 90 ff., 104, 109, 118, 125, 158

Salmuth, Hans v. 100
Schacht, Hjalmar 56 f., 83
Scharnhorst, Gerhard David v. 30
Schell, Alexander v. 56
Schlabrendorff, Fabian v. 69 ff., 100 f., 111 ff., 122, 125 f., 130 f., 133 f., 136, 141 ff., 162, 181 ff., 183, 187, 189 f., 195, 201 ff., 204 ff., 207 ff.
Schleicher, Kurt v. 39, 41 f., 48, 55
Schleiermacher, Friedrich 92
Schlieffen, Alfred Graf v. 32, 111
Schmidt-Hammer, Werner 181
Schmidt-Salzmann, Walter 142
Schmundt, Rudolf 58, 69, 81 ff., 87, 100, 123, 141 ff., 146, 168, 189
Schönfeld, Hans 128, 161
Schukow, Grigorij Konstantinowitsch 95

Schulenburg, Fritz-Dietlof Graf v. d. 170, 207
Schulenburg, Werner Graf v. d. 164 f.
Schulze-Büttger, Georg 141, 151, 157, 159, 209
Schwatlo-Gesterding 212
Seeckt, Hans v. 21, 27 ff., 41
Silex, Karl 127 f., 191 f.
Smend 207
Sodenstern, Georg v. 88
Speidel, Hans 180 f., 193
Spengler, Oswald 18
Stahlberg, Alexander 108, 139, 140, 157, 159, 209
Stalin, Josef Wissarionowitsch 75, 96 f., 120 f., 124, 149, 162 ff.
Stauffenberg, Claus Graf Schenk v. 92, 116, 174 ff., 177, 178 f., 184, 187, 192 f., 195, 197 ff., 201, 211
Stephanie, v. 17
Stieff, Helmuth 144 f., 157, 173, 207
Strasser, Gregor 48
Stresemann, Gustav 37
Strik-Strikfeldt, Wilfried 162 f.
Stülpnagel, Karl-Heinrich v. 80, 177
Thomas, Georg 83
Thomée, Gerhard 30
Timoschenko, Semjon Konstantinowitsch 109
Treschkow 9
Tresckow, Erika v., geb. v. Falkenhayn 26, 151, 152, 154, 169, 177, 179, 192, 201, 204, 206, 209, 210, 212
Tresckow, Gerd v. 13 f., 35, 49, 69, 201, 209
Tresckow, Hermann v. 10
Tresckow, Hermann v. (Vater Henning v. Tresckows) 10 ff.
Tresckow, Jürgen v. 210

Tresckow, Marie-Agnes v. (Mutter Henning v. Tresckows) 11
Tresckow, Marie-Agnes v. (Schwester Henning v. Tresckows) 13, 210
Tresckow, Mark v. 210
Tresckow, Rolf v. 91
Tresckow, Rüdiger v. 210
Treskau 9
Treskow 9
Treskow, Arnd Heinrich v. 10
Treskow, Joachim Christian v. 10
Treskowe 9
Treskowe, Hinrico 9

Üxküll-Gyllenband, Nikolaus Graf v. 175

Voss, Alexander v. 159, 209

Wagner, Eduard 157
Wallenberg, Jakob 135
Weiß, Walter 183 f., 189, 191, 194, 200 f., 203, 205 ff.
Weizsäcker, Ernst Frhr. v. 78, 117
Weygand, Maxime 90
Wiechert, Ernst 32
Wilhelm I., König v. Preußen 10
Wilhelm II., Deutscher Kaiser, König v. Preußen 11
Winter, August 53 f., 56
Wirmer, Josef 207
Witzleben, Erwin v. 59 f., 63, 81, 84, 155, 159, 176, 195, 200
Wlassow, Andrej Andrejewitsch 163 f.
Wöhler, Otto 137, 180 f.
Woroschilow, Klement Jefremowitsch 109

Zedlitz-Trützschler, Robert Graf v. 11, 139
Zeitzler, Kurt 143, 156 f., 192
Ziehlberg, v. 202
Zuckschwerdt 13

Bitte beachten Sie
die folgenden Seiten:

Nicholas Bethell

Das letzte Geheimnis

Die Auslieferung russischer
Flüchtlinge an die Sowjets
durch die Alliierten 1944–47

Ullstein Buch 3466

Alexander Solschenizyn hat die Auslieferung von mehr als zwei Millionen russischer Flüchtlinge an die Sowjetarmee »das letzte Geheimnis des 2. Weltkrieges« genannt.
Der Schleier der Geheimhaltung über jenes Zusatzabkommen von Jalta, das die westlichen Alliierten zur Zwangsrepatriierung der in ihren Händen befindlichen Flüchtlinge zwang, durfte erst jetzt, drei Jahrzehnte später, gelüftet werden.

Ullstein Zeitgeschichte

Cajus Bekker

Verdammte See

Ein Kriegstagebuch
der deutschen Marine

Ullstein Buch 3057

Die Höhepunkte des Kampfes zur See im Zweiten Weltkrieg. Der Autor stützt sich auf die amtlichen Kriegstagebücher, aber auch auf persönliche Gespräche mit ehemaligen Marineangehörigen, vom Admiral bis zum einfachen Matrosen.

Flucht übers Meer

Ostsee –
Deutsches Schicksal 1945

Ullstein Buch 3233

Mehr als zwei Millionen Männer, Frauen und Kinder sind in den letzten vier Monaten des Zweiten Weltkrieges aus den abgeschnittenen deutschen Ostprovinzen über See gerettet worden. Cajus Bekker schildert viele dramatische Ereignisse dieser Flucht übers Meer und zeichnet die Zusammenhänge auf.

Ullstein Zeitgeschichte

David Irving

Die Tragödie der deutschen Luftwaffe

Aus den Akten und
Erinnerungen von
Feldmarschall E. Milch

Ullstein Buch 3137

Keine Waffengattung war für
den Zweiten Weltkrieg so
entscheidend wie die
Luftwaffe. Keine so
geheimnisumwittert, gerühmt
und gescholten.
Wo lagen die Gründe für
Aufstieg und Niedergang
dieser technisch hoch-
qualifizierten Waffe?
Mit diesem Buch erfährt das
»Wunderkind« der Deutschen
Wehrmacht seine Erklärung
und Entzauberung:
Die Luftwaffe wird zum
Symbol der Tragödie des
Zweiten Weltkrieges.

Ullstein Zeitgeschichte